JN432673

Du moyen âge à la fin du dix-huitième siècle

ANTHOLOGIE
de la littérature française

TOME I

editée et annotée par

Lee Whan • Jung Myong-Hwan

Shinasa

머리말

우리가 이 책을 구상한 것은 프랑스 문학도에게 이 문학에의 이론적 접근과 아울러 주요한 텍스트와의 만남을 가능케 할, 더욱 정확하게는 문학의 살아 있는 실체인 텍스트를 통해 문학의 본질에의 접근을 가능케 할 한 권의 책이 절실히 필요하다는 것을 느껴왔기 때문이다. 아니, 솔직히 말해서 그것은 편자 자신의 필요라고 함이 옳다. 우리가 한 나라의 문학을 대할 때 우리는 흔히 작품 더미에 파묻혀 나무는 보되 숲을 보지 못하는 우를 범하거나, 혹은 반대로 텍스트를 떠나 문학을 도식적으로 관념화하고 싶은 유혹에 빠져들곤 한다. 작품과 친숙해지고 그 안에 담긴 문학적 메시지를 찾는다는 것은 절대로 필요한 일이고, 또한 한 문학의 탄생과 성장과 사조적 변천에 대한 역사적이고 이론적인 이해를 증진시켜야 한다는 것도 절대적으로 필요하다. 문제는 이 양자를 병행시키는 데 있으며, 이로써 문학에 대한 이해와 사랑을 심화시키는 데 있다. 다시 말해서 텍스트와의 만남은 문학에 대한 보다 깊은 인식으로 연장되어야 하고, 또한 이 인식은 작품을 새롭게 비춰주는 조명이 되어야 한다.

이러한 관점에서 우리는 이 책 가운데, 중세부터 현대에 이르는 전 프랑스 문학에 걸쳐, 이 문학의 성장의 발자취와 문학이론들의 변천, 시련과 위기의 순간들, 이런 것들 가운데 지속적으로 이어져 내려온 본질적 메시지를 가장 극명하게 증언해 줄 텍스트들을 수록하고자 했다. 말하자면 프랑스 문학의 대표적 작가들의 대표적 작품 중에서 발췌된 대표적 단편들의 수록이다. 우리는 이와 같은 작업에 수반되는 어려움과 위험이 어떤 것인가를 모르지 않는다. 그것은 프랑스 문학에 대한 한 이해의 방식이 전제되는 선택의 작업이며, 거기에는 주관적 판단이 개입될 수밖에 없다. 뿐만 아니라 우리의 한정된 지식으로 근 10세기에 걸친 방대한 프랑스 문학을 어찌 다 포용할 수 있겠는가. 파스칼은 이렇게 탄식한 일이 있다. 「우리가 모르는 세계가 존재한다는 것은 나를 절망케 한다」라고. 이것은 바로 우리들 자신의 절망이었음을 고백하지 않을 수 없다. 그러나 그것은 동시에 우리의 놀라움과 기쁨의 원천이기도 했다. 왜냐하면 이 작업은 우리에게 새로운 발견과 감동의 놀라운 기회를 끊임없이 제공하였으며, 이로써 프랑스 문학의 소진될 수 없는 풍요성과 아름다움에 대한 인식을 새롭게 하는 행복을 맛보았기 때문이다.

우리가 수록한 텍스트들은 프랑스 문학의 방대한 총체에 비하면 한 작은 파편에 불과하다. 뿐만 아니라 그것들은 한 작가, 한 사조, 나아가서는 프랑스 문학의 특징적 모습을 담고 있으며, 우리는 그것들을 통해 본질을 추출하고자 시도했다. 요컨대 우리가 제시하는 것은 궁극적으로 매우 도식화된 프랑스 문학의 한 조감도와 같은 것이다. 도식화가 안고 있는 온갖 위험에도 불구하고 우리는 그것이 불가피할 뿐만 아니라 어떤 의미에서는 필요하다고 말해야 할 것이다. 지식이란 끊임없이 정돈과 질서를 부여하는 작업이며, 단편적인 것들을 하나의 통일된 전체 속에 재편성하는 지적 구성의 시도가 아니고 무엇이겠는가. 문제는 한 편의 작품, 한 사람의 작가를 개별적으로 이해하는 것으로 그치지 않고 프랑스 문학이라는 전체적 틀 속에 재편입시킴으로써 이해의 폭을 확대시키는 데 있다. 우리는 이 책을 통하여 프랑스 문학을 하나의 unité로서 이해하는 데 도움이 되기를 바란다.

그러나 문학은 먼저 작품으로 존재한다. 문학에 대한 모든 이론적 연구는 문학과의 보다 깊은 교제를 위한 방편에 불과하다. 문학이 주는 감동과 삶의 증언들을 텍스트 외의 다른 것에서 찾으려는 시도는 실패하고 말 것이다. 우리는 텍스트에서부터 시작할 뿐만 아니라 끝내 텍스트로 되돌아가야 한다. 우리는 방금 이 책을 편찬하는 우리의 작업이 발견과 감동의 연속이었음을 고백한 바 있다. 이 발견과 감동이 이 책을 대하는 모든 독자들의 것이 되기를 바라마지 않는다. 그리하여 본체에서 무참히 도려낸, 표본과도 같은 이 텍스트들을 통해 살아 있는 실체로 되돌아가며 그 안에서 풍요와 환희를 맛보게 되기를 빈다.

텍스트의 분량을 감안하여 부득이 상하 2권으로 나누어, 상권에는 중세에서 18세기에 이르기까지를, 하권에는 19, 20세기를 수록했다. 각 세기마다 문학의 전반적인 흐름을, 역사적 배경에 대한 고찰과 아울러 개관했고, 주요한 작가 및 작품에 대한 간단한 해설에 뒤이어 텍스트를 실었으며, 텍스트의 난해한 자구와 구문 및 내용에 대한 설명을 각주로 달았다. 이 모든 작업은 그 범위가 극히 한정된 것임을 밝혀 둔다. 텍스트의 선정과 주석에 있어 특히 참고한 책은 Lagarde et Michard : *Les Grands Auteurs Français*, Bordas이며, 때때로 Castex et Surer : *Les Manuels d'Etudes Littéraires, Hachette*도 참조했다. 기타 참고 도서들은 다음과 같다 :

H. Clouard : *Anthologie de la Littérature française*, Oxford
J. R. Chevalier et P. Audiat : *Les Textes français*, Hachette
P. Clarac : *La Classe de Français*, XVIIe, XVIIIe et XIXe siècles, Lib. classique Eugène Belin.
G. Mauger : *Langue et civilisation françaises*, IV, Hachette.
Histoire de la littérature française, Col. U. Armand Colin.
Bersani 외, *La Littérature en France depuis* 1945, Bordas.

1984. 2.

편저자

TABLE DES MATIÈRES

중세(Le Moyen Âge)

개관 ··· 17
LA CHANSON DE ROLAND ··· 31
La laide trahison ··· 31
Roland refuse de sonner du cor ··· 34
Roland sonne du cor ··· 36
La mort de Roland ··· 39
LES LAIS DE MARIE DE FRANCE ··· 40
Le lai du laostic ··· 41
TRISTAN ET ISEUT ··· 42
L'amour plus fort que l'exil ··· 43
L'amour plus fort que la mort ··· 45
LES ROMANS DE LA TABLE RONDE ··· 47
Yvain ou le chevalier au lion ··· 47
Lunette ou la diplomatie ··· 48
La nuit porte conseil ··· 50
AUCASSIN ET NICOLETTE ··· 52
LE ROMAN DE RENARD ··· 55
La pêche d'Ysengrin ··· 55
Renard et Chantecler ··· 57
LES FABLIAUX ··· 59
Estula ··· 60
Un remède universel ··· 62
LE THÉÂTRE RELIGIEUX ··· 64
Le jeu d'Adam ··· 64
La tentation ··· 64
Le miracle de Théophile ··· 68

Théophile exaucé ········· 69
Le mystére de la passion ········· 70
Dialogue de Jésus et de Notre-Dame ········· 70
LE THÉÂTRE COMIQUE ········· 72
La farce de Maître Pathelin ········· 72
LE ROMAN DE LA ROSE ········· 77
L'art d'aimer ········· 78
Le printemps ········· 79
La vraie noblesse ········· 81
LA POÉSIE LYRIQUE ········· 82
La pauvreté Rutebeuf ········· 83
En regardant vers le pays de France ········· 86
Rondeaux et chansons ········· 87
FRANÇOIS VILLON ········· 88
Regrets ········· 89
Ballade des dames du temps jadis ········· 91
Ballade des pendus ········· 94

16세기(Le XVIe Siècle)

개관 ········· 99
CLÉMENT MAROT (1496-1544) ········· 112
Au Roi "pour le délivrer de prison" ········· 112
MAURICE SCÈVE (1501-1564) ········· 116
Délie ········· 116
JEAN CALVIN (1509-1564) ········· 118
Institution de la religion chrétienne ········· 118
FRANÇOIS RABELAIS (1494 ?-1553 ?) ········· 120
La "Substantifique moelle" ········· 121
L'éducation idéale ········· 125

Leçon de sagesse politique 127
“Fais ce que voudras” 130

DU BELLAY (1522-1560) 132
Ces cheveux d’or 133
Déjà la nuit en son parc 134
Comme le champ semé 135
Qui a vu quelquefois 136
Las ! où est maintenant 137
France, mère des arts 138

RONSARD (1524-1585) 139
J’ai l’esprit tout ennuyé 140
Mignonne, allons voir 142
Je vous envoie un bouquet 143
Comme on voit sur la branche 144
Quand vous serez bien vieille 145
Le chrétien devant la mort 146

AGRIPPA D’AUBIGNÉ (1552-1630) 148
« France mère affligée... » 149
Caïn 150
La résurrection des corps 152

ROBERT GARNIER (1544-1590) 154
Misère de Jérusalem 154

MONTAIGNE (1533-1592) 156
ESSAIS 157
Instruire, c’est former le jugement 157
La librairie de Montaigne 160
Que philosopher, c’est apprendre à mourir 162
Le vertige 166
Fragilité de la coutume 168
Montaigne conservateur 170
« Pour moi donc, j’aime la vie » 173

17세기(Le XVIIe Siècle)

개관 ……… 179

MALHERBE (1556-1628) ……… 200

Consolation à M. du Périer ……… 200

Paraphrase du psaume CXLV ……… 203

MATHURIN RÉGNIER (1573-1613) ……… 204

La cour ……… 204

Contre Malherbe ……… 207

THÉOPHILE DE VIAU (1590-1626) ……… 209

Le matin ……… 210

Pyrame et Thisbé ……… 212

VOITURE (1597-1648) ……… 213

Lettre à une « Lionne » ……… 214

HONORÉ D'URFÉ (1567-1625) ……… 215

L'Astrée ……… 216

Les souvenirs du passé ……… 216

MLLE DE SCUDÉRY (1601-1667) ……… 219

Portrait de Cléomire ……… 219

La Carte de Tendre ……… 220

SCARRON (1610-1660) ……… 223

Disgrâce de Ragotin ……… 223

CORNEILLE (1606-1684) ……… 226

Stances de Clarice ……… 227

L'amour généreux ……… 229

Leçon de grandeur à un roi ……… 234

Mon vrai crime est ma gloire ……… 236

La tragédie hisiorique ……… 239

RACINE (1639-1699) ……… 241

La violence ……… 243

L'aveu de Phèdre ……… 247

La jalousie de Phèdre 250
Bérénice renoncera-t-elle à Titus ? 253
MOLIÈRE (1622-1673) 256
La tragédie, la comédie et les règles 257
Arnolphe malheureux et ridicule 260
Le Misanthrope 264
LA FONTAINE (1621-1695) 269
La mort et le bûcheron 270
Les animaux malades de la peste 271
Le vieillard 273
MME DE LAFAYETTE (1634-1693) 275
L'aveu 276
Le refus de madame de Clèves 278
BOILEAU (1636-1711) 280
La tragédie 281
L'idéal classique 283
PERRAULT (1628-1703) 286
L'art et le génie 286
FÉNELON (1651-1715) 288
Le métier de roi 288
DESCARTES (1596-1650) 291
Discours de la Méthode 292
Les quatre règles de la méthode 292
« Je pense, donc je suis » 294
Le généreux 296
PASCAL (1623-1662) 297
Ordre 298
Imagination 299
Le roseau pensant 302
Divertissement 303
La sagesse de Dieu 305
Les deux infinis 307

Les trois ordres ········· 309
LA ROCHEFOUCAULD (1613-1680) ········· 311
LA BRUYÈRE (1645-1696) ········· 315
Du cœur ········· 315
Arrias ········· 316
De la société et de la convention ········· 317
Giton et Phédon ········· 318
L'injustice sociale ········· 320
L'idéal classique ········· 321
Corneille et Racine ········· 323

18세기(Le XVIIIe Siècle)

개관 ········· 329
FONTENELLE (1657-1757) ········· 349
Le progrès ········· 349
PIERRE BAYLE (1647-1706) ········· 353
Deux préjugés ········· 353
MARIVAUX (1688-1763) ········· 355
La naissance d'un sentiment ········· 356
Capitulation de l'amour propre ········· 358
L'ABBÉ PRÉVOST (1697-1763) ········· 361
Des Grieux s'éprend de Manon ········· 361
MONTESQUIEU (1689-1755) ········· 363
Lettre XXIV ········· 364
Lettre XCVII ········· 367
Préface ········· 369
Le principe de la démocratie ········· 372
La séparation des pouvoirs ········· 374
VOLTAIRE (1694-1778) ········· 375

La relativité ········ 376
Il faut cultiver notre jardin ········ 380
Raison et religion ········ 382
Lettre à Rousseau ········ 385
La fraternité ········ 387

L'ENCYCLOPÉDIE ········ 389
LES PROGRÈS DE LA PHILOSOPHIE ········ 389
Le philosophe ········ 391

DIDEROT (1713-1784) ········ 394
Le déterminisme ········ 395
Un singulier personnage ········ 397
Le fatalisme et action ········ 399
La poésie de l'avenir ········ 400
La théorie du « genre sérieux » ········ 402

ROUSSEAU (1712-1778) ········ 404
La propriété source de la société et de l'inégalité ········ 406
Influence de la nature ········ 409
La promenade sur le lac ········ 412
« Le court bonheur de ma vie » ········ 414
« Conscience ! instinct divin... » ········ 415
Pensées d'automne ········ 417

BERNNARDIN DE SAINT-PIERRE (1737-1814) ········ 419
Bonheur de la vie naturelle ········ 419

ANDRÉ CHÉNIER (1762-1794) ········ 421
La jeune captive ········ 422

BEAUMARCHAIS (1732-1799) ········ 424
Monologue de Figaro ········ 425

La Place Royale — *Gravure du XVIIe siècle (B.N.E.)*

PARIS SOUS LOUIS XIII

Ces lieux à la mode donneront leur titre et leur cadre à des comédies de Corneille (*cf. P. 213*)

La Galerie du Palais — *Gravure d'Abraham Bosse (B.N.E.)*

Palais de Versailles. Vue générale, côté ouest. *Cl. Arch. Phot.*

Parc de Versailles. Le Bassin d'Apollon et le Grand Canal.

중 세
Le Moyen Âge

개 관
La Chanson de Roland
Les Lais
Tristan de Iseut
Les Romans de la Table Ronde
Aucassin et Nicolette
Le Roman de Renard
Les Fabliaux
Le Théâtre Religieux
Le Théâtre Comique
Le Roman de la Rose
La Poésie Lyrique
François Villon

LE ROMAN DE RENARD

Renard aborde Chantecler (*cf. P. 51*)

Chantecler dans la gueule de Renard

Noble et ses cavaliers

Renard assiégé dans sa forteresse

De hardis navigateurs!

Renard reçoit l'hommage des hommes

중세문학
(LE MOYEN ÂGE)

개 관

역사상 중세라 함은 서기 5세기에서 15세기에 이르는 약 천년에 걸친 방대한 기간을 지칭한다. 476년 북방 게르만족의 침입에 의한 서로마 제국의 붕괴에서 시작해 1453년, 터키족의 침공에 의한 동로마 제국의 멸망, 콘스탄티노플의 함락으로 끝나는 이 기나긴 시기는 말하자면 〈고대〉와 〈현대〉 사이에 걸쳐 있는 셈이다. 그리스와 로마로 이어지는 찬란하고 위풍당당한 고대문명과, 르네상스 이후 복권된 과학적 이성에 의해 화려하게 피어오른 현대문명 사이에서 이 시대는 마치 서구인이 통과해야 했던 캄캄하고 답답한 터널과 같이 보이기도 한다.

사실상 중세의 많은 시기들은 끊이지 않는 전란과 사회적 혼란으로 점철됐고 문화적으로도 암담하기 그지없는 양상을 보여주고 있다. 그러나 중세를 가리켜 한마디로 암흑과 야만의 시대라고 매도하는 것은 그릇된 일이며, 가령 10세기의 문화적 쇠퇴와 「성(聖)루이왕」 시대의 눈부신 개화를 혼동하는 것은 경계할 일이다. 탁월한 건축술과 종교적 정열로 이룩된 웅장하고도 정교한 고딕 예술, 무사들의 용맹과 신앙심을 읊은 격조 높은 무훈시(武勳詩)를 비롯한 다양한 문학적 업적, 성직자를 중심으로 한 종교적 · 철학적 저술, 유럽 최초의 대학들의 출현 등은 중세의 문화적 성취가 어떤 것이었는가를 웅변으로 말해주고 있다.

또한 우리가 시정해야 할 편견 중의 하나는 중세를 고대와 현대를 잇 는 하나의 단일하고 획일적인 시대로 보려는 견해다. 중세에 대한 근래의 여러 연구들[1]이 우리에게 보여주는 것은 중세가 결코 단일한 풍습, 단일한 이념,

1) 중세에 대한 관심은 19세기 초 낭만주의자들(les romantiques)에 의해 점화됐고 그 후 19세

단일한 문화로 해석될 수는 없으며 오히려 각 세대, 각 세기마다 고유한 문화적 양상을 띠고 있다는 사실이다. 한 시대에서 한 시대로 이행할 때마다 제기되는 삶과 사고의 문제들은 그 내용을 달리하며 이 문제들에 대한 해결의 시도도 또한 달라진다. 물론 기나긴 중세를 통해 지속되는 사회적 주축은 봉건제도였고 정신적 지주는 기독교였음에 틀림없다. 그러나 우리가 주목해야 할 것은 이와 같은 지속적인 사회구조와 정신적 흐름을 배경으로 하여 한 시대가, 또는 한 집단 · 한 개인이 창출한 문화의 독창적이고 다양한 형태들이다. 이런 관점에서 볼 때 우리는 중세의 여러 시기에 피어난 다양한 아름다움에 놀라움을 금치 못할 것이다.

역사적 배경

먼저 중세의 역사를 통해 몇 가지 특징을 지적해 보자. 프랑스의 역사는 멀리 로마 시대로 거슬러 올라간다. 기원전 57년 로마 군대가 알프스 산을 넘어 프랑스의 땅(당시 로마인들은 「갈리아」라고 불렀다-프랑스 말로는 「고올 la Gaule」)을 침공했을 때 그 곳에는 켈트족(les Celtiques)의 일파인 갈리아인(프랑스 말로는 「고올인」(les Gaulois))이 살고 있었다. 갈리아는 곧 정복되어 로마제국의 한 속주가 되었고 갈리아인은 로마인과 피가 섞여 이른바 갈로-로망인(les Gallo-Romains)이 됐다. 문화적으로도 절대적 우위를 차지한 로마 제국은 이 지방을 정치적으로 지배할 뿐만 아니라 자연히 문화적으로도 지배하기에 이르러 갈리아어는 로마인의 언어 즉 구어(口語) 라틴어(le latin vulgaire)에 눌려 자취를 감췄고 마침내 갈리아는 로마 문화권에서 본토에 뒤이은 주요한 위치를 점하게 됐다. 프랑스의 사가(史家) 미슐레(Michelet)가 「프랑스는 로마로부터 발생하다」라고 말한 것은 결코 과장이 아니다.

그 후 4세기 이래 북방민족의 침입이 시작되어 서로마 제국은 멸망했고 갈

기 후반에서 20세기 초에 걸쳐 학술지 *Romania*를 중심으로 Paulin Paris, Gaston Paris, Paul Meyer, Joseph Bédier 등에 의해 본격적인 중세 연구가 이어졌다.

리아에는 프랑크족의 왕 클로비스(Clovis)가 메로베 왕조(les Mérovingiens)를 열었다(프랑크족의 이름은 프랑키아, 이어서 프랑스의 어원이 되었다). 그런데 로마인의 침입 때와는 달리 이번에는 정복민족이 문화적으로 열세였던 탓에 언어를 비롯한 문화는 여전히 로마 문화의 영향하에 있었으며 말하자면 침입자들의 로마화가 서서히 이루어져 간 셈이다. 그러나 클로비스왕 이래 근 4세기에 걸쳐 구어 라틴어는 발음에 있어서나 문법에 있어서나 현저한 변모를 거듭했으며 그 변화와 혼란의 와중에서 독자적인 언어 형태를 갖춘 이른바 로망어(le roman)가 출현하기에 이르렀다.

그 후 8세기 말에서 9세기 초에 걸쳐 서유럽에는 카로르 대제(샤를마뉴 · Charlemagne)에 의해 대제국이 수립되어 유럽에 통일된 국가의 기틀이 잡히는 듯 싶었다. 그러나 이 대제국은 존속하지 못하고 대제의 손자들에 의해 분할돼[1] 그전과 다름없는 정치적 혼란 속에 휘말려 들어갔다. 왕조는 이어졌지만 간신히 명맥을 유지할 뿐 왕권은 극히 미약했고 각 지역마다 제후를 중심으로 소왕국과 같은 것이 난립됨으로써 이른바 군웅할거의 봉건제도가 굳어져 갔다.

봉건제도

중세기의 정치적 · 사회적 성격을 특징짓는 이 제도는 계속되는 정치적 무질서와 전란 속에서 거의 자연발생적으로 태어난 제도이다. 대다수의 무력한 백성들은 그들을 보호해 줄 강력한 인물을 중심으로 모여들었고, 이들은 보호를 받는 대신 몸과 재산을 바쳐 절대적 복종을 맹세함으로써 이 양자 사이에 종주(제후)와 가신(家臣)의 강한 유대가 생겨났다. 제후들은 높은 성

1) 샤를마뉴대제는 로떼르(Lothaire), 루이 르 제르마니크(Louis le Germanique), 샤를 르 쇼브(Charles le Chauve) 등 세 손자가 있었는데 843년 Verdun 조약의 결과 장형 로떼르는 중부 프랑키아의 길죽한 국토를, 루이는 동부 프랑키아를, 샤를르는 서부 프랑키아를 각각 분할받았다. 중부 프랑키아는 이내 멸망했고(오늘날 로렌느 주의 이름에 로떼르의 추억이 남아있을 뿐), 동부는 독일, 서부는 프랑스로 발전돼 나갔다.

곽과 깊은 도랑으로 둘러싸인 요새와 같은 성 안에서 가신들과 살았으며 오직 사냥 놀이와 전쟁을 위해 밖으로 나갈 뿐이었다. 군웅할거의 긴장된 상황하에서 세력 다툼과 영토 분쟁에 의한 전란은 끊일 사이가 없었으나 한편 이 봉건제도는 군신 간의, 보호와 충성의 관계에 바탕을 둠으로써 명예라는 도덕적 가치를 고양한 점에 주목할 필요가 있다. 이것은 중세문학에 있어 하나의 영속적인 주제가 될 것이다.

봉건제도하에서 중세의 사회신분은 우선 둘로 나뉜다. 하나는 위에서 말한 군왕을 중심으로 한 귀족(처음에는 주로 무사 또는 기사귀족)이고 또 하나는 성 밖에 거주하는 평민층이다. 평민은 최초 농민 또는 농노들이 대부분이었으나 이들은 사회적 신분으로 안정받지 못했다. 그 후 12세기 초부터 이른바 자치 도시(commune)가 발달하게 됨으로써 시민층(bourgeois)에 의해 대표되기에 이르렀다. 우리는 중세문학 가운데 비교적 명확하게 이와 같은 신분구성이 반영되어 있는 것을 보게 될 것이다.

정신적 지주 기독교

중세의 사회적 구조가 봉건제도에 의해 특징지어지는 것이라면 우리는 중세를 지탱하고 있는 또 하나의 정신적 원리를 보지 않을 수 없다. 그것은 다름 아닌 기독교 신앙이다. 갈리아를 침입한 프랑크족의 왕 클로비스가 기독교로 개종한 이래 기독교 정신 및 교회의 권위는 중세인의 사고와 생활을 지배해 그들의 거칠고 난폭한 성향을 누그러뜨렸으며 명예의 개념에 종교적 의무를 부과함으로써 독특한 중세적 모랄을 키워 나갔다. 뿐만 아니라 교회는 봉건제도하에서 왕권을 옹호함으로써 왕권 신장에 크게 기여했는데, 987년 카페왕조(Dynastie capétienne)의 수립 이후 오귀스트왕(Philippe Auguste), 성루이왕(Saint Louis)으로 이어지면서 확립되어 간 왕권과 더불어 교회의 권위도 크게 신장했다.

중세 사회 가운데 또 하나의 사회를 이룬 성직자(les clercs)의 무리와 그 영향은 이렇게 해서 증대돼 갔다. 그들은 사원 안에서 잊혔던 고전 라틴어의 문헌들을 복사하고 연구했으며, 민중의 교화를 위해 속어(로망어)로 설교할 뿐만 아니라 성자전(聖者傳) 따위를 번안하기도 했다.[1] 로망 양식의 사원에 뒤이은 고딕 건축, 대학의 출현과 더불어 토마스 아퀴나스(Thomas d'Aquin)에 의해 완성되는 철학과 신학체계, 라틴어로 쓰인 수많은 시문(詩文)들은 교회 및 성직자들에 의해 이룩된 문화적 유산의 중요성을 실감케 한다.

위에서 우리는 중세의 신분 구조를 귀족과 평민으로 양분했으나 이제 성직자군(聖職者群)을 첨부하는 것이 더욱 정확할 것이다. 문학을 포함한 중세의 모든 문화적 현상은 결국 각 신분층과 관련되어 각기 독자성을 취함과 동시에 상호 침투됨으로써 다양성 있는 형태로 발현되어 나간다.

이상과 같은 사회적, 문화적 배경하에서 문학은 어떤 장르로 표현되고 있는가.

무훈시(武勳詩) Chanson de geste

먼저 중세의 가장 위대한 서사시문학을 들 수 있다. 샤를마뉴대제 시대의 용맹스럽고 충성스런 무사들의 추억과 십자군 원정의 새로운 종교적 열정이 뒤섞여 만들어진 일련의 서사시들은 중세인들이 추구한 이상이 무엇이었는가를 우리에게 보여줄 뿐만 아니라, 정확하고 효과있는 언어의 수사학적 구사나 작중인물들의 심리적 갈등의 예리한 분석 등은 문학적으로도 매우 수준 높은 걸작임을 말해주고 있다. 11세기 말부터 불리기 시작한 무훈시는 최고의 걸작으로 일컬어지는 『로랑의 노래(*Chanson de Roland*)』를 위시하여 오늘날 80편 정도가 전해지고 있는데, 몇몇 예외적인 작품을 제외하고는 대체로 「신과 국왕에

1) 중세초기에, 특히 샤를마뉴대제의 문화개혁 이후 성직자들은 라틴 문어를 사용했으나 813년 뚜르공회의(Concile de Tours)에서 로망어의 사용을 장려한 이래로 민중을 위한 설교는 물론 저작에도 로망 속어가 사용됐다. 1040년경에 쓰인 『알렉시성자전』(*Vie de saint Alexis*)은 로망어로 번안된 최초의 문학작품으로 간주된다.

충성하는 용사」를 그 이상적 전형으로 노래하고 있다. 이런 관점에서 볼 때 무훈시는 성직자의 문학인 동시에 귀족기사의 문학이기도 하다.

궁정풍기사(宮廷風騎士) 이야기 Roman courtois[1)]

중세 초기에 문학은 입으로 전해지고 불린 구비문학(口碑文學)일 수밖에 없었다. 음유시인(trouvères)이라 불린 유랑시인들이 바로 이 문학의 주역이었는데, 이들은 노방(路傍)에서 혹은 성내에서 비파를 반주 삼아 시와 이야기를 읊거나 노래했다.

그러나 구전(口傳) 대신 문자의 문학이, 그리고 노래 대신 낭독의 문학이 차츰 자리잡게 됐는데, 이 변화는 12세기 중엽부터 나타나기 시작했다. 이와 때를 같이하여 귀족사회의 생활 풍습에도 현저한 변화가 일어나고 있었다. 봉건제도가 정착되어감에 따라 성 안에서의 생활은 차츰 안정돼 갔고, 한편 십자군 원정은 동방의 새로운 세계의 발견으로 정서와 취미 생활에 변화를 가져왔으며, 특히 남불(南佛) 지방에서는 이탈리아의 목가적 풍습과 온화한 기후의 영향을 받아 새로운 서정적 기운이 감돌았다. 그리하여 기사들은 이제 「신과 국왕에의 충성」이라는 지도원리를 잠시 잊기라도 한 듯 새로운 우상에 이끌려갔다. 그들의 마음속에 군림하게 된 것은 「궁중의 귀부인(dame)」이었고, 오직 그녀를 위해 기사는 무훈을 찾고 온갖 고난을 겪으며 굴욕마저도 참는 것이다.

이와 같은 변화는 먼저 남불(南佛)의 오크어(Langue d'oc)에 의한 사랑의 서정시(시인들은 troubadours라 불린다)를 탄생케 했다. 그 후 북불(北佛)로 옮겨져서 이른바 「로망(roman)」의 형식을 낳는데, 그 중 최초의 것은 라틴 문학의 모방에 의한 「고대이야기(Romans antiques)」다. 이 「로망」은 운문인 점에서 무훈시와 다를 바가 없으나 단순히 청중에 불리는 것이 아니기 때문에 음독(音讀)에 적합한 새로운 운율이 적용돼 있다.

---

1) roman이란 말은 오늘날 산문으로 쓰여진 장편소설을 의미하지만, 중세에는 장단에 관계없이 운문으로 쓰여진 이야기체를 roman이라 불렀다. 산문소설은 15세기 이후에야 나타나는 것으로 그 이전의 것은 roman이건 faliaux이건 예외없이 운문, 다시 말해서 시가 형태로 쓰여져 있다.

여기에 다시 잉글랜드의 켈트 전설이 도입됨으로써 새로운 신비주의가 문학 속에 편입되기에 이르러 이른바「브르타뉴이야기(Romans bretons)」가 대유행하게 된다. 프랑스의 최초의 여류작가 마리(Marie de France)의『단시(*Lais*)』, 그리고 숙명적 비련을 그린『트리스탄과 이즈(*Tristan et Iseut*)』의 이야기는 이 범주에 속한다. 특히 사랑의 미약(媚藥)을 개입시켜 모든 사회적 · 도덕적 한계를 뛰어넘어 죽음에 이르도록 결합하게 하는 그 사랑의 격렬함과 신비주의는 오늘날에도 사람의 마음을 전율케 한다.

한편 사랑의 신비주의 대신 능란한 사랑의 심리 문답으로 엮어가면서 여성숭배를 기사도의 새로운 이상으로 정착시킨 것은 다름 아닌 중세의 대로망 작가 크레티앙 드 트루와(Chrétien de Troie)였다. 그는 켈트의 전설에서 아서 왕(Arthur)과 그의 원정기사들에 대한 설화를 차용해『랑스로(*Lancelot*)』,『이방(*Yvan*)』을 포함한 일련의 작품을 만들어 냈다. 이 작품들 가운데 기사적 사랑의 이상을 그린 그는, 그러나 그의 최후의 작품『페르스발(*Perceval*)』에 이르러서는 여성숭배를 뛰어넘어 신의 비적의 상징으로 여겨졌던「성배(Graal)」를 궁극적인 추구의 대상으로 제시함으로써 중세의 영원한 종교적 정열로 복귀하고 있다.

끝으로 13세기 전반에 100여 편의 이야기로 전해지는『오카생과 니꼬렛트(*Aucassin et Nicolette*)』도 잊을 수 없다. 현실적 감각이 보다 풍부하고 소박한 인간미를 느끼게 하며 아마도 당대의 풍속을 보다 충실히 반영하는 것으로 보이는 이 작품들은「모험이야기(Romans d'aventure)」로 총칭되는 로망 · 꾸르트와의 한 변종이다.

서민문학 :『소만화(小萬話)(les Fabliaux)』와
『르나르 이야기(Roman de Renard)』

12세기에 이르러 중세사회에 새로운 양상이 나타나기 시작했다. 기사귀족과 성직자로 구성된 상류사회와 병행하여 상공인들을 중심으로 새로운 도시 사회가 형성돼 나간 것이다. 이들은 육로, 해로로 원근 각처를 두루 다니면서 일상용품에서 귀금속에 이르기까지 갖가지 상품들을 사고 팔았으며 시장을 열어 텐트를 치고 전시 판매했다. 차츰 부를 축적한 이들은 호사한 집을 짓고 아름다운 상점을 개설하기에 이르렀고 마침내는 도시의 자치권을 얻어 이른바 자치도시(commune)를 이뤘다. 결국 이들은 중세사회에서 점차 새로운 계층으로 등장하게 된 것인데, 이들의 발언은 필연적으로 새로운 문학 가운데 그 메아리를 담게 됐다. 왜냐하면 이들은 삶의 특이한 경험들을 통해 실제적인 지식을 쌓았을 뿐만 아니라 인생과 사회를 보는 그들 나름의 철학을 갖기에 이르렀기 때문이다. 이들의 등장과 더불어 귀족사회의 문학과는 판이한 새로운 문학이 출현하게 되는 것은 당연한 일이다.

더욱이 이들에게는 중세사회에서 발언권이 없었던 하층서민들이 가세했다. 농경에 종사하는 농노들, 천한 노동에 종사하며 땀흘려 벌어먹는 노역자들, 거리를 방황하는 부랑자들, 거렁뱅이, 실업자들–요컨대 입없는 이들은 시민문학에 대변을 위탁했던 것이다.

이리하여 중세문학의 영토 속에 우아하고 세련된 궁정문학과 함께 또 하나의 서민문학이 싹트기 시작했다. 궁정문학이 고귀하고 관념적인, 때로는 신비주의에까지 승화하는 이상과 사랑을 노래한 데 비해 서민문학은 인간의 삶과 감정의 실제적이고 현실적인 모습을 추적한다. 이 문학은 마치 귀족문학의 아름다운 허구(虛構)의 베일을 벗기기라도 한 듯 인간의 적나라한 욕망, 간교한 지혜, 비속과 타락을 들춰내며 즐겨 야유와 웃음거리를 삼고 있다. 프랑스 문학에 면면히 이어져 내려오는 사실적 경향과 해학을 즐기는 고루와 정신은 이미 여기에 싹튼 것은 아닐까. 오늘날 150편 가량 전해지고 있는 『소만화(*les Fabliaux*)』는 서민문학의 대표적인 유형이다. 또한 각기 독립된 『기편(*branche*)』들이 모여 『여우 이야기(*Roman de Renard*)』로 총칭되는 작품집을 이루고 있다. 〈르나르〉라는 이름의 여우를 주인공으로 등장시켜 그 교활함과 술책을 교묘하고 경쾌한 필치로 그려나가면서 임시적으로 인간 사회와 심리의 베일을 벗겨나간 이 문학은 예리한 관찰과 티없는 해학과 능란한 화술로써 가히 중세문학의 걸작이라 할 수 있다.

한편 순수히 서민문학으로 분류할 수는 없으나 13세기경 비성직자층(귀족과 시민을 포함한 laïques)의 지적 관심을 엿보게 하는 우의적 교화문학의 걸작 『장미 이야기(*Roman de la Rose*)』에 관해서도 여기서 언급해 두는 것이 좋을 것이다. 알레고리(allégorie)의 형식을 취한 이 이야기는 40년의 간격을 두고 두 사람의 작가 기욤 드 로리스(Guillaume de Lorris)와 장 드 묑(Jean de Meung)에 의해 쓰여진 것인데, 전편과 후편은 그 내용과 성격상 상당한 차이가 있다. 시인이었던 로리스가 로마의 시인 오비디우스(Ovidius)의 연애 기교론 『변신보(變身譜)』를 모방해 사랑의 섬세한 심리적 굴곡을 유려하게 그려나간 데 비해, 차라리 학자라 함이 옳은 장 드 묑은 사랑의 이야기를 빙자해 정치, 교육, 신화, 철학, 종교 등 당대의 학문적 관심을 쏟아 넣었다. 프랑스 문학 최초의 연애론과 중세의 학문적 박식이 담긴 이 『장미 이야기』는 국내 외의 많은 사람들이 애독했고 영국의 초서(Geoffrey Chaucer)는 이를 번역하기까지 했다.

서정시 Le lyrisme

북불(北佛)의 시인들 trouvères와 프로방스어로 노래한 남불(南佛)의 시인들 troubadours에 관해서는 앞서 언급한 바와 같다. 서정시는 남에서 북으로 전파된 것으로 알려져 있는데[1] 여러 가지 양식 중 대별하면 두 가지를 들 수 있다. 그 중 하나는 남불시인들이 부르기 시작한 연애시, 즉 「샹송」이다. 12세기 후반부터 13세기에 걸쳐 몇몇 시인들에[2] 의해 대표되는 궁정풍 샹송은 작자의 높은 신분에 알맞은 귀족적 세련, 절도 있는 기교로써 사랑을 노래한 것인데,

1) 남에서 북으로 서정시가 전파되는데 결정적 계기가 된 것은 알리에노르 다키텐(Aliénor d'Aquitaine, 남불시인 troubadours의 가장 오랜 대표자였던 프와띠에공 Guillaume 9세의 딸)과 프랑스 국왕 루이 7세와의 결혼이었다.

2) 코농 드 베퇸느(Conon de Béthune) (제3회 십자군에 참가, 1220 사망), 꾸시 성주 Chatelain de Coucy(-1204), 티보 드 샹파뉴 Thibaud de Champagne(-1253) 등을 들 수 있다.

이 사랑의 주제도 개인의 정열적인 감정이라기보다는 중세의 기사도 정신을 바탕으로 한 이른바 「미덕의 원천으로서의 사랑(amour-vertu)」이라 함이 옳다.

이에 비해 또 하나의 유형은 보다 경쾌하고 평이해 시라기보다는 가요의 성격을 띤 리듬과 내용을 가진 것으로 배경도 무도장, 도시의 거리, 때로는 전원 등으로 변하고 등장인물도 뜨개질하는 여인, 방랑하는 기사, 목장의 처녀 등이다. 이 또 하나의 가요, 목가는 「로망스」란 이름으로 불리고 있다. 우리가 기억해야 할 가장 뛰어난 시인은 아마도 뤼뜨뵈프(Rutebeuf)일 것이다.

그러나 15세기에 이르러 우리는 중세시를 크게 비약케 하는 2대 시인의 출현을 보게 된다. 샤를르 도르레앙(Chales d'Orléans)과 비용(Villon), 이들이 산 시대는 백년전쟁(1338-1453)의 말기였다. 프랑스 국왕 샤를르 6세의 조카인 샤를르(1394-1465)는 참전했다가 포로가 되어 25년간 영국에서 포로 생활을 하는 동안 프랑스에 남아 있는 사랑하는 여인과 전란에 휘말린 조국에 대한 사모의 정을 시에 담았다.

샤를르와는 달리 서민 출신으로서 파리 대학의 고등교육을 받았으나 살인과 절도죄로 두세 차례나 사형 선고를 받기도 한 불우한 암흑의 시인 비용은 사회의 밑바닥을 전전하면서 타오르는 불멸의 시정신에 자신의 영혼을 위탁하며 보기 드문 솔직하고 대담한 자기고백의 시들을 남겼다. 다음 세기의 시인 마로(Marot)는 그를 「이 세상에 존재한 최고의 파리 시인」으로 추앙하고 있다.

연극 Le théâtre

중세의 연극은 먼저 교회 앞뜰에 설치된 무대 위에서 성서 안의 여러 사건들을 극화해 보여준 「종교극」의 형태로 시작됐다. 처음에는 라틴어가 사용되고 배우도 승려들이었으나 12세기 후반부터는 비성직자들에 의해 속어로 연출됐고 무대도 도시의 광장으로 옮겨졌다. 주제도 인간계의 사건이 진행되는 중에 성모가 기적을 통해 나타나는 형식으로 발전해 이른바 「기적극」(miracles)이 13세기에서 14세기에 걸쳐 크게 발전했다. 시인 뤼뜨뵈프(Rutebeuf)의 『테오필의 기적(*Le Miracle de Théophile*)』은 가장 유명한 것으로 전해지고 있다.

15세기에는 다시 신구약 성서에서 취재된 종교극이 『성사극(mystères)』이란 이름으로 대규모의 민중 예술로서 등장하게 된다. 각지마다 「수난극회(受難劇會, Confréries de la Passion)」가 조직되어 이 연극을 지원했는데, 창세에서 그리스도의 수난과 부활에 이르기까지의 기나긴 성사를 장장 수일에 걸쳐 공연했다고 한다. 그레방(Arnould Gréban), 미셸(Jean Michel) 등에 의한 『수난극(*Passions*)』은 가장 유명한 것으로 전해지고 있다.

한편 위와 같은 종교극과 함께 13세기경부터 시작되어 15세기에 본격화된 또 하나의 장르, 희극이 있다. 아당 드 라 알(Adam de la Halle)의 『잎 그늘의 극(*Jeu de la Feuillée*)』이나 『로방과 마리옹의 극(*Jeu de Robin et de Marion*)』은 이색적인 작품이었으나 그 후로 이어지지 않았다. 15세기에 이르러 전문적인 극단[1]도 출현하고 다양한 유형들, 즉 우의인물에 의한 「교훈극(moralités)」, 시사문제를 희화화한 「백치극(soties)」, 정치적 · 도덕적 의도를 떠나 오직 관중을 웃기기에 전념한 사실적 경향의 「소극(farces)」 등이 새로이 상연됨으로써 희극은 종교극에 못지않은 인기를 획득했다.

이상 우리는 중세문학의 몇 가지 특징적인 유형들을 개관했다. 끝으로 여기 특기할 일은 중세의 모든 문학이 운문으로 쓰여져 있다는 점이다. Romans courtois나 fabliaux도 예외없이 운문으로 되어 있으며 형태상으로는 시가나 다를 바가 없었다. 오늘날 우리에게 제공되는 중세작품의 현대역은 장르에 따라 편의상 산문의 형태를 취하고 있을 따름이다. 단 하나 예외가 있었는데 그것은 역사와 회고록을 담은 「연대기(les chroniques)」였다. 서술의 성질상 이 부문만은 일찍부터 산문으로 쓰여졌다. 12세기까지는 라틴어로, 그 후는 로망어로 쓰여진 연대기 중에서 중요한 것으로는 죠앙빌(Jean de Joinville)의 『성루이전(*Histoire de saint Louis*)』, 백년전쟁의 파노라마를 보여주

1) 승려들로 구성된 la Bosoche(극회)와 학생, 방랑자들로 구성된 Enfants sans Souci 등이 있다.

는 장 프루와싸르(Jean Froissart)의 『연대기(*Chroniques*)』, 근대적 정론가의 풍모를 보여주는 코민느(Philippe de Commynes)의 『회고록(*Mémoires*)』 등이 있다.

중세불어(中世佛語)의 역사

갈리아(고올)가 로마의 지배를 받던 시대부터 게르만족의 침입을 거쳐 봉건제도가 정착하면서 점차 중세불어로 형성되어 나간 언어의 역사는 매우 복잡하고 혼란된 양상을 띤다. 그 커다란 줄거리는 대략 다음과 같다.

갈리아어 le gaulois

로마군이 기원전 58년에 갈리아에 침입했을 때 그곳에 살고 있던 켈트족의 일파인 갈리아(고올)인은 갈리아어를 사용하고 있었다.

구어라틴어 le latin vulgaire

로마에 의해 정복된 후로 갈리아인은 로마인과 피가 섞여 갈로-로망인이 됐고, 문화적으로도 압도된 그들은 갈리아어를 버리고 당시 로마인이 사용하던 구어라틴어를 사용했다. 갈리아어는 지명, 극소수의 동식물, 농경에 관계된 단어가 남아 있다. 수를 세는 20진법(80을 4개의 20으로 표시하는 따위)도 갈리아어의 유물에 속한다.

로망어 le roman

4세기 이후 북방만족(北方蠻族)이 침입해 이 지역을 지배하게 되지만 이 정복 민족은 문화적으로 동화됐고 언어 또한 라틴어가 그대로 잔존했다. 그러나 클로비스왕 이후 4세기 동안 구어라틴어는 발음이나 문법에 있어 현저한 변화를 거듭했고 마침내 이 변화와 혼란의 와중에서 독자적인 특징을 지닌 로망어가 형성되기에 이르렀다.

오일어와 오크어 langue d'oïl, langue d'oc

우리가 사용하는 로망어라는 말은 언어학상으로 하나의 방대한 어족의 총칭으로서, 로마 제국이 붕괴된 후 제국 내에서 라틴어가 각기 독자적인 진화과정을 밟아 형성된 언어들, 오늘날의 이태리어, 스페인어, 포르투갈어, 루마니아어 등은 모두 로망어에 속한다.

프랑스의 국상에는 당초부터 명확하게 구분된 두 개의 방언군이 있었다. 보르도를 기점으로 중앙산맥 북단을 거쳐 그르노블에 이르는 선을 경계로 북에 오일어, 남에 오크어가 형성됐는데, 오일어가 오늘의 프랑스어의 조상에 해당되고 오크어는 남불 프로방스에서 쓰여지는 방언, 프로방스 방언이 됐다.

중세어 le moyen français

한편 오일어도 단일한 것은 아니었다. 중세초기에는 표준어가 없었으며 정치적으로 군웅할거(群雄割據)의 양상을 띤 것과 마찬가지로 언어도 방언할거의 양상을 띠었다. 그러나 12세기경에 이르러 왕권이 점차 확립되고 증강되어감에 따라 왕이 살던 파리는 명실공히 국가의 심장부가 되었으며 이와 예를 같이 하여 파리를 중심으로 한 일 드 프랑스(Ile-de-France)의 방언인 프랑시앙(le francien)이 다른 방언들을 제압하고 표준어의 지위를 굳혀갔다. 14세기에서 16세기에 걸쳐 전세기의 언어보다 한결 통일된 중세어(moyen français)는 이렇게 해서 형성됐다.

〈Bibliographie〉

A. Lagarde et L. Michard : *Moyen Age*, Les Grands Auteurs Français I, Bordas

P. Castex et P. Surer : *Moyen Age*, Manuel des Etudes littéraires françaises, Hachette.

V. L. Saulnier : *La Littérature française du Moyen Age*, Coll. Que sais-je ? P.U.F.

G. Paris : *La Littérature française au Moyen Age*, Hachette

P. Vignaux : *La Pensée au Moyen Age*, Colin, 1938.

E. Gilson : *La Philosophie au Moyen Age*, Payot, 1944.

A. -M. Schmidt : *XIVe et XVe, siècles français. Les sources de l'humanisme*, 1964, Seghers.

P. Le Gentil : *La Littérature française du Moyen Age*, nouvelle édition, A. Colin, 1968.

Charlemagne retrouve le corps de Roland (*cf. p. 35*) Cette miniature de Jean Fouquet (Grandes Chroniques de France, B.N.) montre combien la légende était encore vivante au XVe siècle.

Charlemagne dans la bataille

LA CHANSON DE ROLAND

무훈시(chansons de geste) 중 가장 오래되고 가장 아름다운 *la Chanson de Roland*은 12세기 초에 쓰여진 것으로 알려져 있다. 11세기 말부터 12세기에 걸쳐 탄생한 일련의 무훈시는 전쟁을 노래한 서사시(épopée)로서, 등장인물들은 주로 카롤로 왕조(les Carolingiens)의 영웅들이었지만 그들의 감정과 이상은 십자군 원정 초기의 것이었다. 이 시는 이름이 알려져 있지 않은 시인들, 이른바 trouvères(음유시인)에 의해 지어졌고 jongleurs에 의해 낭송되거나 가락에 맞춰 불렸다. 13세기에 이르러 약 80편에 달하는 무훈시는 몇 개의 군(cycle)으로 나뉘는데, 예컨대 le cycle du Roi(ou de Charlemagne), le cycle de Guillaume d'Orange, le cycle de Doon de Mayence 등이 있다.

*La Chanson de Roland*의 배경에는 거의 모든 무훈시가 그렇듯이 하나의 역사적 사건이 있다. 778년, 젊은 왕 Charles(훗날 Charlemagne대제)가 스페인 원정에서 돌아오는 길에 피레네 산중의 Ronceveaux계곡에서 바스크족 토비(土匪)의 습격을 받아 후위 부대가 전멸을 당했다. 그런데 이 사실은 그 후 오랜 세월이 흐르는 사이에 여러모로 변화되고 미화돼, 3세기 후 「로랑의 노래」로 나타날 때는 사실은 11세기 당시의 감정과 사상으로 착색된 하나의 전설로 변질되어 버린 것이다. Charles왕이 스페인에 원정한 것은 스페인 제후의 내란에 개입한 단순한 침략 전쟁이었으나 이제 이것은 회교도 토벌을 위한 신성한 전쟁으로 탈바꿈했고, 바스크의 토비는 이교도 사라센인으로 바뀌었으며, 용사 Roland은 신과 왕에 충성을 다한 용감한 성자로 변모했다.

중세 서사시의 탄생에는 여러 가지 학설이 있다. 서사시에 앞서 자연 발생적으로 태어난 수많은 단시들(cantilènes)이 있어 승리의 감격 또는 패배의 쓰라림을 노래했던 것인데, 훗날 위대한 서사시인이 산재한 이 시들을 모아 하나의 통일된 방대한 전설로 재구성함으로써 서사시가 탄생했다는 가설이 있는가 하면(Gaston Paris: théorie des cantilènes), 서사시의 배경에는 유명한 성전들, 위험이 도사린 순례의 길, 신앙을 위해 싸운 용사들의 추억 등이 얽힌 일련의 〈서사적 전설〉이 있었으며 서사시는 이 전설들을 작품화한 것이라는 설(Joseph Bédier: théorie des légendes)도 있다. 이 문제는 아직도 확실한 결말을 보지 못했지만 서사시에 관해 우리는 다음과 같은 사실에 주목하고자 한다. 첫째로, 무훈시는 그 주제를 이루고 있는 사건이 발생한 지 긴 세월이 지난 후에야 쓰여진 것으로서, 당시 널리 퍼져 있던 카롤로 왕조의 전설과 십자군 원정의 종교적 열정이 결합됨으로써 결실됐다는 사실과, 다음으로 그것이 고도의 고전적 교양과 수사학적 기법을 갖춘 매우 탁월한 시인에 의해 쓰여졌다는 사실이다. 프랑스의 무훈시는 그 무엇보다도 이 위대한 시인들의 작품인 것이다.

〈ETUDES〉

P. Le Gentil : *La Chanson de Roland*, Hatier, 1967.
J. Rychner : *Essai sur l'art épique des jongleurs*, Droz, 1967.

LA LAIDE TRAHISON

7년 전부터 Charlemagne의 프랑스군의 공격을 받아온 회교도 적왕 Marsile은 사자를 보내 화의를 제의한다. Charlemagne 진영에서는 이 화의를 받아들일 것인가에 대해 찬반 양론이 대립하는

데, Roland은 끝까지 싸울 것을, 그리고 그의 계부 Ganelon은 화평 수락을 주장한다. 대세는 후자로 기울어져 마침내 Ganelon이 사절로 파송되는데, 그는 Roland이 자신의 죽음을 원하는 것으로 오해하고 복수를 꾀한다. 단신으로 적군에 뛰어든 Ganelon은 Marsile왕의 분노를 불러일으키고 이 분노를 교묘히 Roland에게 집중시키며 프랑스군 후위 부대를 공략할 계략을 함께 짠다. 그 결과가 Ronceveaux계곡의 전투였다. 우리는 Ganelon과 Marsile의 대화를 통해 스스로 배반으로 기울어지는, 그리고 배반으로 기울게 하는 이 두 사람의 심리적 드라마가 얼마나 섬세하게 묘사되는가를 보게 될 것이다.

« Beau sire Ganelon », lui dit Marsile, « je vous ai traité avec légèreté quand, prêt à vous frapper, j'ai montré ma grande colère. Je m'y engage par ces peaux de zibeline,[1] qui valent plus de cinq cents livres d'or : avant demain soir vous en aurez une belle amende.[2] » Ganelon répond : « Je ne refuse pas. Que Dieu, s'il lui plaît, vous en récompense.»

XL. Marsile dit : « Ganelon, en vérité, sachez-le, j'ai le désir de beaucoup vous aimer. Je veux vous entendre parler de Charlemagne. Il est très vieux, il a usé son temps ; à mon idée, il a deux cents ans passés. Par tant de terres il a mené son corps, il a reçu tant de coups sur son bouclier ; tant de riches rois qu'il a conduits à mendier ! Quand sera-t-il lassé de guerroyer ? » Ganelon répond : « Charles n'est pas ainsi. Quiconque le voit et sait le connaître dit que l'empereur est un preux. J'aurais beau le vanter et le louer : il y a en lui plus d'honneur et de vertu que je ne saurais dire. Sa grande valeur,[3] qui pourrait la conter ? Dieu l'a illuminé de tant de noblesse qu'il aimerait mieux mourir que d'abandonner ses barons.[4] »

XLI. Le païen dit : « Je m'émerveille de Charlemagne, qui est vieux et chenu ! A mon idée, il a deux cents ans et plus. Par tant de terres, il a fatigué son corps ; il a reçu tant de coups de lances et d'épieux ;[5] tant de riches rois qu'il a conduits à mendier ! Quand sera-t-il recru[6] de guerroyer ?– Pas aussi longtemps, dit Ganelon, que vivra son neveu.[7] Il n'y a tel vassal sous la chape du ciel. Très preux aussi est son compagnon Olivier ; les

1) peaux de zibeline :「검은 담비의 모피」(북극에서 온 것으로 매우 값진 것)
2) amende = réparation(보상)
3) valeur = vaillance, courage
4) 전설 속 Charlemagne대왕의 위대하고, 고귀하고, 용맹한 모습
5) épieux :「두툼하고 짤막한 창」
6) recru = harassé, très fatigué
7) pas aussi longtemps … que vivra son neveu :「그의 조카가 살아 있는 동안은 그렇게 되지 않을 것이오.」

douze pairs, que Charles aime tant, forment l'avant-garde, avec vingt mille chevaliers. Charles est en sûreté et ne craint aucun homme.[1] »

XLII. Le Sarrasin dit : « Je m'émerveille grandement de Charlemagne qui est chenu et blanc ! A mon idée, il a plus de deux cents ans. Par tant de terres il est allé en conquérant ; il a reçu tant de coups de bons épieux tranchants ; tant de riches rois qu'il a tués et vaincus sur le champ de bataille ! Quand sera-t-il lassé de guerroyer ? – Pas aussi longtemps, répond Ganelon, que vivra Roland : il n'y a tel vassal d'ici en Orient. Très preux aussi est Olivier, son compagnon ; les douze pairs, que Charles aime tant, forment l'avant-garde avec vingt mille Français. Charles est en sûreté, et ne craint homme vivant.»

XLLIII. « Beau sire Ganelon, dit le roi Marsile, j'ai une telle armée que vous n'en verrez pas de plus belle ; je puis avoir quatre cent mille chevaliers : puis-je combattre Charles et les Français ? » Ganelon répond : « Pas pour cette fois ! Vous y perdriez beaucoup de vos païens. Laissez la folie ; tenez-vous à la sagesse ! Donnez à l'empereur tant de richesses qu'il n'y ait Français qui ne s'en émerveille. Pour vingt otages que vous lui enverrez,[2] en douce France s'en retournera le roi ; il laissera son arrière-garde derrière lui. Il y aura son neveu, le comte Roland, je crois, et Olivier, le preux et le courtois. Ils sont morts, les deux comtes, si l'on m'en croit. Charles verra son grand orgueil tomber ; il n'aura plus jamais le désir de guerroyer contre vous.[3] »

XLIV. « Beau sire Ganelon, dit Marsile, comment pourrai-je faire périr Roland ? » Ganelon répond : « Je sais bien vous le dire. Le roi sera aux meilleurs ports[4] de Cize ; il aura mis derrière lui son arrière-garde. Il y aura son neveu, le comte Roland, le puissant, et Olivier, en qui tant il se fie. Ils ont vingt mille Français en leur compagnie. De vos païens envoyez-leur cent mille, qui leur livreront une première bataille ; la gent de France y sera blessée et meurtrie, et il y aura, je ne le nie pas, grand massacre des vôtres. Livrezleur de même une seconde bataille : de l'une ou de l'autre, Roland n'échappera pas. Alors vous aurez fait un bel exploit

---

1) Ganelon은 Charlemagne의 위대함을 말한 다음, 그의 휘하 장병 및 전략에 대해 이야기함으로써 최초의 정보 제공을 한다(그의 배반의 제1단계).

2) pour vingt otages que vous lui enverrez : 「당신이 그에게 20명의 볼모를 보낸다면」

3) 여기서 Ganelon은 Charlemagne를 회유하는 방법을 말함과 동시에 그의 철수 작전에 관한 정보를 제공한다(배반의 제2단계).

4) ports = col pyrénéen(lat. *porlus* : passage)

et vous n'aurez plus de guerre en toute votre vie.[1)]

XLV. Si Roland pouvait y trouver la mort, Charles perdrait le bras droit de son corps et les merveilleuses armées resteraient en paix. Charles n'assemblerait plus de si grandes forces et la Terre des Aïeux resterait en repos.» Quand Marsile l'entend, il l'a baisé au cou, puis il commence à offrir ses trésors…[2)]

ROLAND REFUSE DE SONNER DU COR

Charlemagne는 Ganelon이 추천하는 대로 Roland에게 후위 부대를 맡기고 피레네 산맥을 넘어 고국으로 향한다. 후위 부대 2만 명이 Ronceveau에 다다랐을 때 10만의 회교군이 습격한다. 중과부적으로 Roland의 부대는 궁지에 몰린다. 친구 Olivier는 Roland에게 뿔피리를 불어 본대에 알릴 것을 권한다. 지장(智將) 올리비에는 프랑스군의 무참한 패배와 희생을 막기를 원한다. 그러나 용사의 명예를 귀히 여기는 가장(家將) Roland은 뿔피리를 불 것인가.

Olivier dit : « Les païens sont en force ; et nos Français, ce me semble, sont bien peu ! Compagnon Roland, sonnez de votre cor ; Charles l'entendra et l'armée reviendra.» Roland répond : « J'agirais comme un fou ! En douce France j'en perdrais mon renom. Je vais frapper, de Durendal,[3)] de grands coups ; sanglante en sera la lame jusqu'à l'or du pommeau. Pour leur malheur les félons païens sont venus à ces ports[4)] : je vous le jure, tous sont frappés de mort ».

LXXXIV. « Compagnon Roland, sonnez votre olifant : Charles l'entendra et fera retourner l'armée ; il nous secourra, avec son baronnage.» Roland répond : « Au Seigneur Dieu ne plaise que pour moi[5)] mes parents soient blâmés, ni que France la douce tombe en déshonneur ! Mais je frapperai de Durendal, ma bonne épée que j'ai ceinte au côté : vous en verrez la lame ensanglantée. Pour leur malheur les félons païens se sont ici

1) Chariemagne의 후위 부대를 섬멸시키고 Roland을 죽게 할 방법을 제시함으로써 Ganelon의 배반은 완결되고 Roland에 대한 복수의 음모가 꾸며진다.

2) Marsile이 Ganelon을 유도하여 배반의 길로 빠져들게 하며 필요한 정보를 얻어내는 교묘함에 주목할 것.

3) Durendal : Roland이 아직 어렸을 때 적왕을 무찌름으로써 얻은 칼의 이름(Charlemagne대왕의 칼은 *Joyeuse*, Olivier의 칼은 *Hauteclaire*라 불렸음)

4) port = col pyrénéen

5) pour moi : 「나로 인해서」 (= à cause de moi). 10행의 pour des palens, 19행의 pour moi도 같은 뜻

rassemblés : je vous le jure, ils sont tous livrés à la mort ».

LXXXV. « Compagnon Roland, sonnez votre olifant : Charles l'entendra, qui passe les ports. Je vous le jure, les Français reviendront. – A Dieu ne plaise, répond Roland, qu'il soit dit par homme vivant que pour des païens j'aie sonné du cor ! Jamais mes parents n'en auront le reproche. Quand je serai dans la grande bataille, et que je frapperai mille coups et sept cents,[1] de Durendal vous verrez l'acier sanglant. Les Français sont braves et frapperont vaillamment : ceux d'Espagne ne sauraient échapper à la mort.»

LXXXVI. Olivier dit : « Je ne sais où serait le blâme. J'ai vu les Sarrasins d'Espagne : couvertes en sont les vallées et les montagnes et les landes et toutes les plaines. Grandes sont les armées de cette gent étrangère et nous n'avons qu'une bien faible troupe.» Roland répond : « Mon ardeur s'en augmente. Ne plaise au Seigneur Dieu ni à ses anges que pour moi France perde sa valeur ! Mieux vaut mourir que tomber dans la honte. C'est parce que nous frappons bien que l'empereur nous préfère.»

LXXXVII. Roland est preux et Olivier est sage. Tous deux ont une merveilleuse vaillance : puisqu'ils sont à cheval et en armes, même pour la mort ils n'esquiveront pas la bataille. Braves sont les comtes et leurs paroles hautes. Les païens félons chevauchent en grande fureur. Olivier dit : « Roland, voyez leur nombre : ceux-ci sont près de nous, mais Charles est trop loin. Votre olifant, vous n'avez pas daigné le sonner ; le roi serait ici et nous n'aurions[2] pas de dommage. Regardez là-haut, vers les ports d'Espagne : vous pouvez voir bien triste arrière-garde. Qui fait celle-ci, jamais n'en fera d'autre.[3] » Roland répond : « Ne dites pas un tel outrage ! Maudit le cœur qui, dans la poitrine, se relâche ! Nous tiendrons ferme, sur place. C'est de nous que viendront les coups et les combats.»

LXXXVIII. – Quand Roland voit qu'il y aura bataille, il se fait plus fier que lion ou léopard. Il s'adresse aux Français, il appelle Olivier : « Sire compagnon, ami, n'en parlez plus ! L'empereur, qui nous laissa les Français, a mis à part ces vingt mille hommes, sachant qu'il n'y avait pas un couard. Pour son signeur on doit souffrir de grands maux et endurer le grand froid, le grand chaud ; on doit perdre du sang et de la chair. Frappe

1) mille coups et sept cents = une multitude de coups를 의미하는 성구

2) 조건법이 쓰인 것은「만약 당신이 뿔피리를 불었더라면…」라는 가정이 전제되기 때문

3) Qui fait celle-ci, n'en fera d'autre :「이 후위 부대를 이루는 자는 다시는 다른 부대를 이루지 못하리라」(이 부대가 전멸 당하리라는 말)

de ta lance et moi de Durendal, ma bonne épée que le roi me donna. Si je meurs, il pourra dire, celui qui l'aura, qu'elle fut à un noble vassal.»

LXXXIX. D'autre part est l'archevêque Turpin. Il éperonne son cheval et monte sur un tertre. Il appelle les Français et leur adresse un sermon : « Seigneurs barons, Charles nous a laissés ici : pour notre roi nous devons bien mourir. Aidez à soutenir la Chrétienté ! Vous aurez bataille, vous en êtes bien sûrs, car de vos yeux vous voyez les Sarrasins. Battez votre coulpe[1] et demandez à Dieu merci[2] ; je vous absoudrai pour sauver vos âmes. Si vous mourez, vous serez de saints martyrs, vous aurez des sièges dans le grand paradis.» Les Français descendent de cheval, s'agenouillent à terre, et l'archevêque, au nom de Dieu, les bénit : pour pénitence il leur commande de frapper.[3]

ROLAND SONNE DU COR

전투 결과는 예상한 바와 같았다. 프랑스군은 무참히 쓰러졌고 전멸의 위기에 처하게 됐다. Roland은 신의 적이 승리에 도취되는 것을 용서할 수가 없어 마침내 뿔피리를 불 것을 결심한다. 이번에는 Olivier가 이에 반대한다 : 「치욕을 맛보기보다는 죽는 것이 낫다」. 시인은 사건의 극적인 구성으로 비극적 분위기를 고조시키고 있다. 뿔피리를 듣고 회국한 Charlemagne는 Marsile왕의 대군을 섬멸했을 뿐만 아니라, 바다를 건너 원병을 이끌고 온 이단의 교왕 Baligan의 대군도 전멸시킨다. 대승리를 안고 개선한 왕은 Roland을 후히 장사지내고, 배반자 Ganelon은 극형에 처해진다. Roland의 약혼녀 Aude는 비보를 듣자 그 자리에 쓰러져 숨을 거둔다.

Le comte Roland voit qu'il y a grande perte des siens ; il appelle Olivier, son compagnon : « Beau Sire, cher compagnon, pour Dieu, que vous en semble ? Voyez tant de bons vassaux qui gisent à terre ! Nous pouvons plaindre France la douce, la belle : de tels barons, comme elle reste déserte ![4] Ah ! roi, mon ami, que n'êtes-vous ici ?[5] Olivier, frère, comment

---

1) Battez votre coulpe = Confessez vos fautes (*mea culpa* –「나의 죄」를 의미하는 라틴어), en vous frappant la poitrine.

2) merci = grâce

3) 당시 기사들의 종교적 열정을 간결하고도 명확하게 표현(frapper는 battre sa coulpe와 같은 뜻 : 「가슴을 치며 죄를 고백하다」)

4) de tels barons, comme elle reste déserte ! = comme elle reste déserte de tels barons !「프랑스는 이 용장들을 잃고 마는구려 !」

5) que n'êtes-vous ici ? = pourquoi n'êtesvous pas ici ?

pourrons-nous faire ? Comment lui mander de nos nouvelles ? Olivier dit : « Je ne sais comment l'appeler. Mieux vaut mourir que d'attirer sur nous la honte.»

CXXIX. Roland dit : « Je sonnerai l'olifant. Chareles l'entendra, qui passe les ports. Je vous le jure, les Français reviendront.» Olivier dit : « La honte serait grande, et l'opprobre sur tous vos parents : cette honte durerait toute leur vie ! Quand je vous l'ai dit, vous n'en avez rien fait ; vous ne le ferez pas avec mon assentiment : si vous sonnez du cor, ce ne sera pas d'un vaillant.[1] Mais vous avez déjà les deux bras sanglants ! » Le comte répond : « J'ai frappé de beaux coups ! »

CXXX. Roland dit : « Notre bataille est rude ; je sonnerai du cor, le roi Charles l'entendra.» Olivier dit : « Ce ne serait pas d'un brave ! Quand je vous l'ai dit, compagnon, vous n'avez pas daigné. Si le roi eût été ici, nous n'aurions pas subi de désastre. Ceux qui sont là n'en doivent pas avoir de blâme.[2] Par ma barbe,[3] si je puis revoir ma gente sœur Aude,[4] vous ne serez jamais dans ses bras ! »

CXXXI. Roland dit : « Pourquoi cette colère contre moi ? » L'autre répond : « Compagnon, c'est vous le responsable, car la vaillance sensée n'est pas la folie : mieux vaut mesure que présomption. Les Français sont morts par votre légèreté. Jamais plus nous ne serons au service de Charles. Si vous m'aviez cru, mon seigneur serait revenu ; cette bataille, nous l'aurions remportée ; ou pris ou mort serait le roi Marsile. Votre prouesse, Roland, c'est pour notre malheur que nous l'avons vue ! Charles le Grand ne recevra plus notre aide. Il n'y aura plus un tel homme jusqu'au jugement dernier. Mais vous allez mourir et la France en sera honnie. Aujourd'hui va finir notre loyale amitié : avant ce soir notre séparation sera bien douloureuse.[5] »

CXXXII. L'Archevêque les entend se quereller ; il pique son cheval de ses éperons d'or pur, vient jusqu'à eux et se met à les reprendre :

---

1) 여기서 Olivier는 Roland이 앞서 반대하면서 하던 말을 그대로 인용하며 반격한다(cf. LXXXIV, LXXXV, LXXXVII).

2) …n'en doivent pas avoir de blâme : 「그것으로 인해서 비난을 받게 되지는 않을 것이오」(cf. LXXXVI).

3) par ma barbe : 「결단코」(감탄사적인 표현–고어)

4) Aude : Roland의 약혼녀

5) Roland에 대한 Olivier의 야유섞인 신랄한 비난은 이 우정의 말로써 누그러지며 부드러운 여운을 남긴다. 한편, Olivier의 지혜의 교훈이 어떤 것인가를 명확히 하고 있다.

« Sire Roland, et vous, Sire Olivier, pour Dieu, je vous en prie, ne vous querellez pas ! Sonner du cor ne nous servirait plus ; et cependant cela vaudrait mieux : vienne le roi,[1] il pourra nous venger ; ceux d'Espagne ne doivent pas s'en retourner joyeux. Nos Français descendront de cheval ; ils nous trouveront morts et déchirés ; ils nous mettront en bière et nous emporteront sur leurs chevaux ; ils nous pleureront, pleins de deuil et de pitié ; ils nous enterreront dans la cour des moutiers.[2] Ni loups, niporcs, ni chiens ne nous mangeront.» Roland répond : « Sire, vous dites bien.»

CXXXIII. Roland a mis l'olifant à sa bouche ; il l'enfonce bien, sonne avec grande force. Hauts sont les monts et la voix porte loin : à trente grandes lieues on l'entendit se répercuter. Charles l'entend, et tous ses compagnons. Le roi dit : « Nos hommes livrent bataille ! » Ganelon lui répliqua : « Si un autre l'eût dit, cela paraîtrait grand mensonge ! »

CXXXIV. Le comte Roland, à grand-peine, à grand effort, à grande douleur, sonne son olifant. De sa bouche jaillit le sang clair ; de son chef la tempe se rompt. Du cor qu'il tient, le son porte fort loin : Charles l'entend, qui passe les ports. Le duc Naimes[3] l'entend, et tous les Français l'écoutent. Le roi dit : « J'entends le cor de Roland ! Jamais il n'en sonnerait s'il ne livrait bataille.» Ganelon répond : « De bataille, il n'y en a pas ! Vous êtes déjà vieux, tout fleuri et tout blanc ; par de telles paroles vous ressemblez à un enfant. Vous connaissez bien le grand orgueil de Roland : c'est merveille que Dieu le souffre si longtemps. Il a déjà pris Noples sans votre ordre··· Pour un seul lièvre il va sonnant du cor, tout un jour. Devant ses pairs, il doit encore s'amuser. Il n'y a pas homme sous le ciel qui ose le provoquer. Chevauchez donc ! Pourquoi vous arrêter ? La Terre des Aïeux est encore bien loin devant nous.»

CXXXV. Le comte Roland a la bouche sanglante. De son chef la tempe s'est rompue. Il sonne l'olifant, à grande douleur, à grand'peine. Charles l'entend, et ses Français l'entendent. Le roi dit : « Ce cor a longue haleine ! » Le duc Naimes répond : « C'est qu'un baron y prend peine ! Il y a bataille, j'en suis sûr. Celui-là

---

1) vienne le roi = Que le roi vienne 「왕이 돌아온다면」

2) moutiers = monastères

3) Le duc Naimes : Charlemagne대왕의 친구이자 조언자.

l'a trahi qui vous en veut détourner. Armez-vous, lancez votre cri de ralliement et secourez votre noble maison :[1] vous entendez assez que Roland se lamente ! »

CXXXVI. L'empereur a fait sonner ses cors. Les Français mettent pied à terre, et s'arment de hauberts et de heaumes et d'épées ornées d'or. Ils ont des écus et des épieux grands et forts, et des gonfanons blancs, vermeils et bleus. Tous les barons de l'armée montent sur leurs destriers. Ils éperonnent aussi longtemps que durent les défilés. Pas un qui ne dise à l'autre : « Si nous voyions Roland avant qu'il ne soit mort, avec lui nous donnerions de grands coups.» Mais à quoi bon ? Ils ont trop attendu.

LA MORT DE ROLAND

여기 Roland의 죽음을 묘사하는 텍스트를 통해 시인은 이 위대한 용사의 내적 삶을 우리에게 보여 주고 있다. 그는 뛰어난 용기와 드높은 명예심에 불타는 용사일 뿐만 아니라 신의 봉사자로서 스스로 희생의 제물이 되는 신앙의 투사였다. 중세 기사의 이상을 실천한 그에게는 신의 성스런 보상이 약속돼 있다.

Roland frappe contre une pierre bise, plus en abat que je ne vous sais dire. L'épée grince, mais elle n'éclate ni ne se brise ; vers le ciel elle rebondit. Quand le comte voit qu'il ne la brisera pas, très doucement, il la plaint en lui-même : « Ah ! Durendal, comme tu es belle et sainte ! Dans ton pommeau doré, il y a beaucoup de reliques : une dent de saint Pierre, du sang de saint Basile[2] et des cheveux de Monseigneur saint Denis,[3] et du vêtement de sainte Marie. Il n'est pas juste que des païens te possèdent : c'est par des chrétiens que vous devez être servie. Ne vous ait homme atteint de couardise ! Par vous, j'aurai conquis tant de vastes terres, que Charles tient, qui a la barbe fleurie ! Et l'empereur en est puissant et riche.»

CLXXIV. Roland sent que la mort le pénètre : de la tête, elle lui descend vers le cœur. Sous un pin il est allé, en courant. Sur l'herbe verte, il s'est couché, face contre terre ; sous lui il place son épée et

1) votre noble maison : 「당신의 귀한 가신들」

2) saint Basile = père de l'Eglise grecque (IVe siècle)

3) Saint-Denis = Paris 최초의 주교(3세기에 순교)

l'olifant. Il a tourné sa tête vers la gent païenne : il veut que Charles dise, et toute son armée, qu'il est mort, le gentil comte, en conquérant. Il bat sa coulpe et menu et souvent ; pour ses péchés il tend vers Dieu son gant.[1)]

CLXXV. Roland sent que son temps est fini ; tourné vers l'Espagne, il est sur un tertre aigu ; d'une main il frappe sa poitrine : « Dieu, mea culpa,[2)] par ta puissance, pour les péchés, grands et menus, que j'ai commis depuis l'heure où je suis né jusqu'à ce jour où je suis frappé à mort ! » Il a tendu vers Dieu son gant droit. Les anges du ciel descendent vers lui.

CLXXVI. Le comte Roland se couche sous un pin : vers l'Espagne il a tourné son visage. De bien des choses lui vient le souvenir : de tant de terres qu'il a conquises, le baron, de douce France, des hommes de son lignage, de Charlemagne, son seigneur, qui l'a nourri ; il ne peut s'empêcher d'en pleurer et d'en soupirer. Mais il ne veut pas s'oublier lui-même ; il bat sa coulpe et demande à Dieu merci : « Vrai Père, qui jamais ne mentis, qui ressuscitas des morts saint Lazare et sauvas Daniel[3)] des lions, sauve mon âme de tous les périls, pour les péchés que j'ai faits en ma vie ! » Il a offert à Dieu son gant droit. Saint Gabriel[4)] l'a pris de sa main. Sur son bras, il tient sa tête inclinée ; les mains jointes ; il est allé à sa fin. Dieu lui envoie son ange chérubin[5)] et saint Michel du Péril ;[6)] avec eux y vint saint Gabriel. Ils portent l'âme du comte en paradis.

LES LAIS DE MARIE DE FRANCE

프랑스 문학사상 최초의 여류시인 Marie de France는 12세기 후반 영국의 Henri 2세와 Alienor d'Aquitaine의 궁정에서 살았다. 라틴어와 영어를 알았고 당대의 프랑스 문학에 정통했던 그녀는 Isopet(이솝우화)를 쓰기도 했지만 특히 다수의 주옥같은 단시들을 남겼다.

Lai는 〈chanson〉을 의미하는 말로서 처음에는 전설을 주제로 불린 노래였으나, Marie de France는 같은 전설을 서술적인 단시의 형태로 옮겨 놓음으로써 중세 romans courtois의 한 유형을 만들었

1) 군주에 대한 가신의 예를 상징
2) mea culpa = 〔라틴어〕 c'est ma faute. (*cf.* 7, 18행 : *il bat sa coulpe*).
3) 신약성서에 나오는 라자로의 부활과 구약성서에 나오는 선지자 다니엘의 구원(사자굴에서 구출)을 이야기한 것
4) Saint Gabriel : 일반적으로 신과 인간 사이의 중계자로 간주됨.
5) son ange chérubin = Saint Raphaël.
6) Saint Michel du Péril : Mont Saint-Michel의 수호신

다. 8음절로 된 이 단시는 오늘날 12편 가량이 전해 내려오고 있다.

〈ETUDES〉

J. Frappier : *La poésie lyrique en France aux XVIIe et XVIIIe siècles*, Paris(C. D.V.) 1960.

LE LAI DU LAOSTIC

Laostic은 불어로 〈rossignol〉의 뜻을 가진 브르타뉴어로, 이 시는 맺지 못할 연인의 애달픈 사랑을 노래하고 있다. 섬세한 감정의 움직임과 그윽한 우수를 갖가지 상징과 대조를 통해 나타내는 이 시는 신비로운 매력을 풍긴다. 여기 실린 텍스트는 산문체 현대어로 번역된 것이다.

Ils s'aimèrent ainsi, longtemps, d'amour réciproque, jusqu'à un soir d'été, quand les bois et les prés reverdissent et que les vergers sont fleuris. Les oiselets, en grande douceur, chantent leur joie parmi les fleurs.[1)] Celui qui aime selon son désir, est-ce étonnant qu'il s'y livre entièrement ? Du chevalier je vous dirai la vérité : il s'y livre de tout son pouvoir ; et la dame aussi, de son côté, toute en parlers et en regards ! La nuit, quand la lune luisait et que son seigneur était couché, souvent elle se levait et s'enveloppait de son manteau. Elle venait se mettre à la fenêtre, car, elle le savait, son ami était à la sienne : il veillait la plus grande partie de la nuit. Ils avaient du moins le plaisir de se voir puisqu'ils ne pouvaient avoir davantage.

Elle se tint si souvent à la fenêtre, elle se leva si souvent, que son seigneur s'en irrita et maintes fois lui demanda pourquoi elle se levait et où elle allait : « Sire, lui répond la dame, il ne connaît pas le bonheur de ce monde celui qui n'entend pas le laostic chanter : voilà pourquoi je me tiens ici. Je l'entends si doucement, la nuit, que cela me semble un grand plaisir.[2)] Il me charme si bien, je désire tant l'entendre, que je ne puis en fermer l'œil ! » Quand le seigneur entend ce langage, de colère et de méchanceté il se met à rire. Il lui vient une idée : il prendra le laostic. Il n'est valet dans sa maison qui ne prépare engin, rets ou lacet : ils les placent dans le verger. Pas un coudrier, pas un châtaignier qui ne soit muni de lacets ou de glu : le voilà pris et retenu.

---

1) 자연의 묘사와 사랑의 감정 사이의 조화에 주목할 것

2) 밤꾀꼬리의 노래는 사랑의 노래를 상징

Quand ils ont pris le laostic, ils le remettent, tout vif, à leur seigneur. Il fut plein de joie quand il le tint. Il vint à la chambre de la dame : « Dame, fait-il, où êtes-vous ? Avancez ! parlez-moi ! J'ai pris à la glu le laostic, pour lequel vous avez tant veillé ! Désormais vous pourrez dormir en paix : il ne vous éveillera plus ! » Quand la dame l'a entendu, elle est dolente[1] et affligée : elle le demande à son seigneur. Mais, de colère, il le tua. Il lui brisa le cou de ses deux mains : ce fut grande vilenie ! Il jeta sur la dame le corps de l'oiseau, et lui tacha sa robe, un peu, devant, sur la poitrine.[2] Puis, il sort de la chambre.

La dame recueille le petit corps. Elle pleure amèrement, elle maudit ceux qui ont pris le laostic avec leurs engins et leurs lacets, car ils l'ont privée d'un grand bonheur : « Hélas ! fait-elle, quel malheur ! Je ne pourrai plus me lever la nuit, ni me tenir à la fenêtre où j'ai coutume de voir mon ami. Je sais une chose, à coup sûr : il croira que je me dérobe. Il faut donc que j'avise : je lui enverrai le laostic et lui ferai savoir cette aventure ! » En une pièce de satin brodé de lettres d'or, elle enveloppe l'oiselet. Elle appelle un valet, le charge de son message et l'adresse à son ami. Il arrive auprès du chevalier, le salue de la part de sa dame, lui transmet son message et lui offre le laostic.

Quand il eut tout dit, tout montré, le chevalier qui l'avait bien écouté fut désolé de l'aventure, mais ne se montra ni vilain ni lent : il fait forger un coffret, non pas de fer ni d'acier, mais tout d'or fin, orné de belles pierres infiniment précieuses, d'une immense valeur ; le couvercle en était fort bien ajusté. Il y plaça le laostic, puis il a fait sceller la chasse :[3] toujours il la fait porter avec lui.

Cette aventure se répandit : on ne put longtemps la celer. Les Bretons en firent un lai qu'on appelle « Le Laostic ».

TRISTAN ET ISEUT

Tristan et Iseut의 이야기는 당시 전유럽에 널리 퍼져 있던 켈트 전설로서, 오늘날 이 전설을 전체적으로 우리에게 전해주는 원본은 발견되지 않는다. Bédier는 유럽 각국에 산재되어 있는 이 전설의 단편적인 이야기들을 비교 연구한 끝에 *Le Roman de Tristan et Iseut*를 재구성했는데, 여기 수록한 텍

1) dolente = accablée de douleur(*doleo* : 「비통한」)

2) 여기서도 상징적인 묘사가 계속됨.

3) 이 행동의 상징적 의미에 주의할 것(la chasse : 「사냥에서 잡은 것」)

스트는 그 안에서 발췌한 것이다.

이 전설과 관련해 우리가 기억해야 할 프랑스 시인으로는 12세기 후반의 Béroul과 말엽의 Thomas이다. 이들은 각기 장문의 Tristan을 썼는데, 오늘날 3천행 가량의 단편들이 전해져 온다. 사랑의 절대적 감정, 생과 죽음을 통해 지배하는 숙명적 힘을 주제로 한 이 시는 그 안에 담긴 강렬한 비극성으로써 서구인의 감성에 깊고 영속적인 감명을 주어 왔으며, Wagner는 이것을 주제로 불후의 명작을 남기기도 했다.

〈ŒUVRE〉

Le Roman de Tristan et Iseut, J. Bédier (Pizza, 1900).

〈ETUDES〉

M. Wilmotte : *Les origines du roman en France*, Boivin, 1940.

L'AMOUR PLUS FORT QUE L'EXIL

이 글은 연인을 결합시키는 감정의 힘이 어떤 것인가를 감명 깊게 보여준다. 두 사람을 갈라놓는 공간과 폭풍에도 불구하고 함께 고통받는 이들 사이에는 어떤 신비로운 감정의 일치가 극적으로 이루어진다.

Tristan, immobilisé par sa blessure, gît plein de langueur, en son lit. Rien ne peut le réconforter : il n'est pas de remède qui puisse rien lui faire ou l'aider. Il désire la venue d'Iseut, il ne convoite rien d'autre : sans elle, il ne peut éprouver aucun bien. C'est pour elle qu'il vit : il languit ; il l'attend, en son lit, dans l'espoir qu'elle viendra et qu'elle guérira son mal. Il croit que sans elle il ne vivrait plus.

Tous les jours, il va à la plage pour voir si la nef revient : nul autre désir ne lui tient au cœur. Souvent il fait porter son lit au bord de la mer pour attendre la nef, pour voir comment est la voile.[1] Il ne désire rien d'autre que sa venue : là est toute sa pensée, tout son désir, toute sa volonté. Le monde ne lui est plus rien, si la reine à lui ne vient.

Iseut approche de la terre, mais une violente tempête *la retient au large.*

Iseut dit alors : « Hélas ! malheureuse ! Dieu ne veut pas que je vive assez pour voir mon ami Tristan ; il veut que je sois noyée en mer. Tristan, si j'avais pu vous parler, peu m'importerait de mourir

1) Iseut가 배를 타고 돌아오면 흰 돛을 달기로 되어 있음.

ensuite. Bel ami, quand vous apprendrez ma mort, je sais bien que plus jamais vous n'aurez de consolation. De ma mort vous aurez une telle douleur, ajoutée à votre grande langueur, que jamais plus vous n'en pourrez guérir. Il ne tient pas à moi que je vienne. Si Dieu l'eût voulu, je serais venue ; de votre mal j'aurais pris soin ; car, pour moi, je n'ai pas d'autre douleur que de vous savoir sans secours. C'est ma douleur et ma peine, la grande torture de mon cœur, de penser que, si je meurs, vous n'aurez, ami, aucun soutien contre votre mort. La mort ne me fait rien : si Dieu le veut, je la veux bien. Mais dès que vous l'apprendrez, ami, je sais bien que vous en mourrez.

Tel est notre amour : je ne puis, sans vous, éprouver de douleur ; vous ne pouvez, sans moi, mourir, et je ne puis, sans vous, périr.[1)] Si je dois périr en mer, c'est que vous devez aussi vous noyer. Or, vous ne pouvez vous noyer en terre : c'est donc que vous êtes venu en mer me chercher. Je vois votre mort devant moi, et je sais bien que je dois mourir bientôt. Ami, mon espoir est déçu, car je croyais mourir en vos bras, et être ensevelie avec vous en un même cercueil···

– Eh ! si Dieu le veut, il en sera ainsi ![2)]

– En mer, ami, que chercheriez-vous ? Je ne sais ce que vous y feriez ! Mais moi, ami, j'y suis et j'y mourrai ; sans vous, Tristan, je vais me noyer. Ce m'est une belle, douce et tendre consolation que ma mort vous soit toujours ignorée. Loin d'ici, elle ne sera jamais connue : je ne sais personne, ami, qui vous la dise.[3)]

Après moi, vous vivrez longuement et vous attendrez ma venue. S'il plaît à Dieu, vous pouvez guérir : c'est ce que je désire le plus. Je souhaite bien plus votre santé que je ne désire aborder à terre. Mais pour vous j'ai si tendre amour, ami, que je dois craindre après ma mort, si vous guérissez, qu'en votre vie vous ne m'oubliez ; ou que vous n'ayez l'amour d'une autre femme, Tristan, après ma mort. Ami, certes, je crains au moins et je redoute Iseut aux blanches mains. Dois-je la redouter ? Je ne sais. Mais si vous étiez mort avant moi, après vous je vivrais peu de temps.

---

1) 두 사람의 절대적인 결합에 대한 가장 강력한 표현들이 이어져나가고 있다. 생사를 초월하여 결합된 이들은 그 어떤 것에 의해서도 갈라질 수 없다. Marie de France는 그의 *Lai du Chèvrefeuille*에서 이들의 결합을 다음과 같이 노래하고 있다. "Belle amie, si est de nous Ni vous sans moi, ni moi sans vous."

2) 두 사람 사이에 가상적인 대화가 엮여 나간다.

3) Iseut의 감정의 섬세함이 엿보이는 구절

Certes, je ne sais que faire, mais par-dessus tout, je vous désire. Dieu nous donne de nous réunir, pour que je puisse, ami, vous guérir, ou que nous mourions tous deux de même angoisse ! »

Tristan et Iseut (v. 1487-1694).

L'AMOUR PLUS FORT QUE LA MORT

*Tristan et Iseut*의 이야기 중에서 가장 감동적이고 잘 알려진 부분이 바로 이 죽음의 장면이다. 지나치게 섬세한 흠이 있었던 Thomas는 이 최후의 장면 묘사에 있어 간결하고도 정확한 분석으로써 이야기의 끝을 밀도 있게 장식하고 있다. 주인공들의 태도와 말을 통해 전부 표현되는 그들의 강렬한 사랑의 감정에 종지부를 찍을 수 있는 것은 오직 죽음뿐이다.

Souvent Iseut se plaint de son malheur : ils désirent aborder au rivage, mais ne peuvent l'atteindre. Tristan en est dolent[1] et las. Souvent il se plaint, souvent il soupire pour Iseut que tant il désire : ses yeux pleurent, son corps se tord ; peu s'en faut qu'il ne meure de désir.

En cette angoisse, en cet ennui,[2] Iseut, sa femme, vient à lui, méditant une ruse perfide.[3] Elle dit : « Ami, voici Kaherdin. J'ai vu sa nef, sur la mer, cingler[4] à grand'peine. Néanmoins, je l'ai si bien vue que je l'ai reconnue. Dieu donne qu'il apporte une nouvelle à vous réconforter le cœur ! » Tristan tressaille à cette nouvelle. Il dit à Iseut : « Belle amie, êtes-vous sûre que c'est la nef ? Dites-moi donc comment est la voile ? » Iseut répond : « J'en suis sûre. Sachez que la voile est toute noire. Ils l'ont levée très haut, car le vent leur fait défaut.»

Tristan en a si grande douleur que jamais il n'en eut et n'en aura de plus grande. Il se tourne vers la muraille[5] et dit : « Dieu sauve Iseut et moi ! Puisqu'à moi vous ne voulez venir, par amour pour vous il me faut mourir. Je ne puis plus retenir ma vie. C'est pour vous que je meurs, Iseut, belle amie. Vous n'avez pas pitié de ma langueur, mais de ma mort vous aurez douleur. Ce m'est, amie, grand réconfort de savoir

1) dolent = accablé de douleur

2) ennui = tourment, torture (sens primitif du terme)

3) Tristan이 하얀 돛을 기다리고 있음을 알게 된 그의 아내는 계략을 꾸민다.

4) cingler = faire voile : 「돛을 달다」

5) 절망의 제스처로 해석

que vous aurez pitié de ma mort.» « Amie Iseut ! » dit-il trois fois. A la quatrième il rend l'esprit.

Alors pleurent, par la maison, les chevaliers, les compagnons : leur cri est haut, leur plainte est grande. Chevaliers et serviteurs sortent ; ils portent le corps hors de son lit, puis le couchent sur du velours et le couvrent d'un drap brodé. Le vent s'est levé sur la mer et frappe la voile en plein milieu : il pousse la nef vers la terre. Iseut est sortie de la nef ; elle entend les grandes plaintes dans la rue, les cloches des moutiers, des chapelles. Elle demande aux hommes les nouvelles : pourquoi sonner, pourquoi ces pleurs ? Alors un ancien lui dit : « Belle dame, que Dieu m'aide, nous avons ici grande douleur : nul n'en connut de plus grande. Tristan le preux, le franc, est mort : c'était le soutien de ceux du royaume. Il était généreux pour les pauvres et secourable aux affligés. D'une plaie qu'il avait au corps, en son lit il vient de mourir. Jamais si grand malheur n'advint à notre pauvre peuple ! »

Dès qu'Iseut apprend la nouvelle, de douleur elle ne peut dire un mot. Cette mort l'accable d'une telle souffrance qu'elle va par la rue, vêtements en désordre,[1] devançant les autres, vers le palais. Les Bretons ne virent jamais femme d'une telle beauté : ils se demandent, émerveillés, par la cité, d'où elle vient et qui elle est. Iseut arrive devant le corps ; elle se tourne vers l'Orient[2] et, pour lui, elle prie, en grande pitié : « Ami Tristan, quand vous êtes mort, en raison je ne puis, je ne dois plus vivre. Vous êtes mort par amour pour moi, et je meurs, ami, par tendresse pour vous, puisque je n'ai pu venir à temps pour vous guérir, vous et votre mal. Ami, ami ! de votre mort, jamais rien ne me consolera, ni joie, ni liesse, ni plaisir. Maudit soit cet orage qui m'a tant retenue en mer, ami, que je n'ai pu venir ici ! Si j'étais arrivée à temps, ami, je vous aurais rendu la vie ; je vous aurais parlé doucement de l'amour qui fut entre nous ; j'aurais pleuré notre aventure, notre joie, notre bonheur, la peine et la grande douleur qui ont été en notre amour : j'aurais rappelé tout cela, je vous aurais embrassé, enlacé. Si je n'ai pu vous guérir, ensemble puissions-nous mourir ! Puisque je n'ai pu venir à temps, que je n'ai pu savoir votre aventure et que je suis venue pour votre mort, le même breuvage me consolera. Pour moi vous avez perdu la vie, et j'agirai en vraie amie : pour vous je veux mourir également.

1) Iseut가 여왕이라는 점을 상기할 때 이와 같은 묘사는 더욱 강한 의미를 갖는다.

2) 기도하기 위한 자세

Elle l'embrasse ; elle s'étend, lui baise la bouche et la face ; elle l'embrasse étroitement, corps contre corps, bouche contre bouche. Aussitôt elle rend l'âme et meurt ainsi, tout contre lui, pour la douleur de son ami.[1)]

Ed. F. Michel, t. III (v. 558-680).

LES ROMANS DE LA TABLE RONDE

6세기경, Saxons족에 항거한 켈트의 영웅인 Arthur라는 무사가 있었다. 그 후 그를 주인공으로 한 일련의 전설이 형성됐는데, 그 안에서 그는 Arthur왕이 되고 그의 주위에는 원탁기사라고 불리는 일군의 기사들이 있었다. 이 기사들은 무훈시에 있어서와 같이 용기와 충성의 상징이었을 뿐만 아니라 동시에 사랑과 정열의 대변자기도 했다. 그들은 왕의 명을 받아 험난한 모험의 길을 떠나가지만 그것은 또한 사랑의 절망 끝에 방황하는 방랑의 길이기도 했고, 때로는 여왕에 대한 연모 끝에 외딴 승원에 스스로 갇히는 비련의 쓰라림이기도 했다. 한편 그들의 모험의 배경은 온갖 초자연적 경이와 신비에 넘쳐 있었으며 그들의 한걸음 한걸음은 온 마법의 세계로의 진입이었다.

Arthur왕과 원탁기사에 관한 이 켈트 전설을 차용해 일련의 이야기를 쓴 프랑스 최초의 위대한 작가(romancier)는 다름 아닌 Chrétien de Troyes였다. 8음절 운문으로 된 그의 romans 가운데 특기할 만한 작품으로는 *Lancelot ou le Chevalier à la Charette, Yvain ou le Chevalier au Lion* 등이 있다. 아서왕의 전설을 다루되 그가 살았던 프랑스의 세련된 귀족사회, 특히 Marie de Champagne 궁정의 기사적 사랑의 이상을 반영한 그의 이야기는 신비로운 배경과 그 안에 담긴 인간적이고도 세련된 감정의 파장으로 우리의 심금을 울린다. 그의 최후의 작품 *Perceval*에 이르러서는 세속적 사랑의 이상 대신 신의 비적의 상징인 성배(Graal)가 등장함으로써 종교적 신비주의를 더 짙게 풍긴다.

〈ETUDES〉

G. Cohen : *Le Roman courtois au XIIe siéle : les origines du roman* (cours de Sorbonne, réimpr. 1964).

J. Frappier : *Chrétien de Troyes, l'homme et l'oeuvre*, Boivin, 1957.

YVAIN OU LE CHEVALIER AU LION

아서왕의 기사 중 한 사람인 Yvain은 사자를 뱀으로부터 구해줌으로써 그 사자를 친구로 삼게 된 덕에「사자의 기사」라는 별명을 갖게 됐다. 한편 Brocéliande 숲 속에는 한 마법의 샘이 있어 그 물은 비와 폭풍을 일으키는 힘이 있는 것으로 알려져 있었다. Yvain은 시험 삼아 그 물을 뿌려 봤는데 순식

1) pour la douleur de son ami = pour la douleur que cause la mort de son ami :「그의 애인(의 죽음)으로 인한 고통 때문에」

간에 폭풍우가 몰아쳤다. 그러자 이 샘의 경비를 맡은 그곳의 기사 Esclados le Roux가 그에게 공격을 가해 왔으나 오히려 Yvain에게 죽임을 당하고 그의 아내는 깊은 슬픔에 빠져들었다. Yvain은 죽은 기사의 원수를 갚으려는 그의 병사들의 공격을 다시 받게 되는데, 그는 기사의 아내의 하녀 Lunette의 도움으로 위기를 면한다. 뿐만 아니라 과부의 아름다움에 반한 Yvain은 Lunette의 도움을 받아 사랑의 소원을 성취하기에 이른다.

LUNETTE OU LA DIPLOMATIE

Lunette와 기사의 부인 사이의 이 재치있고 활기찬 대화는 하녀의 교묘한 책략, 부인의 표면적인 정숙함 속에 숨겨진 어떤 미묘한 감정의 움직임, 심리적 묘사의 섬세함 등으로 가히 Marivaux를 연상케 할 만한 것이 있다.

La demoiselle[1] était si intime avec sa dame qu'elle ne craignait de rien lui dire, si grave que fût la chose ; car elle était sa suivante et sa gardienne. Pourquoi eût-elle redouté de consoler sa dame et de lui rappeler ses intérêts ?[2] D'abord elle lui dit à cœur ouvert : « Dame, je m'étonne de vous voir agir si follement. Croyez-vous donc recouvrer votre seigneur par ce grand deuil ? – Non, fait-elle, mais je voudrais être morte de douleur. – Pourquoi ? – Pour aller avec lui. – Avec lui ? Dieu vous en garde, et vous rende un aussi bon seigneur,[3] comme il en a le pouvoir. – Jamais tu n'as dit un tel mensonge : il ne pourrait m'en rendre un aussi bon ! – Un meilleur, si vous voulez le prendre : je vous le prouverai. – Fuis ! tais-toi ! Jamais je ne le trouverai.[4] – Vous le ferez,[5] madame, si cela vous plaît. Mais, dites-moi, ne vous déplaise,[6] votre terre, qui la défendra, quand le roi Arthur y viendra ?[7] Il doit venir, l'autre semaine, au perron[8] et à la

1) La demoiselle : Lunette를 가리킨다. 한편, 부인의 이름은 Laudine
2) 이것이 곧 이 장면을 이끌어 갈 주도적인 생각이다.
3) 중세에 있어서 이런 생각은 크게 거슬리는 것이 아니었으며, 과부가 재혼한다는 것은 하나의 사회적인 필요로 인정됐다.
4) Jamais je ne le trouverai : 「결코 그런 사람은 발견하지 못할 거야」. le = un meilleur (죽은 남편보다) 더 나은 사람
5) ferez = trouverez (faire는 동사의 대용)
6) ne vous déplaise : 「미안(죄송)하지만」
7) 부인을 설득하기 위한 두 번째 이유, 즉 땅과 재산을 지켜줄 사람이 필요하다는 것(첫 번째 이유는 죽은 남편에 못지않은, 혹은 더 나은 사람 – *un aussi bon seigneur* ou *un meilleur* – 이 있으리라는 것)
8) perron = grosse pierre (la margelle de la fontaine를 가리킴)

fontaine… Vous devriez prendre conseil pour défendre votre fontaine ; et vous ne cessez de pleurer ! Vous n'auriez pas de temps à perdre, s'il vous plaît, ma chère dame ; car tous les chevaliers que vous avez ne valent pas, vous le savez bien, une chambrière. Même celui qui s'estime le plus brave ne prendra ni écu ni lance. Vous avez beaucoup de mauvaises gens, mais pas un seul homme assez fier pour monter à cheval, et le roi vient avec une si grande armée qu'il vous prendra tout, sans défense.»

La dame sait fort bien que Lunette la conseille fidèlement ; mais elle a en soi cette folie que toute femme porte en elle ; presque toutes agissent de même : n'écoutant que leur folie, elles refusent ce qu'elles désirent.[1] « Fuis, fait-elle, laisse-moi en paix ! Si jamais je t'en entends reparler, tu feras bien de t'enfuir ! Tu parles tant que tu m'attristes. – A la bonne heure, madame ! on voit bien que vous êtes femme qui s'irrite quand elle entend qu'on lui donne un bon conseil ! Alors, elle se retire et la laisse seule.[2]

La dame y revient et se rend compte qu'elle avait eu grand tort. Elle voudrait bien savoir comment la demoiselle pourrait prouver qu'on peut découvrir un chevalier meilleur que ne fut jamais son seigneur. Bien volontiers elle le lui entendrait dire, mais elle le lui a défendu.[3] En cette pensée, elle a attendu le retour de Lunette. Celle-ci ne respecte aucune défense et revient à la charge : « Ah ! dame, est-il raisonnable de vous faire périr de chagrin ? Pour Dieu, dominez-vous et laissez cela, au moins par honneur ![4] Une si haute dame ne doit pas garder le deuil si longtemps : souvenez-vous de votre rang et de votre grande noblesse ! Croyez-vous que toute prouesse soit morte avec votre seigneur ? Cent aussi bons et cent meilleurs sont restés par le monde ![5] – Si tu ne mens, Dieu me confonde ! Et cependant, nommem'en un seul qui soit réputé aussi vaillant que mon seigneur en toute sa vie. – Vous m'en sauriez mauvais gré, vous vous en courrouceriez, vous me détesteriez. – Je n'en ferai rien, je te l'assure. – Que ce soit pour votre bonheur, qui adviendra, si cela vous convient ; et Dieu veuille que cela vous plaise ! Je ne vois pas pourquoi me taire puisque nul ne nous entend, nul ne nous

1) 여자의 심리에 대한 섬세한 지적
2) 다그치다가 풀어줌으로써 효과를 노리는 교묘한 술책
3) 부인의 마음속에 이미 변화는 일어나기 시작하지만, 그녀의 자존심은 먼저 굽혀 들어가는 것을 허용하지 않는다.
4) Lunette는 여기서 새로운 감정(사회적 명예심)에 호소함으로써 설득의 제3단계로 넘어간다.
5) 난폭하리만큼 솔직한 이 말로써 결정타를 가한다(이 대화의 가장 극적인 순간).

écoute. Vous me tiendrez pour bien hardie, mais je dirai volontiers, ce me semble : quand deux chevaliers en sont venus aux prises, en combat, lequel croyez-vous qui mieux vaille, quand l'un a vaincu l'autre ? Pour moi, je donne le prix au vainqueur. Et vous ? – Je crois que tu me tends un piège, et que tu veux me prendre à mes paroles. – Par ma foi ! vous pouvez bien comprendre que je suis dans le vrai, et je vous prouve, par nécessité, que mieux vaut celui qui a vaincu votre seigneur. Il l'a vaincu et pourchassé hardiment jusqu'ici et l'a enfermé dans sa maison. – J'entends, dit-elle, la déraison la plus grande qui jamais fut dite. Fuis, mauvais esprit ; fuis, fille folle et insupportable ! Ne dis jamais pareille sottise ! Ne reviens jamais devant moi pour me parler encore de lui ! – Certes, dame je savais bien que vous ne m'en sauriez pas gré ; je vous l'avais bien dit avant. Mais vous m'aviez promis que vous ne m'en voudriez pas, et que vous n'en auriez pas de colère. Vous avez mal tenu votre promesse. Ainsi qu'est-il advenu ? vous m'avez dit ce qu'il vous a plu, et j'ai perdu une bonne occasion de me taire.

Le Chevalier au Lion (v. 1589-1726)

LA NUIT PORTE CONSEIL

심리분석, 독백, 대화로 엮인 이 텍스트는 Laudine의 내적 변화의 단계를 희화적으로 그리고 있다.

Cependant la dame, toute la nuit, fut en grande dispute avec elle-même, car elle était en grand désir de protéger sa fontaine. Elle commence à se repentir d'avoir blâmé Lunette, de l'avoir injuriée et maltraitée. Elle est sûre et certaine que si elle a plaidé pour le chevalier ce n'est ni pour de l'argent, ni par reconnaissance, ni par amour pour lui ; elle aime sa maîtresse plus que lui et ne la conseillerait pas pour sa honte ou pour son malheur : c'est une trop fidèle amie.[1] Voilà donc la dame retournée : celle qu'elle a maltraitée, elle n'aurait jamais cru en venir à l'aimer de bon cœur ; et celui qu'elle a refusé, elle accorde, par la raison et par le droit, qu'il n'a aucun tort envers elle. Elle raisonne avec lui comme s'il était là, devant elle. Elle commence ainsi son procès : « Va, fait-elle, peux-tu nier

1) 부인은 먼저 Lunette에 대해 생각하며 그녀의 뜻을 곡해한 것을 후회한다. 기사에 대한 자신의 태도를 수정하기에 앞서 하녀에 대한 태도를 수정한다.

que par toi mon mari fut tué ? – Cela, dit-il, je ne peux y contredire, et je le reconnais. – Dis-moi donc pourquoi. Est-ce pour me faire mal, par haine ou par dépit ? – Que je meure sans attendre, si j'ai voulu vous faire mal. – Donc, envers moi tu n'as pas forfait ; et envers lui, tu n'eus aucun tort, car s'il l'avait pu, il t'aurait tué.[1)] Ainsi, me semble-t-il, je crois que j'ai bien et droitement jugé.»

Ainsi, elle se prouve à elle-même, avec justice, bon sens et raison,[2)] qu'elle n'a nul droit de le haïr. Elle se paie des arguments qui lui plaisent ; elle s'enflamme d'elle-même, comme la bûche qui fume si bien que la flamme s'y met sans qu'on y souffle, sans qu'on l'attise. Maintenant, si la demoiselle venait, elle gagnerait la cause pour laquelle elle a tant plaidé qu'elle en a été fort malmenée.[3)]

Elle revint au matin et recommença son latin là où elle l'avait laissé.[4)] La dame tenait la tête baissée, qui se savait coupable de l'avoir maltraitée : mais elle veut se racheter, et du chevalier demander le nom, l'état et le lignage. Elle s'humilie, en femme sage, et dit : « Je veux vous demander pardon de ce grand outrage et des paroles orgueilleuses que je vous ai dites follement ; je m'en remets à votre expérience.[5)] Mais, dites-moi, si vous savez, le chevalier dont vous m'avez parlé si longuement, quel homme est-il ? de quelle famille ? S'il est digne de moi, à condition qu'il ne me dédaigne pas, je le ferai, je vous l'accorde, seigneur de ma terre et de moi. Mais il faudra agir de sorte qu'on ne puisse me le reprocher et dire : « C'est celle qui a épousé le meurtrier de son mari[6)] ». – Au nom de Dieu, dame, il en sera ainsi. Vous aurez le mari le plus noble, le plus vaillant et le plus beau qui fut jamais issu de la race d'Abel – Quel est son nom ? – Messire Yvain. – Ma foi, ce n'est pas un vilain ; il est très noble, je le sais bien : c'est le fils du roi Urien. – Ma foi, dame, vous dites

---

1) s'il l'avait pu, il t'aurait tué : 「만약 그렇게 할 수 있었다면 그는 당신을 죽였을 것이다」(그런데 그렇게 할 능력이 없어서 죽임을 당한 것이니까 죽인 사람이 잘못한 것이 아니라 죽은자의 책임이라는 것 – 이러한 논리의 전개에는 comique한 요소가 있다).

2) avec justice, bon sens et raison : 같은 의미의 표현들의 반복에도 풍자의 의도는 명백하다.

3) …la cause pour laquelle elle a tant plaidé qu'elle en a été fort malmenée : 「그녀가 너무나도 변론한 나머지 호되게 야단맞았던 그 주장(을 관철시키게 되리라)」

4) recommença son latin là où elle l'avait laissé : 「그녀가 중단했던 그곳에서부터 이야기를 다시 시작했다」

5) Lunette에 대한 사과는 그 자체가 목적이 아니라 본론에 들어가기 위한 준비에 불과하다.

6) 가장 어려운 질문을 던짐으로써 마음속에 일어나고 있는 갈등에 대한 해결을 구하고 있다.

vrai. – Et quand pourrons-nous l'avoir ? – D'ici cinq jours. – C'est trop tarder : je le voudrais déjà ici. Qu'il vienne cette nuit, ou demain au plus tard ![1] – Dame, je ne crois pas qu'un oiseau puisse, en un jour, tant voler. Mais j'y enverrai un garçon qui court très vite, et qui sera à la cour du roi Arthur, j'espère, au moins demain soir ; d'ici là, on ne peut le trouver. – C'est bien trop long ! Les jours sont longs : dites-lui que demain soir il soit de retour, plus tôt que de coutume, car, s'il veut bien se forcer, il fera de deux journées une. Chaque nuit luira la lune : qu'il fasse de la nuit le jour ! Je lui donnerai, au retour, tout ce qu'il désirera. – Laissez-moi faire : vous l'aurez entre vos mains dans trois jours au plus tard ! »

Le Chevalier au Lion (v. 1734-1844)

AUCASSIN ET NICOLETTE

13세기 초엽에 쓰여진 우아한 사랑의 이야기 *Aucassin et Nicolette*는 중세 문학에서 다른 예를 찾아볼 수 없는, 산문과 운문의 혼합이라는 독특한 형식으로 구성된 것으로서 〈노래 이야기(Chantefable)〉로 불리고 있다. 이 목가적 이야기의 주제는 중세에 흔히 볼 수 있는 것으로 맺어지기 어려운 연인이 우여곡절 끝에 마침내 결합된다는 사랑의 이야기다.

Aucassin은 Beaucaire백작의 아들이고 Nicolotte는 포로가 된 사라센의 젊은 여인이다. 이들은 서로 사랑하지만 백작은 그들의 결합에 반대해 Nicolette를 가둔다. Nicolette는 도망쳐서 숲 속으로 피신한다. Aucassin은 그녀를 찾아 숲 속을 헤맨다. 시와 풍자와 레알리즘이 혼합된 이 텍스트는 작품의 전반적 분위기를 짐작케 해준다.

Par un vieux chemin herbeux, il chevauchait. Il regardait devant lui au milieu de la voie, quant il vit un jeune homme tel que je vais vous dire. Il était grand, étrange, laid et hideux. Il avait une grande hure[2] plus noire qu'une charbonnée, plus d'une pleine paume de large entre les deux yeux, de grandes joues, un immense nez plat, d'énormes narines ouvertes, de grosses lèvres plus rouges qu'une grillade et de grandes dents jaunes et laides. Il était chaussé de houseaux et de souliers de cuir de bœuf, lacés d'écorce de tilleul jusqu'audessus du genou ; il était affublé d'une chape à deux envers et s'appuyait sur une grande massue.

---

1) 이 돌연한 마음의 변화는 지금까지의 거듭된 망설임과 대조를 이루며 희극적이면서도 섬세한 심리극을 보여주고 있다.

2) hure = tête velue(cf. la *hure* d'un sanglier)

Aucassin se trouva brusquement devant lui et eut grand'peur quand il l'aperçut : « Beau frère, Dieu te protège ! – Dieu vous bénisse ! fait l'autre. – Dieu te protège ! que fais-tu ici ? – Que vous importe ? fait l'autre. – Rien, fait Aucassin. Je ne vous le demande qu'à bonne intention.[1] – Mais pourquoi pleurez-vous, fait l'autre, et menez-vous si grand deuil ? Certes, si j'étais aussi riche que vous l'êtes, rien au monde ne me ferait pleurer. – Bah ! me connaissez-vous ? fait Aucassin. – Oui, je sais bien que vous êtes Aucassin, le fils du comte, et si vous me dites pourquoi vous pleurez, je vous dirai ce que je fais ici. – Certes, fait Aucassin, je vous le dirai bien volontiers. Je suis venu, ce matin, chasser en cette forêt : j'avais un lévrier blanc, le plus beau du monde, je l'ai perdu, et c'est pour cela que je pleure. – Comment ? fait l'autre, par le cœur que Notre-Seigneur eut en sa poitrine ! pleurer pour un chien puant ? Maudit soit qui jamais vous estimera, quand il n'y a si puissant homme en cette terre, si votre père lui en demandait dix, ou quinze, ou vingt, qui[2] ne les lui envoyât très volontiers, et trop heureux encore ! Mais moi je dois pleurer et me lamenter. – Et de quoi, frère ? – Sire, je vous le dirai. J'étais loué à un riche vilain ;[3] je poussais sa charrue : il y avait quatre bœufs. Or, voilà trois jours, il m'advint un grand malheur, car j'ai perdu le meilleur de mes bœufs, Rouget, le meilleur de ma charrue, et je le vais cherchant. Je n'ai mangé ni bu depuis trois jours passés, et je n'ose aller à la ville : on me mettrait en prison, car je n'ai pas de quoi le payer. De tout l'avoir du monde, je n'ai vaillant[4] que ce que vous voyez sur moi. J'avais une pauvre mère ; pour tout bien elle n'avait qu'un mauvais matelas : on le lui a tiré de dessous et elle gît sur la paille nue. J'en souffre plus pour elle que pour moi, car « l'avoir » va et vient :[5] je perds aujourd'hui, je gagnerai demain ; et je paierai mon bœuf quand je pourrai : ce n'est pas pour cela que je pleurerai. Et vous, vous pleurez pour une saleté de chien ! Maudit soit qui jamais vous estimera ! – Certes,

1) Je ne vous … qu'à bonne intention :「그저 좋은 의도로써(좋은 뜻에서) 그렇게 물어본 것 뿐이오」
2) qui : si puissant homme을 선행사로 하는 관계대명사「기꺼이 그에게 (그것들을) 보내지 않을 … 그런 세도가는 한 사람도 없는 터에」
3) vilain : 중세에는 paysan의 뜻
4) vaillant = qui ait une valeur「값 있는 것이라고는」, de tout l'avoir du monde「이 땅 위의 모든 제물 중에서」
5) (l'avoir) va et vient :「재물은 있다가도 없고, 없다가도 생긴다」(격언)

tu es de bon réconfort, beau frère, Béni sois-tu ! Et que valait ton bœuf ? – Sire, c'est vingt sous qu'on m'en demande ; je n'en puis faire rabattre une seule maille.[1] – Eh bien ! tiens, fait Aucassin, voici vingt sous que j'ai ici en ma bourse : paie ton bœuf. – Sire, fait-il, grand merci ! Dieu vous fasse trouver ce que vous cherchez ! »

Aucassin erra tant qu'il vint près de la fourche des sept chemins, et vit devant lui la loge[2] que, comme vous savez, Nicole avait faite…

Il mit le pied hors de l'étrier pour descendre ; son cheval était grand et haut : il pensait tant à Nicolette, sa très douce amie, qu'il tomba durement sur une pierre et se démit l'épaule. Il se sentit fort blessé, mais s'efforçant du mieux qu'il put, il attacha son cheval, de l'autre main, à un buisson d'épines, et se traînant sur le côté, il parvint à se coucher sur le dos, dans la loge. Il regarda par un trou de la loge et vit les étoiles dans le ciel : il en vit une plus claire que les autres et se mit à dire :

XXV. – MAINTENANT ON CHANTE

« *Estoilete,*[3] *je te voi, que la lune trait*[4] *a soi ;*
Nicolete est aveuc toi, m'amïete o le blont poil.[5]
Je quid Dix[6] *la veut avoir por la lumiere de soir,*
[*que par li plus bele soit.*[7] *Pleüst ore al sovrain roi*[8]],
que que fust du recaoir,[9] *que fuisse lassus*[10] *o toi :*
ja te baiseroie estroit.[11] *Se j'estoie fix a roi,*[12]
s'afferriés vos bien a moi,[13] *suer douce amie.*»

---

1) maille : 아주 작은 돈의 단위(1sou는 12deniers, 1denier는 2mailles. 「돈 한푼도 없다」는 표현으로 : *n'avoir ni sou ni maille*)
2) la loge = petite cabane de feuillage.
3) estoilete = petite étoile
4) trait = tire
5) m'amïete o le blont poil = ma petite amie aux blonds cheveux
6) Je quid Dix = Je crois que Dieu…
7) que par li plus bele soit = pour que, par elle, soit plus belle.
8) 이 부분은 원문에서 없어진 것을 후에 보충한 것
9) pleüst ore … du recaoir = Plût à Dieu, le souverain roi, quelque (soit le danger) de retomber
10) lassus = là-haut (avec toi), (o = avec)
11) ja te baiseroie estroit = je t'embrasserai étroitement
12) fix a roi = fils d'un roi
13) s'afferriés vos bien a moi = vous me conviendrez bien

LE ROMAN DE RENARD

무훈시와 궁정 이야기가 주로 귀족 상류사회를 대상으로 한 데 비해 13세기에 이르러 점차 새로운 형태의 문학이 싹텄으며 그것은 사회적 영향력을 차츰 갖게 된 시민층의 대두와 때를 같이 한다. 이 시민문학은 새로운 계층의 취향을 충실히 반영하는 것으로서 사실적이고 풍자적이며 희화적인 경향을 짙게 풍긴다.

*Le Roman de Renard*는 8음절 운문으로 된 27편의 각기 독립된 〈기편(branches)〉을 모은 것으로서 다양한 내용을 이루고 있는데, 이야기의 중심은 renart라는 별명을 가진 주인공 goupil과 그의 적 Ysengrin(le loup)과의 싸움이다. 이 「여우 이야기」는 Pierre de Saint Cloud, Richard de Lison을 위시한 Ile de France 출신 승려들의 작품으로 알려져 있다. 모든 종류의 짐승들 – 늑대(Ysengrin), 사자(Noble), 수탉(Chantecler), 곰(Brun) 등 – 이 등장하는 이 이야기는 실은 그들의 세계를 통해서 우의적으로 인간의 세계를 묘사하고 있다. 이 세계는 반목과 대립으로 엮이는 정글이며, 흔히 어리석고 허영심 많은 자들이 겪는 패배에 대해서는 무자비하다. 술책과 간교의 표본인 Renart는 승리와 패배를 골고루 맛보며 끝내는 사자의 재판에서 사형선고를 받기에 이르지만 성지순례를 약속함으로써 형 집행을 모면한다.

이 이야기의 주인공은 Renart라는 고유명사로 불렸는데 그 후 〈여우〉를 뜻하는 보통명사 Renard로 바뀌었다. 사람에 따라서는 원명을 사용하여 *Le Roman de Renart*로 기술하기도 한다.

〈ETUDES〉

L. Foulet : *Le Roman de Renard*, Paris, 1914 (Bibl. de l'Ecole Pratique des Hautes Etudes, fasc. 211).

John Flinn : *Le Roman de Renard dans la littérature française et dans les littératures étrangères*, Toronto, University Press, 1963.

LA PÊCHE D'YSENGRIN

Ysengrin은 항상 Renard의 제물이 된다. Ysengrin은 어리석음과 힘의 결합을 상징하고 Renard는 지혜를 상징한다. 항상 기만당하고 우롱당하는 늑대를 봄으로써 서민들은 어리석은 힘과 권력에 대한 지혜의 승리에 갈채를 보냈을 것이다.

C'était un peu avant Noël, quand on met les jambons dans le sel. Le ciel était clair et étoilé, et le vivier,[1] où Ysengrin devait pêcher, était si gelé qu'on aurait pu danser dessus : il n'y avait qu'une ouverture que les vilains[2] y avaient faite pour y mener leur bétail, chaque soir, se délasser et

1) le vivier : 「양어지(池)」

2) les vilains = les paysans

boire. Ils y avaient laissé un seau. Là vint Renard, à toute allure. Il regarda son compère : « Sire, fait-il, venez par ici ! c'est là qu'il y a du poisson en abondance, et voici l'engin avec lequel nous[1] pêchons les anguilles et les barbeaux, et d'autres poissons bons et beaux.[2] » Ysengrin dit : « Frère Renard, prenez-le donc, et attachezle moi bien fort à la queue ! » Renard prend le seau et le lui attache à la queue de son mieux. « Frère, fait-il, maintenant, il faut rester immobile pour faire venir les poissons.» Alors, il s'est blotti près d'un buisson, le museau entre les pattes, de façon à voir ce que fera Ysengrin. Et Ysengrin est sur la glace. Le seau est dans la fontaine, plein de glaçons, à volonté. L'eau commence à geler et enserre le seau qui était attaché à la queue. Il est pris dans la glace. La queue est dans l'eau gelée et scellée dans la glace. Ysengrin s'efforce bien de se soulever et de tirer à soi le seau : il s'y essaie de cent façons et ne sait que faire ; il s'émeut. Il commence à appeler Renard, car il ne peut plus se cacher, et déjà l'aube se met à poindre. Renard a levé la tête. Il le regarde, ouvre les yeux : « Frère, fait-il, laissez-donc cet ouvrage ! allons-nous-en, beau doux ami, nous avons pris assez de poissons.[3] » Et Ysengrin lui crie : « Renard, il y en a trop ! J'en ai tant pris que je ne sais comment faire ![4] » Et Renard se met à rire, puis lui dit sans détour :[5] « Qui tout convoite perd le tout.»

La nuit passe, l'aube pointe : le soleil du matin se lève ; les routes étaient blanches de neige. Messire Constant des Granges, un vavasseur[6] fort aisé qui habitait près de l'étang, s'était levé, avec sa maisonnée pleine de joie et de liesse. Il prend son cor, appelle ses chiens, fait seller son cheval : sa maisonnée pousse des cris et des huées. Renard l'entend et prend la fuite jusqu'à sa tanière où il se blottit. Et Ysengrin reste sur place : de toutes ses forces il secoue. Il tire ; peu s'en faut que sa peau ne se déchire. S'il veut se tirer de là, il faudra qu'il abandonne sa queue.

Tandis qu'Ysengrin se démène, voici venir au trot un valet tenant en laisse deux lévriers. Il voit Ysengrin tout gelé sur la glace avec son crâne pelé. Il le regarde, puis s'écrie : « Ah ! le loup ! le loup ! Au secours ! au

1) nous = les moines
2) Ysengrin의 탐욕을 자극하는 교묘한 유혹의 수법
3) 이미 결과는 명백해졌음에도 불구하고 기만극은 무심히 계속된다.
4) Ysengrin은 아직도 자기가 속았다는 것을 모르고 있다. 이 장면은 희극적 분위기는 여기서 절정에 달한다.
5) Renard는 항상 자신의 결정적 승리를 스스로에게, 그리고 상대에게 확인시킨다.
6) vavasaeur = petite noblesse

secours ! » Les veneurs, l'entendant, bondissent hors de la maison avec leurs chiens, franchissent la haie. Ysengrin n'est pas à son aise, car sire Constant les suivait sur un cheval au grand galop et s'écriait : « Lâchez, vite, lâchez les chiens ! » Les valets découplent les chiens, et les braques étreignent le loup : Ysengrin est tout hérissé. Le veneur excite les chiens et les gronde durement. Ysengrin se défend bien et les mord de toutes ses dents : mais que faire ? Il aimerait bien mieux la paix !

Sire Constant a tiré son épée : il s'apprête à bien le frapper. Il descend de cheval et vient vers le loup, sur la glace. Il l'attaque par derrière, veut le frapper, mais il manque son coup. Le coup porte de travers, et sire Constant tombe à la renverse, si bien que la nuque lui saigne. Il se relève, à grand'peine. Plein de colère, il revient à la charge. Écoutez la belle bataille ! Il croit l'atteindre à la tête, mais c'est ailleurs qu'aboutit son coup : l'épée glisse vers la queue et la coupe tout ras, sans faute.

Ysengrin le sent bien : il saute de côté et détale, mordant tour à tour les chiens qui s'accrochent cent fois à sa croupe. Il leur laisse sa queue en gage ; cela lui pèse et le désole : peu s'en faut que son cœur, de rage, ne crève !…

Sans s'attarder, Ysengrin s'enfuit droit vers le bois à grande allure ; il se regarde, par derrière ! Il parvient au bois ; il jure qu'il se vengera de Renard, et que jamais il ne l'aimera.

Branche III (v. 377-510).

RENARD ET CHANTECLER

늑대와 수탉 사이에 벌어지는 이 이중의 기만극은 「여우 이야기」 속 기교의 한 극치를 보여주고 있다. 사기꾼을 사기하는 이중의 해학이 담긴 이 한 토막의 삽화는 그 배경을 이루고 있는 전원적 풍경과 생동감 넘치는 필치로써 야릇한 분위기를 자아낸다.

Quand Renard voit qu'il l'a manqué,[1] il se tient pour bien malchanceux. Alors il commence à se demander comment il pourrait « embobiner » Chantecler : s'il ne le mange, il a perdu sa peine. « Chantecler, dit Renard, ne fuis pas, ne crains rien ! Quelle joie de te voir en bonne santé, car tu es mon cousin germain.» Chantecler, alors, se rassura et de joie chanta un air. Renard dit à son cousin : « Te souvient-il de Chanteclin, ton bon père

1) il l'a manqué : Chantecler를 잡으려고 몰래 maître Constant des Noues의 울 안으로 들어간 Renard는 졸고 있는 Chantecler에게 덤벼들었으나 수탉은 펄쩍 뛰어 올라 피해버렸다.

qui t'engendra ? Jamais coq ne chanta comme lui. On l'entendait d'une grande lieue. Il chantait si bien, si haut, et il avait si longue haleine ! Les deux yeux clos,[1] il avait une voix puissante ! On l'admirait d'une lieue quand il chantait son refrain.» Chantecler dit : « Cousin Renard, vous voulez m'attirer par ruse ? – Certes non ! dit Renard. Mais chantez donc, vous aussi, en fermant l'œil ! Nous sommes de même chair, de même sang ; j'aimerais mieux être estropié que de te voir dans le malheur : tu es mon tout proche parent ! » Chantecler dit : « Je ne t'en crois guère. Écarte-toi un peu de moi, et je te chanterai une chanson. Pas un voisin, aux environs, qui bien n'entende mon fausset ![2] » Alors Renardet sourit : « Allons, très haut ! chantez cousin ! Je saurai bien si Chanteclin, mon oncle, fut vraiment votre père.[3] » Alors, Chantecler prit très haut, puis jeta un cri : il avait un œil clos, l'autre ouvert, car il redoutait fort Renard ; souvent, il regarde de son côté. Renard dit : « Cela ne vaut rien. Chanteclin chantait autrement, à long trait, les yeux fermés : on l'entendait bien dans vingt enclos.» Chantecler croit qu'il dit vrai. Alors il laisse aller sa mélodie, les yeux fermés, de toutes ses forces. Renard ne veut plus patienter : de dessous un chou rouge, il s'élance, le prend par le cou et s'enfuit, tout joyeux…

Affolement de PINTE, *la poule, qui se lamente sur le sarl de-son, « seigneur »*

La bonne femme de la métairie ouvre la porte de sa basse-cour. C'était le soir et elle voulait rentrer ses poules. Elle appela Pinte, Bise et Roussette. Ni l'une, ni l'autre ne rentre. Étonnée, elle se demande, ce qu'elles font : elle appelle de nouveau son coq, à grande haleine. Elle aperçoit Renard qui l'emmène. Alors elle s'élance pour le délivrer. Le goupil se met à courir : quand elle voit qu'elle ne pourra le reprendre, l'idée lui vient d'appeler, et elle crie : « Haro ![4] », à pleine gorge. Les vilains qui l'entendent crier accourent tous de son côté et lui demandent ce qu'elle a. En soupirant, elle conte l'aventure : « Hélas ! Quel malheur m'est advenu ! – Comment ? font-ils. – J'ai perdu mon coq que le goupil emporte ! ». Alors, Constant des Noues : « Sale vieille ![5] comment avez-

---

1) les deux yeux clos : 두 눈을 감고 노래했다는 사실을 강조함으로써 Chantecler에게 함정을 판다. 동시에 그의 자존심을 부채질함으로써 유혹의 미끼를 던진다.

2) fausset = une voix aiguë

3) 여기서 Renard는 다시 Chantecler의 자존심을 자극함으로써 효과를 노린다.

4) Haro : 구원을 요청하는 고함.

5) *Roman de Renard*나 *Fabliaux*와 같은 서민문학 속에서는 농민들의 생활이 배경을 이루며 사용

vous fait pour ne pas le prendre ? – Sire, fait-elle, quelle question ! Par les saints de Dieu, je n'ai pas pu le prendre. – Pourquoi ? – Il n'a pas voulu m'attendre. – Si vous l'aviez frappé ? – Je n'avais rien. – Et ce bâton ? – Par Dieu, je n'ai pas pu, car il file à si grande allure que deux chiens bretons n'y suffiraient pas. – Par où s'en va-t-il ? – Par ici, tout droit.» Les vilains courent, en toute hâte. Tous s'écrient : « Par là ! par là ! » Renard l'entend, qui file devant : il arrive au trou de la barrière et bondit si haut qu'il tombe le derrière à terre. Les autres ont entendu le saut. Tous s'écrient : « Par ici ! par ici ! » Constant leur dit : « Vite, sur lui ! » Les vilains courent à toutes jambes. Constant appelle son mâtin[1] que l'on nomme Mauvoisin : « Bardol, Travers, Humbaut, Rebors, courei après Renard le Roux ! » Ils courent si bien qu'ils aperçoivent Renard ; tous s'écrient : « Le goupil ! » Chantecler est en péril s'il ne trouve à son tour une ruse ingénieuse. « Comment, fait-il, sire Renard, n'entendez-vous pas les insultes de ces vilains qui crient si fort après vous ? Constant vous suit au grand galop : lancez-lui donc une de vos moqueries en passant cette porte.[2] Quand il dira : *Renard l'emporte ! – Malgré vous !* pourriez-vous répondre ; vous ne sauriez mieux le confondre ! » Il n'est si sage qui ne fasse folie :[3] Renard, qui trompe tout le monde, fut trompé cette fois. Il s'écria à haute voix ; « Malgré vous, de celui-ci j'emporte ma part.» Quand Chante cler sent se desserrer la bouche, il bat des ailes, se dégage, et s'envole sur un pommier. Renard est en bas, sur un tas de fumier, triste et marri, et penaud d'avoir laissé échapper le coq. Chantecler lui jeta un éclat de rire…

Branche II (v. 297-351 et 369-441).

LES FABLIAUX

「짧은 우화(fable)」라는 뜻의 fabliaux도 역시 8음절 단시의 형태로 쓰여진 서민적 취향의 이야기다. 그 주제들은 인도를 위시한 세계 도처에서 유래된 것으로서 널리 구전되어 13세기 및 14세기 초의 프랑스 작가들, Garin, Henri d'Audeli, Courte-Barbe 등에게까지 이른 것이다. 이 이야기 속에 등장하

되는 언어도 궁정문학과는 판이하다.

1) mâtin = gros chien de garde

2) Chantecler도 Renard가 사용했던 수법을 그대로 사용하며 그의 자존심을 자극한다.

3) Il n'est si sage qui ne fasse folie : 「그 어떤 영리한 자도 바보 짓을 한다」(「제 꾀에 넘어간다」 라는 우리말에 해당된다).

는 승려, 귀족, 시민, 농민, 남편 등 모든 주인공들은 우롱의 대상이 되고, 여성은 예외없이 사악한 존재로 묘사된다. 이 가운데 진지한 사회 풍자를 발견하려는 것은 헛된 일이나, 이 작품들은 교묘한 화술과 호탕한 해학으로 사람들의 마음을 사로잡기에 충분하다. *Le Roman de Renard*와 함께 이 fabliaux는 그 사실적 경향과 인간의 악덕마저도 희화화하는 해학성으로써 중세 서민문학의 진가를 보여준다.

〈ETUDES〉

Per Nykrog : *Les Fabliaux, étude d'histoire littéraire et de stylistique médiévale,* Copenhague, 1957.
J. Rychner : *Contribution à l'étude des fabliaux,* Droz, 1960.

ESTULA

「동정할 만한 도둑」의 주제는 서민적 정신의 한 경향과 일치한다. 그것은 *Le Roman de Renard*에도 등장하지만 그 후 Rabelais, La Fontaine, Voltaire, 그리고 19세기의 소설 가운데 계속 채택되는 것을 볼 수 있다. 이 Estula의 이야기 속에서는 사건의 진실성이나 도덕적 교훈 따위는 문제되지 않으며 오직 사람을 웃기는 데 그 목적이 있는 듯이 보인다. 이야기는 경쾌하고 생동감 있게 전개된다.

Il y avait jadis deux frères, sans conseil de père et de mère, et sans autre compagnie. Pauvreté[1] fut bien leur amie, car elle fut souvent leur compagne. C'est la chose qui tracasse le plus ceux qu'elle assiège : il n'est pire maladie. Ensemble demeuraient les deux frères dont je vous conte l'histoire. Une nuit, ils furent en grande détresse, de soif, de faim et de froid : chacun de ces maux s'attache souvent à ceux que Pauvreté tient en son pouvoir. Ils se prirent à se demander comment ils pourraient se défendre contre Pauvreté qui les accable : souvent elle leur a fait éprouver de l'ennui.

Un homme connu pour sa richesse habitait tout près de leur maison : ils sont pauvres ; le riche est sot. En son jardin il a des choux et à l'étable des brebis. Tous deux se dirigent de ce côté. Pauvreté rend fous bien des hommes : l'un prend un sac à son cou, l'autre un couteau à la main ; tous deux se sont mis en route. L'un entre dans le jardin, promptement, et ne s'attarde guère : il coupe des choux à travers le jardin. L'autre se dirige vers le bercail pour ouvrir la porte : il fait si bien qu'il l'ouvre. Il lui semble que l'affaire va bien. Il tâte le mouton le plus gras.

1) 중세 문학 속에서 allégorie는 애용되는 수법으로서, 정신적·추상적 가치가 인격화되는 것을 흔히 볼 수 있다(특히 *Le Roman de la Rose* 참조).

Mais on était encore debout dans la maison : on entendit la porte du bercail quand il l'ouvrit. Le prud'homme[1] appela son fils : « Va voir, dit-il, au jardin, s'il n'y a rien d'inquiétant ; appelle le chien de garde.» Le chien s'appelait Estula : heureusement pour les deux frères, cette nuit-là il n'était pas dans la cour. Le garçon était aux écoutes. Il ouvre la porte qui donne sur la cour et crie : « Estula ! Estula ! » Et l'autre, du bercail, répondit : « Oui, certainement, je suis ici.» Il faisait très obscur, très noir, si bien que le garçon ne put apercevoir celui qui lui avait répondu. En son cœur, il crut, très réellement, que c'était le chien.

Sans plus attendre, il revint tout droit à la maison ; il eut grand peur en y rentrant : « Qu'as-tu, beau fils ? » lui dit son père. – « Sire, foi que je dois à ma mère,[2] Estula vient de me parler. – Qui ? notre chien ? – Oui, par ma foi ; si vous ne voulez m'en croire, appelez-le à l'instant, et vous l'entendrez parler.» Le prud'homme d'accourir pour voir cette merveille ; il entre dans la cour et appelle Estula, son chien. Et le voleur, qui ne se doutait de rien, lui dit : « Mais oui, je suis là ! » Le prud'homme s'en émerveille : « Par tous les saints et par toutes les saintes ! mon fils, j'ai entendu bien des merveilles, mais jamais une pareille ! Va vite, conte ces miracles au prêtre, ramène-le, et dis lui d'apporter l'étole et l'eau bénite.[3]

Le garçon, au plus vite, se hâte et arrive au presbytère. Il ne traîna guère à l'entrée et vint au prêtre, vivement : « Sire, dit-il, venez à la maison ouïr de grandes merveilles : jamais vous n'en avez entendu de pareilles. Prenez l'étole à votre cou.» Le prêtre dit : « Tu es complètement fou de vouloir me faire sortir à cette heure : je suis nu-pieds, je n'y pourrais aller.» L'autre lui répond aussitôt : « Vous le ferez : je vous porterai.» Le prêtre a pris son étole et monte, sans plus de paroles, sur les épaules du jeune homme, qui reprend son chemin.[4]

Arrivé à sa maison, et voulant couper court, le garçon descend, tout droit, le sentier par où étaient descendus les deux voleurs qui cherchaient leur nourriture. Celui qui cueillait les choux vit le prêtre, tout blanc, et crut que son compagnon lui apportait quelque butin. Il

1) prud'homme = bourgeois
2) foi que je dois à ma mère : 「진정코, 틀림없이」 (*par ma foi,* 35행의 *par tous les saints et par toutes les saintes*와 같이 놀라움을 표시하는 별 의미없는 말)
3) 이 개를 사로잡고 있는 악귀를 몰아내기 위해
4) 이야기의 빠른 진전, 그리고 장면의 희극성에 주의

lui demanda, plein de joie : « Apportes-tu quelque chose ? – Ma foi, oui », fait le garçon, croyant que c'était son père qui lui avait parlé. – « Vite ! dit l'autre, jette-le bas ; mon couteau est bien aiguisé ; je l'ai fait repasser hier à la forge ; je m'en vais lui couper la gorge.»

Quand le prêtre l'entendit, il crut qu'on l'avait trahi : il saute à terre, et s'enfuit, tout éperdu. Mais son surplis s'accrocha à un pieu et y resta, car il n'osa pas s'arrêter pour l'en décrocher. Celui qui avait cueilli les choux ne fut pas moins ébahi que celui qui s'enfuyait à cause de lui : il ne savait pas ce qu'il y avait. Toutefois, il va prendre la chose blanche qu'il voit pendre au pieu et s'aperçoit que c'est un surplis. A ce moment son frère sortit du bercail avec un mouton et appela son compagnon qui avait son sac plein de choux : tous deux ont les épaules bien chargées. Sans faire plus long conte, ils se mirent en route vers leur maison qui était tout près. Alors, il montra son butin, celui qui avait gagné le surplis. Ils ont bien plaisanté et bien ri, car le rire, alors, leur fut rendu, qui jusque là leur était défendu.

En peu temps Dieu travaille : tel rit le matin qui le soir pleure, et tel est le soir courroucé qui, le matin, était joyeux et gai.

UN REMÈDE UNIVERSEL

아내를 학대하는 인색하고 성질이 고약한 한 부자가 있었다. 부자의 아내는 그가 매를 맞으면 조금은 관대해지리라고 생각한다. 어느날, 그녀는 생선 가시가 목에 걸려 신음하는 왕녀를 위해 의사를 찾아나선 왕의 사자를 만나게 되는데, 자기 남편이야말로 바로 그들이 찾는 의사라고 추천하면서 다만 그 사람은 매를 흠씬 맞아야만 재능을 발휘하는 사람이라고 귀띔한다. 남편은 아무 영문도 모르고 왕궁으로 끌려간다.

Le roi appela deux serviteurs : « Battez-le fort, il restera ! » Sans tarder ils se jettent sur le vilain. Quand il sentit les coups sur ses bras, sur ses jambes, sur son dos, il se mit à crier grâce : « Je resterai, dit-il, laissez-moi tranquille ! »

Le vilain reste à la cour : on le tond, on le rase, on lui donne une robe d'écarlate. Il se voyait hors de dommage, quand les malades du pays – plus de quatre-vingts, ce dit-on – vinrent chez le roi. Chacun lui conte son mal. Le roi appela le vilain : « Maître, dit-il, écoutez par ici : prenez soin de ces gens ; faites vite, guérissez-les moi. – Grâce, sire, dit le vilain : il y en a trop, Dieu me protège ! je n'en pourrai venir à bout ;[1] je ne saurais tous les guérir.» Le roi appelle deux valets et chacun a pris un gourdin, car chacun d'eux savait fort bien pourquoi le roi les appelait. Quand le vilain les voit venir, il commence à trembler de tous ses membres et se met à crier : « Grâce, je les guérirai sans tarder ! »

Le vilain demande du bois ; on lui en apporte en abondance. Dans la salle, on alluma du feu et lui-même s'en occupa. Il rassembla les malades, puis dit au roi : « Sire, descendez, ainsi que tous ceux qui n'ont aucun mal.» Le roi sort, tout bonnement, de la salle avec ses gens. Le vilain dit aux malades : « Seigneurs, par le Dieu qui me créa, j'aurai bien du mal à vous guérir. Je n'en saurais venir à bout que par un seul moyen : je vais choisir le plus malade et je le mettrai dans le feu ; nous le brûlerons dans ce feu pour le profit de tous les autres, car tous ceux qui absorberont ses cendres seront guéris immédiatement ».

Ils se regardent les uns les autres : il n'y eut ni bossu ni enflé qui fût disposé, pour un empire, à se reconnaître le plus malade. Le vilain dit au premier : « Je te vois défaillir : tu es le plus faible de tous. – Grâce, sire, je suis très sain, plus que je ne le fus jamais : je suis allégé d'une lourde fatigue que j'avais depuis longtemps. Je ne mens pas, sachez-le bien ! – Eh bien ! descends donc ; que viens-tu chercher ici ? » Et l'autre de prendre la porte.[2] Le roi lui demande : « Es-tu guéri ? – Oui, sire, Dieu merci ! Je suis plus sain qu'une pomme. Ce médecin est un grand savant ! »

Que vous conterai-je de plus ? Il n'y eut petit ni grand qui, pour rien au monde, acceptât d'être jeté au feu. Ils s'en vont tous, comme s'ils étaient guéris. Et quand le roi les a vus, tout éperdu de joie, il dit au vilain : « Beau maître, c'est merveilleux ! Je me demande comment, si vite, vous les avez tous guéris ! – Sire, je les ai charmés. Je sais un charme qui vaut plus que gingembre et cannelle.[3] » Le roi dit : « Maintenant vous rentrerez chez vous quand vous voudrez, et vous aurez, de mes deniers, palefrois et bons destriers ;[4] et quand je vous redemanderai, vous ferez ce que je voudrai. Vous serez mon bon, mon cher ami, et je

---

1) je n'en pourrai venir à bout : 「일을 다 끝내지는 못할 것입니다」 (venir à bout de *qc* 「…을 끝장내다」).

2) et l'autre de prendre la porte : 「그러자 그 사람은 황급히 문으로 나갔다」 (주어+de *inf*의 구문은 신속히 진행된 동작을 표현).

3) gingembre et cannelle : 「생강과 계피」 (당시 Orient에서 수입된 값비싼 향료)

4) palefrois = cheval de voyage, destrier = cheval de bataille

vous estimerai plus que quiconque en ce pays. Mais ne soyez plus ébahi, ne vous faites plus maltraiter, car c'est une honte de vous frapper. – Merci, sire, dit le vilain. Je suis votre homme,[1] soir et matin ; je le serai tant que je vivrai, sans jamais m'en repentir. Il prit congé du roi et s'en revint joyeux chez lui. Jamais on ne vit plus riche manant. Il ne retourna plus à sa charrue, et plus jamais il ne battit sa femme : il l'aima et la chérit.

LE THÉÂTRE RELIGIEUX

LE JEU D'ADAM

12세기 말에 프랑스어로 쓰여진 최초의 극인 *le Jeu d'Adam*은 단순히 문헌으로서만이 아니라 문학적인 가치로써 우리의 관심을 끈다. 대화는 활기에 넘쳐 있고, 리듬은 다양하며, 원죄 안에 담겨진 인간적 진실과 그 후의 비참을 묘사하는 심리적 분석의 섬세함은 주목할 만하다. 우리는 그 저자에 관해서 아는 바가 없다.

극은(jeu는 drame을 뜻하며 그 후 최초의 comédies에도 적용된다) 아담과 이브의 원죄, 카인의 살인, 예언자들에 의한 메시아 예언 등 3부로 구성돼 있다. 극의 전체적 구성으로 볼 때 원죄의 비극은 메시아의 도래 및 속죄의 희망으로 상쇄된다. *Le Jeu d'Adam*은 뒤이을「성사극(*les Mystères*)」 제1장에 해당하는 것으로 보인다.

〈ETUDES〉

G. Cohen : *Le Théâtre en France au Moyen Âge,* t. I : *Le Théâtre religieux,* Rieder, 1931.

Grace Frank : *The Medieval French Drama,* Oxford, Clarendon Press, 1954.

LA TENTATION

Le Diable
Ève je suis venu vers toi.
Ève
Dis-moi, Satan, et ce pourquoi ?
Le Diable

1) Je suis votre homme = A votre service

Je cherche ton bien, ton honneur.
ÈVE
Ainsi soit-il !
LE DIABLE
Sois donc sans peur.
Voici longtemps que j'ai appris
Tous les secrets de Paradis :
Or une part je t'en dirai.
ÈVE
Commence donc, j'écouterai.
LE DIABLE
M'entendras-tu ?[1]
ÈVE
Mais oui, fort bien ;
Je ne te fâcherai en rien.
LE DIABLE
Te tairas-tu ?
ÈVE
Oui, par ma foi.
LE DIABLE
Rien n'en diras ?[2]
ÈVE
Nenni, pour moi.
LE DIABLE
Je te ferai donc confiance,
Et ne veux pas d'autre assurance.
ÈVE
Bien tu peux croire à ma parole.
LE DIABLE
Tu as été à bonne école.
J'ai vu Adam, mais il est fou.
ÈVE
Un peu est dur.
LE DIABLE

1) M'entendras-tu ? = M'écouteras-tu avec attention ?

2) Rien n'en diras ? = Tu n'en diras rien ?

Il sera mou.[1)]
Il est plus dur que n'est le fer.

ÈVE

Il est très franc.[2)]

LE DIABLE

Plutôt très serf.
Nul soin ne veut prendre de soi :
Qu'il ait au moins souci de toi.
Tu es faiblette et tendre chose,
Tu es plus fraîche que la rose ;
Tu es plus blanche que cristal.
Que neige sur glace en un val :
Mal vous unit le Créateur :[3)]
Tu es tendre, dur est son cœur ;
Mais néanmoins tu es plus sage :
En grand sens as mis ton courage ;[4)]
Il fait bon traiter avec toi.
Te parler veux.

ÈVE

En moi aie foi.

LE DIABLE

Tiens-le secret.

ÈVE

Qui le saurait ?

LE DIABLE

Pas même Adam !

ÈVE

Oh ! non, de vrai.

LE DIABLE

Je vais te dire, écoute bien ;
Nul n'assiste à notre entretien,
Adam, là-bas, point n'entendra.

ÈVE

---

1) Il sera mou = Il s'adoucira (죄로 인해 무너질 것이라는 뜻)

2) franc = noble

3) Mal vous unit le Créateur = le Créateur vous (toi et Adam) unit mal

4) En grand sens as mis ton courage = Ton esprit est plein de sagesse (*courage* = esprit, cœur)

Parle bien haut, rien ne saura.[1)]

LE DIABLE

Je vous préviens d'un grand engin
Qui vous est fait en ce jardin :
Le fruit que Dieu vous a donné
En soi a bien peu de bonté ;
Celui qu'il vous a défendu
Prossède très grande vertu :
En lui est la grâce de vie,
De puissance et de seigneurie,
De bien et mal la connaissance.

ÈVE

Quel est son goût ?

LE DIABLE

Céleste essence.
A ton beau corps, à ta figure
Bien conviendrait cette aventure
Que tu fusses du monde reine,
Du ciel, de l'enfer souveraine,
Que tu connusses l'avenir.

ÈVE

Tel est ce fruit ?

LE DIABLE

Ne t'en déplaise.
(*Ici Ève regardera le fruit défendu*)

ÈVE

Rien qu'à le voir je suis tout aise.

LE DIABLE

Que sera-ce, si tu le goûtes !

ÈVE

Comment savoir ?

LE DIABLE

N'aie point de doutes.
Prends-le vite, à Adam le donne.
Du ciel aurez lors la couronne.[2)]

1) rien ne saura : = Adam ne saura rien

2) Du ciel aurez lors la couronne = vous (toi et Adam) aurez lors la couronne du ciel

Au Créateur serez pareils,
Vous percerez tous ses conseils ;
Quand vous aurez du fruit mangé,
Lors sera votre cœur changé :
Égaux à Dieu, sans défaillance,
Aurez sa bonté, sa puissance.
Goûte du fruit !

Ève

Envie en ai.

Le Diable

N'en crois Adam.

Ève

J'y goûterai.

Le Diable

Quand, s'il te plaît ?

Ève

Me faut attendre
Qu'Adam se soit allé étendre.

Ève tente à son tour Adam, et tous deux goûtent au fruit défendu. Adam sent aussitôt des remords cuisants, mais il est trop tard : Dieu les frappe de sa malédiction et les chasse du Paradis Terrestre. Les voici tous deux sur la terre, dans un état misérable, cultivant le sol à la sueur de leur front. Adam s'en prend durement à Ève, mais celle-ci répond avec douceur et continue à espérer en Dieu. Dans une sorte d'intermède, des démons se jettent sur eux et les entraînent vers l'Enfer au milieu d'un fracas épouvantable.

LE MIRACLE DE THÉOPHILE

극의 주제가 성자들의 생애에서 연유될 때 그것은 「기적극」(miracle)이라 불린다. 오늘날 전해 내려오는 최초의 기적극은 Jean Bodel의 *Le Jeu de Saint Nicola*이다. 기적극 중 최고의 작품으로 알려져 있는 *Le Miracle de Théophile*은 13세기 후반에 시인 Rutebeuf에 의해 쓰여진 것으로서, 야심적인 한 승려가 악마에 영혼을 팔 계약을 맺었으나 성모의 개입으로 구원받는다는, 파우스트 전설과 흡사한 주제를 다루고 있다.

THÉOPHILE EXAUCÉ

이 연극 가운데 가장 극적인 장면, 죄인 Théophile은 참회와 겸손의 마음으로 성모에게 구원을 청하고, 성모는 마침내 이에 감동해 그에게서 사탄을 몰아낸다.

NOTRE-DAME Qui es-tu, toi qui viens ici ?

THÉOPHILE Ah ! Notre-Dame, ayez de moi merci ! c'est le pauvre Théophile, le mal en point,[1] que les démons ont lié et pris. Maintenant je viens vous prier et crier merci : qu'il ne puisse guetter le moment de venir me prendre, celui qui m'a mis en telle détresse. Tu me tenais jadis pour ton fils, belle Reine !

NOTRE-DAME Je n'ai cure de tes discours ; va-t'en, sors de ma chapelle.

THÉOPHILE Notre-Dame, je n'ose. Fleur d'églantier et lis et rose en qui le Fils de Dieu se repose, que vais-je faire ? Je me sens gravement compromis avec le malin furieux. Je ne sais que faire. Jamais je ne cesserai de crier. Vierge magnanime, Dame honorée, sans nul doute mon âme sera dévorée car en enfer elle aura son séjour avec Cahu.[2]

NOTRE-DAME Théophile, je t'ai connu, jadis, fidèle à mon service. Sache-le en vérité : je te ferai ravoir la charte que tu donnas dans ta folie ; je vais la quérir.

Ici Notre-Dame va prendre la charte de Théophile.

Satan, Satan ! es-tu enfermé ? Si maintenant tu es venu ici pour chercher la guerre à mon clerc, mal t'en prit. Rends la charte que tu tiens du clerc : tu as fait là trop vilain tour.

SATAN Moi, vous la rendre !··· J'aimerais mieux que l'on me pende. Je lui ai rendu sa prébende et il m'a fait, sans atermoyer, don de son corps, de son âme et de son bien.

NOTRE-DAME Et moi, je vais te fouler la panse.

Ici Notre-Dame apporte la charte à Théophile.

Ami, je te rapporte ta charte. (Sans moi) tu serais arrivé à un port de malheur où il n'y a joie ni allégresse ; écoute-moi : va trouver l'évêque sans plus attendre ; de la charte

1) le mal en point : 「좋지 못한(불행한) 상태에 빠진 자」(mal au point 앞에 le가 붙어 명사화 된 것)

2) Cahu : 아마도 Caïn의 변형인 듯

fais-lui présent, et qu'il la lise devant les fidèles dans la sainte église, pour que les gens de bien ne soient pas dupés par une telle fourberie. Il aime trop la richesse, qui l'achète à tel prix : l'âme en est honteuse et perdue.

THÉOPHILE Volontiers, Notre-Dame ; ah ! c'en était fait de moi, corps et âme. Il perd sa peine, qui sème ainsi, je le vois bien.

THÉOPHILE *court raconter le miracle à l'*ÉVÊQUE : *celui-ci lit la charte devant les fidèles (c'est-à-dire les spectateurs) et résume cette histoire édifiante, invitant l'assistance à célébrer par un « Te Deum » son heureux dénouement.*

LE MYSTÉRE DE LA PASSION

Arnoul Gréban에 의해 쓰여진 이 「그리스도 수난극」은 15세기 종교극의 걸작으로 평가된다. 이 극은 1450년경 파리에서 최초로 공연됐는데, 3만 5천행에 달하는 방대한 극은 창세에서부터 그리스도의 수난에 이르기까지 성사의 모든 것을 담고 있으며 장장 수일에 걸쳐 공연됐다. 위대한 시적 · 연극적 재능을 지닌 작가 Gréban에 대해 Du Bellay(16세기 프레이야, 드파 시인)는 〈신적인 재능(divin esprit)〉이란 찬사를 보냈다고 한다. 수난극 중에는 Jean Michel의 것도 아울러 전해 내려오고 있다.

DIALOGUE DE JÉSUS ET DE NOTRE DAME

이 장면은 인류 구원을 위한 수난을 앞에 두고 예수와 성모가 나누는 대화의 장면으로, 서사적인 장엄과 서정적 감동을 동시에 느끼게 한다.

NOTRE DAME Puisque vous ne m'avez accordé aucune de mes trois demandes[1], au moins vous plaise de m'octroyer la quatrième, je vous en fais prière au risque de vous importuner. S'il faut que la mort vous sépare de moi et que moi, votre mère, je vous voie souffrir mort amère pour sauver l'homme, faites, je vous en prie, que je

---

1) trois demandes : 앞에서 성모는 다음 세 가지 청을 한다 : ① 인류의 구원을 위해 다른 방법을 택하거나 ② 죽는 경우라 할지라도 덜 가혹한 방법을 택하거나 ③ 아니면 자기가 그보다 먼저 죽게 하기를 (끝으로 여기서 그의 고통을 자기가 의식하지 않아도 좋을 무감각〔넋을 잃은〕 상태에 빠뜨려 줄 것을 청한다)

	sois comme ravie et que ma triste âme perde toute connaissance durant le temps de votre souffrance, afin que me soit épargnée la conscience des douleurs que vous éprouverez si grandes !··· Voilà la quatrième de mes requêtes, je vous la fais de tout cœur.
JÉSUS	Ce ne serait pas à votre honneur, mère si douce et tendre, de voir votre doux fils subir la croix et la dure mort, sans en avoir morsure de douleur et de pitié. Et d'ailleurs le bon Siméon, quand il me prit dans ses bras, a prophétisé que le glaive de la douleur vous percerait âme et cœur par pitié très amère[1]. Apaisez-vous donc, ma mère, et réconfortez-vous en la pensée de Dieu. Soyez forte, car jamais femme ne souffrit comme vous souffrirez. Mais en souffrant vous mériterez le laurier du martyre.
NOTRE DAME	O mon fils, mon Dieu et mon Seigneur, je te le dis très humblement, miséricorde pour ma fragile humanité, pour les demandes qu'elle m'a fait t'adresser et que tu ne peux recevoir. Tes paroles sont de raison, tes volontés très hautes, et les miennes ne sont qu'humaines. Que ta divine sagesse excuse donc ma simplicité. C'est l'amour maternel qui m'a inspiré des requêtes si vaines.
JÉSUS	Elles sont douces et humaines, elles sont faites de charité. Mais la volonté divine a décidé d'avance que les choses se feraient autrement que tu ne le demandes.
NOTRE DAME	Au moins consentez de grâce ! à mourir de mort brève et légère.
JÉSUS	Je mourrai de mort très amère.
NOTRE DAME	Mais non-pas vulgaire et honteuse.
JÉSUS	La plus ignominieuse possible.
NOTRE DAME	Alors, au loin, s'il est permis.
JÉSUS	Au milieu de tous mes amis.
NOTRE DAME	Alors de nuit, je vous en prie !
JÉSUS	Non, en pleine heure de midi.

1) 성모가 아기 예수를 안고 성당에 갔을 때 믿음 깊은 유태인 Siméon은 예수를 품에 안고 그가 메시아임을 알아봤다.

NOTRE DAME	Mourez donc comme meurent les barons !
JÉSUS	Je mourrai entre deux larrons.
NOTRE DAME	Que ce soit sous terre, dans le silence !
JÉSUS	Ce sera haut sur la croix.
NOTRE DAME	Vous serez au moins habillé ?
JÉSUS	Je serai attaché tout nu.
NOTRE DAME	Attendez d'avoir atteint la vieillesse !
JÉSUS	En la force de ma jeunesse.
NOTRE DAME	C'est très ardente charité ; mais pour l'honneur des hommes, que votre sang ne soit pas répandu !
JÉSUS	Je serai tiré et tendu au point qu'on comptera mes os ; sur mon échine d'homme frapperont pécheurs emplis de mal, puis ils me perceront pieds et mains, y feront trous et larges plaies.
NOTRE DAME	A mes demandes de mère, vous n'accordez que dures réponses !
JÉSUS	Il me faut accomplir la prédiction des Écritures.

LE THÉÂTRE COMIQUE

13세기 중엽에 종교극과 대조를 이루는 희극이 탄생했는데, 특히 Adam de la Halle에 의한 이색적인 작품들(*Jeu de la feuillée, Jeu de Robin et Marion*)이 전해지고 있다. 14세기를 뛰어넘어 15세기에 이르자 희극은 다시 다양한 장르로 발전했다. Soties, monologues, moralités, 그리고 특히 farces 등이 이에 해당한다.

LA FARCE DE MAÎTRE PATHELIN

*La Farce de Maître Pathelin*에 관해 우리는 저자도 모르고 연대도 확정지을 수 없다. 다만 1460~65년경으로 추정할 뿐이다. 고객이 없는 변호사 Pathelin은 계략을 써 양복점에서 물품을 사취한다. 뒤이어 30마리의 양을 잡아 먹은 젊은 양치기의 변호를 의뢰받자, 어떤 질문에 대해서나 양의 울음소리를 흉내내라고 해 재판에 이기게 한다. 그런데 양치기에게 사례금을 청구하자 그는 여전히 「베, 베, 베」로 대답한다.

이 극은 대성공을 거뒀고 또한 그 성공은 영속적이었다. 프랑스어에 pathelin(「말솜씨가 좋은」)이란 형용사가 생겨나기까지 했다. 훗날 Harpagnon이나 Tartuffe와도 같은 인간의 한 전형을 이루기에 충분한 것이었다.

〈ETUDES〉

G. Cohen : *Le Théâtre en France au Moyen Age,* I, II : *Le Théâtre profane,* Rieder, 1931. (P.U.F. 1947).

LE DRAPIER, entrant *chez Pathelin*
Ho ! maître Pierre !
GUILLEMETTE. *à voix basse*
Hélas ! sire,
Pour Dieu, si vous voulez rien dire,[1)]
Parlez plus bas !
LE DRAPIER, *à voix basse*
Dieu vous *gart* ![2)] dame.[3)]
GUILLEMETTE.
Oh ! plus bas.
LE DRAPIER, *encore plus bas*
Eh quoi ? Sur mon âme ![4)]
Où est-il ?
GUILLEMETTE.
Las ! où doit·il être ?
LE DRAPIER
Le··· qui ?
GUILLEMETTE.
Ah ! c'est mal dit, mon maître :
Où il est ? Eh ! Dieu par sa grâce
Le sache ! Il garde la place
Où il est, le pauvre martyr,
Onze semaines sans partir.[5)]
LE DRAPIER
De qui ?···
GUILLEMETTE
Pardonnez-moi, je n'ose
Parler haut ; je crois qu'il repose.

1) rien dire = dire quelque chose

2) gart = garde (*subj.* de souhait)

3) dame = madame

4) sur mon âme ! = Je vous prie !

5) onze semaines sana partir = depuis onze semaines, sans bouger

Il s'est assoupi un moment,
Il est si accablé vraiment,
Le pauvre homme !…

LE DRAPIER

Qui ?

GUILLEMETTE

Maître Pierre.

LE DRAPIER

Ouais ! n'est-il pas venu *querre*[1)]
Six aunes de drap à l'instant ?

GUILLEMETTE

Qui ? lui ?

LE DRAPIER

Il en vient tout venant[2)]
Il y a bien moins d'un quart d'heure.
Réglez-moi : vraiment je demeure
Beaucoup. Çà, sans plus flageoler,[3)]
Mon argent !

GUILLEMETTE

Hé ! sans rigoler !
Il n'est pas temps que l'on rigole.[4)]

LE DRAPIER

Çà, mon argent ! fttes-vous folle ?
Il me faut neuf francs.

***

La discussion se poursuit sur ce ton : le DRAPHER *s'impatiente, se fâche, et* GUILLEMETE *feint l'indignation ; tous deux échangent des termes de plus en plus* vifs *et* pittoresques ; *tous deux haussent le ton, et le* « *plus bas* ! » *de* GGUILLEMETTE, *que le* DRAPIER *finit par lui retourner revient comme un refrain* (*comique de* contraste *et de* répétition).

1) querre = querir (chercher)
2) tout venant = à l'instant
3) flageoler = bavarder
4) Il n'est pas temps que l'on rigole = Ce n'est pas le moment de rigoler「농담할 때가 아니오」

GUILLEMETTE

Hé ! qu'est ceci ? Êtes-vous ivre
Ou hors de sens ? Dieu notre père ?

LE DRAPIER

Ivre ! Vraiment, de par saint Pierre,
Voilà une belle demande !

GUILLEMETTE

Hélas ! plus bas !

LE DRAPIER

Je vous demande
Pour six aunes, oui par saint Georges,
De drap, dame !

GUILLEMETTE

On vous le forge ![1)]
Et à qui l'avez-vous baillé ?

LE DRAPIER

A lui-mème.

GUILLEMETTE

Il est bien taillé[2)]
D'avoir drap ! Las ! il est au lit !
Il n'a guère besoin d'habit ;
Jamais robe ne vêtira
Que de blanc,[3)] et ne partira
D'où il est, que les pieds devant !

LE DRAPIER

C'est donc depuis soleil levant,
Car je lui ai parlé, sans faute.

GUILLEMETTE

Comme vous avez la voix haute !
Parlez plus bas, par charité !

LE DRAPIER

C'est plutôt vous, en vérité ;
Plus bas vous-même, par le diable !
Palsambleu, c'est intolérable !

---

1) On vous le forge ! = Vous pouvez compter ! 「(반어적으로) 어디 기대해 보지 !」

2) Il est bien taillé de… = Il est bien en état de…

3) …de blanc = (*Il ne vêtira jamais robe que*) d'étoffe blanche (= linceul)

Qu'on me paie et je sors d'ici.
(*A part*)
Jamais, lorsque j'ai fait crédit,
Je n'en ai tiré autre chose.
PATHELIN, *de la coulisse*
Ah ! Guillemette ! un peu d'eau
rose ![1]
Haussez-moi ! serrez-moi derrière ![2]
Trut ![3] à qui parlé-je ? L'aiguière !
A boire ! Frottez-moi la plante ![4]
LE DRAPIER
Je l'entends.
GUILLEMETTE
Mais oui.
PATHELIN
Ah ! méchante !
Viens çà ! T'avais-je fait ouvrir
Ces fenêtres ? Viens me couvrir !
Ote ces gens noirs. *Marmara,*
Carimari, carimara.[5]
Emmenez-les-moi, emmenez !
GUILLEMETTE
Quoi ? comme vous vous démenez !
Êtes-vous hors de votre sens ?
PATHELIN
Tu ne vois pas ce que je sens.
Voilà un moine noir qui vole !
Prends-le, baille-lui une étole ![6]
Au chat, au chat ! Oh ! comme il

1) eau rose = un cordial (강심제)
2) serrez-moi derrière = Relevez-moi
3) Trut ! : (별 의미 없는) 감탄사
4) la plante = des pieds
5) Marmara… : Pathelin이 꾸며대는 헛소리
6) étole : 사제가 목에 걸치는 영대. 여기서는 귀신을 쫓기 위한 것.

[monte !

GUILLEMETTE

Qu'est-ceci ! N'avez-vous pas honte ?
Eh ! par Dieu ! c'est trop remué.

PATHELIN

Ah ! ces médecins m'ont tué
Par ces brouillis[1] qu'ils m'ont fait
[boire ;
Et toutefois il faut les croire ;
Ils vous malaxent comme cire.

GUILLEMETTE

Hélas ! venez le voir, beau sire :[2]
Il est si gravement malade.

LE ROMAN DE LA ROSE

중세의 승려들에 의해 쓰여진 수많은 다양한 종교문학 가운데 뛰어난 한 작품이 전해지고 있는 바 그것은 다름 아닌 *Le Roman de la Rose*다. 작품의 규모를 보나 그 내용으로 보나 그리고 당대 및 후세에 미친 영향으로 보나 유례를 찾아볼 수 없는 이 작품은 두 작가에 의해 약 40년의 간격을 두고 쓰여진, 판이한 두 부분으로 구성돼 있다.

제1부는 1225년에서 30년에 걸쳐 Guillaume de Lorris에 의해 쓰여진 것으로서 약 4천행에 달한다. 작가에 관해서 우리는 별로 아는 바가 없다. 25세경에 작품을 쓰기 시작했으나 완성하지 못한 것을 보면 젊어서 죽은 것으로 추측된다. 작가는 시종 알레고리(allégorie)를 사용해 인간의 감정, 품성, 연령 등을 Tristesse, Bel Accueil, Franchise, Courtoisie, Jeunesse, Vieillesse 등으로 인격화하고 있을 뿐만 아니라 이야기의 줄거리도 다분히 상징화하고 있다. 시인(Amant)은 사랑하는 여인(Rose)의 마음을 얻고자 하는데, 그녀의 마음의 일면을 나타내는 「환대(Bel accueil)」, 「솔직함(Franchise)」, 「은근함(Largesse)」 등은 그의 접근을 도와주는 반면, 다른 한 면을 나타내는 「수치심(Honte)」, 「질투(Jalousie)」, 「가장(Faux-Semblant)」 등은 이를 방해한다. 마침내 시인은 「환대」의 인도를 받아 Rose에 입맞춤하는데, 「질투」는 이를 노여워하며 「장미」와 「환대」를 가둔다.

그로부터 약 40년후 Jean de Meung은 Lorris의 미완의 작품을 완성하기 위해 속편을 집필했다. 분량으로 보아 전편의 4배에 달하는 방대한 것일 뿐만 아니라 내용에 있어서도 판이하다. 섬세한 시

1) brouillis = drogues
2) beau sire = mon bon monsieur

인 Lorris가 우아한 사랑의 기교를 은근하고 신비로운 문체 속에 펼쳐나간 데 비해, 현실적이고 시니컬한 철학자 Jean de Meung은 「사랑의 신」보다 「이성」을 앞세우고 「자연」의 백과사전적 지식을 늘어놓으며, Amant이 마침내 Rose를 꺾어 손에 넣었을 때 이 아름다운 상징은 소녀의 청순한 사랑이라기보다 오히려 여성의 음부와도 같은 것으로 암시된다. 꿈과 탄식으로 엮인 사랑과 여성의 찬미는 이제 허망한 것이 되고 남는 것은 단순한 자연의 힘으로서의 사랑, 종족의 유지를 위한 본능의 발동으로서의 사랑뿐이다. Jean de Meung은 여기서 그치지 않고 인간의 모든 정열, 소유와 통치, 정의, 참된 고귀성 등을 다루며 그의 roman을 모든 지식과 사상의 전시장으로 만들고 있다. Jean de Meung을 가리켜 〈중세의 Voltaire〉라고 칭한 사람도 있지만, 우리는 그 안에 Rabelais와 Molière, 나아가서는 Rousseau까지도 발견할 수 있을 것이다.

이렇듯 「사랑의 신」의 충고와 「이성」 및 「자연」의 교설로 성립된 *le Roman de la Rose*는 중세의 이대 풍조를 종합한 작품으로서 그 후 3세기에 걸쳐 지속적인 영향을 미치게 되는 것이다.

〈ETUDES〉
G. Paré : *Le Roman de la Rose et la Scholastique courtoise,* Vrin, 1941.

L'ART D'AIMER

작가는 *le Roman de la Rose*가 그의 꿈에서 태어난 것임을 밝힌다. 그 꿈은 〈사랑의 기교(l'art d'Amour)〉를 담고 있으며 여기서 시인은 이를 사랑하는 여인에게 바친다.

Au vingtième an de mon âge,
Au temps où Amour prend le péage
Des jeunes gens, j'étais couché
Une nuit, selon ma coutume,
Et je dormais profondément ;
En mon sommeil, je vis un songe
Vraiment très beau et très plaisant.
Or de ce songe il n'y eut rien
Qui en tout ne soit advenu
Comme le songe le contait.
Je veux ce songe mettre en vers,
Pour vous réjouir le cœur,
Car Amour m'en prie et le commande ;
Et si l'un ou l'une[1] demande

1) *l'un ou l'une* : 「누군가가」 (남성과 여성을 합쳐 「남자건 여자건…」)

Comment je veux que ce Roman
Que je commence soit nommé,
Voici le *Roman de la Rose*
Où l'art d'Amour est tout enclos.
La matière en est bonne et neuve ;
Dieu fasse que l'accueille bien
Celle[1] pour qui je l'ai entrepris :
C'est celle qui a tant de prix
Et est si digne d'être aimée
Qu'[2]elle doit être appelée la Rose.

Et voici, dédicace et prologue achevés, le début de ce rêve, qui va conduire le poète (AMANT, comme le nomment les rubriques) à la quite de la ROSE.

LE PRINTEMPS

수많은 시인들, 특히 중세 말의 Charles d'Orléans, 16세기의 Ronsard, 그리고 후세의 Théophile Gautier 등이 그토록 즐겨 노래불렀던 봄의 주제를 Guillaume de Lorris도 이 작품 속에서 부르고 있다. 객관적인 묘사보다는 전체적인 분위기를 전하는데 주력하고 있는 점이 특이하다. 이 분위기는 바로 작품 전체의 분위기로 이어진다.

C'était le matin, eût-on dit,
Cinq ans ont bien passé depuis,
Au mois de mai, par un beau jour,
Au temps plein de joie et d'amour,
Au temps où toute chose est gaie,
Car on ne voit buisson ni haie
Qui, en mai, se parer ne veuille
Et couvrir[3] de nouvelle feuille.
Les bois recouvrent leur verdure,
Qui sont secs tant que l'hiver dure,

---

1) Celle : l'accueille bien의 주어

2) qu'… : *tant* de … *si* … *que*로 연결됨. 「그토록 귀하고 사랑받기에 합당함으로 마땅히 la Rose라 불리워져야 할 여인이다」

3) couvrir = se couvrir

La terre même se délecte[1)]
De la rosée qui l'humecte
Et oublie la pauvreté
Où elle a tout l'hiver été.
La terre alors devient si fière
Qu'elle change sa robe entière ;
Et sait si joliment la faire
Que de couleurs elle a cent paires[2)]
D'herbes, de fleurs indes et perses,[3)]
Et de maintes couleurs diverses.
La robe qu'ainsi je décris
Donne à la terre tout son prix.
Les oiseaux, demeurés muets
Cependant que le froid régnait,
Et le temps mauvais et chagrin,
Sont, en mai, grâce au temps serein,
Si gais qu'ils montrent en chantant
Qu'en leur cœur a[4)] de joie tant
Qu'il leur faut bien chanter par force.[5)]
Le rossignol alors s'efforce[6)]
De chanter et mener grand bruit.
Lors s'en donne[7)] à cœur joie aussi
Le perroquet, et l'alouette.
Il faut que jeunesse se mette
A être gaie et amoureuse :
C'est la saison belle et heureuse.
Qui n'aime en mai a l'âme dure,
Quand il entend, sous la ramure,
Des oiseaux les doux chants piteux.[8)]

---

1) se délecte : 원문에는 « s'orgoille » = s'enorgueillit
2) cent paires = deux cents : une foule de
3) indes et perses = violettes et bleues
4) a = il y a.
5) par force = même s'ils ne le voulaient pas (「억지로라도」)
6) s'efforce de = s'évertue à··· (「온 정성을 다하여 ···하다」)
7) s'en donne (à coeur joie) : 「마음껏 즐기다」
8) piteux = attendrissants

LA VRAIE NOBLESSE

제2부의 저자 Jean de Meung은 라틴 문화에 조예가 깊은 승려였고 따라서 그의 관심과 성찰은 오히려 도덕적 · 철학적 문제에 기울어졌다. 여기서 다루고 있는 noblesse는 라틴 문학의 보편적인 주제였는데, Jean de Meung은 정신적 교양의 가치와 고귀성을 중히 여기면서 귀족들의 오만과 편견을 신랄히 비판하고 있다. 그는 진정한 noblesse는 도덕적 · 지적 가치 위에 서는 것이어야 한다고 믿었다(후일 Corneille의 「*Le Menteur*」, Molière의 「*Don Juan*」, Beaumarchais의 「*Le Mariage de Figaro*」 등에 의해 이 주제는 계속 다루어지게 될 것이다).

C'est NATURE *qui parle* :

« Les princes ne méritent pas
Qu'un astre annonce leur trépas
Plutôt que la mort d'un autre homme :
Leur corps ne vaut pas une pomme[1)]
De plus qu'un corps de charretier,
Qu'un corps de clerc ou d'écuyer.
Je les fais pareillement nus,[2)]
Forts ou faibles, gros ou menus,
Tous égaux sans exception
Par leur humairie condition.
Fortune donne le restant,
Qui ne saurait durer qu'un temps,
Et ses biens à son plaisir donne,[3)]
Sans faire acception de personne,[4)]
Et tout reprend et reprendra
Sitôt que bon lui semblera.
Si quelqu'un, me contredisant,
Et de sa race se targuant,
Vient dire que le gentilhomme
(Puisqu'ainsi le peuple les nomme)
Est de meilleure condition
Par son sang et son extraction

1) …pas une pomme = pas un sou
2) nus = à leur naissance
3) Et ses biens … donne = Et donne ses biens à son plaisir (à son plaisir 「자기 마음대로」)
4) sans faire acception de personne : 「그 누구에게도 특별한 배려를 함이 없이」

Que ceux qui la terre cultivent
Et du labeur de leurs mains vivent,
Je réponds que nul n'est racé
S'il n'est aux vertus exercé,
Nul vilain,[1] sauf par ses défauts
Qui le font arrogant et sot.
Noblesse, c'est cœur bien placé,
Car gentillesse[2] de lignée
N'est que gentillesse de rien
Si un grand cœur ne s'y adjoint.
Il faut donc imiter au mieux
Les faits d'armes de ses aïeux
Qui avaient conquis leur noblesse
Par leurs hauts faits et leur prouesse ;
Mais, quand de ce monde ils passèrent,
Toutes leurs vertus emportèrent,
Laissant derrière eux leur avoir :
C'est tout ce qu'il reste à leurs hoirs ;[3]
Rien d'autre, hors l'avoir, n'est leur,
Ni gentillesse ni valeur,
A moins qu'à noblesse ils n'accèdent
Par sens ou vertu qu'ils possèdent.»

LA POÉSIE LYRIQUE

13세기에 이르러 궁정 및 귀족사회의 취향과 달리 새로운 시의 흐름이 나타나기 시작했다. 궁정풍의 노래가 귀족적 세련과 절도 속에 우아하면서도 고귀한 기사적 사랑을 노래한 것이라면, 이 새로운 시는 보다 현실적 감각이 짙고 개인적 감정에 충실한 노래였으며 Fabliaux나 *Romans de Renard*의 경향과 일치하는 것으로 보인다. 시민 계층의 jongleurs(음유시인) 중에 Jean Bodel, Colin Muset, Rutebeuf 등은 손꼽히는 시인들이었는데, 특히 *le Miracle de Théophile*의 저자이기도 한 Rutebeuf는 그가 속해 있던 당대사회의 주된 경향들을 반영하는 다양한 작품으로 주목할 만하다. 순박하고 열렬한 신앙, 십자군 원정에 대한 열정, 해학적인 레알리즘, 악의없는 풍자는 그의 작품의 주제와 특징을

1) Nul vilain = Nul n'est vilain(vilain은 원래 tout être *qui n'est pas noble*을 의미해 「농민, 서민」을 가리켰으나, 후에 경멸적 의미로 「천한(= bas, méprisable)」
2) gentillesse = noblesse
3) hoirs = héritiers

이룬다.

한편 15세기의 왕족 Charles d'Orléans도 우수에 넘친 우아한 서정의 노래를 남겼다. 13세에 내란으로 아버지를 잃었고 Azincourt전투(1415)에서 영국군의 포로가 되어 25년간 수인(囚人)의 생활을 했던 그는 궁정시인으로 길이 기억될 것이다.

LA PAUVRETÉ RUTEBEUF

이 시가 쓰여진 시기는 쉽사리 짐작된다. Saint Louis왕의 제8차 십자군 원정 출발(1270년 7월 1일)로부터 동년 8월 25일 왕의 죽음에 이르는 그 기간에 쓰여진 것이 분명하다. 자신의 빈곤과 비참을 농으로 다루는 시인의 해학, 그러나 자신의 삶을 숨김없이 드러내 놓는 내면적 성실성과 레알리즘 등은 깊은 감동을 자아낸다.

Je ne sais par où je commence
Tant ai de matière abondance
Pour parler de ma pauvreté.
Pour Dieu vous *pri,*[1] franc[2] Roi de France,
Que me donniez quelque chevance,[3]
Si[4] ferez trop *grand* charité,
J'ai vécu de l'*autrui charité*[5]
Que l'on m'a *creü*[6] et prêté ;
Or me faut chacun de créance,[7]
Qu[8] on me sait pauvre et endetté
Vous *r'*avez hors de règne été[9]
Où toute *avoie m'attendance.*[10]

1) pri = prie
2) franc = noble (Roi de France는 Louis IX를 가리킴)
3) chevance = argent, bien
4) Si = ainsi.
5) l'autrui charité = le bien d'autrui
6) creü = donné à crédit
7) me faut chacun de créance = maintenant chacun cesse de me faire crédit (faut : faillir = manquer)
8) Qu' = Car
9) Vous r'avez … été = Vous avez été de nouveau hors du royaume. (re : 반복을 나타내는 접두어)
10) Où toute avoie m'attendance = Vous en qui je mettais tout mon espoir (où의 선행사는 vous. avoie = j'avais)

Entre cher temps[1] et ma *mainie*[2]
Qui n'est malade ni *fainie*,[3]
Ne m'ont laissé deniers ni gage.[4]
Gent truis d'escondire arainie[5]
Et de donner mal *enseignie* :[6]
Du sien garder est chacun sage.[7]
Mort me *r'*a fait de grands dommage,
Et vous, bon Roi, en deux voyages
M'avez bonne *gent éloignie,*[8]
Et le lointain pèlerinage
De Tunis, qui est lieu sauvage,
Et la *male gent renoïe.*[9]
…………………………………………….
Nul ne me tend, nul ne me baille :
Je tousse de froid, de faim bâille,
Dont je suis mort et *maubailliz.*[10]
Je suis sans cottes[11] et sans lit ;
N'a si pauvre jusqu'à Senlis.
Sire, je ne sais *quel* part aille :
Mon côté connaît le paillis,
Et lit de paille n'est pas lit,
Et en mon lit n'a fors[12] la paille.

---

1) cher temps = cherté de vie「비싼 생활비」
2) mainie = maisonnée, famille
3) fainie = faible (Donc, tout le monde a bon appétit !)
4) gage :「저당잡힐 물건」
5) Gent truis d'escondire arainie = Je (ne) trouve (que) des gens accoutumés à refuser
6) de donner mal enseignie = peu disposé à donner(= qui ont mal appris à donner)
7) Du sien garder est chacun sage = Chacun s'entend à garder son bien.
8) M'avez bonne gent éloignie = Avez éloigné de moi les gens de bien(두 차례의 원정으로 많은 영주들이 전사했음)
9) la male gent renoïe = les mauvaises gens (les infidèles) qui renient(le Christ)…
10) maubailliz = mal en point
11) sans cottes = sans rien pour me couvrir
12) fors = que (ne…que)

TRADUCTION

Je ne sais par où commencer,
Tant j'ai abondance de matière,
Pour parler de ma pauvreté.
Pour Dieu je vous prie, noble roi de France,
De me donner quelque subsistance,
Ainsi ferez-vous par grande charité.
J'ai vécu du bien d'autrui
Que l'on m'a confié et prêté ;
Parce qu'on me sait pauvre et endetté ;
Et vous, vous avez étéde nouveau hors du royaume,
Vous en qui j'avais mis tout mon espoir.

A la fois cherté de vie et famille,
Qui n'est malade ni affaiblie,
M'ont pris jusqu'au dernier denier.
Je trouve gens enragés à refuser,
Et qui ne savent point donner ;
Chacun est habile à garder son bien.
Mort me crée à nouveau grand dommage,
Et vous, bon Roi, en deux voyages
Vous m'avez enlevé la noble société,
Vous avez fait au loin le pèlerinage
De Tunis, qui est lieu sauvage,
....
Nul ne m'aide, nul ne me donne ;
Je tousse de froid, je baille de faim,
Je suis mordu et maltraité.
Je suis sans couverture et sans lit,
Pas de tel pauvre d'ici Senlis.
Sire, je ne sais de quel côté je puis aller ;
Mes côtes connaissent le matelas de paille,
Et lit de paille n'est pas lit
Et dans mon lit je n'ai rien si ce n'est paille.

EN REGARDANT VERS LE PAYS DE FRANCE

1433년 Douvres에 머물고 있던 시인 Charles d'Orléans은 멀리 프랑스의 해안을 바라보며 깊은 향수에 젖는다.

En regardant vers le pays de France,
Un jour m'advint, à Douvres sur la mer,
Qu'il me souvint de la douce *plaisance*
Que je *souloie*[1] au dit pays trouver.
Si[2] commençai de cœur à soupirer,
Combien certes que[3] grand bien me *faisoit*[4]
De voir France que mon cœur aimer doit.

Je m'avisai que c'était *nonsavance*[5]
De tels soupirs dedans mon cœur garder,
Vu que je vois que la voie[6] commence
De bonne Paix, qui tous biens peut donner ;
Pour *ce*, tournai en *confort* mon penser ;[7]
Mais non pourtant mon cœur ne se *lassait*
De voir France que mon cœur aimer doit.

Alors chargeai en la nef d'Espérance
Tous mes souhaits, en *leur* priant d'aller
Outre la mer sans faire *demeurance*,
Et à France de me recommander.
Or nous *doint*[8] Dieu bonne Paix sans tarder :
Adonc aurai loisir,[9] mais qu'ainsi soit,
De voir France que mon cœùr aimer doit.

Paix est trésor qu'on ne peut trop louer :

---

1) je souloie = j'avais coutume de
2) Si = Aussi
3) que = bien que (suivi de l'*ind*)
4) faisoit : 발음은 [fesouè]
5) nonsavance = non savoir, erreur
6) Vu…vois…voie : allitération 「자음의 반복」에 유의
7) tournai en confort mon penser = je repris courage
8) doint = donner의 *subj.*
9) = Alors je pourrai avoir loisir.

Je hais guerre, point ne la dois priser :[1]
Destourbé m'a[2] longtemps, soit tort ou droit,
De voir France que mon cœur aimer doit.

RONDEAUX ET CHANSONS

장난기 있는, 그러나 싱싱한 시인의 감수성이 엿보이는 소품들. 중세의 시인들은 부활하는 자연의 아름다움에 특별히 민감했던 것 같다.

Le Printemps

Le Temps a laissé son manteau
De vent, de froidure et de pluie,
Et s'est vêtu de broderie
De soleil luisant, clair et beau.

Il n'y a bête ni oiseau
Qu'[3] en son jargon ne chante ou crie :
« Le Temps a laissé son manteau
De vent, de froidure et de pluie ».

Rivière, fontaine et ruisseau
Portent en livrée jolie[4]
Gouttes d'argent d'orfèvrerie ;
Chacun s'habille de nouveau :[5]
Le Temps a laissé son manteau.

L'Hiver et l'Été

Hiver, vous n'étes qu'un vilain,
Été est plaisant et gentil,

1) priser = estimer.
2) Destourbé m'a = m'a empêché.
3) Qu' = qui.
4) en livrée jolie : 「아름답게 단장하고」 (livrée는 3음절).
5) de nouveau = de neuf 「새 것으로 갈아입다」

En témoin de[1] Mai et d'Avril
Qui l'accompagnent soir et *main.*[2]

Été revêt champs, bois et fleurs,
De sa livrée de verdure
Et de maintes autres couleurs,
Par l'ordonnance de Nature.

Mais vous, Hiver, trop êtes plein
De neige, vent, pluie et grésil ;
On vous dût[3] bannir en exil.
Sans vous flatter, je parle *plain,*[4]
Hiver, vous n'êtes qu'un vilain.

FRANÇOIS VILLON

1431년 말 또는 1432년 초 파리에서 태어난 Villon은 불운한 왕족 Charles d'Orléans과는 전혀 다른 세계에 속해 있다. 가난한 서민의 아들로 태어난 François de Montcorbier(ou des Loges)는 아버지를 일찍 여의고 사제 Maître Guillaume de Villon의 보호하에 자랐으며 그의 이름을 땄다. 그는 Sorbonne의 문과 대학에서 수학했고, 폭넓은 교양을 갖추었으나 그 후 무절제하고 방탕한 생활에 빠져 들어갔을 뿐만 아니라 범죄를 저지르기까지 했다. 1455년에는 한 사제를 살해한 죄로 법의 추궁을 받아 파리에서 피신해야만 했고, 그 후 사면령을 받았으나 다시 강도 사건에 말려들었다. 다시 파리를 떠나 각처를 떠돌아다니던 그는 여러 사건에 연루되어 마침내 사형선고를 받기에 이르렀다. 다행히 사면을 받고 10년간 파리에서 추방된다. 그 후의 행적은 알 길이 없다.

중세의 서정시를 최후로 장식하며 아마도 시의 새 시대를 연 특이한 시인 François Villon(1431 ou 32~ ?)은 그의 방탕무뢰한 생애, 명예롭지 못한 이력을 반영하기라도 한 듯 때로는 냉소적이고, 항상 재기발랄하면서도 그 깊은 내면에는 불안과 회한과 한탄이 깔려있는 작품들을 남겼다.

궁정풍의 시나 *le Roman de la Rose*류의 감정적 유희 또는 관념론과는 너무나도 판이한 그의 시 세계는 삶과의 직접적이고 가식 없는 만남에서 작렬하는 인간적 진실의 불꽃과도 같다. 그의 시에는 놀랍도록 근대적 감각이 고동치고 있으며 그러기에 오늘날까지도 읽는 사람들의 심금을 울린다.

1) en témoin de = au témoignage de
2) main = matin
3) dût = devrait
4) plain = franc「솔직하게 (말한다)」

〈ETUDES〉
Le Gentil : *Villon*, Hatier, 1967.
D. Kuhn : *La Poétique de François Villon*, Colin, 1967.

REGRETS

자신의 젊은 시절에 대한 깊은 회한을 노래하고 있는 이 시는 개인의 내면적 고백에서부터 인간적 무력과 비탄의 인식으로 이어져 나간다.

Je plains le temps de ma jeunesse,
Auquel j'ai plus qu'autre *galé*[1]
Jusqu'à l'entrée de vieillesse,
Qui[2] son *partement* m'a celé.
Il ne s'en est à pied allé
N'[3] a cheval : hélas ! comment donc ?
Soudainement s'en est volé
Et ne m'a laissé quelque[4] don.

Allé s'en est, et je demeure[5]
Pauvre de sens et de savoir,
Triste, failli,[6] plus noir que meure,[7]
Qui n'ai *ne* cens, rente, *n'*avoir ;
Des miens le moindre, je dis *voir,*[8]
De me désavouer s'avance,[9]
Oubliant naturel devoir
Par faute d'un peu de chevance.[10]

---

1) galer = s'amuser, faire la fête.
2) Qui : 선행사는 le temps de ma jeunesse.
3) N' = ne = ni.
4) quelque = aucun (*don*).
5) Allé s'en est, et je demeure : *cf.* Appolinaire, *Sous le pont de Mirabeau* : "Les jours s'en vont, je demeure".
6) failli = désemparé.
7) meure = mûre.
8) Des miens … je dis voir = Le plus humble de mes parents (voir = vrai).
9) De me désavouer s'avance = se hâte de me renier.
10) chevance = bien, argent.

Hé ! Dieu, si j'eusse étudié
Au temps de ma jeunesse folle,
Et à bonnes mœurs *dédié,*[1]
J'eusse maison et couche molle,
Mais quoi ! je *fuyoie* l'école
Comme fait le mauvais enfant ;
En écrivant cette parole
A peu que le cœur ne me *fend.*[2]

Où sont les gracieux galants
Que je suivais au temps jadis,
Si bien chantants, si bien parlants,
Si plaisants en *faits* et en dits ?[3]
Les aucuns[4] sont morts et roidis,
D'eux n'est-il plus rien maintenant :

Repos aient[5] en paradis
Et Dieu sauve le demeurant !

Et les autres sont devenus,
Dieu merci ! grands seigneurs et maîtres :
Les autres mendient tout nus
Et pain ne voient qu'aux fenêtres ;
Les autres sont entrés en cloîtes
De Célestins et de Chartreux,
Bottés, *housés com*[6] pêcheurs d'*oîtres* :[7]
Voyez l'état divers d'entre eux !

TRADUCTION

Je regrette le temps de ma jeunesse,
Que j'ai plus qu'un autre gaspillé,
Et qui m'a caché son départ

1) Et à bonnes mœurs dédié = Et si je m'étais consacré aux bonnes mœurs

2) A peu que le cœur ne me fend = peu s'en faut que mon cœur ne se fende

3) en faits et en dits = en actions et en paroles

4) les aucuns = les uns

5) aient : 희구를 나타내는 *subj* (sauve도 같음 : cf. *Vive* la France)

6) com = comme

7) oîtres = huîtres

Jusqu'à l'arrivée de vieillesse.
Il ne s'en est allé à pied
Ni à cheval ; hélas, comment donc ?
Soudain il s'est envolé,
Et sans rien me laisser ...
Hé ! Dieu, si j'avais étudié
Dans le temps de ma jeunesse folle
Et m'étais consacré aux bonnes mœurs,
J'aurais maison et doux lit !
Mais quoi ! Je fuyais l'école
Comme fait le mauvais enfant.
En écrivant ces mots,
Peu s'en faut que mon cœur ne se fende.
Où sont les joyeux compagnons
Que je suivais dans le temps jadis,
Si bien chantant, si bien parlant,
Si agréables en actions et en paroles ?
Certains sont morts et raides,
D'eux plus rien ne reste à présent.
Qu'ils aient repos en paradis,
Et que Dieu sauve celui qui reste !

Et d'autres sont devenus,
Dieu merci, grands seigneurs et grands personnages ;
D'autres mendient tout nus
Et ne voient pain qu'aux devantures ;
D'autres sont entrés en cloîtres
De Célestins et de Chartreux,
Bottés, guêtrés comme pêcheurs d'huîtres :
Voilà comme la situation diffère entre eux.

BALLADE DES DAMES DU TEMPS JADIS

시간의 덧없는 흐름, 인생의 허망함, 특히 모든 귀하고 아름다운 것들의 헛됨을 노래한 우수에 넘친 시. 〈지난날의 눈〉 – les neiges d'antan은 이 시가 남긴 영원한 표현이다.

Dites-moi : où, *n'*[1] en quel pays
Est Flora la belle Romaine,
Alcibiade,[2] *ne* Thaïs,[3]
Qui fut sa cousine germaine ?
Écho,[4] parlant quand bruit on mène
Dessus[5] rivière ou sur étang,
Qui beauté eut trop plus[6] qu'humaine ?
Mais où sont les neiges d'antan ?

Où est la très sage Héloïs[7]
Pour qui fut châtié, puis moine,
Pierre Abélard à Saint-Denis ?
Pour son amour eut cette *essoyne.*[8]
Semblablement, où est la *Royne*
Qui commanda que Buridan
Fût jeté en un sac en *Seine* ?[9]
Mais où sont les neiges d'antan ?

La Reine blanche comme lis[10]
Qui chantait à voix de sirène,
Berthe au grand pied[11], Bietris, Alis[12],
Haremburgis[13] qui tint le Maine,
Et Jeanne la bonne Lorraine
Qu'Anglais brûlèrent à Rouen ?

1) n' = ni
2) Alcibiade : 유명한 아테네인. 중세에는 그를 여자로 알았다.
3) Thaïs : 죄인이었다가 후에 성녀가 된 유명한 Thaïs인 듯.
4) Echo : Narcisse에 반한 요정(그리스 신화)
5) dessus = sur(dessus와 sur, dedans과 dans이 분리되어 사용된 것은 17세기 이후)
6) trop plus = bien plus
7) sage Héloïs : Abélard가 사랑했던 제자
8) essoyne = épreuve
9) Louis X의 왕후 Marguerite de Bourgogne(파리문학의 저명한 박사 Buridan은 방탕한 왕후의 희생자 중 한 사람이었는데, Alexandre Dumas는 이 사건을 *la Tour de Nesles* 가운데 극화했다).
10) la Reine blanche : 누구를 가리키는지 분명치 않다. 아마도 Saint Louis의 어머니 Blanche de Castille ?
11) Berthe : Charlemagne대왕의 어머니로 무훈시의 주인공.
12) Bietris, Alis : Villon이 더 이상 밝히지 않고 있는 불분명한 여인들….
13) Haremburgis : Maine 백작의 딸.

Où sont-*ils*[1], Vierge souveraine ?
Mais où sont les neiges d'antan ?

Prince, n'enquérez de semaine
Où elles sont, ni de cet an,
Qu'à ce refrain ne vous *remaine*[2] :
Mais où sont les neiges d'antan ?

TRADUCTION

Dites-moi où, en quel pays,
Est Flora, la belle Romaine,
Alcibiade et Thaïs,
Qui fut sa cousine germaine ;
Écho, qui parle quand on fait bruit
Sur la rivière ou sur l'étang,
Et qui eut beauté surhumaine.
Mais où sont les neiges de l'autre année ?

Où est la très sage Héloïse,
Pour qui fut châtré puis moine
Pierre Abélard à Saint Denis ?
Pour son amour il subit cette peine.
Semblablement où est la reine
Qui ordonna que Buridan
Fût jeté en sac dans la Seine ?
Mais où sont les neiges de l'autre année ?

La reine Blanche comme lis,
Qui chantait à voix de sirène,
Berthe au grand pied, Béatrix, Aélis,
Eremberg, qui possédait le Maine,
Et Jeanne la bonne Lorraine,
Qu'Anglais brûlèrent à Rouen,
Où sont-elles, où, Vierge souveraine ?

---

1) -ils = elles

2) n'enquérez de semaine ··· ne vous remaine = ne demandez ni cette semaine, ni cette année(c'est-à-dire *jamais*) où elles sont, sans que je vous ramène à ce refrain.

Mais où sont les neiges de l'autre année ?

ENVOI

Prince, ne demandez ni de cette semaine
Où elles sont, ni de cet an,
Sans que je vous redise mon refrain :
Mais où sont les neiges de l'autre année ?

BALLADE DES PENDUS

죽음을 기다리는 사형수인 시인은 이미 죽은 자의 목소리를 우리에게 들려준다. 우리는 이 떨리는 음성과 죽음의 비전을 전율과 감동없이는 대할 수 없다. 그의 사형선고는 법원에 의해 무효가 선언됐으나 그 후로 시인은 완전히 사라져버리고 만다. 결국 이 시는 그의 최후의 증언이 되는 것이다.

Freres humains qui après nous vivez,
N'ayez les cuers contre nous endurciz,
Car, se pitié de nous pouvres avez,
Dieu en aura plus tost de vous merciz.
Vous nous voyez cy attachez cinq, six :
Quant de la chair, que trop avons nourrie,
Elle est pieça[1] *devorée et pourrie,*
Et nous, les os, devenons cendre et pouldre.
De nostre mal personne ne s'en rie :
Mais priez Dieu que tous nous vueille absouldre !
Se freres vous clamons, pas n'en devez
A voir desdain, quoy que fusmes occiz
Par justice. Toutesfois, vous savez
Que tous hommes n'ont pas le sens rassiz ;
Excusez nous, puis que sommes transsis,[2]
Envers le filz de la Vierge Marie,
Que sa grace ne soit pour nous tarie,
Nous preservant de l'infernale fouldre.

---

1) pieça = Il y a une pièce de temps : voici longtemps déjà.

2) transsis = trépassés.

Nous sommes mors, ame ne nous harie ;[1]
Mais priez Dieu que tous nous vueille absouldre !

La pluye nous a debuez[2] *et lavez,*
Et le soleil dessechez et noirciz :
Pies, corbeaulx nous ont les yeulx cavez
Et arraché la barbe et les sourciz.
Jamais nul temps nous ne sommes assis ;
Puis ça, puis la, comme le vent varie,
A son plaisir sans cesser nous charie,
Plus becquetez d'oiseaulx que dez a couldre.
Ne soyez donc de nostre confrarie ;
Mais priez Dieu que tous nous vueille absouldre !

Prince Jhesus, qui sur tous a maistrie,
Garde qu'Enfer n'ait de nous seigneurie :
A luy n'ayons que faire ne que souldre.[3]
Hommes, icy n'a point de mocquerie ;
Mais priez Dieu que tous nous vueille absouldre !

TRADUCTION

Frères humains qui nous survivez,
N'ayez pas vos cœurs durcis à notre égard,
Car si vous avez pitié de nous pauvres,
Dieu aura plus tôt miséricorde de vous.
Vous nous voyez ici attachés, cinq, six :
Pour ce qui est de la chair, que nous avons trop nourrie,
Elle est depuis longtemps dévorée et pourrie,
Et nous, les os, devenons cendre et poussière.
De notre malheur que personne ne se moque,
Mais priez Dieu qu'il nous veuille tous absoudre.

Si nous vous appelons frères, vous n'en devez
A voir dédain, bien que nous ayons été tués

---

1) harie = tracasse, tourmente(*subj.*)

2) debuez = lessivés : trempés.

3) souldre = du latin *solvere* : payer.

Par justice. Toutefois vous savez
Que tous les hommes n'ont pas sens bien rassis.
Excusez-nous, puisque nous sommes trépassés,
Auprès du fils de la Vierge Marie,
De façon que sa grâce ne soit pas tarie pour nous,
Et qu'il nous préserve de la foudre infernale.
Nous sommes morts, que personne ne nous tourmente,
Mais priez Dieu qu'il nous veuille tous absoudre.

La pluie nous a lessivés et lavés
Et le soleil nous a séchés et noircis ;
Pies, corbeaux nous ont creusé les yeux,
Et arraché la barbe et les sourcils.
Jamais un seul instant nous ne sommes assis ;
De ci de là, selon que le vent tourne,
Il ne cesse de nous ballotter à son gré,
Plus becquétés d'oiseaux que dés à coudre.
Ne soyez donc de notre confrérie,
Mais priez Dieu qu'il nous veuille tous absoudre.

ENVOI

Prince Jésus, qui sur tous as pouvoir,
Épargne-nous d'entrer dans l'enfer en vassaux ;
A lui n'ayons affaire ni rien à payer.
Hommes, ici point de moquerie,
Mais priez Dieu qu'il nous veuille tous absoudre !

16세기
Le XVIe Siècle

개 관

Clément Marot

Maurice Scève

Jean Calvin

François Rabelais

Joachim du Bellay

Pierre de Ronsard

Agippa d'Aubigné

Robert Garnier

Montaigne

Cl. Rapho Etat actuel

LE CHATEAU DE MONTAIGNE

Cl. Bulloz Façade sur la cour (gravure ancienne)

16세기 문학
(LE SEIZIÈME SIÈCLE)

개 관

프랑스 문학에 있어 16세기는 샤를르 8세(Charles VIII)에 의한 제1차 이태리 전쟁(1494년)에서 앙리 4세(Henri IV)의 죽음(1610)에 이르는 기간을 가리킨다. 이 세기는 흔히 르네상스(Renaissance)의 세기라고 불리고 있다. 그러나 우리는 이와 동시에 유럽인의 종교적 감정을 근저에서부터 뒤흔들어 놓은 종교개혁(Reforme)을 잊을 수 없으며 그로부터 야기된 근 반세기에 걸친 비극적인 종교전쟁도 잊을 수 없다. 16세기는 분명히 활기에 넘친 새 생명의 약동, 예로는 광기에까지 치닫는 격렬한 정열, 대담한 지적·미적 탐구의 시대였다. 프랑스의 문화는 16세기의 화려한 실험, 고통스러운 모험을 통해 중세의 굴레를 벗어나 17세기의 고전적 완성으로 향하는 것이다.

역사적 배경

중세에서 르네상스에 이르는 과정은 급격한 전환도 아니었고 그 사이에 확연한 단절을 볼 수도 없다. 중세문학과 사상의 갖가지 발현을 살펴 본 우리는 그것들이 적어도 12세기 이래 매우 가치있는 문화적 생산으로 발전되어 나갔다는 평가를 내릴 수 있다. 뿐만 아니라 그 가운데 라틴 문화의 전통은 꾸준히 계승됐고, 많은 작가들이 라틴 문학의 교양을 갖추고 고전적 수사학의 틀 가운데서 작업함으로써 이른바 중세적 유마니즘에 합당한 문학적 르네상스를 성취하기도 했다. 16세기의 유마니즘은 어떤 의미에서 중세 유마니즘의 연장이라고도 할 수 있다.

그러나 15세기 말부터 16세기 초에 걸쳐, 특히 François 1세의 등장 이후로 새로운 기운이 감돌기 시작했다. 사실상 중세 말기는 하나의 정신적 위기,

말하자면 문화적 황혼기의 양상을 나타내고 있었다. 종교적 열정은 냉각되어 신앙생활은 한낱 의식과 외적 규제로 변했고, 신학은 성서를 떠나 사변적이고 형식적인 논의로 떨어졌다. 지식의 탐구열도 식어 대학은 이성의 자유로운 개발 대신 장식적 수사학만을 가르쳤고, 문학 또한 생명력을 잃고 공허한 언어의 유희를 되풀이할 따름이었다. 이와 같은 전면적 침체, 정신적 불황 속에서 새 바람이 일기 시작했던 것인데 그것은 몇 가지 요인들에 의해 크게 자극됐다.

첫째로 지적할 것은 갖가지 과학적·기술적 발견과 혁신이다. 인쇄술의 발명과 실용화는 지식의 광범위한 전파를 가능케 함으로써 학문의 연구와 문학의 보급에 결정적인 공헌을 했고, 해부학과 외과학의 발달은 인체의 신비를 밝혀냈으며, 코페르니쿠스(Copernic)의 천문학은 중세의 갇힌 우주에 새 창을 열면서 인간의 사고와 상상력의 영역을 비약적으로 확대시켰다. 한편, 항해술의 발달은 신항로를 개척케 하고 마침내 콜럼버스와 바스코 다 가마(Vasco da Gama)로 하여금 신대륙을 발견케 하여 사람들을 경악시켰고 세계에 대한 그들의 인식을 새롭게 하는 데 공헌했다. 이 모든 사실은 오랫동안 그 안에 안주해 왔던 물리적·정신적 우주를 폭발시켰으며, 이제 사람들은 활짝 열린 새 공간 속에서 새로이 자신을 정립해야 할 필요성에 직면했고, 이로써 탐구와 발견의 정열은 뜨겁게 타올랐던 것이다.

다음으로 지적할 것은 수차에 걸친 전쟁[1]을 통한 이탈리아와의 접촉이다. 당시 르네상스는 전유럽적인 문화운동으로 확산됐는데, 이탈리아는 문화적 선진국으로서 단연 선두를 달리고 있었다. 문예의 열렬한 옹호자였던 메디치 가(les Médicis)를 위시한 집권자들, 강력한 산업 자본가로 성장한 시민층과 공인들, 고대 문명에서 직접 유산으로 이어받은 예술품과, 콘스탄티노플의 함락 이후 동제국에서 대거 피난한 학자들에 의해 전승된 그리스 문화 –

1) 1494년 Charles VIII가 최초로 알프스를 넘어 이탈리아에 쳐들어간 후로 16세기 초 Louis XII 및 François I 등에 의해 이탈리아 전쟁은 계속됐다. 이 일련의 전쟁은 Naples과 Milan에 대한 권리 주장에 그 동기가 있다.

이 모든 요인들에 의해 이탈리아에서는 이미 르네상스의 꽃이 활짝 피어오르고 있었던 것이다.

프랑스인들이 이탈리아에서 받은 인상은 경악과 황홀 그 자체였다. 그들은 아름다운 하늘과 마치 살아있는 박물관과도 같은 도시들을 발견했고 호화롭고 세련된 심미적 삶을 발견했다. 우아한 사교계의 모임, 연회, 연극공연을 눈 앞에 본 이들 – 아직도 중세풍의 무사를 닮은 듯한 소박하고 거친 이들은 삶의 새로운 매혹에 젖어들었다. 특히 위대한 예술가, 작가, 학자들이 이룩해 놓은 찬란한 문화는 그들을 완전히 매료했다. 그들은 단테의 『신곡(*Divine Comédie*)』, 페트라르카(Petrarque)의 소네트, 마키아벨(Machiavel)의 정치철학을 애독했고, 한편 이탈리아를 통해 멀리 거슬러 올라가 위대한 라틴 작가들, 그리스 시인들의 작품도 접하게 되었다.

프랑스로 돌아온 이들은 가히 혁명이라고 할 만한 변화를 각 분야에서 이루어 나갔다. 조상 전래의 고딕 건축을 버리고 이탈리아의 새로운 예술을 도입한 제후들은 앞을 다투어 루아르강 유역과 파리 근교에 화려한 성들[1)]을 짓는가 하면 이탈리아의 풍습을 따라 무도회, 사냥, 들놀이 등 삶의 새로운 즐거움에 탐닉했으며, 스스로 학문과 예술 애호가로 자처해 주위에 학자들과 예술가들을 거느리기도 했다. 일반 서민들도 농업과 상업의 발달, 그리고 이로 인한 생활의 향상에 힘입어 삶을 구가하는 전반적인 흐름 속에 쉽사리 휘말려 들어갔다. 르네상스의 기운은 이렇게 해서 성숙되어 갔던 것이다.

끝으로, 우리는 프랑스와 1세의 개인적 공헌에 대해서 언급하지 않을 수 없다. 그가 프랑스의 르네상스를 위해 수행한 역할은 버질(Virgile) 시대의 오귀스트 대왕, 16세기 이탈리아의 레옹 10세, 그리고 장차 17세기 고전주의 시대의 루이 14세의 역할에 비유할 만하다. 새 정신에 호의적이었던 그는 학자, 예술가, 문인들의 보호자로서 「문예의 아버지」(Père des lettres)라는 칭호에

---

1) Chambord를 위시하여 Fontainebleau, le Louvre 등은 대표적인 건축들이다. 이 건축에 많은 이탈리아의 예술가들이 참여했다는 것은 알려진 사실이다. 1519년 Amboise 근처에서 죽은 Léonard de Vinci를 위시하여 Cellini, Le Titien, 그리고 퐁텐부로성(成)의 내부 장식을 맡았던 Le Primatice는 대표적인 사람들이다.

합당하게 그들을 감싸며 격려했다. 이와 같은 역할 가운데 그를 도운 사람은 다름 아닌 그의 누이 마르그릿 당구렘(Marguerite d'Angoulême)이었다. 훗날 나바르의 여왕이 된 그녀는 시인 마로(Marot)를 위시한 문인들의 열렬한 비호자였을 뿐만 아니라 그녀 자신 보카치오(Boccace)를 모방한 소설집『에프타메롱(*Heptaméron*)』을 창작하기도 했다.

프랑스와 1세의 가장 빛나는 문화적 업적 중의 하나는「꼴레쥬 드 프랑스」(College de France)의 전신인「왕립학사원(Collège des lecteurs royaux)」의 창설이다. 이곳에 모인 새 학문과 사상의 기수들은 왕의 보호와 은급을 받으며 라틴어, 그리스어, 히브리어를 가르쳤고 또한 수많은 고전들을 번역했다. 특히 이들은 고루하고 편협한 Sorbonne 대학(파리 신학대학)의 전통적 학풍에 대항해 고전을 신학적으로 이용하는 대신 오직 그 자체로 연구함으로써 원전의 참모습을 찾는 데 진력했다. 뷔데(Budé), 도라(Dorat), 에티엔(Estienne), 아미요(Amyot) 등은 고전 속에 담긴 본래의 인간적 메시지를 전하려 했으며 이 새 학문의 물결은 지식인, 문인, 예술인 그리고 왕과 귀족들에게까지 번져 나갔다. 르네상스를 향한 지적 분위기는 이렇듯 고조되어 갔다.

유마니즘 L'Humanisme

위에서 고찰한 바와 같이 르네상스는 광범하게는 인간의 삶 전역에 걸쳐 일대 전환을 가져온 문화적 기운을, 보다 직접적으로는 고대문화의 부활을 의미한다. 우리는 후자를 가리켜 유마니즘이라 부른다. 르네상스와 유마니즘은 불가분의 것이며 새 시대의 기사는 다름 아닌 유마니스트다.

유마니즘에 대한 보다 정확한 정의에 들어가기 전에 잠시 세기 초의 거인 라블레(Rabelais)에 관해 언급해 두는 것이 좋을 것이다. 그는 분명히 유마니스트의 모든 것을 갖춘 사람이기는 했지만, 그의 작품에서 풍기는 것은 유마니즘 자체라기보다 그것을 장차 찬란하게 꽃피우게 할 어떤 감정적·지적 분위기이기 때문이다. 승려, 의사, 작가 그리고 여행가이기도 했던 그는 그가 쌓은 다양한 경험들과 해박한 지식을 바탕으로 싱싱하고 현란한 세계를 펼쳐 나갔다. 우의적인 거인들을 등장시켜 갖가지 상징적인 모험들을 통해 삶의 숨겨진 신비를 감지케 하는 그의 수법은 중세풍의 알레고리를 연상케 하는 면도 있으나 그 안에 담겨진 그의 메시지는 분명히 새 시대의 메시지다. 그의 자연의 찬양은 인간의 완전한 육체적·정신적 개발, Gide가 말한 「삶의 모든 가능성의 남김없는 향유」를 의미한다. 그것은 인간과 자연과의 전적인 포옹이며 끊임없이 터져 나오는 홍소(哄笑)와 건전한 쾌락에의 권유이다. 삶의 낙천적 긍정, 자연에 대한 신뢰와 사랑은 그의 영원한 주제이다. 그러나 이 긍정과 사랑은 감각적 차원에 머물지 않는다. 그것은 지적 영역으로 확대되며 지식의 바다를 향한 그의 백과사전적 모험은 또 하나의 지속적인 정열이 되는 것이다. 거침없이 자연의 품 안에 뛰어든 것과 같이 이번에는 모든 외형적 권위와 편견을 떨치고 오직 이성에 의탁하며 때묻지 않은 지식의 원류(源流)로 거슬러 올라간다. 그리하여 원전을 통해 참된 인간적 진리를, 또는 신학적 해석에 오염되지 않은 신앙의 복음적 진실과 대면하기를 기다린다. 이 지식은 단순히 지식으로 그치지 않고 삶의 예지와 합류한다. 인간과 자연에 대한 낙관과 절대적 신뢰, 이것들을 훼손하고 욕되게 하는 모든 것에 대한 투쟁, 삶을 향한 무한한 정열과 사랑 – 이런 것과 더불어 Rabelais는 세기 초의 이상을 훌륭히 대변했고 또한 앞으로 펼쳐질 화려한 모험을 선도했던 것이다.

그렇다면 유마니즘이란 무엇인가. 라틴어로 humanitas란 말은 교양(culture)을 의미했는데, 당시 이 교양 교육 및 고전 연구를 가리켜 lettres d'humanité라 불렀고 이를 담당한 학자는 humaniste란 이름으로 불렸다. 그러나 이 고전의 연구는 단순히 지식의 차원에 머물지 않고 필연적으로 그 안에 담긴 삶의 태도, 윤리적 명제들과 연관되는 것으로서, humanisme이란 말은 그리스·라틴 고전의 연구 외에 하나의 인간관, 삶의 철학, 예지를 의미하기에 이르렀다. 우리는 이런 것들을 쉽게 정의할 수는 없다. 인간을 오직 인간으로 환원시키며 그 자체로서 이해하려는 노력, 그리고 인간을 참으로 인간답게 만드는 것에 대한 성찰이라고나 할까. 그러기에 흔히 인본주의란 말로 번역되기도 한다. 사실 인간은 오랫동안 여러 형태의 초월적 능력과 권위의 지배하에 살아왔으며 또한 기꺼이 그 지배에 스스로를 위탁해 왔다. 유마니즘은 본질적으로 인간의 차원으로의 복귀를 의미하며 이 복귀에 따른 온갖 인간적 모험, 지적·심미적·윤리적 추구를 의미한다. 그 배경에는 인간성에 대한, 그의 능력에 대한 커다란 신뢰가 깔려있다. 우리는 이미 Rabelais 가운데 이 신뢰와 낙관주의의 요란스런 표현들을 본 바가 있다. 요컨대 유마니즘은 인간에 의한, 인간적 세계 구축의 시도, Gide가 말한 바 「예술(혹은 기술)은 오직 인간적 차원에서만 존재한다」라는 새로운 자각의 표현이다.

16세기 유마니즘의 가장 열렬하고 헌신적인 기수는 플레이아드(la Pléiade)라고 불린 7인의 시인들이었다. 그들에 앞서 재치 있고 경쾌한 시인 끌레망 마로(Clément Marot)가 있었고, 보다 우아하고 서정적인 그리고 플라토니즘에 물들은 리옹파(école lyonnaise) 시인들, 모리스 세브(Maurice Scève)와 루이즈 라베(Louise Labbé) 등이 있었다. 그러나 이제 플레이아드의 젊은 시인들은 이들을 넘어 더욱 과감하고 자랑스럽게 고전문화의 바다 속으로 뛰어들어 가려는 것이다.

이들은 일견 모순되는 듯한 이중의 야망을 표방했다. 하나는 위에서 말한 바와 같이 그리스·라틴 문화의 보고를 최대한 훔쳐내는 일이고, 또 하나는 라틴어의 우상을 파괴하고 프랑스어를 확립시켜 문학적 표현의 빛나는 도구로 연마하는 일이다. 고대의 위대한 문학 형식들, 오드(ode), 서사시, 비극, 그리고 이탈리아의 소네트(sonnet) 등을 모방하되 새로운 언어에 의해 고대 문학에 필적할 만한 새 문학을 창조하는 것, 그리하여 이를 위해 언어를 연마하며 풍요하게 만드는 것 – 이러한 것이 Du Bellay의 이름으로 공표된, 불문학사상 최초의 선언문 『프랑스어의 옹호와 발현(*Défense et Illustration de la Langue française*)』의 프로그램이었다.

이 선언문은 인문주의자들의 라틴어 절대주의에 대한 강렬한 반발이자 동시에 궁정시 이론가 Thomas Sibilet의 『시법(Art poétique)』에 대한 비판으로서 논쟁적인 의미가 강한 것이었으나, 문제는 이 일단의 야심적인 시인들에 의해 전개된 창작 활동에 있다. 왜냐하면 이들과 더불어 프랑스 시는 일대 혁명을 이룩하기 때문이다. 이제 시는 중세풍의 해묵은 시형에서 탈피해 고대의 자유로운 형식 가운데 찬란하게 되살아나며, 시인은 미의 여신에 봉사하는 선택된 사도로서의 높은 긍지를 지녔다. 플레이아드의 대표 격인 Ronsard는 훗날 계관시인(桂冠詩人)이 되어 궁정의 총애를 받기도 했다.

문학의 르네상스는 이렇듯 단순히 고대의 모방으로 그치지 않았을 뿐더러 보다 본질적으로는 새로운 국민문학의 창조로 이어져 나간다. 고대 문학은 이들에게 문학적 형식과 완성의 모델을 보여 줬고 이에 매료된 이들은 이 모델을 모방하는 것부터 시작했다. 그러나 이 형식 가운데 그들의 언어로 위대한 주체들을 노래함으로써 새로운 문학의 가능성을 개척해 나갔다. 현란하고 소란스러웠던 Rabelais에 이어 보다 세련되고 귀족적인 젊은 문학도들은 언어의 연마와 형식적 완성의 이상을 추구했고, 때때로 드높은 위엄과 고귀성에까지 문학을 끌어올렸던 것이다. 우리는 프랑스 고전 문학의 완성을 향한 길목에서 플레이아드의 빛나는 업적을 경탄의 눈으로 바라보지 않을 수 없다.

이와 더불어 연극의 장르에도 커다란 변화가 일어났다. 중세시대에 그처럼 번성했던 종교극은 차츰 빛을 잃어갔고, 게다가 1548년 파리 고등법원의 성사극 상영 금지령은 이에 결정적인 타격을 가했다. 한편 고대의 부활과 더불어 고대극의 찬란한 전통을 발견하게 된 젊은 작가들은 고대극의 모델에 따른 새 연극의 창조를 소리 높이 외치기 시작했다. 소포클레스, 유리피데스, 아리스토파네스, 세네카 등의 작품이 번역 또는 번안에 의해 널리 알려졌고, 이들을 모방한 연극 작품들의 창작이 시도되기도 했다. 또한 아리스토텔레스의 시론을 본받아 비극의 이론, 삼단일(trois unités)의 이론을 정립하려는 시도도 있었다. 프랑스어로 쓰여진 최초의 비극 『클레오파트라(*Cléopâtre captive*)』(Jodelle, 1553)를 위시해 Jean de la Taille의 『사울(*Saül*)』, Jacques Grévin의 『시저의 죽음(*la Mort de César*)』 등이 있지만, 16세기 최고의 작가는 『유태여인들(*les Juives*, 1583)』을 쓴 Robert Grenier였다. 그는 가장 독창적인 작품으로 평가되는 『브라다망뜨(*Bradamante*)』(불희곡사상 최초의 희비극(tragi-comédie)으로도 알려져 있음)를 위시하여 수많은 희곡을 남겼는데, 작품 속에 풍기는 깊은 비극적 감성과 서정적 감동으로 가히 프랑스 비극의 아버지라 불리기에 합당하다. 한편 희극 작가로 Larivey(1560-1611 ?)의 이름도 잊을 수 없다.

종교개혁 La Réforme

16세기의 유럽을 뒤흔들어 놓은 또 하나의 거대한 운동은 종교개혁이다. 르네상스가 중세의 신권주의에 오랫동안 짓눌려왔던 인간을 일깨운 것이라면 종교개혁은 스콜라 신학의 도그마티즘과 경직화된 형식으로부터 인간의 영혼을 해방시켜 신앙의 순수성으로 되돌아가게 했다. 전자는 인간 그 자체를, 후자는 영혼을 해방시키려 했는데 다같이 중세의 지배에 반기를 든 점에서 공통점을 지니고 있다. 뿐만 아니라 양자가 한결같이 사상과 신앙의 원류에로의 복귀를 추구하며 그 원초적 모습대로 이해하고 연구하고자 한 점에서도 일치한다.

이와 같은 관점에서 볼 때 최초 르네상스와 종교개혁이 공통 보조(步調)를 취하게 된 것은 쉽게 이해할 수 있다. 프랑스에서 새로운 종교적 기운은 복음주의(évangélisme), 즉 복음에로의 복귀, 더욱 일반적으로는 신앙의 유일한 참된 원천인 성서에로의 복귀로 나타났다. 대다수의 유마니스트들은 그들의 경향으로 말미암아 소르본느의 전통파와 대립하게 됐고 자연히 복음주의에 기울어졌다. 최초의 유마니스트 개혁주의자는 아마도 에라스무스(Erasme)(1467-1536)일 것이다. 네덜란드인이었던 그는 생애의 많은 기간을 프랑스에서 보냈는데, 그의 관심은 고대의 문화유산과 새로운 혜지(慧智)의 원천인 성서에 동시에 쏠렸다. 그리하여 성서를 많은 사람이 읽을 수 있도록 보급에 힘썼는데, 인간의 영적 구원에 필요한 것은 신학자들의 이론이나 교회의 제도와 의식, 외형적 계율이 아니라 복음서 속에 살아 있는 예수 그리스도를 본받는 일이라고 믿었기 때문이다. 그의 뒤를 이어 르페브르(Lefèvre d'Etaples)는 성서를 최초로 프랑스어로 번역함으로써 성서가 신도들에게 직접 읽히기를 바랐던 그들의 염원은 달성된 셈이다.

이렇듯 많은 유마니스트들은 동시에 복음주의를 표방했다. 소르본느 의 경직된 도그마를 맹렬히 공격했던 Rabelais도 그의 작품 속에서 한때 고대의 예지와 기독교 복음에 대한 동일한 찬양을 숨기지 않았다. 그러나 이와 같은 밀월은 오래 지속되지 않았다. 본질적으로 유마니즘은 지상의 왕국을, 그리고 종교개혁은 초월적인 영적 세계를 지향함으로써 이 정신의 두 형제는 갈라설 수밖에 없었던 것이다.

이 결별의 결정적인 계기가 된 것은 1534년에 있었던 「플라카르 사건(Affaire des Placards)」이었다. 개혁주의자들은 가톨릭 미사에 대한 항의문을 도처에 내다 붙였는데 심지어는 앙브와즈의 왕실문에까지 붙임으로써 프랑스와 1세의 격노를 사게 됐던 것이다. 이로부터 왕의 종교정책은 크게 바뀌었고, 개혁론자들은 이단자로서 준엄한 심판을 받기에 이르렀다. Marot와 Rabelais는 피신했고, Calvin은 한때 숨어 지내다가 주네브로 무대를 옮겨 새 교회를 설립했다. 이제 확신에 넘친 개혁주의자들은 자신들의 신앙의 승리를 위해 결연한 투쟁에 뛰어들었고, 한편 전통적 가톨리시즘과 새로운 복음적 신앙 중 하나를 선택할 수밖에 없었던 유마니스트들은 대부분 후자를 버렸으며, 문학과 복음주의와의 조화를 꾀하는 대신 고대의 인간적 예지 속에 흠뻑 젖어 들어갔다. 사실상, Calvin의 신학 체계는 전적으로 다른 인간과 삶의 개념을, 그리고 그의 윤리는 극도의 준엄성을 내포하고 있는 것으로서, 가톨릭과는 비교도 안 될 만큼 르네상스의 이교적 자연주의와 쾌락주의에서 먼 것이었다. 자연의 아들 Rabelais가 소르본느의 독단적 경향과 동시에 칼뱅주의자들의 비타협성을 공박한 것은 너무나도 당연한 일이다.

이러한 종교적 갈등은 1560년 이후 참혹한 내전으로 줄달음질쳤다. 「앙브와즈 음모(Conjuration d'Amboise)」(1560)로부터 「낭뜨칙령(Edit de Nantes)」(1598)에 이르는 근 40년 간에 걸쳐 프랑스는 신교·구교 양 파로 갈린 처절한 전쟁의 와중에 휘말려 들어갔으며 프랑스의 독립과 통일은 크게 위협을 받았다. 프랑스와 2세, 샤를르 9세, 앙리 4세로 이어지는 왕권은 극도로 쇠퇴했고, 국민들은 가공할 종교적 파나티즘에 휩쓸려 피에 피로 응수하는 골육상쟁의 비극을 연출했다.

이 비극적 상황은 문학 세계에도 반영되어 격렬하고 전투적인 문학이 탄생했다. 열렬한 개혁주의자요, 전투에도 직접 참여했던 전사 아그리파 도비네(Agrippa d'Aubigné)는 전장의 몸으로 저술한 한 장시『비극(Tragiques)』(1577-1616)으로써 자신의 열정적인 신앙과 시대적 비극의 비통한 증언을 후세에 남기고 있다. 한편, 구교의 입장에서 전쟁의 참혹함을 그리며 그 가운데서 신앙적, 인간적 진리를 건지고자 한 몽뤼크(Montluc)가 있다.

종교개혁은 이렇듯 프랑스의 땅에 쉽사리 걷히지 않을 암운을 몰고왔다. 프랑스의 신교도들(huguenots)은 낭뜨칙령 이후에도 계속 탄압과 핍박을 받으며 끝내 이방인과도 같은 취급을 받게 될 것이다. Calvin은 이미 오래 전에 주네브로 자리를 옮겨 그곳을 복음주의의 중심으로 삼았다. 그러나 이와 같은 결과에도 불구하고 종교개혁이 프랑스의 정신 및 문학에 미친 영향을 결코 소홀히 다루어서는 안 될 것이다. 프랑스 문학 가운데 신학적 논의가 도입되고 성서적 영감이 시의 뛰어난 주제로 등장한 것은 종교개혁과 무관한 것은 아니다. 또한 성서의 프랑스어 번역, Calvin의 박력 있는 산문 문체, 때로는 신비주의 또 때로는 격렬함과 아이러니가 뒤섞인 전투적 팸플릿 등은 프랑스어의 풍요, 세련, 다양화에 매우 큰 공헌을 했다.

몽떼뉴 Montaigne

16세기 후반 프랑스를 피로 물들인 파나티즘(fanatism)과 증오와 살육의 광란하는 파도 속에서 끝내 인간의 양식의 승리를 믿은 철학자가 한 사람 있었다. 본명은 Michel Eyquem, 그러나 흔히 몽떼뉴(Montaigne)라는 이름으로 알려진 바로 그 사람이다. 그와 더불어 우리는 16세기 르네상스가 매우 깊은 정신적 성찰의 소산임을 확신하게 된다. 사실 16세기는 고대의 발견 및 원시 기독교의 순수성의 회복으로 인한 중세적 세계관과 정신적 질서의 붕괴의 시대였고, 이에 뒤이은 심각한 내면적 위기의 시대였다. 한때 이 위기는 무한한 가능성과 화려한 미적 시도에 취한 젊은 예술가, 작가들의 흥분과 소란에 가려졌지만, 오랜 전쟁과 더불어 이 위기의 실체가 여지없이 드러나고 만 것이다.

결국 Montaigne는 16세기의 온갖 지적 모험과 유마니즘에 의해 제기된 모든 주제의 메아리를 담고 있다. 그는 유마니즘의 전통을 따라 철학적 성찰의 원천을 고대 속에서 찾는 것으로부터 시작해 이에 당대의 학문적, 철학적, 종교적 그리고 정치적 관심사를 비추어 보며 마침내 이 종합에서 하나의 보편적 예지를 이끌어 낸다. 그는 한때 스토아의 고매한 철학에 심취했다. 그러나 인간의 무력과 공허를 너무나도 잘 알고 있는 그는 스토아의 영웅주의가 인간의 구원이 될 수 없다는 것을 이내 깨달았다. 그는 뒤이어 극단적인 회의주의에 기울었다. 인간의 인식 능력의 근본적인 결함에서부터 비롯하여 인간의 무가치, 공허, 비천을 가차없이 폭로하는 이 철저한 레알리즘은 그의 인간관의 영원한 기조가 될 것이다. 이 회의주의는 일차적으로 인간성의 실체를 있는 그대로 이해하고자 하는 그의 지적 성실성의 표현이고, 다음으로는 인간의 오만과 자존심, 그리고 광신에까지 치닫는 온갖 독단을 무너뜨림으로써 보다 균형있는 인간적 사고와 절도를 되찾으려는 윤리적 노력의 기반이다. 그는 모든 종류의 파나티즘이 난무하는 시대에 살면서 그것들이 비타협, 증오, 마침내는 모든 반대 세력의 말살로 치닫으며 전쟁과 살육의 회오리를 몰고 오는 것을 보았다. 자신의 무력과 공허를 모르는 인간들의 오만과 광기를 통탄하는 이 모랄리스트[1)]는 이제 허황한 관념과 이를 수 없는

1) 우리는 Montaigne를 가리켜 흔히 모랄리스트라 부르며 그 가운데서 프랑스의 모랄리스트 전통의 뿌리를 발견한다. 모랄리스트란 말은 두 가지 뜻이 내포되어 있다. 첫째는, 인간 또는 인간성을 오직 그 자체로서 이해하려는 매우 현실주의적인 태도, 즉 어떤 선험적 관념이나 초월성도 배제하고 있는 그대로의 모습을 관찰하고 분석함으로써 내재적인 본성의 정체를 파헤치려는 태도다. 다음으로는 이와 같은 인간 이해에 합당한 인간적 혜지, 삶의 태도, 행동의 윤리를 제시하는 것이다. Montaigne에 뒤이어 Pascal, La Rochefoucault, La Bruyère, Voltaire 그리고 현대에

절대의 꿈을 버리고 겸손히 자연으로 되돌아와 이에 합당한 삶의 기교를 배울 것을 권유하는 것이다. 인간의 유일한 스승은 자연이며 자연은 바로 균형과 조화의 모델이다. 대립과 비타협에 대해 화해와 관용을, 그리고 무엇보다도 증오에 대해 관용과 이해를 내세우는 Montaigne는 결국 양식으로의 복귀를 계속 타이른 것이다. 조화와 질서와 절도의 승리인 프랑스 고전주의를 향한 길은 이렇게 해서 닦이는 것이다.

Montaigne와 더불어 우리는 다시금 세기 초의 화려한 구호였던 자연 과 마주친다. 그러나 그것은 Rabelais의 천진난만하고 낙관적인 이상을 의미하지는 않는다. Rabelais에서 Montaigne에 이르는 동안 프랑스의 지성은 수많은 영광스런 발견과 동시에 비극적인 시련을 경험했고, 이 발견과 시련의 역사는 그 온갖 무게와 아픔을 안고 Montaigne의 사상 속에 잠겨있다. 그의 자연은 이제 이 아픔으로 멍이 든 자연이며, 이를테면 성숙한 자연이다. 이런 관점에서 몽떼뉴는 16세기를 결산하고 새로운 시대를 연 사람이라고 말해도 좋을 것이다.

* * *

이상 우리는 16세기의 프랑스 문학을 그 배경과 더불어 개관했다. 르네상스와 유마니즘의 세기는 동시에 종교개혁과 이로 인한 극도의 혼란의 시대이기도 했다. 르네상스와 종교개혁은 한 쌍을 이루어 중세의 지배로부터 인간을 해방시켰고 문화와 신앙의 원천인 고전과 성서에로의 복귀를 주장하기도 했으며, 서로 갈라서서 인간에 대한 근원적 인식 및 삶의 태도에 있어서 상이한 입장을 내세우기도 했다. 그러나 가장 중요한 것은 이 두 운동이 다같이 구세계를 폭발시켰고 뒤이어 발견과 창조의 열띤 모험을 가능케 했다는 사실이다. 기나긴 닫힌 세계가 깨지고 활짝 열린 세계가 찾아왔으며, 그 안에서 16세기인들은 가능한 모든 미적 · 지적 모험의 날개를 폈던 것이다.

Gide에 이르기까지 프랑스 문학 가운데 이어져 내려오는 이 모랄리스트 전통은 분명히 프랑스 지성의 한 거대한 산맥을 이룬다.

우리는 한 평자의 16세기에 대한 다음과 같은 말을 우리의 결론으로 삼고자 한다.

「프랑스의 시뿐만 아니라 산문에 있어서 위대한 세기, 폭발과 발견, 열광적인 노력과 매료된 경이의 세기, 프랑스 문학사에 있어 가장 열띠고 가장 탐욕스럽고 또한 가장 싱싱한 세기.」

〈Bibliographie〉

P. Castex et P. Surer : *XVIe Siècle*, Manuel des Etudes littéraires fran çaises, Hachette.
A. Lagarde et L. Michard : *XVIe Siècle*. les Grands Auteurs Français II, Bordas.
V. L. Saulnier : *La Littérature du Siècle de la Renaissance,* P.U.F. 1943.
J. Plattard : *La Renaissance française,* Colin.
Poètes du XVIe Siècle, édition A. M. Schmidt Gallimard, la Pléiade, 1953.
R. Lebègue : *La Poésie française de 1560 à 1630*, S.E.D.E.S., 1951.
J. Jacquot et autres : *Le Lieu théâtral à la Renaissance,* C. N. R. S., 1964.
H. Chamard : *Histoire de la Pléiade*, 2 vol. Didier, 1940.
Th. Maulnier : *Introduction à la Poésie française*, Gallimard.
H. Weber : *La Création poétique au XVIe siècle en France*, Paris, 1956, 2 vol.
M. Gilmore : *Le Monde de l'humanisme* (tr fr.) Payot, 1955, 383p.
J. Chatrou-Charbonnel : *La Réforme et les Guerres de Religion*, Colin, 1936.
Imbart de la Tour : *Les Origines de la Réforme*, Paris, d'Argences, 2e édition, 1946.
H. Hauser : *La naissance du protestantisme*, P. U. F., 1940.
D. Ménager : *Introduction à la-vie littéraire du XVIe siècle*, Bordas, 1968.
R. Picard : *Génie de la littérature française*(1600-1800), Hachette, 1970.

CLÉMENT MAROT(1496-1544)

저명한 궁정시인 Jean Marot의 아들로 태어난 Clément Marot는 어려서부터 아버지에게서 시작(詩作)을 배웠고 Anne de Bretagne 및 Louis 12세의 궁정을 출입하며 재능을 인정받았다. 1515년, Francois 1세가 즉위한 후로 더욱 두각을 나타내기 시작한 Marot는 1518년, 왕의 누이 Marguerite d'Alençon(장차 reine de Navarre)의 총애를 받아 그녀의 secrétaire로 기용된 후로 명실공히 제1급의 궁정시인으로 인정받기에 이르렀다.

아버지로부터 중세의 수사학(la rhétorique)을 배운 Marot는 점차 이탈리아 르네상스의 물결에 휩싸이게 된 궁정에서 새로운 기풍과 취향을 몸에 익혔으며 그의 시풍은 르네상스적 명쾌함과 수식적이면서 세련된 언어의 향연으로 변해갔다.

또한 Marguerite의 영향하에서 그는 종교개혁에 깊은 관심을 가졌고 구약과 복음서를 탐독했다. 이와 같은 그의 태도는 장차 그에게 화를 불러일으키게 되어 1526, 1527년 두 차례에 걸쳐 투옥되는가 하면 1535년 affaire des Placards가 터지자 이탈리아로 망명의 길을 떠나 Renée de Ferrare 백작부인의 보호를 받아야 했다. 2년 후 개종을 선언하고 파리로 돌아왔으나, 1542년 François 1세가 결정적으로 종교개혁 운동을 탄압하게 된 후로 그는 버림을 받고 Geneve로 망명했다. 이 모든 사건들은 그의 시작에 반영된다. Genève에서 다윗의 시편 번역을 계속하기도 하였는데, 곧 la Savoie로 되돌아왔으며 Turin에서 쓸쓸히 일생을 마쳤다.

그의 주요 작품으로는 최초의 시집, *1'Adolescence clémentine*(1532)가 있고, 그 외에 *l'Epître au Roy du temps de son exil à Ferrare*(1534), *le Dieu gard' à la cour*(1537), *1'Eglogue au Roy sous les noms de Pan et de Robin*(1539) 등 수많은 *épîtres*가 있고, 소르본느 신학문학에 의해 규탄받은 *les Psaumes de David*(1541, 1543) 등이 있다.

〈ETUDES〉
P. Jourdat : *Marot, l'homme et l'œuvre,* Boivin, 1950
C. A. Mayer : *C. Marot.* Seghers, 1964.

AU ROI "POUR LE DÉLIVRER DE PRISON"

1527년, Marot는 죄인을 연행 중인 경관을 구타하고 죄인을 탈주하도록 도와준 혐의로 다시 투옥되지만 사태는 1526년에 비해 별로 심각한 것이 아니었다. 시인은 이번에는 allégorie을 사용하지 않고 직접 왕에게 호소하되 유머를 잃지 않을 만큼 마음의 여유를 간직하며 한편 자신의 법률적 지식을 교묘하게 이용하고 있다. Boileau는 이 시를 가리켜 〈우아한 농〉–élégant badinage–이라고 평하기도 했다.

Roi des Français, plein de toutes bontés,
Quinze jours a,[1] je les ai bien comptés,
Et dès demain seront justement seize,
Que je fus fait confrère au diocèse
De Saint-Marry, en l'église Saint-Pris.[2]
Si[3] vous dirai comment je fus surpris,
Et me déplaît[4] qu'il faut que je le die.[5]
Trois grands pendards[6] vinrent à l'étourdie[7]
En ce palais me dire en desarroi :
« Nous vous faisons prisonnier, par le Roi.»
Incontinent, qui fut bien étonné ?
Ce fut Marot, plus que s'il eût tonné.[8]
Puis m'ont montré un parchemin écrit,
Où n'y avait seul mot de Jésus-Christ :
Il ne parlait tout[9] que de plaiderie,
De conseillers et d'emprisonnerie.
« Vous souvient-il, ce me dirent-ils lors,
Que vous étiez l'autre jour là-dehors,
Qu'on recourut[10] un certain prisonnier
Entre nos mains. ? » Et moi de le nier ![11]
Car, soyez sûr, si j'eusse dit oui,

---

1) Quinze jours a = il y a quinze jours. 4행의 que는 il y a ~ que…로 연결.

2) Saint-Marry는 Chatelet 근처의 교회인데, 죄수들이 풀려나기 위해 이 성자에게 기원을 드리곤 했다. St-Pris는 마을의 이름인데, *être de St-Pris*는 être en prison의 뜻으로 쓰여진 익살스런 표현이다. 따라서 「St-Marry 교구의 St-Prix 교회의 교인(회원)이 되었다」라는 표현은 「감옥에 갇히게 되었다」를 뜻하는 재주부린 말장난.

3) Si = *Donc, je* vous dirai…

4) = Et *il* me déplait que…

5) die = dise. die는 subj. prés의 옛형태.

6) pendards는 sergents을 가리켜 한 말.

7) à l'étourdie = sans réfléchir.

8) plus que s'il eut tonné 「천둥이 친 것보다도 더」. il은 비인칭.

9) tout는 rien으로 바꾸어 보는 것이 옳음.

10) recourut : 원형 recourir 「붙잡힌 사람을 탈취하거나 도주케 하다」의 뜻으로 – 본래는 rescourre. 명사로 표시하면 à la rescousse.

11) Et moi de le nier ! = Et moi, je le niai(동사를 변화시키는 대신 *de+inf.*로써 동작의 신속성, 생동감을 나타냄).

Que le plus sourd d'entre eux m'eût bien ouï,[1]
Et d'autre part, j'eusse publiquement
Eté menteur : car, pourquoi et comment
Eussé-je pu un autre recourir,
Quand je n'ai su moi-même secourir ?
Pour faire court, je ne sus tant prêcher
Que ces paillards me voulsissent[2] lâcher.
Sur mes deux bras ils ont la main posée,
Et m'ont mené ainsi qu'une épousée,
Non pas ainsi, mais plus roide un petit.[3]
Et toutefois j'ai plus grand appétit
De pardonner à leur folle fureur
Qu'à cella-là de mon beau procureur :[4]
Que male mort les deux jambes lui casse !
Il a bien pris de moi une bécasse,
Une perdrix, et un levraut aussi,
Et toutefois je suis encore ici !
Encor je crois, si j'en envoyais plus,
Qu'il le prendrait ; car ils[5] ont tant de glus
Dedans leurs mains, ces faiseurs de pipée,[6]
Que toute chose où touchent est grippée.[7]
Mais, pour venir au point de ma sortie,[8]
Tant doucement j'ai chanté ma partie[9]

---

1) si j'eusse dit oui…m'eût bien ouï = si j'avais dit…m'aurait bien ouï(조건법 과거 제2형). 다음행의 j'eusse…été = j'aurais…été. Eussé-je pu… = Aurais-je pu…
2) voulsissent = voulussent(*subj. imp.*)
3) un petit = un peu.
4) mon beau procureur = avocat de Marot
5) ils : Marot는 이제 법관 전원에게 공격의 화살을 돌린다. (= ces faiseurs de pipée)
6) ces faiseurs de pipée : pipée는 새의 울음소리를 흉내내는 사냥피리인데, 마치 미끼로 사람들을 끌어당기는 사냥꾼으로 법관을 비유하고 있다. 40행의 glu는 짐승을 사로잡는「끈끈이」.
7) est grippée = être saisie avidement. 32행에서 43행에 걸쳐 Marot는 자신의 경험을 이야기하면서 당시의 법관들의 부패와 탐욕을 신랄히 비난하고 있다.
8) au point de ma sortie : Marot가 성 밖에 나갔을 때 있었던 사건을 가리킨다(그는 경관에게 연행되는 한 죄수를 풀어주려고 경관에게 폭행을 가한 탓으로 지금 투옥되어 있다).
9) j'ai chanté ma partie : 음악에 비유하여 (다음 행의 accordé도 음악적 표현) 양자가 서로 타협하였음을 뜻한다. (즉 자기와 구타당한 경관 사이의 민사적 문제는 해결되었음) 한편, partie는 법률 용어로는「소송 당사자」를 뜻함.

Que nous avons bien accordé ensemble,
Si que[1] n'ai plus affaire, ce me semble,
Sinon à vous.[2] La partie est bien forte :
  Mais le droit point où je me réconforte,
Vous n'entendez procès non plus que moi.
Ne plaidons point ; ce n'est que tout émoi[3]
Je vous en crois, si je vous ai méfait.
Encor posé le cas que l'eusse fait,[4]
Au pis aller n'y cherrait[5] qu'une amende :
Prenez le cas que je la vous demande ;
Je prends le cas que vous me la donnez,[6]
Et si plaideurs furent onc étonnés
Mieux que ceux-ci, je veux qu'on me délivre,
Et que soudain en ma place on les livre.
  Si vous suppli, Sire, mander[7] par lettre
Qu'en liberté vos gens me veuillent mettre ;
Et si j'en sors, j'espère qu'à grand peine
M'y reverront, si on ne m'y ramène.
  Très humblement[8] requérant votre grâce
De pardonner à ma trop grande audace
D'avoir empris[9] ce sot écrit vous faire
Et m'excusez, si pour le mien aftaire[10]
Je ne suis point vers vous allé parler :
Je n'ai pas eu le loisir d'y aller.

---

1) Si que = Si bien que… 「그 결과 …되다」
2) Sinon à vous = (je n'ai plus…) qu'à vous. 즉 자기가 해를 끼친 경관에 대한 민사적 문제는 해결이 되었고, 이제 남은 것은 왕의 권위에 반항한 공법상의 문제만이 남았다는 뜻.
3) émoi = souci.
4) Encor posé le cas que l'eusse fait : 「설사 내가 그렇게 했다고 가정할 경우에도.」 poser le cas que+subj. 「…한다고 가정하다」
5) cherrait = tomberait (여기서는 j'encourrais의 뜻으로 이해할 것.)
6) (최악의 경우 벌금형이 될터인데, 그렇다면) 「나는 왕에게 그 벌금을 (풀어줄 것을) 요청하고, 왕은 나에게 그 돈을 주시는 것으로 하면 되지 않겠습니까」의 뜻(왕에 대한 친근함을 엿보이게 하는 익살스런 표현).
7) Si vous … mander = Si je vous supplie … de mander …
8) 여기서 시인은 어조를 바꾸어 왕에게 경의를 표시하며 정중히 간청한다.
9) empris = entrepris … (de vous faire).
10) pour le mien affaire = pour mon affaire

MAURICE SCÈVE (1501-1564)

1530년에서 50년에 걸쳐 Lyon은 이탈리아와의 교류의 문호로서 프랑스 르네상스의 요람이자 찬란한 지적활동의 중심지였다. 이른바 프랑스 시의 리옹파(école lyonnaise)가 탄생한 것은 바로 이때의 일이며 그 중에서 Maurice Scève의 이름을 기억하지 않을 수 없다. 이탈리아 시풍(詩風), 특히 페트라르카의 영향을 받아 세련되고 감각적인 사랑의 시를 읊었던 이 파의 시인들 중 Maurice Scève는 단연 두각을 나타낸, 매우 독창적인 시인이었다. 젊었을 때 Avignon에서 Laure de Noves(페트라르카가 노래했던 연인)의 무덤을 발견한 것으로 믿기도 한 그는 페트라르카를 모방한 시를 썼지만 동시에 중세적 수사법과의 조화를 꾀했다. 그의 시적 영감 자체는 따라서 독창적인 것은 아니었지만 그는 이 사랑의 주제를 통하여 신비에까지 이르는 영적 상승의 모험을 펼쳐보인다. 19세기 상징주의 시인들, 특히 Mallarmé와 Valéry에 의해 발굴됨으로써 Scève는 오늘날 새롭게 평가받고 있다.

〈ETUDES〉
V. L. Saulnier : *Maurice Scève*, Klincksieck, 1948, 2 vol.
J. p. Attal : *Maurice Scève*, Seghers, 1965.

DÉLIE

1544년에 발표된 *Délie, objet de plus haute vertu*는 10음절의 10행시의 기나긴 연속으로 성립된 작품으로 그의 사랑의 드높은 개념을 노래하고 있다. Délie는 리옹의 여류 시인 Pernette du Guillet일지도 모르고 또한 이상의 여인을 가리키는지도 모른다. 사랑의 포로가 된 연인(I)을 주제로 한 첫 구에 뒤이어, 갖가지 비유로써 마음의 평화도 휴식도 잃은 그의 처량한 운명(II)을 그린다. 그러나 그에게는 아늑한 위안이 있으니, 그의 사랑은 그녀의 부재 중에도 그녀를 항상 마음속에 현존하게 하며(III), 마침내 그녀가 찾아올 때 그의 마음은 활짝 피어오른다.

Sur le printemps, que les aloses montent,
Ma Dame et moi sautons dans le bateau
Où les pêcheurs entre eux leur prise comptent,
Et une en prend, qui, sentant l'air nouveau,
Tant se débat qu'enfin se sauve en l'eau ;
Dont ma Maîtresse et pleure et se tourmente.
« Cesse, lui dis-je, il faut que je lamente
L'heur du poisson, que n'as su attraper,
Car il est hors de prison véhémente,
Où[1] de tes mains ne peux onc échapper.»

1) Où de tes mains ··· échapper = Tandis que je ne peux jamais échapper da tes mains.

Le laboureur de sueur tout rempli
A son repos sur le soir se retire :
Le pèlerin, son voyage accompli,
Retourne en paix et vers sa maison tire.
  Et toi, ô Rhône, en fureur, en grande ire,
Tu viens courant des Alpes roidement
Vers celle-là[1] qui t'attend froidement,
Pour en son sein tant doux te recevoir.
  Et moi, suant à ma fin grandement,
Ne puis ni paix ni repos d'elle avoir.[2]

Comme des rais du soleil gracieux
Se paissent[3] fleurs durant la primevère,[4]
Je me recrée aux rayons de ses yeux,
Et loin et près autour d'eux persévère ;
Si que le cœur, qui en moi la révère,
La me[5] fait voir en celle[6] même essence
Que ferait l'œil par sa belle présence,
Que tant j'honore et que tant je poursuis :
  Par quoi de rien ne me nuit son absence,
Vu qu'en tous lieux, malgré moi, je la suis.[7]

Apercevant cet ange en forme humaine,
Qui aux plus forts ravit le dur courage
Pour le porter au gracieux domaine
Du paradis terrestre en son visage,
Ses beaux yeux clairs par leur privé usage
Me dorent tout de leurs rais épandus.
  Et quand les miens j'ai vers les siens tendus,[8]

---

1) celle-là = la Saone. (Scève는 리옹 태생임을 상기할 것.)
2) = Ne puis *avoir d'elle* ni…
3) se paître der「…을 먹고 자라다.」= comme (les) fleurs se paissent des rais du soleil…
4) la primevère = le printemps (이탈리아풍의 영향)
5) La me : 인칭대명사의 이와 같은 순서는 당시의 어법, 특히 Marot의 시에 자주 나타남. 지금의 순서는 me la.
6) celle = cette
7) suis = suivre의 현재 변화형.
8) = Et quand j'ai les miens tendus vers les siens(눈과 눈이 마주치는 만남의 순간).

Je me recrée au mal où je m'ennuie,
Comme bourgeons au soleil étendus,
Qui se refont aux gouttes de la pluie.[1)]

JEAN CALVIN (1509-1564)

1509년 Noyon에서 태어난 Jean Calvin은 라틴어, 그리스어, 히브리어, 신학, 법학을 공부하였으나, 일찍부터 Lefèvre d'Etaples과 복음주의자들의 새로운 종교 사상에 관심을 기울였다. 고등법원(le Parlement)의 지탄을 받고 Bâle로 피신한(1534) 그는 그곳에서 종교개혁 운동에 헌신했고, 1536년에는 *Institution de la Religion Chrétienne*를 라틴어로 저술했다. 그는 Guillaume Farrel의 부름을 받고 주네브로 무대를 옮긴 후에도 자신의 신학과 도덕을 계속 가르쳤으며 이로써 주네브를 종교개혁의 중심지로 만들었다. 1541년에는 그의 주저 *Institution Chrétienne*의 불어판을 출간했다. 타협을 모르는 준엄한 기풍과 불굴의 의지로써 그는 대행할 수 없는 스승으로 주위를 압도하였으며, 그에게 반기를 든 Michel Servet는 화형에 처해지기까지 했다.

그의 작품은 문학적인 기여에 있어서도 높이 평가되고 있다. 16세기의 프랑스어 산문의 발전에 그는 크게 공헌하였는데, 프랑스어를 라틴어로부터 해방시켜 이를 순화시켰을 뿐만 아니라, 독자를 설득하고자 했던 그는 언어를 단순하고 명확한 것으로 만들기 위해 의식적인 노력을 한 것으로 보인다. 그의 사상뿐만 아니라 그의 언어도 또한 혁명적인 것이었다.

〈ETUDES〉
Il. Méréjkovski : *Calvin*. Gallimard 1942.
F. Wendel : *Calvin, sources et évolution de sa pensée religieuse*, P. U. F., 1950.

INSTITUTION DE LA RELIGION CHRÉTIENNE

그의 기독교 사상은 다음 세 가지 주장으로 요약된다. 첫째로, 참된 신앙은 교회의 전통이 아닌 성서와의 직접적인 만남에서 태어나고, 다음으로 인간은 원죄 이래로 신의 절대적인 간섭 없이는 구제받을 수 없는 타락 속에 있으며, 끝으로 인간의 영적 구원은 오직 신의 섭리에 달려있는 만큼 구원은 신에 의해 예정되어 있는 것이다(예정설 – prédestination).

Dela Foi

Est-ce cela croire, de ne rien entendre, moyennant qu'on submette

1) 햇빛과 꽃의 이미지가 계속 이어지고 있으나 여기서는 꽃은 꽃망울로 변하고 뜨거운 갈망을 식혀주는 단비의 이미지로 발전하고 있다.

son sens à[1] l'Église ? Certes la Foi ne gît point en ignorance mais en connaissance, et icelle[2] non seulement de Dieu, mais aussi de sa volonte. Car nous obtenons point salut à cause que nous soyons prêts de[3] recevoir pour vrai tout ce que l'Église aura déterminé ou pource que nous lui remettions la charge d'en quérir et connaître, mais en tant que nous connaissons Dieu nous être père bien-veuillant, pour la réconciliation qui nous a été faite en Christ, et pource que nous recevons Christ comme à nous donné en justice, sanctification et vie.[4] C'est par cette connaissance, et non point en submettant notre Esprit aux choses inconnues, que nous obtenons entrés au Royaume céleste… Car la Foi gît en la connaissance de Dieu et de Christ, non pas en la révérence de l'Eglise.

La corruption de l'homme

Il nous faut donc distinctement considérer ces deux choses : c'est à savoir que nous sommes tellement corrompus en toutes les parties de notre nature, que pour cette corruption nous sommes à bonne cause[5] damnables devant Dieu, auquel rien n'est agréable sinon justice, innocence et pureté… Et même l'Apôtre témoigne que la mort est venue sur tous hommes pource que tous ont péché, c'est·à·dire que tous sont enveloppés du péché originel et souillés des macules d'icelui.[6] Pour cette cause, les enfants mêmes sont enclos en cette condamnation. Non pas simplement pour le péché d'autrui, mais pour le leur propre. Car combien qu'ils[7] n'aient encore produit fruits de leur iniquité, toutefois ils en ont la semence en eux… L'autre point que nous avons à considérer, c'est que cette perversité n'est jamais oisive en nous, mais engendre continuellement nouveaux fruits, à savoir iceux[8] œuvres de la chair que nous avons naguère décrits tout ainsi qu'une fournaise ardente sans cesse

1) submette son sens à = soumette son sens à 「…에 그의 이성을 복종시킨다(고 해서)」(sens은 「감각」이 아니라 「판단력 또는 이성」의 뜻)

2) icelle : 고어 icelui의 단수 여성형 = celle-ci(connaissance에 걸림)

3) prêts de = prêts à

4) comme à nous donné … et vie 「의(義)와 성스러움과 생명으로 우리에게 주어진 것으로 그리스도를 받아들이다.」

5) à bonne cause 「마땅히」

6) icelui = celui-ci(le péché originel을 가리킴)

7) Combien que + *subj* = quoique + *subj*.

8) iceux = ceux-ci(les fruits를 받음)

jette flambe et étincelles.

De la Prédestination

Nous appelons Prédestination le conseil éternel de Dieu par lequel il a déterminé ce qu'il voulait faire d'un chacun[1] homme. Car il ne les crée pas tous en pareille condition, mais il ordonne les uns à vie éternelle, les autres à éternelle damnation. Ainsi selon la fin à laquelle est créé l'homme, nous disons qu'il est prédestiné à mort ou à vie… Selon donc que l'Écriture montre clairement, nous disons que le Seigneur a une fois constitué, en son conseil éternel et immuable, lesquels[2] il voulait prendre à salut et lesquels il voulait laisser en ruine. Ceux qu'il appelle à salut, nous disons qu'il les reçoit de sa miséricorde gratuite, sans avoir égard aucun à leur propre dignité. Au contraire, que l'entrée de vie est forclose à tous ceux qu'il veut livrer en damnation, et que cela se fait par son jugement occulte et incompréhensible, combien qu'il soit juste et équitable… Or comme le Seigneur marque ceux qu'il a élus en les appelant et justifiant,[3] aussi, au contraire, en privant les réprouvés de la connaissance de sa parole ou de la sanctification de son Esprit, il démontre par tel signe quelle sera leur fin et quel jugement leur est préparé.

FRANÇOIS RABELAIS (1494 ?-1553 ?)

François Rabelais는 Touraine 주의 Chinon 근교 la Devinière촌에서 변호사의 아들로 태어났다. 그의 아버지는 상당한 부호로서 넓은 땅을 소유하고 있었는데 그의 작품에는 이 고장의 추억이 곳곳에 담겨져 있다. 그는 수도원에서 교육을 받았고 1511년부터는 프랑시스코단에 들어갔으며 1520년에는 Fontenay-le-Comte에서 승려 생활을 시작했다. 그는 스콜라적 신학 논의에 염증을 느끼고 당시의 새사조인 유마니즘에 관심을 기울이기 시작하여 Guillaume Budé와 서신을 교환하는가 하면 몇몇 유마니스트들(승려 Pierre Amy, 법학자 Tiraqueau 등)과 교우하면서 유마니즘 운동에 적극 가담했다. 그 후 그의 과격한 경향 때문에 위험에 처하기도 하였으나 1525년경에는 주교 Geoffroy d'Estissac의 비호를 받아 Maillezais의 베네딕트 교단으로 옮겼다. Ligugé 승원에 머물게 된 그는 그 지방의 유마니스트들과 교분을 두텁게 하면서 한편 Poitiers대학에서 법률을 수학하기도 했다. *Pantagruel* 안에 그

1) Chacun homme = chaque homme(고어에서는 대명사와 형용사의 구별이 모호했다 : à *celle* fin = à cette fin, *cette*-ci = celle-ci).

2) lesquels : a constitué에 걸리는 간접 의문형을 구성.「어떤 사람들을 …하고, 또 어떤 사람들을 …할 것인가를 (결정짓다)」

3) juatifiant = rendant justes.「의롭게 만들다」의 뜻.

는 이 대학의 추억을 담고 있다. 보다 자유로운 몸이 된 그는 1528년부터 30년에 걸쳐 파리에 머물면서 그곳의 대학을 출입했다. 파리 대학생들의 생활은 그의 작품을 장식하게 될 것이다.

1530년 Rabelais는 마침내 승복을 벗어던지고 파리와 Montpellier에서 의학을 공부하였는데, 1532년 학위를 획득한 다음해 Lyon의 시립 병원의 의사가 되었다. 그는 모든 분야, 모든 문제에 대한 열렬한 호기심을 가졌으며 직접적인 관찰과 경험을 통해 지식과 사상의 영역을 넓혀갔다. 한편, 당대 유마니즘의 총수격인 Erasme과 교신하면서 새 사상의 보급에 주력했다.

1532년 드디어 그의 불후의 명작인 *Pantagruel*이 발간되었다. 이 작품은 작자 불명의 「가르강추어 대연대기」(*les Grandes et inestimables chroniques du grand et énorme géant Gargantua*)의 선풍적인 성공에 편승하여 그 속편이라는 형식으로 출간된 것인데, 이 책이 성공을 거두자 Rabelais는 다시 『대연대기』를 소재로 하여 *Gargantua*를 1534년에 내놓았다. 이 책이 *Le Premier Livre*(제1서)라 불리워지게 되고, 앞서 발간한 *Pantagruel*은 *Le Second Livre*(제2서)에 해당한다. 그 후 계속해서 *Le Tiers Livre*(제3서)(1546), *Le Quart Livre*(제4서)(1548-1552)가 나왔고, *Le Cinquième Livre*(제5서)는 그의 사후 11년만인 1564년에 간행되었다. 제5서는 내용으로 보아 과연 Rabelais의 원작인지에 대해 아직도 의견이 분분하다.

*Gargantua*와 *Pantagruel* 전5권은 장난기 섞인 거인 이야기의 외관 속에 작가의 예리한 비판 정신이 번득이는 것으로서, 스콜라 철학과 소르본느파 신학이 가장 신랄한 비판의 대상이 되어 있으며 교육, 정치, 전쟁 등 각종 시사적 문제에 대한 새로운 견해들이 개진되어 있다. 그러나 이와 같은 사상성보다 더욱 중요한 것은 이 작품을 감싸고 있는 호탕하고 낙천적이고 긍정적인 분위기일 것이다. 그것은 다름 아닌 르네상스의 숨결이며, Rabelais는 자연에 대한 깊은 사랑과 인간에 대한 신뢰를 활달 자재하고 또 때로는 환상적인 화술로써 생생하게 표현하고 있는 것이다.

〈ŒUVRE〉

Pantagruel (1532)

Le Quart Livre (1548-1522), *Le Cinquième Livre* (posthume 1564)

〈ETUDES〉

J. Plattard : *François Rabelais*, Boivin, 1932.

M. de Diéguez : *Rabelais par lui-même*, Seuil, 1960.

M. Bakhtine : *L' Œuvre de Rabelais et la culture populaire au Moyen Age et sous la Renaissance*, Gallimard, 1970.

LA "SUBSTANTIFIQUE MOELLE"

Rabelais는 *Gargantua*의 서두에서 희극적인 작품을 쓰겠다는 의도를 밝히고 있다. 그러나 이와 같은 희극적인 외관에도 불구하고 우리는 그의 작품이 웃음으로 끝나는 것이 아님을 알 수 있다. 문제는, 그 자신이 말한 바와 같이 「뼈를 쪼개고 그 안의 진한 골수를 빨아먹는 데」(rompre l'os et sugcer la substantifique moelle) 있다.

Buveurs très illustres (car à vous, non à autres, sont dédiés mes écrits), Alcibiade, au dialogue de Platon intitulé *le Banquet*, louant son précepteur Socrate, sans controverse prince des philosophes, entre autres paroles le dit être[1)] semblable ès[2)] Silènes. Silènes étaient jadis petites boîtes, telles que voyons de présent ès boutiques des apothicaires, peintes au-dessus de figures joyeuses et frivoles, comme de harpies, satyres, oisons bridés, lièvres cornus, canes bâtées,[3)] boucs volants, cerfs limoniers[4)] et autres telles peintures contrefaites à plaisir pour exciter le monde à rire (quel[5)] fut Silène, maître du bon Bacchus) ; mais au dedans l'on réservait les fines drogues, comme baume, ambre gris, amomon,[6)] musc, civette, pierreries et autres choses précieuses. Tel disait[7)] être Socrate, parce que, le voyant au dehors et l'estimant par l'extérieure apparence, n'en eussiez donné[8)] un coupeau d'oignon tant laid il était[9)] de corps et ridicule en son maintien, le nez pointu, le regard d'un taureau, le visage d'un fol, simple en mœurs, rustique en vêtements, pauvre de fortune, infortuné en femmes, inepte à[10)] tous offices de la république, toujours riant, toujours buvant d'autant[11)] à un chacun, toujours se guabelant,[12)] toujours dissimulant son divin savoir ; mais, ouvrant cette boîte, eussiez[13)] au dedans trouvé une céleste et impréciable[14)] drogue : entendement plus qu'humain, vertu merveilleuse, courage invincible, sobresse non pareille, contentement certain, assurance parfaite, déprisemept[15)] incroyable de tout ce pourquoi les

---

1) le = Socrate.「(Alcibiade는 말하기를) 소크라테스는 …와 같은 사람이라고 (말했다).」

2) ès = aux.

3) canes batées = canes portant un bat

4) cerfs limoniers = cerfs attelés aux *limons*(= bras) d'une charette

5) quel = tel

6) amomon = parfum tiré d'une plante exotique

7) Tel disait : 동사 disait의 주어 Alcibiade가 생략되어 있음. =「그는 소크라테스가 이와 같다고 말했다.」

8) 주어 vous가 생략되어 있음. = *vous* n'en eussiez donné un coupeau(= un morceau) *eussiez donné* = auriez donné (조건법 과거 제2형)

9) tant laid il était.「그토록 그는 흉칙스러웠다…」

10) inepte à = inapte à

11) buvant d'autant = faisant raison(en buvant).

12) se guabelant = se moquant

13) = vous eussiez…

14) impréciable = inapréciable

15) déprisement = mépris

humains tant veillent, courent, travaillent, naviguent et bataillent.

A quel propos, en votre avis, tend ce prélude et coup d'essai ?[1)] Pour autant que[2)] vous, mes bons disciples et quelques autres fols de séjour,[3)] lisant les joyeux titres d'aucuns livres de notre invention, comme *Gargantua*, *Pantagruel*···, *Des pois au lard cum commento,*[4)] etc., jugez trop facilement n'être au dedans traité que moqueries, folâtreries et menteries joyeuses : vu que l'enseigne extérieure (c'est le titre), sans plus avant enquérir,[5)] est communément reçue à dérision et gaudisserie.[6)] Mais par telle légèreté ne convient estimer les œuvres des humains : car vous-mêmes dites que l'habit ne fait point le moine···[7)] C'est pourquoi faut ouvrir le livre et soigneusement peser ce qui y est déduit.[8)] Lors connaîtrez que la drogue dedans contenue est bien d'autre valeur que ne promettait la boîte. C'est-à-dire que les matières ici traitées ne sont tant folâtres comme le titre au-dessus prétendait.

Et, posé le cas qu'au sens littéral vous trouviez matières assez joyeuses et bien correspondantes au nom, toutefois pas demeurer là ne faut,[9)] comme au chant des sirènes ;[10)] ains[11)] à plus haut sens interpréter ce que par aventure cuidiez[12)] dit en gaieté de cœur. Crochetâtes-vous[13)] onques bouteilles ? Réduisez à mémoire[14)] la contenance que aviez. Mais vîtes-vous onques chien rencontrant quelque os médullaire ?[15)] C'est comme dit

1) ce prélude et coup d'essai = ce début de mon ouvrage.
2) pour autant que = parce que
3) de séjour = de loisir. (= désoeuvrés)「할일 없는 (다른 사람들)」
4) cum commento = avec un commentaire.
5) sans plus avant enquérir = sans s'informer plus avant.「더 깊이 알아보려고 하지 않으면」
6) gaudisserie = plaisanterie
7) l'habit ne fait point le moiner「사람은 겉보기와는 다르다」라는 의미의 속담
8) déduit = développé
9) pas demeurer là ne faut = il ne faut pas demeurer là
10) chant des sirènes : 그리스 신화 속의 Sirène(세이렌)은 아름다운 목소리로 뱃사람을 매혹하여 난파시키는 바다의 마녀(여기서는 단순한 노래가 아니라 그 안에 무서운 힘이 깃들어 있다는 사실로써 비유의 효과를 위한 것.)
11) ains = mais
12) cuidiez = croyiez.「당신이, 아무렇게나 말한 것이라고 생각했던 (것을 보다 높은 뜻으로 이해해야만 한다)」
13) Crochetâtes-vous = Avez-vous (jamais) débouché ···
14) Réduisez à mémoire = Rappelez à votre souvenir
15) médullaire = à moelle「안에 골수가 담긴 (뼈)」

Platon, lib. II *de Rep.*[1] la bête du monde plus philosophe. Si vu l'avez,[2] vous avez pu noter de quelle dévotion il le guette, de quel soin il le garde, de quel ferveur il le tient, de quelle prudence il l'entomme,[3] de quelle affection il le brise, et de quelle diligence il le suce. Qui le induit à ce faire ? Quel est l'espoir de son étude ? Quel bien prétend-il ? Rien plus qu'un peu de moelle. Vrai est que ce peu plus est délicieux que le beaucoup de toutes autres, pour ce que la moelle est aliment élabouré[4] à perfection de nature comme dit Galen. III *Facult. nat. et XI De usu partium.*

A l'exemple d'icelui[5] vous convient être sages, pour fleurer,[6] sentir et estimer ces beaux livres de haute graisse,[7] légers[8] au pourchas[9] et hardis à la rencontre. Puis, par curieuse leçon[10] et méditation fréquente, rompre l'os et sucer la substantifique[11] moelle, c'est-à-dire ce que j'entends par ces symboles pythagoriques, avec espoir certain d'être faits escors[12] et preux à la dite lecture, car en icelle bien autre goût trouverez, et doctrine plus absconse,[13] laquelle vous révélera de très hauts sacrements[14] et mystères hor rifiques, tant en ce qui concerne notre religion que aussi l'état politique et vie économique.

Ce grave développement aboutit, il est vrai, à un tissu de plaisanteries. Si l'on découvre dans Homère *ou* Ovide *toute une sagesse cachée à laquelle ces auteurs n'avaient nullement songé, pourquoi n'en ferait-on pas de même pour ce livre écrit en* « buvant et mangeant » ? « Aussi est-ce la juste heure d'écrire ces hautes matières et sciences profondes.» *L'auteur n'a-t-il pas trouvé dans le vin le meilleur de sa joyeuse inspiration ?*

---

1) = *De Républica*
2) = Si vous l'avez vu
3) l'entomme = l'entame
4) élabouré = élaboré
5) icelui = celui-ci
6) fleurer = flairer
7) de haute graisse : 「(양질의 고기처럼) 자양분이 풍부한」
8) légers : 위의 sages와 마찬가지로 vous에 걸림. 다음 행의 hardis도 마찬가지
9) au pourchas = à la poursuite
10) par curieuse leçon = par soigneuse lecture
11) substantifique = nourrissante
12) escors = avisés
13) absconse = secrète
14) sacrements = connaissances sacrées

L'ÉDUCATION IDÉALE

새로운 인간을 창조하고자 한 유마니스트 Rabelais는 교육에 매우 중요한 의미를 부여했다. 그의 교육관은 모든 점에서 중세적 개념과 반대되며, 정신과 육체의 균형있는 성장을 중시한 고대의 이상에 접근한다. 자연이 부여한 인간의 모든 성품의 충일한 개발을 지향하는 그의 교육관에서도 자연주의의 이상이 표출되고 있다.

Après, en tel train d'étude le mit qu'il[1] ne perdait heure quelconque du jour : ains[2] tout son temps consommait en lettres et honnête savoir. S'éveillait donc Gargantua environ quatre heures du matin. Cependant qu'on le frottait, lui était lue quelque pagine[3] de la divine Ecriture hautement et clairement, avec prononciation compétente à la matière, et à ce était commis un jeune page, natif de Basché, nommé Anagnostes.[4] Selon le propos et argument[5] de cette leçon, souventes fois s'adonnait à révérer, adorer, prier et supplier le bon Dieu, duquel la lecture montrait la majesté et jugements merveilleux.

Puis son précepteur répétait ce qu'avait été lu, lui exposant les points plus obscurs et difficiles. Considéraient l'état du ciel, si tel était comme l'avaient noté au soir précédent, et quels signes entrait[6] le soleil, aussi la lune, pour icelle journée.

Ce fait, était habillé, peigné, testonné,[7] accoutré et parfumé, durant lequel temps on lui répétait les leçons du jour d'avant. Lui-même les disait par cœur et y fondait quelques cas pratiques et concernant l'état humain, lesquels ils étendaient aucunes fois[8] jusque deux ou trois heures, mais ordinairement cessaient lorsqu'il était du tout[9] habillé. Puis par trois bonnes heures lui était faite lecture.

Ce fait, issaient[10] hors, toujours conférant des propos de la lecture, et se

1) en tel train d'étude le mit que··· = (on) le mit en *tel* train d'étude *qu'*···
2) ains = mais
3) pagine = page(*lat.* pagina)
4) Anagnostes : lecteura라는 의미의 라틴어
5) argument = sujet
6) entrait : 타동사적 용법(라틴어의 영향). 「(하늘의) 어떤 징조가 태양을 떠오르게 했는지···」
7) testonné = coiffé
8) aucunes fois = parfois
9) du tout = complètement(현대어에서는 부정의 뜻으로만 사용)
10) issaient = sortaient (*issir* = sortir)

déportaient en Bracque,[1] ou ès prés, et jouaient à la balle, à la paume, à la pile trigone,[2] galantement s'exerçant les corps comme ils avaient les âmes auparavant exercé.[3] Tout leur jeu n'était qu'en liberté, car ils laissaient la partie quand leur plaisait, et cessaient ordinairement lorsque suaient parmi le corps, ou étaient autrement las. Adonc étaient très bien essuyés et frottés, changeaient de chemise, et, doucement se promenant, allaient voir si le dîner était prêt. Là attendant, récitaient clairement et éloquentement quelques sentences retenues de la leçon.

Cependant Monsieur l'Appétit[4] venait, et par bonne opportunité s'asseyaient à table. Au commencement du repas, était lue quelque histoire plaisante des anciennes prouesses, jusques à ce qu'il eût pris son vin. Lors, si bon semblait, on continuait la lecture, ou commençaient à deviser joyeusement ensemble, parlant, pour les premiers mois, de la vertu, propriété, efficace et nature de tout ce que leur était servi à table : du pain, du vin, de l'eau, du sel, des viandes, poissons, fruits, herbes, racines, et de l'apprêt d'icelles. Ce que faisant, apprit en peu de temps tous les passages à ce compétents[5] en Pline, Athénée, Dioscorides, Jilius Pollux, Galien, Porphyre, Oppian, Polybe, Héliodore, Aristoteles, Elien et autres. Iceux propos tenus, faisaient souvent, pour plus être assurés, apporter les livres susdits à table. Et si bien et entièrement retint en sa mémoire les choses dites, que, pour lors, n'était médecin qui en sût à la moitié tant comme il faisait. Après, devisaient des leçons lues au matin, et, parachevant leur repas par quelque confection de cotoniat,[6] s'écurait les dents avec un trou[7] de lentisque, se lavait les mains et les yeux de belle eau fraîche et rendaient grâces à Dieu par quelques beaux cantiques faits à la louange de la munificence et bénignité divine.

Ce fait, on apportait des cartes, non pour jouer, mais pour y apprendre mille petites gentillesses et inventions nouvelles, lesquelles

---

1) Bracque = jeu de paume

2) à la pile trigone = à la balle à trois

3) 정신과 육체의 균형있는 개발에 역점이 주어진다.

4) 해학적인 표현

5) à ce compétents = compétents à cela(ce는 흔히 cela 대신 사용됨). 여기 고대 그리스와 로마의 대학자들의 이름이 나열되어 있는데, 당시의 의학은 고대학자들의 저술에 바탕을 두었기 때문이다.

6) confection de cotoniat = confiture de coings

7) un trou = un trognon

toutes issaient[1] d'arithmétique. En ce moyen entra en affection d'icelle science numérale, et, tous les jours après dîner et souper, y passait temps aussi plaisantement qu'il soulait[2] ès dés ou ès cartes. A tant[3] sut d' icelle et théorique et pratique si bien que Tunstal, Anglais qui en avait amplement écrit, confessa que vraiment, en comparaison de lui, il n'y entendait que le haut allemand.[4]

Et non seulement d'icelle, mais des autres sciences mathématiques comme géométrie, astronomie et musique ; car, attendant la concoction et digestion de son past,[5] ils faisaient mille joyeux instruments et figures géométriques, et de même pratiquaient les canons[6] astronomiques. Après s'ébaudissaient à chanter musicalement à quatre et cinq parties, ou sur un thème à plaisir de gorge. Au regard des instruments de musique, il apprit jouer du luth, de l'épinette, de la harpe, de la flûte d'allemand et à neuf trous, de la viole et de la sacquebutte.[7]

Gargantua, Chap. XXIII

LEÇON DE SAGESSE POLITIQUE

야심적이고 호전적인 왕 Picrochole에 대하여 저자는 Grandgousier의 예지와 절도로써 답한다. 이 텍스트 안에 저자는 전쟁에 대한 자신의 견해를 피력하면서 정치의 정도를 역설한다. 그는 Grandgousier의 입을 통하여, 기독교적 이상과 정복적 전쟁이 양립될 수 없음을 말하고 인간적 우애의 필요성을 강조한다. 결국 Rabelais는 기독교적 이상과 고대의 예지를 조화시키고자 한다.

Touquedillon fut présenté à Grandgousier et interrogé par icelui sur l'entreprise et affaires de Picrochole, quelle fin[8] prétendait par ce tumultuaire vacarme. A quoi répondit que sa fin et sa destinée[9] était de

1) issaient = dérivaient(*issir* = sortir)
2) soulait = avait l'habitude de
3) à tant = alors
4) n'y entendait que le haut allemand 「뭐가 뭔지 통 알수가 없었다…」 C'est du haut allemand 「통 알 수가 없다」 라는 표현을 해학적으로 변형한 것
5) past = repas
6) canons = lois
7) sacquebutte = trombone
8) quelle fin = quel but
9) sa destineé = son dessein

conquêter tout le pays, s'il pouvait, pour[1] l'injure faite à ses fouaciers. « C'est, dit Grandgousier, trop entrepris : qui trop embrasse peu étreint.[2] Le temps n'est plus d'ainsi conquêter les royaumes, avec dommage de son prochain frère chrétien. Cette imitation des anciens Hercules, Alexandres, Annibals, Scipions, Césars et autres tels, est contraire à la profession[3] de l'Évangile, par lequel nous est commandé garder, sauver,[4] régir et administrer chacun ses pays et terres, non hostilement envahir les autres, et ce que les Sarrasins et barbares jadis appelaient prouesses, maintenant nous appelons briganderies et méchancetés. Mieux eût-il fait soi contenir en sa maison, royalement la gouvernant, qu'insulter en[5] la mienne, hostilement la pillant, car par bien la gouverner l'eût augmentée,[6] par me piller sera détruit. Allez-vous-en, au nom de Dieu, suivez bonne entreprise, remontrez à votre roi les erreurs que connaîtrez, et jamais ne le conseillez ayant égard à votre prorift particulier, car avec le commun est aussi le propre perdu.[7] Quant est de votre rançon, je vous la donne[8] entièrement, et veux que vous soient rendues armes et cheval ; ainsi faut-il faire entre voisins et anciens amis, vu que cette notre différence[9] n'est point guerre proprement ; comme Platon, li. V, *de Rep.*, voulait être non guerre nommée, ains[10] sédition, quand les Grecs mouvaient armes les uns contre les autres ; ce que si par male fortune advenait, il commande qu'on use de toute modestie.[11] Si guerre la nommez, elle n'est que superficiaire,[12] elle n'entre point au profond cabinet[13] de nos cœurs, car nul de nous n' est outragé en son honneur, et n'est question, en somme totale, que

1) pour「…로 인하여」(이유를 가리킴). 전쟁과 정복이 극히 하찮은 원인에서 야기됨을 풍자한 것
2) qui trop embrasse peu étreint「욕심이 지나치면 얻는 것이 없다(손해본다).」는 의미의 속담
3) profession = enseignement
4) sauver = sauvegarder
5) insulter en = sauter sur
6) par bien la gouverner l'eut augmentée「그 나라를 잘 통치한다면 나라가 부강해졌을 것이다.」(= en la gouvernant bien, il l'eût…). par me piller = en me pillant…
7) avec le commun est aussi le propre perdu「공공이익과 함께 개인의 이익도 잃게 된다」
8) la donne = en fait remise「되돌려 주겠다」
9) différence = différend「분쟁」
10) ains = mais
11) modestie = modération
12) superficiaire = superficielle
13) au profond cabinet = au plus profond

de rhabiller[1] quelque faute commise par nos gens, j'entends et vôtres et nôtres, laquelle, encore que connussiez, vous deviez laisser couler outre, car les personnages querellants étaient plus à contemner[2] qu'à ramentevoir,[3] mêmement[4] leur satisfaisant selon le grief, comme je me suis offert. Dieu sera juste estimateur de notre différend, lequel je supplie plutôt par mort me tollir[5] de cette vie et mes biens dépérir devant mes yeux, que par moi ni les miens[6] en rien soit offensé.»···

Lors commanda Grandgousier que, présent Touquedillon, fussent comptés au moine soixante et deux mille saluts[7] pour celle[8] prise, ce qui fut fait, cependant qu'on fit la collation audit Touquedillon, auquel demanda Grandgousier s'il voulait demeurer avec lui ou si mieux aimait retourner à son roi. Touquedillon répondit qu'il tiendrait le parti lequel il lui conseillerait : « Donc, dit Grandgousier, retournez à votre roi, et Dieu soit avec vous ! »

Puis lui donna une belle épée de Vienne, avec le fourreau d'or fait à belles vignettes d'orfèverie, et un collier d'or pesant sept cent deux mille marcs[9] garni de fines pierreries, à l'estimation de cent soixante mille ducats, et dix mille écus par présent honorable. Après ces propos, monta Touquedillon sur son cheval. Gargantua, pour sa sûreté, lui bailla trente hommes d'armes et six vingts archers sous la conduite de Gymnaste, pour le mener jusques ès portes de la Roche-Clermaud si besoin était. Icelui départi, le moine rendit à Grandgousier les soixante et deux mille saluts qu'il avait reçus, disant : « Sire, ce n'est ores que vous devez faire tels dons. Attendez la fin de cette guerre, car l'on ne sait quels affaires pourraient survenir, et guerre faite sans bonne provision d'argent n'a qu'un soupirail[10] de vigueur. Les nerfs des batailles sont les pécunes.[11]

1) rhabiller = réparer
2) contemner = mépriser
3) ramentevoir = considérer
4) mêmement = surtout
5) tollir = enlever
6) par moi ni les miens = ni par moi ni par les miens. que는 plutot와 연결되어 「…하느니보다 차라리…」
7) salut : (성모를 경배하는 천사상이 박힌) 「금화」
8) celle = cette
9) marc : 1마르크는 240그램에 해당
10) soupirail = souffle
11) pécunes = richesses

– Donc, dit Grandgousier, à la fin je vous contenterai par honnête récompense, et tous ceux qui m'auront bien servi.»

Gargantua, Chap. XLVI

"FAIS CE QUE VOUDRAS"

Gargantua는 수도사 Jean을 위해 루와르 강변에 Thélème 승원을 짓는다. 르네상스의 찬란한 성과도 같은 승원을 지어 10세에서 15세까지의 여자와 12세에서 18세까지의 남자 등 아름답고 성품이 좋은 남녀를 받아 풍요하고 자유로운 분위기에서 생활하게 함으로써 그가 꿈꾸는 자유인의 양성을 실현하고자 한다. 여기서도 기독교의 순수한 신앙과 인간성의 완전한 개발을 지향하는 르네상스의 이상을 조화시키려는 Rabelais의 기본 이념이 표현되어 있다.

Toute leur vie était employée, non par lois, status ou règles, mais selon leur vouloir et franc arbitre. Se levaient du lit quand bon leur semblait, buvaient, mangeaient, travaillaient, dormaient quand le désir leur venait. Nul ne les éveillait, nul ne les parforçait[1] ni à boire, ni à manger, ni à faire chose autre quelconque. Ainsi l'avait établi Gargantua. En leur règle n'était que cette clause : parce que gens libères,[2] bien nés, bien instruits,[3] conversant[4] en compagnies honnêtes, ont par nature[5] un instinct et aiguillon qui toujours les pousse à faits vertueux et retire de vice, lequel ils nommaient honneur. Iceux, quand par vile subjection et contrainte sont déprimés[6] et asservis, détournent la noble affection,[7] par laquelle à vertu franchement[8] tendaient, à déposer[9] et enfreindre ce joug de servitude, car nous entreprenons toujours choses défendues et convoitons ce qui nous est dénié.[10]

Par cette liberté, entrèrent en louable émulation de faire tous ce qu'à un

---

1) parforçait = contraignait
2) libères = libres
3) 교육의 중요성이 강조되어 있는 점에 유의할 것
4) conversant : 「교제하는」
5) nature : 인간의 천성에 대한 깊은 신뢰는 Rabelais의 생활철학의 바탕을 이룬다.
6) déprimés = écrasés
7) affection = passion
8) franchement = spontanément
9) à déposer : détoument…à déposer로 연결됨
10) dénié = refusé

seul voyaient plaire.[1] Si quelqu'un ou quelqu'une disait : « Buvons », tous buvaient. Si disait : « Jouons ». tous jouaient. Si disait : « Allons à l'ébat ès champs », tous y allaient.[2] Si c'était pour voler[3] ou chasser, les dames, montées sur belles haquenées,[4] avec leur palefroi gourrier,[5] sur le poing mignonnement engantelé portaient chacune ou un épervier, ou un laneret, ou un émerillon ; les hommes portaient les autres oiseaux.

Tant noblement étaient appris[6] qu'il n'était entre eux celui ni celle qui ne sût lire, écrire, chanter, jouer d'instruments harmonieux, parler de cinq à six langages, et en iceux composer, tant en carme[7] qu'en oraison solue.[8] Jamais ne furent vus chevaliers tant preux, tant galants, tant dextres à pied et à cheval, plus verts, mieux remuant, mieux maniant tous bâtons,[9] que là étaient. Jamais ne furent vues dames tant propres,[10] tant mignonnes, moins fâcheuses, plus doctes à la main, à l'aiguille, à tout acte mulièbre[11] honnéte et libère, que là étaient. Par cette raison quand le temps venu était que aucun d'icelle abbaye, ou à la requête de ses parents, ou pour autre cause, voulût issir hors,[12] avec soi il emmenait une des dames, celle laquelle l'aurait pris pour son dévôt, et étaient ensemble mariés ; et si bien avaient vécu à Thélème en dévotion et amitié, encore mieux la continuaient-ils en mariage ; d'autant s'entr'aimaient-ils à la fin de leurs jours comme le premier de leurs noces.

Gargantua, Chap. LVII

1) ce qu'à un seul voyaient plaire = ce qu ('ils) voyaient plaire à un seul
2) Rabelais가 여기 제시한 몇가지 예는 삶의 즐거움에 대한 그의 낙천적 취향을 엿보게 한다.
3) voler = chasser avec des oiseaux de proie
4) haquenées = juments
5) gourrier = richement harnaché
6) appris = instruits (「교육받은」)
7) carme = vers (「운문」). – (Tant…que로 연결되는 구문)
8) oraison solue = prose (「산문」)
9) bâtons = armes
10) propres = élégantes
11) mulièbre = de femme
12) issir hors = sortir hors (*d'icelle abbaye*)

DU BELLAY (1522-1560)

Anjou의 귀족가문 출신인 Joachim Du Bellay는 어려서 부모를 잃고 우울하고 몽상적인 유년시절을 보냈다. 한때 무관으로 입신을 꿈꾸기도 하고 성직자를 희망하기도 했다.

1545년경에는 Poitiers 대학에서 법률학을 공부하였으나 라틴어를 배우고 고대문학을 알게 된 후로 시와 문학에 심취했다. 1547년 Ronsard를 알게 되어 그를 따라 파리로 간 Du Bellay는 collège de Coqueret에서 저명한 인문학자 Dorat의 가르침을 받기에 이르렀고 일단의 젊은 시인들과 더불어 새로운 문학운동의 선봉에 나섰다. Ronsard가 la brigade라 부른 이 시인들은 그들의 문학 이상을 천명할 필요를 느꼈으며 그 집필을 Du Bellay에게 위임했다. 그래서 발표된 것이 프랑스 문학사상 최초의 문학 선언문인 "*Défense et Illustration de la Langue française*"(1549)였다. 이와 동시에 그는 다분히 Pétrarque를 모방한, 그러나 이미 그의 개인적인 독창성이 번득이는 최초의 시집 *Olive*를 발표했다.

1553년부터 1557년에 걸쳐 그는 숙부인 Jean Du Bellay 추기경을 따라 로마에 머물렀다. 라틴문학을 흠모하였던 그에게 로마의 발견은 깊은 감동을 주었으며 대로마제국의 위대와 쇄망의 현장은 그에게 아름다운 시의 영감을 불러일으켰다. *Les Antiquités de Rome*(1558)은 이래서 태어났다. 그러나 로마에서의 생활은 다른 면에서 환멸의 연속이었다. 왜냐하면 그는 그곳을 행하면서 화려한 외교관의 꿈을 꾸었던 것인데, 실제의 생활은 오히려 권태와 과로를 강요할 뿐이었으며 한편 프랑스에 대한 짙은 향수의 포로가 되었기 때문이다. 보다 내면적이고 서정적인 시를 담은 *Les Regrets*(1558)은 이러한 그의 내적 삶의 기록이라 할 수 있다. 그러나 이 시집에는 로마인의 세속적 삶에 대한 풍자가 포함되어 있는 점도 간과해서는 안 될 것이다.

프랑스로 되돌아온 Du Bellay는 상기 두 시집을 출판했고 뒤이어 *Les Jeux Rustiques*를 발표하였는데, 그 안에는 페트라르카풍에 대한 풍자시와 Ronsard에게 바친 *Hymne de la Surdité*(시인은 1550년경 중병을 앓은 후로 귀머거리가 되었다)가 포함되어 있다.

〈ŒUVRE〉

Défense et Illustration de la Langue française (1549)
L'Olive (1549)
Les Antiquités de Rome (1558)
Les Regrets (1558)
Poemata (1558)
Les Jeux Rustiques (1558)

〈ETUDES〉

G. Gadoffre : *Du Bellay et le sacré*, Gallimard, 1978.
V. L. Saulnier : *Du Bellay, l'homme et l'oeuvre*, Hatier, 1968.

CES CHEVEUX D'OR…

「밧줄」과 「불길」과 「화살」의 세 비유로써 사랑의 속박과 아픔을 노래한 이 소품은 페트라르카풍의 모방의 한 전형이라 할 수 있다. 시인은 사랑의 쓰라림을 오히려 기쁨으로 받아들이는 것으로 결론을 삼고 있는데, 기교와 멋을 부린 이미지의 구성 그리고 그 안에 담긴 사랑의 맹목적 찬양은 르네상스 시인들의 한 경향을 훌륭히 대변하고 있다.

Ces cheveux d'or sont les liens, Madame,
Dont fut premier[1] ma liberté surprise,[2]
Amour la flamme autour du cœur éprise,[3]
Ces yeux le trait[4] qui me transperce l'âme.

Forts sont les nœuds,[5] âpre et vive la flamme.
Le coup de main[6] à tirer bien apprise,[7]
Et toutefois j'aime, j'adore et prise
Ce qui m'étreint, qui me brûle et entame.[8]

Pour briser donc, pour éteindre et guérir
Ce dur lien, cette ardeur, cette plaie,[9]
Je ne quiers[10] fer, liqueur, ni médecine.[11]
L'heur[12] et plaisir que ce m'est de périr
De telle main ne permet[13] que j'essaie

---

1) premier = d'abord
2) ma liberté surprise = ma liberté fut surprise로 연결됨. 황금빛 머리카락을 「밧줄」로 비유하여, 사랑은 먼저 연인의 자유를 앗아가며 노예로 만든다는 뜻
3) éprise = allumée. la flamme éprise autour du cœur로 연결됨. 한편 Amour la flamme은 Amour est la flamme로 이해할 것
4) Ces yeux le trait도 Ces yeux sont le trait로 이해할 것
5) les nœuds : 제 1행의 les liens을 받는 말
6) le coup de main : 제 4행의 le trait와 관련하여 「활을 당기는 솜씨」
7) bien apprise = … main bien apprise à tirer. 「활을 당기는 솜씨는 잘 훈련되어 (정확히 가슴을 뚫었다는 뜻).」
8) m'étreint은 les liens, me brûle는 la flamme, entame은 le trait와 관련됨
9) = pour briser ce dur lien, pour éteindre cette ardeur (= flamme). guérir cette plaie로 연결됨
10) quiers = cherche (*lat.* : quaero)
11) fer는 le lien에 liqueur는 ardeur에, médecine(= remède)는 plaie에 관련된다.
12) l'heur = bonheur. (L'heur et plaisir … de périr로 연결됨).
13) permet는 L'heur et plaisir에 걸리는 동사이나 고어에서는 마지막 말(plaisir)에 일치시킨다.

Glaive tranchant, ni froideur, ni racine.[1)]

L'Olive

DÉJÀ LA NUIT EN SON PARC…

이 시에서 노래되고 있는「새벽의 아름다운 여인」의 주제는 그 후 la poésie précieuse가 즐겨 채택한 주제이기도 하다. 아침에 떠오르는 태양의 빛도 사랑하는 여인의 찬란한 광채 앞에 무색해진다. 아름다운 이미지, 명확한 구성을 이 시의 특징을 이루고 있다.

Déjà la nuit en son parc amassait
Un grand troupeau d'étoiles vagabondes,
Et, pour entrer aux cavernes profondes,
Fuyant le jour, ses noirs chevaux chassait ;

Déjà le ciel aux Indes[2)] rougissait,
Et l'aube encor de ses tresses tant blondes
Faisant grêler[3)] mille perlettes[4)] rondes,
De ses trésors[5)] les prés enrichissait :

Quand d'occident, comme une étoile vive,[6)]
Je vis sortir dessus ta verte rive,
O fleuve mien ![7)] une nymphe en riant.

Alors, voyant cette nouvelle Aurore,
Le jour honteux d'un double[8)] teint colore
Et l'Angevin et l'indique orient.

L'Olive

1) glaive tranchant는 lien에, froideur는 ardeur에, racine는 plaie에 관련된다.
2) aux Indes : à l'Orient
3) gresler : tomber comme grêle
4) perlettes : 이슬방울을 형용
5) trésors = thesors. 위의 perlettes의 이미지를 이어받음.
6) vive = vivante
7) O fleuve mien ! = O mon fleuve ! (la Loire를 가리킴)
8) un double : 새로이 나타난 또 하나 aurore를 가리킴.

COMME LE CHAMP SEMÉ…

이 시는 위대한 로마의 성장과 실추를, 그리고 당대 유마니스트들의 열기를 적절한 비유를 통하여 노래하고 있다. 비유에 있어 사실적인 요소와 상징적인 요소의 혼합은 이 시의 아름다움과 감동의 원천이 되어 있다. 2개의 4행절은 밀(blé)의 이미지를 쫓아 전원의 삶을 사실적이고도 상징적으로 묘사함으로써 로마의 성장을 노래했고, 뒤이어 로마의 폐허를 추수 후에 떨어진 이삭에 비유하였으며, 끝으로 유마니스트들은 이삭 줍는 사람으로 묘사된다. 이렇듯 시인은 la Pléiade의 이상과 역할을 환기하는 것으로 시의 결론을 삼고 있다.

Comme le champ semé en verdure foisonne,
De verdure se hausse en tuyau verdissant,
Du tuyau se hérisse[1] en épi florissant,
D'épi jaunit en grain, que le chaud assaisonne ;[2]

Et comme en la saison[3] le rustique moissonne
Les ondoyants cheveux du sillon blondissant,[4]
Les met d'ordre en javelle, et du blé jaunissant
Sur le champ dépouillé mille gerbes façonne :[5]

Ainsi de peu à peu crût l'empire romain,
Tant[6] qu'il fut dépouillé par la barbare main,
Qui ne laissa de lui que ces marques antiques

Que chacun va pillant,[7] comme on voit[8] le glaneur,
Cheminant pas à pas, recueillir les reliques[9]
De ce qui va tombant après le moissonneur.

Antiquités. XXX

---

1) se hérisse「곤두서다」의 구문으로 성장의 각 단계가 밀(blé)의 힘찬 성장의 모습을 상징하는 강렬한 표현. de ~ en「…에서 …으로」se hausse, se hérisse와 같은 표현으로 극명하게 묘사되고 있다.
2) assaisonne = fait mûrir
3) en la saison「제철에」
4) 희화적이면서도 음악적인 구절. les ondoyants cheveux은 황금빛 이삭들이 물결치는 모습을 머리카락에 비유
5) façonne = façonne mille gerbes du blé jaunissant …으로 연결됨.
6) Tant que = Jusqu'à ce que …
7) Que chacun va pillant : que는 ces marques antiques를 선행사로 받는 관계대명사이며 선행사는 pillant의 직접보어에 해당. 즉, 고대의 문화유산을 현대의 사람들은 훔쳐낸다는 뜻
8) comme on voit : … *voit* le glaneur … *recueillir*로 연결
9) les reliques = les restes. reliques「성유물」란 말을 쓴 점에 유의할 것

QUI A VU QUELQUEFOIS…

로마의 시인 Lucain은 위대한, 그러나 이미 기울어가는 Pompée를 〈고갈한 떡갈나무〉에 비유하여 노래한 바가 있다. Du Bellay는 이 시상을 모방하여 위대한 로마를 노래한다. 그는 Lucain을 모방하되 보다 회화적인 묘사와 적절한 언어의 구사로써 독창성을 발휘하며 시의 현대적 이미지를 살리고 있다. 여기 비교를 위해 Lucain의 원시의 불역을 옮긴다.

Lucain, *Pharsale* I, 136-142 :
《Tel, dans un champ fertile, un chêne élevé, portant les trophées d'un peuple antique et les offrandes consacrées des chefs ; il ne tient plus par de solides racines : c'est son propre poids qui le maintient ; étendant par les airs ses branches nues, il fait ombre de son tronc, non de son feuillage ; et bien qu'il chancelle, prêt à tomber sous le premier Surus, bien qu'alentour s'élèvent tant de forêts au bois solide, c'est lui seul pourtant qu'on révère》

Qui a vu[1] quelquefois un grand chêne asséché,
Qui pour son ornement quelque trophée[2] porte,
Lever encore au ciel sa vieille tête morte,
Dont le pied fermement n'est en terre fiché,[3]

Mais qui,[4] dessus le champ plus qu'à demi penché,[5]
Montre ses bras tout nus et sa racine torte,
Et, sans feuille ombrageux, de son poids se supporte[6]
Sur un tronc nouailleux en cent lieux ébranché,
Et, bien qu'au premier vent il doive sa ruine[7]
Et maint jeune[8] à l'entour ait ferme la racine,

---

1) 이 긴 문장의 문법적 골격은 다음과 같다. : Qui *a vu* … un grand chêne … *lever* encore (3행) … et(9행) … *être* seul *révéré*
2) quelque trophée : 옛날 승리의 기념으로 나무에 매달았던 전리품
3) = Dont te pied n'est (pas) fermement fiché en terre.「다리는 땅 속에 굳게 막혀 있지 않은」 le pied는 sa tête의 비유와 일치되는 것으로 la racine을 의미한다.
4) qui : 2행의 qui와 마찬가지로 un grand chêne를 다시 받는 관계대명사
5) penché = penché plus qu'à demi dessus (sur) le champ
6) = se supporte de son poids「자신의 무게를 스스로 지탱한다」
7) = bien qu'il doive sa ruine au premier vent「그 어떤 바람에도 쓰러질 수밖에 없다 할지라도」 devoir *qc à qc*「…에게 …을 치르다」의 구문
8) maint jeune「많은 어린 나무들」. jeune는 명사적으로 쓰인 것

Du dévot populaire être seul révéré :[1]
Qui tel chêne a pu voir,[2] qu'il imagine[3] encore
Comme entre les cités qui plus florissent ore[4]
Ce vieil honneur poudreux[5] est le plus honoré.

Antiquités, XXVIII

LAS ! OÙ EST MAINTENANT…

이 시는 내면의 깊은 울림이 메아리치는 후기의 시집 Regrets의 한 편으로서, 운명(la Fortune)에 학대받고 자신의 재능에 회의를 느끼며 과거의 찬란했던 영감과 예술에 대한 뜨거운 열정을 아쉬워하는 시인의 탄식어린 내적 고백이라 할 수 있다. 그러나 완성을 꿈꾸고 영원을 소유하려 했던 이 오만한 영혼의 개탄은 역설적으로 그에게 그 얼마나 고귀한 영감을 불어넣고 있는 것일까.

Las ![6] Où est maintenant ce mépris de Fortune ?[7]
Où est ce cœur vainqueur de toute adversité,[8]
Cet honnête désir de l'immortalité,[9]
Et cette honnête flamme[10] au peuple non commune ?[11]

Où sont ces doux plaisirs qu'au soir, sous la nuit brune,
Les Muses me donnaient, alors qu'en liberté,[12]

---

1) être seul révéré (du dévot peuple) 「(믿음 깊은 백성들의) 존경을 홀로 받는 (것을 본 사람은…)」. 주(1) 참조
2) qui … a pu voir (tel chêne) : 제1행의 Qui a vu … 를 다시 한번 받아 반복한 것
3) qu'il imagine … 「…를 상상해 보기 바란다」. Que+*subj*의 구문으로 희구를 나타냄
4) ore = maintenant
5) poudreux 「먼지에 뒤덮힌」
6) Las ! = hélas !의 고어
7) ce mépris de Fortune 「운명에 대한 이 멸시(경시)」. la fortune = le sort (운명을 업신여겼던 오만한 마음가짐을 말함)
8) 2행은 ce mépris de Fortune를 다시 한번 구체적으로 설명하고 있다.
9) Cet honnête désir de l'immortalité =「영생(영원)에 대한 이 영예로운 욕망」 시공을 뛰어넘어 영원한 명성을 누리려는 욕망은 고귀한 것이며, 시인은 오직 시의 완성을 통해 이를 성취할 수 있다.
10) flamme = inspiration
11) flamme non commune au peuple로 연결됨. 여기서도, 속인의 범주를 뛰어넘어 고귀한 영감으로써 예술의 성스런 영역에 도달하는 시인의 특권을 말하고 있는데, 이것은 곧 la Pléiade의 시론의 본질이기도 하다.
12) en liberté : 로마에서의 얽매이고 권태로운 생활에 비해, 과거 누렸던 독립적이고 자유로운 삶을 회상

Dessus le vert tapis d'un rivage écarté,[1)]
Je les menais danser aux rayons de la lune ?[2)]

Maintenant la Fortune est maîtresse de moi,[3)]
Et mon cœur, qui soulait[4)] être maître de soi,
Est serf de[5)] mille maux et regrets qui m'ennuient.

De la postérité je n'aiplus de souci,[6)]
Cette divine ardeur, je ne l'ai plus aussi,
Et les Muses de moi, comme étranges[7)] s'enfuient.[8)]

Regrets, VI

FRANCE, MÈRE DES ARTS…

환멸과 고통 속에서 머나먼 조국을 향수의 눈으로 되돌아 보는 시인은 길 잃은 양의 아름답고도 비통한 이미지를 발견한다. 이 짧은 시 안에 시인은 조국을 떠난 모든 사람들의 정신적인 드라마를 감동 깊게 대변하고 있다.

France, mère[9)] des arts, des armes et des lois,[10)]
Tu m'as nourri longtemps du lait de ta mamelle :[11)]
Ores,[12)] comme un agneau qui sa nourrice[13)] appelle,

---

1) … d'un rivage écarté : 머나먼 고향의 정경을 구체적으로 회상
2) 달빛 아래 강가의 환상적인 정경
3) la Fortune … maitresse de moi : 6행의 en liberté와 대조를 이룬다.
4) soulait = avait coutume de
5) Est serf de = est esclave de
6) … de souci de la postérité로 연결. 「후세에 이름을 남길 생각은 이제 없다」 la postérité는 3행의 l' immortalité를 다시 받는 말
7) étranges = étrangers
8) s'enfuient *de moi*로 연결. 그러나 de moi가 les Muses와 나란히 놓임으로써 마치 「과거 나의 것이었던 뮤즈가 … (이제는 나로부터 도망친다)」 라는 아쉬움을 강력히 표현하고 있는 듯이 보인다.
9) 이 말로써 시인은 앞으로 전개될 비유를 준비하고 있다.
10) des arts, des armes et des lois : 이 세 항목은 시인의 성장 및 개인적 관심을 대표하고 있다. Du Bellay는 젊어서 무관을 희망했고, 한때 법학을 공부하기도 했다.
11) de ta mamelle : mère에서 유래되는 비유
12) Ores = maintenant
13) sa nourrice = sa mère nourricière

Je remplis de ton nom les antres et les bois.[1]
Si tu m'as pour enfant avoué[2] quelquefois,[3]
Que ne me réponds-tu maintenant, ô cruelle ?
France, France, réponds à ma triste querelle.[4]
Mais nul, sinon Écho,[5] ne répond à ma voix.

Entre les loups cruels j'erre parmi la plaine ;[6]
Je sens venir l'hiver, de qui la froide haleine
D'une tremblante horreur[7] fait hérisser ma peau.

Las ! Tes autres agneaux n'ont faute[8] de pâture,

Iis ne craignent le loup, le vent, ni la froidure :
Si[9] ne suis-je pourtant le pire du troupeau.

Regrets, IX

RONSARD (1524-1585)

Pierre de Ronsard는 Vendôme 근처 la Poissonière성에서 태어났다. 귀족가문의 출신으로 젊어서 궁정생활에 익숙해진 그는 화려한 앞날을 꿈꾸었었다. 그러나 20세에 청각을 잃은 그는 관직의 꿈을 버리고 학문과 문학으로 전환했다. 그는 친구 Baïf를 따라 collège de Coqueret에서 유마니스트 Dorat의 가르침을 받아 그리스 및 라틴문학을 배웠고, 한편 Dante, Baccace, Pétrarque 등으로 이어지는 이탈리아 문학에도 심취했다. Dorat의 휘하에 모여든 젊은 문학도들은 한 무리로 결속되어 공동의 이상을 추구하기에 이르렀는데, Ronsard는 이 그룹(처음에는 la Brigade라는 전투적인 이름으로, 그 후에는 알렉산드리아 시대의 7시성의 이름을 따 la Pléiade라 명명된다)의 중심인물이었다. 그는 그의 열의와 재능으로써 능히 이들의 선도자가 되었을 뿐만 아니라 발표하는 작품마다 커다란 반향을 일으켰다. Henri 2세, Charles 9세, Henri 3세에 걸쳐 왕실의 계속적인 총애를 받았음은 물론 전유럽

---

1) les antres et les bois : 어머니의 품 안에서 떨어져 나와 방황하는 자신의 처지를 상징적으로 묘사
2) si tu m'a *avoué pour enfant*으로 연결 avoué = reconnu
3) quelquefois = autrefois
4) querelle = plainte (*lat.* : querela)
5) Echo = le nymphe Echo
6) 4행의 비유를 받아 한결 처참한 이미지로 발전
7) horreur : 어원적 뜻으로 쓰인 말 : effroi qui fait dresser les cheveux
8) n'ont faute de = ne manquent pas de
9) si = cependant

에 명성을 떨친 그는 명실공히 영광 속에 60세의 나이로 세상을 떴다.

사랑의 시인이었던 그는 삶과 사랑의 기쁨, 여인들과 자연의 아름다움, 또 때로는 덧없는 시간의 흐름, 죽음의 비탄을 노래했다. *Amours* 속에서 그는 실제로 사랑했던 여인들, Cassandre Salviati, Marie Dauphin, Hélène de Surgères를 노래하고 있다.

또한 자연의 시인 Ropsard는 특히 고향의 풍물을 사랑했고 전원생활을 즐겼다.

끝으로, 내란에 휘말린 프랑스의 비극을 배경으로 고뇌와 분노의 감정을 노래한 시, *les Discours*는 Ronsard의 가장 독창적이고 박력있는 작품이라 할 것이다. Ronsard는 17세기 고전작가들에게 직접적인 영향을 준 시인임에 틀림없다. 그는 고대인의 모방을 권했고 스스로 이를 실천하였지만, 이 모방 가운데 자신의 독창성을 잃지 않았으며, 한편 Malherbe 및 그의 후계자들에게 새로운 시작법을 물려주기도 했다.

〈ŒUVRE〉

Odes(1550-56) *Les Amours de Cassandre*(1552) *Les Amours de Marie*(1555) *Les Hymnes*(1555-1556) *Les Discours*(1560-1563) *Elégies, Mascarades et Bergeries*(1565) *La Franciade*(1574) *Les Amours d'Hélène*(1578)

〈ETUDES〉

R. Lebègue : *Ronsard, l'homme et l'oeuvre,* Hatier, 1966.
G. Aadoffre : *Ronsard par lui-même,* Seuil, 1960.
A. Gendre : *Ronsard poète de la conquête amoureuse,* Neuchâtel, 1970.

J'AI L'ESPRIT TOUT ENNUYÉ…

Horace와 Anacéron의 제자였던 Ronsard는 삶의 기쁨, 술과 향연을 노래했다. 그는 수많은 권주가를 썼는데 여기 수록한 작품은 그 중 대표적인 것이라 할 수 있다. 전원적 정취가 짙게 풍기는 이 시는 인생의 무상을 술로 달래며 흘러가는 순간들을 즐기자는 에피큐리즘의 정석을 노래로 풀이하고 있다.

J'ai l'esprit tout ennuyé[1]
D'avoir trop étudié
Les *Phénomènes* d'Arate ;[2]
Il est temps que je m'ébatte
Et que j'aille aux champs jouer.
Bons Dieux ! qui voudrait louer
Ceux qui, collés sur un livre,

1) ennuyé = fatigué
2) Arate = 그리스의 시인 · 천문학자 Aratos

N'ont jamais souci de vivre ![1]
  Que nous sert l'étudier,[2]
Sinon de nous ennuyer
Et soin[3] dessus soin acroître,
A nous[4] qui serons peut-être,
Ou ce matin ou ce soir,
Victime de l'Orque[5] noir,
De l'Orque qui ne pardonne,
Tant il est fier,[6] à personne ?

  Corydon,[7] marche devant ;
Sache où le bon vin se vend.
Fais rafraîchir la bouteille,
Cherche une feuilleuse treille
Et des fleurs pour me coucher.
Ne m'achète point de chair,
Car, tant soit-elle[8] friande,
L'été je hais la viande ;

  Achète des abricots,
Des pompons,[9] des artichauts,
Des fraises et de la crème :
C'est en été ce que j'aime,
Quand, sur le bord d'un ruisseau,
Je les mange au bruit de l'eau,
Étendu sur le rivage
Ou dans un antre sauvage.

---

1) vivre에 특별한 의미를 부여하고 있는 점에서 유의할 것. 여기서는 추상적인 학문연구와 대비하면서 삶의 참된 의미와 기쁨을 강조하고 있는데, Mallarmé의 *Brisemarine*의 한 구절 : … et j'ai lu tous les livres / Fuir là-bas ! … 를 연상케 한다.

2) l'étudier : 부정법을 명사적으로 사용

3) soin = souci

4) à nous는 Que nous sert l'étudier의 nous를 다시 받은 것

5) l'Orque = Orcus, dieu des enfers

6) fier = farouche

7) Corydon = nom de valet, tiré de Virgile

8) tant soit-elle = bien Qu'elle soit …

9) pompons = melons

Ores[1] que je suis dispos,
Je veux rire sans repos,
De peur que la maladie
Un de ces jours ne me die,[2]
Me happant à l'impourvu :
« Meurs, galant :[3] c'est trop vécu ! »

Odes, II, 18

MIGNONNE, ALLONS VOIR…

Ronsard의 시 중에서 가장 널리 알려지고 노래로도 불리워지는 이 Ode는 그의 애인 Cassandre에게 바쳐진 것이다. 자연스러우면서도 균형잡힌 구성과 완벽한 스틸 속에 담겨진 사랑의 기쁨과 은은한 우수의 이 노래는 가히 프랑스 시의 걸작이라고 할 것이다.

Mignonne, allons voir si la rose
Qui ce matin avait déclose[4]
Sa robe[5] pourpre au soleil,
A point perdu cette vesprée[6]
Les plis de sa robe pourprée,
Et son teint au vôtre pareil.

Las ![7] voyez comme en peu d'espace,[8]
Mignonne, elle a dessus la place,[9]
Las, las, ses beautés[10] laissé choir !
O vraiment marâtre Nature,[11]

1) Ores = maintenant
2) die = dise (dire의 *subj.* 고어)
3) galant = joyeux viveur
4) déclose = ouvert(과거분사 déclose가 여성형으로 변화한 것은 고어의 어법에 따른 것)
5) sa robe : 상징적 표현. 이 이미지는 5행의 les plis de sa robe로 이어진다.
6) cette vesprée = cette soirée (cf. vêpres)
7) 어조의 변화에 유의할 것
8) en peu d'espace「짧은 시간 동안에」
9) dessus la place「그 자리에서」(= sur (la) place)
10) laissé choir ses beautés로 연결. 순서를 도치시킴으로써 ses beautés에 대한 아쉬움을 강조
11) 시인의 애틋한 감정의 표시. 장미의 아름다움의 허무함에서 자연(la Nature)에까지 확대된 점에 유의

Puisqu'une telle fleur ne dure
Que du matin jusques au soir !

Donc, si vous me croyez, mignonne,
Tandis que votre âge fleuronne[1)]
En sa plus verte nouveauté,
Cueillez,[2)] cueillez votre jeunesse :
Comme à cette fleur, la vieillesse
Fera ternir votre beauté.[3)]

Odes I, 17

JE VOUS ENVOIE UN BOUQUET…

고대인과 르네상스의 시인들에게 향락적 주제는 친근한 것이었고 특히 Ronsard에게는 개인적인 취향과 합치되는 것이었다. 이 시편에서도 아름다운 꽃들의 덧없는 생명은 인간의 향락의 덧없음을 상징한다. 이 시가 바쳐진 Marie는 Bourgueil의 한 시골처녀로서, 시인이 친구 Baïf와 산책하던 중 처음 만났을 때 그녀의 나이는 열다섯이었다.

Je vous envoie un bouquet que ma main
Vient de trier de ces fleurs épanies ;[4)]
Qui[5)] ne les eût à ce vêpre[6)] cueillies,
Chutes à terre elles fussent[7)] demain.

Cela vous soit un exemple certain
Que vos beautés, bien qu'elles soient fleuries,
En peu de temps cherront[8)] toutes flétries,
Et, comme fleurs, périront tout soudain.
Le temps s'en va, le temps s'en va, ma dame

1) fleuronne : 꽃에 비유한 표현으로써, 이 이미지는 verte nouveauté로 연결
2) Cueillez : Horace의 유명한 경구 *Carpe diem*(= Cueille le jour !) 「지금 당장 거두어라」를 상기
3) 그대의 아름다움도 꽃과 같이 시들 운명인 즉, 젊음이 가기 전에 삶의 꽃을 거두어들이라는 에피큐리안적 권유
4) épanies = épanouies
5) Qui = si on (ne les avait…)
6) ce vêpre = ce soir
7) elles fussent chutes à terre …로 연결. 순서가 도치되어 chutes(= tombées)가 앞으로 옴으로써 낙화의 아쉬움이 더욱 강조되어 있음
8) cherront : choir의 미래형

Las ! le temps, non, mais nous nous en allons,[1]
Et tôt serons étendus sous la lame ;[2]

Et des amours desquelles nous parlons,
Quand serons morts, n'en sera plus nouvelle.[3]
Pour c'[4] aimez-moi cependant qu'êtes belle.

PIÈCES RETRANCHÉES DES *Amours*

COMME ON VOIT SUR LA BRANCHE…

Marie의 죽음을 알게 된 시인은 깊은 비탄에 빠지며 지난날의 뜨거운 사랑을 회상한다. *Sur la Mort de Marie*라는 sonnet 속에서 Laure의 죽음을 읊은 Pétrarque를 회상하며 기교적인 수법을 사용하기도 한 Ronsard는 이 시에서는 솔직하고 단순하게 자신의 감정을 토로하고 있다. 과장과 웅변을 피하되 조화있고 풍요한 비유(여인과 장미) 가운데 은근하게 읊어나간 이 시는 단순과 우아의 표본이다.

Comme on voit sur la branche, au mois de mai, la rose[5]
En sa belle jeunesse, en sa première fleur,[6]
Rendre[7] le ciel jaloux de sa vive couleur,[8]
Quand l'aube, de ses pleurs,[9] au point du jour l'arrose ;

La Grâce dans sa feuille, et l'Amour se repose,[10]
Embaumant les jardins et les arbres d'odeur[11] ;

---

1) Apolinaire의 시 *Sous le Pont de Mirabeau*의 한 구를 연상하게 한다.
Vienne la nuit sonne l'heure
Les jours s'en vont je demeure.
《nous nous en allons》에 대해서 Apolinaire는 《je demeure》로써 상이한 감정을 읊고 있다.
2) lame = la pierre du tombeau
3) n'en sera plus nouvelle = il n'y en aura plus nouvelle
4) c' = ce
5) on voit의 직접보어 la rose를 분리시켜 행 마지막 자리에 놓음으로써 한결 돋보이게 한다.
6) 2행은 장미의 싱싱함과 아름다움을 되풀이 묘사하고 있다.
7) rendre : comme on voit … la rose … rendre로 연결
8) 「하늘로 하여금 장미의 강렬한 색체에 질투를 느끼게 한다」라는 표현은 다소 과장된 것으로서 préciosité의 느낌을 준다.
9) ses pleurs : 아침 이슬을 비유한 시적인 표현. 역시 préciosité의 느낌
10) se repose는 la Grâce와 l'Amour에 걸리는 동사이나 가까운 주어 l'Amour에 일치되고 있다.
11) d'odeur는 pléonasme(중복법)으로 간주된다(embaumer는 그 안에 향기의 뜻이 포함되어 있기 때

Mais, battue ou de pluie ou d'excessive ardeur,[1)]
Languissante, elle meurt, feuille à feuille déclose ;

Ainsi, en ta première et jeune nouveauté,[2)]
Quand la terre et le ciel honoraient ta beauté,
La Parque t'a tuée, et cendre tu reposes.[3)]

Pour obsèques[4)] reçois mes larmes et mes pleurs,
Ce vase plein de lait, ce panier plein de fleurs,
Afin que, vif et mort, ton corps ne soit que roses.[5)]

Amours de Marie, II, 4

QUAND VOUS SEREZ BIEN VIEILLE…

Horace의 *Carpe diem*(Cueille le jour !)의 주제를 이용하여 시인은 사랑하는 Hélène에게 호소하고 있다. 젊고 아름다운 여인에게, 지난날의 추억에 잠기는 그의 늙은 모습(Vieille accroupie)을 그려보이면서, 지금 당장 인생의 꽃을 꺾으라고 권유한다. 우아하면서도 조금은 잔인하기도 한 이 묘사 가운데 시인은 자신의 강렬한 호소를 교묘히 담고 있다.

Quand vous serez bien vieille, au soir, à la chandelle,
Assie auprès du feu, dévidant et filant,[6)]
Direz, chantant mes vers, en vous émerveillant :[7)]
« Ronsard me célébrait du temps que j'étais belle ![8)] »

Lors, vous n'aurez servante oyant[9)] telle nouvelle,

문에). 그란 향기의 강렬함을 느끼게 하는 효과가 있다.

1) ardeur = chaleur
2) 2행의 묘사를 그대로 그녀의 아름다움과 젊음에 적용
3) cendre tu reposes「한줌 재가 되어 누워 있다」. cendre는 동격
4) obsèques = offrandes antiques《pour accompagner le mort》
5) 장미와 같은 아름다움이 영원토록 간직되기를 바라는 시인의 간절한 소망
6) 1행과 2행은 늙은 여인의 저녁의 한때를 사실적이면서도 조화롭게 묘사하고 있다. dévidant「실타래에 실을 감으며」
7) en vous émerveillant :「찬탄과 놀라움을 느끼면서」
8) 지난날의 자신의 아름다움과 화려한 시절을 아쉬워하는 어조에 유의
9) oyant : ouïr의 현재분사

Déjà sous le labeur à demi sommeillant,[1]
Qui au bruit de Ronsard ne s'aille réveillant,[2]
Bénissant[3] votre nom de louange immortelle.

Je serai sous la terre, et, fontôme sans os,
Par les ombres myrteux[4] je prendrai mon repos :
Vous serez au foyer une vieille accroupie,

Regrettant[5] mon amour et votre fier dédain.
Vivez,[6] si m'en croyez, n'attendez à demain :
Cueillez dès aujourd'hui[7] les roses de la vie.

Sonnets pour Hélène II, XLIII

LE CHRÉTIEN DEVANT LA MORT

사랑을 노래한 Ronsard는 이와 동시에 핀다로스(Pindare)풍의 odes를 계속 썼으며 그 가운데 인간의 운명, 죽음, 신앙 등 철학적인 주제를 다루는가 하면 자신의 미학적 신념을 노래하기도 했다 이것이 곧 1555년과 1556년에 발표된 2권의 Hymnes이다. 여기 수록한 시는 Hymne de la mort에서 발췌한 것으로서, 죽음에 대한 이교적인 태도와 기독교적인 태도를 대비시키고 있다. 우리는 Ronsard의 서정적 노래를 통하여 삶의 무지함과 죽음에 대한 그의 두려움을 감지한 바 있다. 그러나 여기서 그는 죽음을 피할 수 없는 운명으로 받아들이고 두려움 없이 바로 보는 용기를 갖고자 한다. 뿐만 아니라 단순한 철학적인 체념(가령, 고대의 Lucrèce)에 그치지 않고 기독교적 죽음의 신비주의에까지 이름으로써 시에 위엄과 열기를 불어넣고 있다.

Tu diras que toujours tu vois ces Platoniques,[8]
Ces Philosophes pleins de propos magnifiques,

---

1) Tibulle (I, III, 87) : 《La jeune esclave, attachée à sa lourde tâche, peu à peu accablée par le sommeil》의 모방
2) s'aille réveillant = aille se réveillant의 옛 어법
3) Bénissant은 Ronsard에 걸리는 분사형
4) Par les ombres myrteux = à l'ombre des myrtes
5) Regrettant : 「아쉬움」과 「후회」의 이중의 뜻으로 쓰여진 것
6) Vivez : vivre에 특별한 뜻을 부여하고 있는 점에 유의. Valéry의 시 *le Cimetière marin*의 한 구 : Il faut tenter de vivre !를 상기
7) Cueillez dès aujourd'hui : Horace의 *Carpe diem*의 번역
8) Platoniques = philosophes platoniciens.

Dire bien de[1] la Mort ; mais quand ils sont jà vieux,
Et que le flot mortel leur nouë[2] dans les yeux,
Et que leur pied tremblant est déjà sur la tombe,
Que[3] la parole grave et sévère leur tombe,
Et commencent en vain à gémir et pleurer,
Et voudraient, s'ils pouvaient, leur trépas différer.
  Tu me diras encor que tu trembles de crainte
D'un batelier Charon, qui passe par contrainte
Les âmes outre l'eau d'un torrent effrayant,[4]
Et que tu crains le Chien[5] à trois voix aboyant,
Et les eaux de Tantale, et le roc de Sisyphe,[6]
Et des cruelles Sœurs[7] l'abominable griffe,
Et tout cela qu'ont feint les Poètes là-bas
Nous attendre aux Enfers après notre trépas.
  Quiconque dis[8] ceci, pour Dieu ! qu'il te souvienne
Que ton âme n'est pas païenne, mais chrétienne,
Et que notre grand Maître, en la Croix étendu
Et mourant, de la Mort l'aiguillon a perdu,[9]
Et d'elle maintenant n'a fait qu'un beau passage
A retourner au Ciel,[10] pour nous donner courage
De porter notre croix, fardeau léger et doux,
Et de mourir pour lui comme il est mort pour nous,
Sans craindre, comme enfants, la nacelle infernale,
Le rocher d'Ixion, et les eaux de Tantale,
Et Charon, et le chien Cerbère à trois abois,

---

1) dire bien de = dire du bien de …

2) nouë = nage

3) 이 구문은 다음과 같이 연결됨 : Tu diras que … mais *que*, quand ils sont jà vieux … la parole grave … leur tombe … et (qu' ils) commencent … 즉, 철학자들은 죽음에 대해서 희한하게 말들하지만, 죽음이 다가오면 겁을 먹는다는 뜻. 한편, 4행과 5행의 que는 quand 대신 쓰인 것

4) 삼도내 (Styx)의 뱃사공 Charon은 사자의 영혼을 강 건너로 실어나른다.

5) le Chien : 지옥을 지키는 삼두견 Cerbère

6) 지옥(le Tartare)에서 겪는 고통을 암시. 물가에서 물을 마시지 못하는 Tantale, 언덕을 향해 끝없이 바위를 굴려 올리는 Sisyphe, 그리고 26행의 Ixion은 끝없이 회전하는 바퀴에 묶여 있다.

7) Sœurs : 복수의 3여신(Furies)

8) Quiconque dis = Qui que tu sois, toi qui dis ceci (latinisme)

9) a perdu l'aiguillon de la mort로 연결. Cf. Saint Paul, 1re aux *Cor.* : O mort, où est ta victoire ?

10) A retourner au Ciel = pour retourner au Ciel

Desquels le sang de Christ t'affranchit en la Croix,
Pourvu qu'en ton vivant tu lui veuilles complaire,
Faisant ses mandements[1] qui sont aisés à faire,
Car son joug est plaisant, gracieux et léger,
Qui le dos nous soulage en lieu de[2] le charger.

(v. 175-206)

AGRIPPA D'AUBIGNÉ (1552-1630)

Saintonge 지방의 Pons 출신으로 신교도의 핏줄을 이어받은 Agrippa d'Aubigné는 어려서부터 라틴어, 그리스어, 히브리어를 배웠고 파리와 주네브에서 계속 수학했다. 주네브에서는 신학을 공부하였는데, 그는 열렬한 신교도로서 Amboise의 희생자를 위해 복수할 것을 맹세하기도 했다. 1568년(15세)에는 집을 떠나 신교도 군단에 합류하여 신앙의 투사로서 참전했다.

1572년 Beauce지방의 Taky성에 피신하였을 때, 그는 성주의 딸 Diane Salviati(Ronsard가 노래했던 Cassandre의 조카)와 사랑에 빠지게 되었으며 이 사랑의 열정은 그의 최초의 시작 *le Printemps*(1572-75)을 낳게 했다. Sonnets, stances 등의 형식을 빌은 이 시는 다분히 플레야드풍의 것이었으나 이미 그의 개인적 기질과 풍요한 상상력은 그 안에 힘차게 약동하고 있다.

그 후 D'Aubigné는 한때 궁정에 모습을 나타내며 Henri de Navarre의 관리로 봉사했다. 그러나 1576년 그는 대공과 함께 다시 투쟁의 대열에 가담하였으며 다음해 Casteljaloux전투에서 중상을 입고 사경을 헤매기에 이르렀다. 그가 Talcy성에 머물었을 때 이미 착상한 바 있는 *les Tragiques*의 집필을 시작한 것은 이때부터였다. 다행히 부상에서 회생한 그는 계속 전투에 참여하면서 이 작품을 써나갔다.

Henri de Navarre가 파리로 되돌아가(1594) 왕으로 즉위하고 종교전쟁을 종결시켰으나 d'Aubigné는 왕의 개종 및 Nantes칙령에 실망하고 Maillezais(Vendôme 지방)에 은퇴했다. 열성적인 투사였던 그는 Louis XIII세 치하에서도 투쟁을 멈추지 않았으며 마침내 주네브로 피신하여 1630년 그곳에서 일생을 마쳤다.

〈ŒUVRE〉

Le Printemps(1572-75) *Les Tragiques*(1616)
Méditations sur les Psaumes

〈ETUDES〉

J. Plattard : *Agrippa d'Aubigné*, Boivin, 1931
A. M. Schmidt : *Aubigné, lyrique baroque, éd. Mazenod des* œuvres lyriques, 1963.
J. Galzy : *Agrippa d'Aubigné*, Gallimard, 1965.

1) mandements = commandements
2) en lieu de = au lieu de

« *FRANCE MÈRE AFFLIGÉE*… »

Les Tragiques는 총 7개의 Chants으로 구성되어 있다. Misères, Princes, Chambre dorée, Feux, Fers, Vengences, Jugement. 가톨릭에 대한 증오, 저주의 외침과 동시에 박해받는 신교도들과 신의 영광에 대한 찬양으로 엮어진 이 방대한 시는 한편에 신랄한 풍자가 있는가 하면 또 한편에 신앙의 처절한, 때로는 신비주의적인 고백이 담겨져 있다. 이 작품의 공격적인 의도에도 불구하고 그것은 단순한 참여문학의 차원을 넘어 단테의『신곡』, 밀튼의『실낙원』과 비교될 만한 위대한 서사시로 평가받아야 할 것이다.

제1부 Misères에 수록되어 있는 이 시는 구교와 신교로 양분되어 골육상잔의 비극을 벌이는 프랑스의 운명을 개탄하는 노래로서, 고통받는 어머니의 이미지를 빌어 사실적으로 묘사해 나가고 있다.

Je veux peindre la France une mère affligée,
Qui est, entre ses bras, de deux enfants chargée.
Le plus fort, orgueilleux, empoigne les deux bouts
Des tétins nourriciers ; puis, à force de coups
D'ongles, de poings, de pieds, il brise le partage[1)]
Dont nature donnait à son besson[2)] l'usage ;
Ce voleur acharné, cet Esau malheureux,[3)]
Fait dégât du doux lait qui doit nourrir les deux,[4)]
Si que,[5)] pour arracher à son frère la vie,
Il méprise la sienne et n'en a plus d'envie.
Mais son Jacob, pressé[6)] d'avoir jeûné meshui,[7)]
Ayant dompté longtemps en son cœur son ennui,[8)]
A la fin se défend, et sa juste colère
Rend à l'autre un combat dont le champ[9)] est la mère.
Ni les soupirs ardents, les pitoyables cris,
Ni les pleurs réchauffés[10)] ne calment leurs esprits ;

1) partage = part, lot.
2) besson = jumeau
3) Esau malheureux = Esau maudit. 구약 창세기 25장, 21~25에 나오는 Esaü와 Jacob의 이야기. Jacob은 술수로서 형 Esaü 대신 장자권을 차지하지만 Jacob은 신의 택함을 받은 자로서 정당한 권리를 누린 것이 된다. 여기서는 Esaü가 가톨릭을 상징하고 Jacob이 신교도를 상징한다.
4) 이 구절의 alitération(두음법)에 유의. dégat du doux … doit … deux
5) Si que = Si bien Que
6) pressé de = accablé de
7) meshui = aujourd'hui
8) ennui = douleur. (고어에서는 강한 뜻).
9) le champ = champ de bataille.
10) réchauffés = ravivés.

Mais leur rage les guide et leur poison les trouble,[1]
Si bien que leur courrou par leurs coups se redouble.[2]
Leur conflit se rallume et fait[3] si furieux
Que d'un gauche malheur[4] ils se crèvent les yeux.
Cette femme éplorée, en sa douleur plus forte,[5]
Succombe à la douleur, mi-vivante, mi-morte ;
Elle voit les mutins, tout déchirés, sanglants,
Qui, ainsi que du cœur, des mains se vont cherchants.[6]
Elle voit les mutins, tout déchirés, sanglants,
Qui, ainsi que du cœur, des mains se vont cherchants.
Quand, pressant à son sein d'une amour[7] maternelle
Celui qui a le droit et la juste querelle,[8]
Elle veut le sauver, l'autre, qui n'est pas las,
Viole, en poursuivant, l'asile de ses bras.
Adonc[9] se perd le lait, le suc de sa poitrine ;
Puis, aux derniers abois de sa proche ruine,
Elle dit : « Vous avez, félons, ensanglanté
Le sein qui vous nourrit et qui vous a porté ;
Or, vivez de venin, sanglanté géniture ;[10]
Je n'ai plus que du sang pour votre nourriture ! »

I, Misères (v. 97-130)

CAÏN

시인은 창세기 서술을 그대로 따르되 인류사상 최초의 살인사건을 하나의 신화로 재구성한다. 살인자는 회한에 사로잡히고 이 회한은 지상의 모든 것을 변질시키며 지옥을 방불케 한다.

---

1) trouble = égare
2) 이 구절이 되풀이되는 ou(u)에 주의. couroux…coups…redouble…
3) fait = *se* fait (*se* rallume의 se를 반복하지 않았음).
4) d'un gauche malheur = par un crime funeste.
5) plus forte는 *la* plus forte로 이해할 것 = au comble de la douleur. (다음 행의 douleur란 말이 반복되어 있는 것은 실수로 보인다.)
6) cherchants : 현재분사가 주어의 수에 일치되어 있는 것은 당시의 어법.
7) une amour : 16. 17세기 어법에서는 amour는 흔히 여성으로 취급됨.
8) querelle = cause
9) Adonc = Alors.
10) géniture = progéniture.

Ainsi Abel offroit en pure conscience
Sacrifices à Pieu ; Caïn offroit aussi :
L'un offroit un cœur doux, l'autre un cœur endurci ;
L'un fut au gré de Dieu, l'autre non agreable.
Caïn grinça les dents, palit, espouvantable ;
Il massacra son frère, et de cet agneau doux
Il fit un sacrifice à son amer courroux.
Le sang fuit de son front, et honteux se retire,
Sentant son frère sang[1] *que l'aveugle*[2] *main tire,*[3]
Mais, quand le coup fut fait, sa premiere pasleur
Au prix de la seconde[4] *estait vive couleur :*
Ses cheveux vers le ciel herissés en furie,
Le grincement de dents en sa bouche flestrie,
L 'œil sourcillant de peur descouvroit son ennuy :[5]
Il avait peur dè tout, tout avait peur de lur :[6]
Car le ciel s'affeubloit[7] *du manteau d'une nue*
Si tost que le transi au ciel tournoit la veuë ;[8]
S'il fuyait au desert, les rochers et les bois,
Effrayés, abbayoyent au son de ses abois.[9]
Sa mort ne peut[10] *avoir de mort pour recompense,*
L'enfer n'eut point de morts à punir cette offense,
Mais autant que de jours il sentit de trespas :[11]
Vif, il ne vescut point,. mort, il ne mourut pas.
Il fuit d'effroi transi, troublé, tremblant et blesme,

---

1) son frère sang : 명사를 형용사적으로 사용한 대담한 표현. frère = fraternel
2) aveugle = criminel
3) tire = verse
4) au prix de la seconde「두 번째의 창백함에 비하면」 즉, 범죄 후의 창백함에 비하면 범죄 전의 창백함은 오히려 진한 빛깔이었다.
5) ennuy = tourment
6) 살인을 범한 후 Caïn과 세계와의 관계는 적대적인 것이 되었고, 그는 이제 지옥과 같은 세계에 살고 있다.
7) s'affeubloit = s'affaiblait = se couvrait
8) tournoit la veuë au ciel「하늘로 시선을 돌렸다」 veuë = vue
9) au son de ses abois「짐승처럼 짖어대는 그의 절규에 (메아리친다)」
10) peut : 단순과거로 쓰여진 것. 어떠한 죽음도 속죄가 될 수 없고 그에게 진정한 죽음(즉 휴식)을 가져다 줄 수 없다.
11) Mais il sentit autant de trépas que de iours로 해석. 즉, 그는 살아온 나날만큼 죽음을 느꼈다.

Il fuit de tout le monde, il s'enfuit[1] *de soy-mesme :*
Les lieux plus asseurés[2] *luy estoyent des hazards,*[3]
Les fueilles, les rameaux et les fleurs des poignards,
Les plumes de son lict des esguilles picquantes,
Ses habits plus aisez des tenailles serrantes,
Son eau jus de ciguë, et son pain des poisons,.
Ses mains le menaçoyent de fines[4] *trahisons :*
Tout image de mort, et le pis de sa rage,
C'est qu'il cerche la mort et n'en voit que l'image.
De quelqu'autre Caïn il craignait la fureur :
Il fut sans compagnon et non pas sans frayeur :
Il possedoit le monde, et non une asseurance ;
Il estoit seul partout, hors mis sa conscience :[5]
Et fut marqué au front afin qu'en s'enfuyant
Aucun n'osast tuer ses maux en le tuant.

VI, Vengeances (v. 178-216).

LA RÉSURRECTION DES CORPS

「묵시록」에서 영감을 얻은 이 〈부활〉의 장면을 묘사하는데 있어 시인은 명상의 차원을 넘어 하나의 환각(vision)의 경지에까지 이르른 것이 보인다. 부활의 현장을 환기시키는 강렬하고 장엄하고 환상적인 필치는 우리에게 어떤 신비로운 전율을 느끼게 한다.

Mais quoi ! c'est trop chanté, il faut tourner les yeux,
Éblouis de rayons, dans le chemin des cieux.
C'est fait : Dieu vient régner,[6] de toute prophétie
Se voit la période[7] à ce point accomplie.
La terre ouvre son sein ; du ventre des tombeaux

---

1) s'enfuit : Il fuit … iJ fuit … il s'enfuit … 로 반복된 점에 유의
2) plus asseurés = *les plus* asseurés (최상급)
3) hazards = dangers
4) fines = perfides
5) Cf. Hugo. *La Conscience* : 《L'oeil était dans la tombe et regardait Caïn》
6) 즉, 그리스도가 재림하여 이 세상을 신의 절대적인 통치하에 돌리는 것
7) la période de toute prophétie se voit accomplie …로 연결. 「모든 예언이 예언했던 주기(周期)는 이제 이토록 완성되었도다」 (la période = le cycle)

Naissent des enterrés les visages nouveaux :
Du pré, du bois, du champ, presque de toutes places
Sortent les corps nouveaux et les nouvelles[1] faces.
Ici, les fondements des châteaux rehaussés[2]
Par les ressuscitants[3] promptement sont percés ;
Ici, un arbre sent[4] des bras de sa racine
Grouiller un chef[5] vivant, sortir une poitrine ;
Là, l'eau trouble bouillonne, et puis, s'éparpillant,
Sent en soi des cheveux et un chef s'éveillant.
Comme un nageur venant du profond de son plonge,[6]
Tous sortent de la mort comme l'on sort d'un songe.
Les corps par les tyrans autrefois déchirés
Se sont en un moment en leurs corps asserrés.[7]
Bien qu'un bras ait vogué par la mer écumeuse
De l'Afrique brûlée en Thulé froiduleuse.[8]
Les cendres des brûlés volent de toutes parts ;
Les brins,[9] plus tôt unlis qu'ils ne furent épars,[10]
Viennent à leur poteau,[11] en cette heureuse place,
Riant au ciel riant, d'une agréable audace.[12]

VII Jugement (v. 661-684)

1) 모든 것의 nouveauté가 강조되어 있음
2) rehaussés = élevés
3) ressuseitants : 현재분사형으로 표시함으로써 부활의 진행의 현장감을 강조
4) sent, bras : 나무도 마치 감각적 느낌이 가능한 생명체(동물체)로 묘사되어 있다(13행의 l'eau도 마찬가지).
des (bras) … = de les …
5) un chef = une tête
6) son plonge = sa plongée
7) asserrés : (찢겼던 몸이) 「하나로 모아져 (완전한 형체로 구성된다)」
8) Thulé froiduleuse : Thulé : 스코틀랜드 북쪽의 전설적인 섬. froiduleuse는 froidure에서 파생된 형용사
9) les brins : 재의 미분자들
10) plus tôt unis … épars : 「흐트러졌을 때보다 더 빨리 결합되어」
11) leur poteau : 그들이 형벌을 받았던 화형대
12) d'une agréable audace = avec une … (구원과 부활의 승리가 그들이 것이기 때문에)

ROBERT GARNIER (1544-1590)

법관으로서 파리고등법원의 변호사와 Maine재판소의 형사대관을 지낸 Robert Garnier는 그의 여가를 문학에 바쳐 7편의 비극과 1편의 비희극을 썼다. 16세기의 가장 위대한 비극작가로서 그는 17세기 고전비극의 초석을 놓은 사람이다. 최초 Sénèque의 영향을 받아 *Porcia*(1568), *Hippolyte*(1573), *Cornélie*(1574), *Marc-Antoine*(1578) 등 4편의 비극을 쓴 그는 그 후 그리스의 비극에서 영감을 얻은 *la Troade*(1579)와 *Antigone*(1580)을 발표했다. 그의 가장 독창적인 작품은 프랑스 최초의 희비극이라 할 *Bradamante*(1582)와 성서에서 주제를 딴 *les Juives*(1583)이다.

MISÈRE DE JÉRUSALEM

예루살렘의 왕 Sédécie는 앗시리아의 왕 Nabuchodonosor에 반기를 들었으나 예루살렘은 여지없이 유린당하고, 포로가 된 유태민족과 왕의 가족은 처참한 운명을 기다린다. 앗시리아왕의 포로가 된 유태의 여왕 Amital은 회한과 비탄에 잠기고 합창(chœur)은 그의 탄식에 답한다.

Nous te pleurons, lamentable cité,
Qui eus jadis tant de prospérité,
Et maintenant pleine d'adversité[1]
    Gis abatue.[2]

Las ! au besoing[3] tu avais eu toujours
La main de Dieu levée à ton secours,
Qui maintenant de ramparts et de tours
    T'a dévestue.[4]
Il t'a, Sion,[5] le visage obscurci,
Voyant le roc de ton cœur endurci

---

1) 2행의 prospérité와 3행의 adversité는 이 도시의 과거와 현재의 운명을 대조시키는 말. 과거의 회상은 현재의 비참을 더욱 극명하게 부각시킨다(성서적 비탄의 스틸에 유의).

2) Gis abatue : 3행에 걸친 10음절의 장황한 전개 끝에 짤막한 4음절로 맺고 있는 결론은 실추의 느낌을 강렬하게 느끼게 한다(특히 단음절의 gis).

3) au besoing = dans le besoin.

4) 여기서도 과거 (tu avais eu…)와 현재 (maintenant…) 를 대립시키며 현재의 비운을 개탄한다. 단, 과거의 행운과 현재의 비극이 다같이 신의 섭리에 의한 것임을 말함으로써 생각이 깊어가고 있음을 나타내고 있다(la main levée : 하느님의 뜻 및 능력의 상징). T'a dévestue (*de remparts et de tours*) : 지난날 그들을 보호했던 신의 보호의 수단(remparts et tours)을 거두셨다는 뜻.

5) Sion : 이 말로써 도시는 한결 의인화 된다. 그의 얼굴은 불행으로 (신의 징벌을 받아) 어두워지고(a obscurici), 그의 마음은 바위처럼 굳어져 성스런 율법을 무시한다.

Estre imployable, et n'avoir plus souci
　　De sa loi sainte.

Tu as, ingrate, oublié ton devoir ;
Tu as osé d'autres dieux recevoir,[1)]
Au lieu, Sion, que tu devais avoir
　　Toujours sa crainte.

Il t'a laissée au milieu du danger,
Pour être esclave au soudart estranger,
Qui d'Assyrie est venu saccager
　　Ta riche terre.[2)]

Comme l'on voit les débiles moutons
Sans le pasteur courus des loups gloutons,
Ainsi chacun, quand Dieu nous reboutons,
　　Nous fait la guerre.[3)]

Mille couteaux nous ont ouvert le flanc ;
Des corps meurtris s'est fait un rouge estang ;
Dans le saint temple a découlé le sang
　　De ses prophètes.[4)]

Le Chaldéen l'a barbare pillé
Et sans horreur d'ornement dépouillé ;
Le tabernacle il a sanglant souillé
　　de mains infectes[5)]

Les Juives, acte II, chœur.

---

1) 합창은 Jérusalem이 범한 죄악을 계속 규탄한다. (구약에 등장하는 선지자들의 질책을 상기시킨다.) recevoir d'autres dieux : 유일한 신 Jéhovah(여호와)에 대한 배반으로, 율법의 첫 계명을 어긴 것(1행의 ingrate에 유의).
2) 이스라엘인의 죄악에 대한 신의 징벌을 묘사. Soudard = soldat(이 말에 경멸적 의미는 없음).
3) 서정적 움직임은 이제 끝나고 이 절에서는 성서적 분위기의 비유로 옮아간다.
4) 피로 물들은 산야와 마침내 유린당한 성전의 모습을 사실적으로 묘사
5) 학살과 성전의 유린에 뒤이어 끝으로 가장 소중한 성물의 약탈, 지성소의 침입(le tabernacle souillé)이 묘사되어 있다(유태인에게는 가장 욕되고 치명적인 상처). Le Chaldéen (barbare)l'a Pillé…, (sanglant)il a souillé (le tabernacle de mains iufectes)로 연결

MONTAIGNE (1533-1592)

Michel Eyquem(de Montaigne)은 프랑스 서남의 항도 Bordeaux 근교의 Montaigne영지에서 태어났다. 부유한 상인이었던 그의 증조부는 이 땅을 매입하고 귀족의 칭호를 받았으며 그 후 가문은 대대로 융성해졌다. 아버지 Pierre Eyquem은 교양있는 무인으로서 François 2세를 따라 이탈리아 원정에 참가하기도 했는데, 한걸음 앞서 르네상스의 새 풍물에 접한 그는 새지식과 사상을 익혔으며 특히 교육의 새로운 방법을 아들에게 적용했다. 그는 어려서부터 아들에게 라틴어를 가르치되 마치 모국어처럼 습득하게 하기 위하여 가족 모두에게 그의 앞에서는 라틴어만을 사용하도록 했다고 한다. 그 후 그는 Bordeaux의 collège de Guyenne에 보내졌고 Bordeaux대학에서 철학을, 그리고 Toulouse에서 법학을 수학했다.

1554년(21세)부터 10여 년간 Montaigne는 Périgueux와 Bordeaux 고등법원의 참의(參議)로서 법관생활을 했다. 그는 이 생활을 만족스럽게 여기지는 않았으나 이 시기의 가장 중요한 사건은 동료 La Boétie와의 친교였다. 젊어서 죽은 그와의 교우는 불과 3, 4년의 짧은 기간이었으나 그의 일생에 있어 매우 큰 의미를 갖는 것으로 보인다. 그에 대한 추억은 그의 *Essais* 도처에서 감동적인 메아리로 울리고 있다.

1570년 법관직을 친구에게 양도하고 파리에 올라가 La Boétie의 유고 출판을 서두른 그는 다음 해 Montaigne의 저택으로 돌아와 지방 귀족으로서의 생활에 들어갔으며 서재에서 독서와 사색의 나날을 보내면서 *Essais*의 집필에 착수했다(1572). 1580년, *Essais* 2권을 Bordeaux에서 출판하고 난 후 그는 지병인 방광결석과 류마티즘의 치료차 전지요양을 떠나 남부독일, 스위스, 이탈리아 등을 1년 반에 걸쳐 여행했다.

여행 중 Bordeaux의 시장으로 선출된(1581) 그는 2년 후 재선되어 85년까지 그 직에 머물렀는데, 종교전쟁의 내란으로 야기된 각종의 난국을 현명하게 대처하기도 했다. 1585년 이후에는 다시 서재로 돌아가 *Essais* 제3권을 집필함과 동시에 이미 출판된 2권에 대해서도 수많은 가필을 하여 1588년에 파리에서 출판했다. 만년에도 제3권에 대한 가필을 계속하며 유유자적한 그는 1592년 59세의 나이로 생애를 끝냈다.

〈ŒUVRE〉

La Théologie naturelle de Raymond Sebond (라틴어로부터 불역, 1569)
Essais I, II (1580) *Essais III.* (1588)

〈ETUDES〉

P. Moreau : *Montaigne, l'Homme et l'Oeuvre,* Hatier, 1961
R, Friedrich : *Montaigne,* (Bibl. des idées), Gallimard, 1968
F. Jeanson : *Montaigne par lui-même,* Seuil, 1951.
H. Glauser : *Montaigne paradoxal,* Nizet, 1972.

ESSAIS

*Essais*의 텍스트로서는 Montaigne의 애독자이자 그의 양녀로 불리워진 Mlle de Gournay가 Montaigne의 만년의 가필을 보완 편집하여 출판한 1595년판이 오랫동안 사용되어 왔었다. 그러나 금세기에 이르러 보다 정확한 텍스트를 찾기 위한 문헌적 연구 끝에 오늘날 개정된 텍스트가 출판되기에 이르렀다(1906-1920). 그것은 현재 보르도 시립도서관에 소장되어 있는, Montaigne 자필의 가필본을 원전으로 삼은 것이다.

전3권 107장으로 구성되어 있는 Montaigne의 *Essais*는 신변잡기에서 윤리적·철학적 성찰에 이르기까지, 그리고 모든 문제에 대한 명상이 담겨진 방대한 수상록이다. 이 책은 특정한 순서와 논리적 맥락이 없이 주변에서 일어나는 사건, 독서와 명상에 따라 거의 즉흥적으로 적어나간 수상들이지만 하나의 명확한 의도가 전편에 관철되어 있다. 즉 저자 자신의 완전하고 진실된 초상을 그린다는 것, 그는 자신의 삶, 그가 맛본 우정과 사랑과 독서의 기쁨, 습관, 병, 그리고 다른 온갖 경험들을 이야기한다. 그러나 이 개인적인 삶과 경험의 이야기는 그것이 확대되고 심화됨으로써 하나의 보편적 인간의 진실로 각색된다. 그의 목적은 자신을 앎으로써 인간을 아는 데 있었다. 「사람은 각기 자신 안에 인간조건의 완전한 형태를 지니고 있기」 때문이다.

그리하여 Montaigne는 인간의 참된 모습을 확인하는 것에서부터 시작하여 마침내 삶의 참된 방식, 인간을 인간답게 만드는 참된 삶의 예지를 추구하기에 이른다. 그는 초기에 La Boétie의 영향을 받아 스토아 철학에 심취되었으나 그 후 가장 철저한 회의주의를 거쳐 만년에도 인간적 예지에 이르는 등 폭넓고 다양한 사상의 편력을 통해 우리에게 인간의 모든 것을 이야기해줌과 동시에 16세기 르네상스와 종교전쟁으로 이어지는 정신적 모험의 메아리를 전해줄 것이다. 인생을 있는 그대로 받아들이고 사랑하라는 그의 가르침은 인생과 자연을 신뢰한 르네상스적 생활철학을 이어받은 것이지만, 종교전쟁의 쓰라린 경험과 회의주의의 정신적 시련은 그로 하여금 단순한 낙관주의에서 보다 신중한 현실주의적 모랄에로의 이행을 불가피하게 한 것처럼 보인다.

INSTRUIRE, C'EST FORMER LE JUGEMENT

머지않아 어머니가 될 Diane de Foix(comtesse de Gurson)에게 바쳐진 이 장은 교육의 목표와 방법에 관한 그의 견해를 담고 있다. 지식에 대한 갈망으로 특징지워지는 Rabelais에 뒤이어 Montaigne는 교육의 목적이 지식의 주입에 있는 것이 아니라 사고의 능력을 함양하는 데 있으며 모든 지식과 진리는 오직 자신의 판단과 경험을 통해서만 자신의 것이 될 수 있음을 역설한다.

A un enfant de maison[1] qui recherche les lettres, non pour le gain (car une fin si abjecte est indigne de la grâce et faveur des Muses, et puis elle regarde et dépend d'autrui), ni tant pour les commodités externes que pour les siennes propres, et pour s'en enrichir et parer au dedans, ayant plutôt envie

1) de maison = de grande maison 「귀족가문의 (아이)」

d'en tirer un habile homme qu'un homme savant,[1)] je voudrais aussi qu'on fût soigneux de lui choisir un conducteur qui eût plutôt la tête bien faite que bien pleine,[2)] et qu'on y[3)] requît[4)] tous les deux, mais plus les mœurs[5)] et l'entendement que la science ; et qu'il se conduisît en sa charge d'une nouvelle manière.

On ne cesse de criailler à nos oreilles, comme qui verserait dans un entonnoir ; et notre charge, ce n'est que redire ce qu'on nous a dit. Je voudrais qu'il corrigeât cette partie, et que, de belle arrivée ;[6)] selon la portée de l'âme qu'il a en main, il commençât à la mettre sur la montre,[7)] lui faisant goûter les choses, les choisir et discerner d'elle-même ; quelquefois lui ouvrant le chemin, quelquefois le lui laissant ouvrir. Je ne veux pas qu'il invente et parle seul, je veux qu'il écoute son disciple parler à son tour. Socrate et, depuis, Arcésilas[8)] faisaient premièrement parler leurs disciples, et puis ils parlaient à eux. *Obest plerumque iis, qui discere volunt, auctoritas eorum qui docent.*[9)]

Il est bon qu'il le fasse trotter devant lui pour juger de son train, et juger jusques à quel point il se doit ravaler[10)] pour s'accommoder à sa force. A faute de cette proportion, nous gâtons tout ; et de la savoir choisir et s'y conduire bien mesurément, c'est l'une des plus ardues besognes que je sache ; et est l'effet d'une haute âme et bien forte, savoir condescendre à ses allures puériles et les guider. Je marche plus sûr et plus ferme à mont

---

1) un habile homme와 un homme savant을 대립시키고 있는데, 전자는 인간적으로 완성된 사람, 후자는 단순한 지식의 소유자를 가리킨다.

2) 여기서도 la tête bien faite와 la tête bien pleine를 대조시키고 있다. 전자는 올바른 판단력을 갖춘 머리, 후자는 지식으로 가득 찬 머리

3) y = chez le précepteur

4) requit : requérir(= *exiger*)의 접속법 반과거. 앞의 *fût*도 접속법 반과거. (주문의 동사가 조건법현재일 때 종속절에서는 접속법 과거가 사용되나 시제 개념은 현재 : je *voudrais* … qu on *fût* … et qu' on y *requît* … et qu il *se conduisît* …)

5) mœurs = valeur morale

6) de belle arrivée = dès l'abord

7) la mettre sur la montre = lui faire un galop d'essai 「(마치 말처럼) 시험삼아 달리게 해보다」(그 능력이나 성향을 알아보기 위해서). faire passer *qc*(*qn*) à la montre 「(걷게 하여)…을 잘 살펴보다」와 같은 표현(말의 비유는 앞으로도 계속 됨).

8) Arcésila : 서기전 3세기의 그리스 철학자

9) 《Le plus souvent, qui veut s'instruire est gêné par l'autorité de ceux qui enseignent.》 (Cicéron, *De la nature des dieux. I, V.*)

10) il se doit ravaler = il doit se ravaler. se ravaler = rabaisser

qu'à val.[1)]

Ceux qui, comme porte[2)] notre usage, entreprennent, d'une même leçon et pareille mesure de conduite, régenter plusieurs esprits de si diverses mesures et formes, ce n'est pas merveille si, en tout un peuple d'enfants, ils en rencontrent à peine deux ou trois qui rapportent quelque juste fruit de leur discipline.[3)]

Qu'il ne lui demande pas seulement compte des mots de sa leçon, mais du sens et de la substance ; et qu'il juge du profit qu'il aura fait, non par le témoignage de sa mémoire, mais de sa vie.[4)] Que ce qu'il viendra d'apprendre, il le lui fasse mettre en cent visages et accommoder à autant de divers sujets, pour voir s'il l'a encore bien pris et bien fait sien, prenant l'instruction de son progrès des pédagogismes de Platon.[5)] C'est témoignage de crudité et indigestion que de regorger la viande[6)] comme on l'a avalée ; l'estomac n'a pas fait son opération, s'il n'a fait changer la façon et la forme à ce qu'on lui avait donné à cuire.

Notre âme ne branle qu'à crédit,[7)] liée et contrainte à l'appétit des fantaisies d'autrui, serve et captivée sous l'autorité de leur leçon ; on nous a tant assujettis aux cordes[8)] que nous n'avons plus de franches allures ; notre vigueur et liberté est éteinte : *Nunquam tutelœ suœ fiunt*...[9)]

Qu'il lui fasse tout passer par l'étamine,[10)] et ne loge rien en sa tête par simple autorité et à crédit ; les principes d'Aristote ne lui soient principes, non plus que ceux des Stoïciens ou Epicuriens. Qu'on lui propose cette diversité de jugements : il choisira, s'il peut, sinon il en demeurera en doute. Il n'y a que les fols certains et résolus.

---

1) plus … à mont qu à val「경사를 내려갈 때보다 산을 오를 때」. 여기서 Montaigne는 상대에 따라 정도를 낮추는(rabaisser) 것이 더 어렵다는 것을 비유로 설명
2) comme porte … = comme le comporte …
3) Montaigne는 collège에서의 교육(집단적 교육방식)을 싫어했었다.
4) 여기서도 sa mémoire와 sa vie를 대립시키고 있는데, 단순한 머리를 통한 지식 대신 삶의 구체적 경험에서 얻은 윤리적 가치를 중시
5) = jugeant de son progrès d'après la pédagogie de Platon
6) regorger la viande = rendre la nourriture「먹은 것을 그대로 토해내다」
7) Notre âme ne branle qu'à crédit = Notre âme ne s'ébranle que sur l'autorité d'autrui
8) cordes : 다시 말(마술)의 비유로써 설명
9) 《Jamais ils ne deviennent leurs propres maîtres》 (Sénèque, *Lettres*, XXXIII)
10) par l'étamine = au crible

Che, non men che saper, dubbiar m'aggrada.[1)]

Car s'il embrasse les opinions de Xénophon et de Platon par son propre discours,[2)] ce ne seront plus les leurs, ce seront les siennes. Qui suit un autre, il ne suit rien, il ne trouve rien, voire il ne cherche rien. Non sumus sub rege ; sibi quisque se vindicet.[3)] Qu'il sache qu'il sait, au moins. Il faut qu'il emboive[4)] leurs humeurs, non qu'il apprenne leurs préceptes ; et qu'il oublie hardiment, s'il veut, d'où il les tient, mais qu'il se les sache approprier.[5)] La vérité et la raison sont communes à un chacun, et ne sont non plus à qui les a dites premièrement qu'à quiles dit après : ce n'est non plus selon Platon que selon moi, puisque lui et moi l'entendons et voyons de même. Les abeilles pillotent de çà de là les fleurs, mais elles en font après le miel, qui est tout leur : ce n'est plus thym ni marjolaine ; ainsi les pièces empruntées d'autrui, il les transformera et confondra pour en faire un ouvrage tout sien, à savoir son jugement. Son institution, son travail et étude ne vise qu'à le former.

I, XXVI

LA LIBRAIRIE DE MONTAIGNE

Montaigne가 그의 대부분의 시간을 보냈던 서재는 독서와 사색의 온실이었다. 그는 이 소우주를 깊은 애정을 가지고 묘사하고 있다. 이 텍스트는 그의 서재가 단순히 책과의 지적교류(commerce)만이 아니라 모든 잡다한 일상사에서 벗어나 자신만의 시간을 완전히 향유할 수 있는 선택된 공간임을 강조하고 있다.

Chez moi, je me détourne un peu plus souvent à ma librairie, d'où, tout d'une main[6)], je commande à mon ménage[7)]. Je suis sur l'entrée, et vois sous moi mon jardin, ma basse-cour, ma cour, et dans la plupart

1) 《Car, non moins que savoir me plaît》 (Dante, *Enfer*, XI) Montaigne의 회의주의에 유의
2) par son propre discours = par son propre raisonnement
3) 《Nous ne sommes pas sous un roi : que chacun soit son propre maître》 (Sénèque *Lettres*, XXXIII)
4) emboive = s'imprègne de
5) il se les sache approprier = il sache se les approprier.「그것들을 자기의 것으로 만들 줄 알아야 한다.」
6) tout d'une main = à la fois
7) ménage = ensemble du train de maison「하인일동」

des membres[1] de ma maison. Là je feuillette à cette heure un livre, à cette heure un autre, sans ordre et sans dessein, à pièces décousues. Tantôt je rêve ; tantôt j'enregistre et dicte, en me promenant, mes songes que voici.

Elle est au troisième étage d'une tour. Le premier, c'est ma chapelle ; le second, une chambre et sa suite, où je me couche souvent, pour être seul. Au-dessus, elle a une grande garde-robe. C'était, au temps passé, le lieu plus[2] inutile de ma maison. Je passe là et la plupart des jours de ma vie, et la plupart des heures du jour ; je n'y suis jamais la nuit. A sa suite est un cabinet assez poli[3], capable à[4] recevoir du feu pour l'hiver, très plaisamment percé ; et, si je ne craignais non plus le soin[5] que la dépense (le soin qui me chasse de toute besogne), je pourrais facilement coudre, à chaque côté, une galerie de cent pas de long et douze de large, à plain pied, ayant trouvé tous les murs montés, pour autre usage, à la hauteur qu'il me faut. Tout lieu retiré requiert un promenoir. Mes pensées dorment si je les assis[6]. Mon esprit ne va, si les jambes ne l'agitent : ceux qui étudient sans livre en sont tous là. La figure[7] en est ronde et n'a de plat que ce qu'il faut à ma table et à mon siège ; et vient m'offrant, en se courbant, d'une vue, tous mes livres, rangés à cinq degrés tout à l'environ[8]. Elle a trois vues de riche et libre prospect[9], et seize pas de vide en diamètre. En hiver, j'y suis moins continuellement : car ma maison est juchée sur un tertre, comme dit son nom,[10] et n'a point de pièce plus éventée que cette-ci,[11] qui me plaît d'être un peu pénible[12] et à l'écart, tant pour le fruit de l'exercice que pour reculer de moi la presse.[13] C'est là mon siège. J'essaye à m'en rendre la domination pure, et à soustraire ce seul coin à la communauté

1) membres de ma maison = corps de bâtiment
2) plus = le plus (*superlatif*)
3) assez poli = bien aménagé
4) capable à = propre à
5) soin = souci. non plus ~ que ~「…도 …도 (두려워하지 않는다면)」부정의 연속
6) assis = assieds
7) La figure = La forme (de ma librairie)
8) tout à l'environ = tout autour
9) prospect = perspective
10) son nom = Montaigne = montagne
11) cette-ci = celle-ci
12) pénible : 오르내리기가 불편하다는 뜻. (그의 서재는 3층에 위치하기 때문)
13) la presse = le tumulte de la foule「사람들이 수선스럽게 구는 일」

et conjugale, et filiale, et civile ;[1)] partout ailleurs je n'ai qu'une autorité verbale ; en essence, confuse.[2)] Misérable à mon gré,[3)] qui n'a chez soi[4)] où être à soi ; où se faire particulièrement la cour,[5)] où se cacher ! L'ambition paye bien ses gens, de les tenir toujours en montre,[6)] comme la statue d'un marché : *magna servitus est magna fortuna ;*[7)] ils n'ont pas seulement leur retrait pour retraite. Je n'ai rien jugé de si rude en l'austérité de vie que nos religieux affectent,[8)] que ce que je vois, en quelqu'une de leurs compagnies, avoir pour règle une perpétuelle société[9)] de lieu et assistance nombreuse entre eux, en quelque action que ce soit. Et trouve aucunement[10)] plus supportable d'être toujours seul, que ne le pouvoir jamais être.[11)]

III, III, *De trois commerces.*

QUE PHILOSOPHER, C'EST APPRENDRE À MOURIR

Montaigne는 초기에 스토아파의 극기적 윤리에 관심을 기울였다. 그의 친구 La Boétie의 죽음, 그가 애독했던 Sénèque와 Plutarque의 사상적 영향, 결석으로 인한 육체적 고통, 그리고 참혹한 내란 속에서 겪어야 했던 불안과 생명의 위협 등은 그로 하여금 고통과 죽음의 위협에서 초연케 하는 스토아주의에 기울게 한 것이다. 이 철학은 인간이 누리는 내적 자유로써 여하히 외적 운명을 극복할 것인가를 가르쳐 주기 때문이다.

Qu'importe-t-il, me direz-vous, comment que ce soit,[12)] pourvu qu'on ne

---

1) Montaigne의 독립적 성격을 잘 나타내는 말
2) en essence, confuse = en réalité, mal assurée
3) à mon gré「내 생각으로는」
4) qui n'a chez soi …「자기 집에 …을 갖고 있지 않은 자는 (비참하도다 !)」(qui = celui qui)
5) se faire … la cour「자기 스스로에 … 아부하다」(자신의 내적인 만족을 위하여 애쓴다는 뜻
6) de les tenir toujours en montre「그들을 항상 (진열대에) 전시되게 함으로써」
7) 《C'est un grand esclavage qu'une grande fortune.》 (*maxime* de Sénèque)
8) affectent = embrassent
9) société = communauté
10) aucunement = sensiblement
11) que ne le pouvoir jamais être = … que ne pouvoir jamais l'être (= être seul)
12) comment que ce soit「그것이 어떤 방법으로든 간에 (무슨 상관이 있겠는가).」죽음을 어떤 방식으로 맞이하든간에 … 라는 뜻

s'en donne point de peine ? – Je suis de cet avis ; et en quelque manière qu'on se puisse mettre[1] à l'abri des coups, fût-ce sous la peau d'un veau, je ne suis pas homme qui y reculasse.[2] Car il me suffit de passer[3] à mon aise ; et le meilleur jeu que je me puisse donner, je le prends, si peu glorieux au reste et exemplaire que vous voudrez,

Prœtulerim delirus inersque videri,
Dum mea delectent mala me, vel denique fallant,
Quam sapere et ringi.[4]

Mais c'est folie d'y penser arriver[5] par là. Ils vont, ils viennent, ils trottent, ils dansent : de mort, nulles nouvelles. Tout cela est beau ; mais aussi quand. elle arrive, ou à eux, ou à leurs femmes, enfants et amis, les surprenant en dessoude[6] et à découvert,[7] quels tourments, quels cris, quelle rage et quel désespoir les accable ![8] Vîtes-vous jamais rien si rabaissé, si changé, si con-fus ? Il faut y pourvoir de meilleure heure,[9] et cette nonchalance bestiale, quand elle pourrait loger en la tête d'un homme d'entendement, ce que je trouve entièrement impossible, nous vend trop cher ses denrées.[10] Si c'était. ennemi qui se pût éviter, je conseillerais d'emprunter les armes de la couardise,[11] mais puisqu'il ne se peut, puisqu'il vous attrape fuyant et poltron aussi bien qu'honnête homme,[12]

Nempe et fugacem persequitur virum,

---

1) qu'on se puisse mettre = Qu'on puisse se mettre … (고어법)
2) qui y reculasse「그것을 사양할 (사람은 아니다)」. 죽음의 무서운 가격을 피할 수만 있다면 피하겠다고 말하는 Montaigne는 허세를 부리지 않는다.
3) passer = passer ma vie
4) 《J'aimerais mieux passer fou et sot, pourvu que mes défauts me charment, ou du moins m'échappent, que d'être sage et d'enrager》(D'après Horace, *Epitre*, II, II, 126-8)
5) d'y penser arriver = de penser y arriver
6) en dessoude = à l'improviste「예고없이」
7) à découvert = sans défense
8) accable : 고어에서 동사는 가까운 주어에만 일치
9) de meilleure heure「더 일찍부터」
10) ses denrées = ce qu'elle nous procure. 그런 태평한 무관심(nonchalance)은 그 결과에 대하여 값진 대가를 치르게 한다라는 뜻
11) emprunter les armes de la couardise「줄행랑을 놓다, 도망치다」
12) honnête homme = homme de cœur「용감한 사람」

Nec parcit imbellis juventae
Poplitibus, timidoque tergo[1)]

et que nulle trempe de cuirasse vous couvre,

Ille licet ferro cautus se condat et aere,
Mors tamen inclusum protrahet inde caput[2)]

apprenons à le soutenir de pied ferme et à le combattre. Et pour commencer à lui ôter son plus grand avantage contre nous, prenons voie toute contraire à la commune : ôtons-lui l'étrangeté, pratiquons-le, accoutumons-le,[3)] n'ayons rien si souvent en la tête que la mort. A tous instants représentons-la à notre imagination, et en tous visages. Au broncher[4)] d'un cheval, à la chute d'une tuile, à la moindre piqûre d'épingle, remâchons soudain : « Eh bien ! quand ce serait la mort même ? » et là-dessus, raidissons-nous et efforçons-nous.[5)] Parmi les fêtes et la joie, ayons toujours ce refrain de la souvenance de notre condition, et ne nous laissons pas si fort emporter au plaisir, que[6)] parfois il ne nous repasse en la mémoire en combien de sortes cette nôtre allégresse est en butte à[7)] la mort, et de combien de prises elle la menace. Ainsi faisaient les Égyptiens, qui, au milieu de leurs festins et parmi leur meilleure chère, fesaient apporter l'anatommie sèche[8)] d'un corps d'homme mort, pour servir d'avertissement aux conviés.

Omnem crede diem tibi diluxisse supremum :
Grata superveniet, quœ non sperabitur hora.[9)]

---

1) 《De fait il poursuit même le fuyard, n'épargne ni les jarrets ni le dos tremblant d'une jeunesse lâche.》 (D'après Horace, *Odes* III, II, 14-16)
2) 《Il a beau, prudent, se cacher sous le fer et l'airan, la mort en fera pourtant sortir sa tête abritée.》 (Properce, IV, XVIII, 25-6)
3) accoutumons-le = accoutumons-nous à lui
4) broncher : 부정법이 명사화된 것
5) efforçons-nous = montrons-nous fermes
6) (si fort) … que의 구문. 「즐거움에 휘말린 나머지 (… 하지 않도록)」
7) être en butte à 「…의 표적이 되다」
8) anatomie sèche = la momie 「미라」
9) 《Tiens pour ton dernier jour qui a lui pour toi : l'heure sur laquelle tu n'auras pas compté te viendra comme un heureux sursis.》 (Horace, *Epitre*, I, IV, 13-14)

Il est incertain où la mort nous attende : attendons-la partout. La préméditation de la mort est préméditation de la liberté : qui a appris à mourir, il a désappris à servir ;[1] le savoir mourir nous affranchit de toute sujétion et contrainte : il n'y a rien de mal en la vie pour. celui qui a bien compris que la privation de la vie n'est pas mal.[2] Paulus Æmilius répondit à celui que ce misérable roi de Macédoine,[3] son prisonnier, lui envoyait pour le prier de ne le mener pas en son triomphe :[4] « Qu'il en fasse la requête à soi-même[5] ».

A la vérité, en toutes choses, si nature ne prête un peu, il est malaisé que l'art et l'industrie[6] aillent guère avant. Je suis de moi-même non mélancolique, mais songe-creux. Il n'est rien de quoi je me sois dès toujours plus entretenu[7] que des imaginations de la mort : voire en la saison la plus licencieuse de mon âge,[8]

Jucundum cum œtas florida ver ageret[9]

parmi les dames et les jeux, tel me pensait empêché[10] à digérer à part moi quelque jalousie ou l'incertitude de quelque espérance, cependant que je m'entretenais de je ne sais qui, surpris les jours précédents d'une fièvre chaude,[11] et de sa fin, au partir[12] d'une fête pareille, et la tête pleine d'oisiveté, d'amour et de bon temps, comme moi, et qu'autant m'en pendait à l'oreille.[13]

I, XX

---

1) aervir = être esclave (산다는 것은 운명의 노예로 머물어 있음을 의미한다. 따라서 죽음은 모든 예속으로부터의 해방이며, 살아서 죽음을 배운 자는 이 자유를 선취한 것이 된다.)
2) mal = un mal
3) roi de Macédoine : Persée를 가리킴
4) en son triomphe「그의 개선 행진에」
5) Qu'il en fasse la requête à soi-même「그 청원은 자기 자신에게 하도록 하라.」(즉, 죽음은 모든 굴종에서 해방시켜 주는 것인 만큼, 스스로 목숨을 끊음으로써 그런 굴욕을 면할 수 있다는 뜻)
6) l'industrie = le zèle. 즉, la nature는 선천적인 것, l'art와 l'industrie는 인위적인 노력
7) je me sois … entretenu = je me sois … absorbé
8) en la saison la plus licencieuse de mon âge「내 생애에 있어 쾌락에 가장 열중하고 있던 시기에도」
9) 《Quand mon âge en sa fleur connaissait un aimable printemps》 (Catulle, LXVIII, 16)
10) empêché = absorbé
11) surpris … d'une fièvre chaude「열병(뇌염과 같은 것)에 갑자기 걸려」
12) au partir = au sortir
13) qu'autant m'en pendait à l'oreille「그 이야기가 아직도 내 귓전에 울리고 있었다」. que는 cependant que로 연결

LE VERTIGE

한때 스토아 철학에 매료되었던 Montaigne는 삶의 경험과 인간의 이해가 깊어감에 따라 인간의지의 자유와 고귀를 가르치는 이 철학이 인간의 현실에 적합치 않다는 것을 느끼게 되었고, 점차 인간의 무력과 비참에 주목함으로써 회의주의에 기울게 된다. 이성의 확신을 내세우는 독단론자들(dogmatistes)에 대하여 그는 철저한 불가지론을 내세우며「과연 내가 아는 것이 무엇인가」Que sais-je ?라고 자문한다. (왜냐하면「나는 모른다」라고 말하면 적어도 그 자체만은 하나의 확실성이 되어버리기 때문이다.) 인간의 오만과 독단을 여지없이 무찌르고 모든 것을 오직 물음의 형식으로 대하는 이 극단적인 회의주의는 Montaigne의 정신적 여정에 있어 중요한 단계를 이루고 있다. 그것은 인간조건에 대한 환상없는 명석한 인식의 방식이며, 모든 독단과 편견으로부터의 정신적 자유를 의미한다. 또한 이 자유는 그의 세대가 열병처럼 앓고 있던 모든 종류의 광신주의로부터의 해방이며 관용의 미덕으로 이어지리 것이다. 이런 점에서 Montaigne의 회의주의는 이미 그 안에 삶의 예지를 잉태하고 있는 것으로 보인다.

이 텍스트는 *Essais* II권 12장을 이루고 있는 *Apologie de Raymond Sebond*에서 발췌한 것으로 감각적 인상에 의해 끊임없이 농락당하는 이성의 무력을 구체적 예시로써 설명하고 있다. *Essais* 가운데 가장 길고 일관된 논리로써 구성되어 있는 이 *Apologie*는 완벽한 회의주의의 교본이다.

Qu'on loge[1] un philosophe dans une cage de menus filets de fer clairsemés, qui soit suspendue au haut des tours Notre-Dame de Paris : il verra par raison évidente qu'il est impossible qu'il en tombe ; et si[2] ne se saurait garder (s'il n'a accoutumé le métier des recouvreurs) que la vue de cette hauteur extrême ne l'épouvante et ne le transisse. Car nous avons assez affaire de nous assurer[3] aux galeries qui sont en nos clochers, si elles sont façonnées à jour, encore qu'elles soient de pierre. Il y en a qui n'en peuvent pas seulement porter[4] la pensée. Qu'on jette une poutre entre ces deux tours, d'une grosseur telle qu'il nous la faut à nous promener dessus, il n'y a sagesse philosophique de si grande fermeté qui puisse nous donner courage d'y marcher comme nous ferions, si elle était à terre.[5] J'ai souvent essayé[6] cela, en nos montagnes

1) Qu'on loge : que+*subj*.의 구문으로 3인칭의 명령
2) si = pourtant
3) nous avons assez affaire de nous assurer = nous avons assez de peine à faire bonne contenance「침착성을 유지하는 데 몹시 힘이 든다」
4) porter = supporter
5) Cf. Pascal : 《Le plus grand philosophe du monde, sur une planche plus large qu'il ne faut, s'il y a au-dessous un précipice, Quoique sa raison le convainque de sa sureté, son imagination prévaudra. Plusieurs n'en sauraient soutenir la pensée sans pâlir et suer.》 (*Pensées*, Br. 82). (Pascal의 경우 이 현상을 imagination의 원리에 귀착시키고 있는 점에 유의)
6) essayé = éprouvé

de deçà[1] (et si suis de ceux qui ne s'effraient que médiocrement de telles choses), que je ne pouvais souffrir la vue de cette profondeur infinie sans horreur et tremblement de jarrets et de cuisses, encore qu'il s'en fallût bien ma longueur que je ne fusse du tout[2] au bord, et n'eusse su choir si je ne me fusse porté à escient[3] au danger. J'y remarquai aussi, quelque hauteur qu'il y eût, pourvu qu'en cette pente il s'y présentât un arbre ou bosse de rocher pour soutenir un peu la vue et la diviser, que cela nous allège[4] et donne assurance, comme si c'était chose de quoi, à la chute, nous pussions recevoir secours ; mais que les précipices coupés[5] et unis, nous ne les pouvons pas seulement regarder sans tournoiement de tête : *ut despici sine vertigine simul oculorum animique non possit* ;[6] qui[7] est une évidente imposture de la vue. Ce beau philosophe[8] se creva les yeux pour décharger l'âme de la débauche[9] qu'elle en recevait, et pouvoir philosopher plus en liberté.

Mais, à ce compte, il se devait aussi faire étouper[10] les oreilles, que Théophraste dit être le plus dangereux instrument que nous ayons pour recevoir des impressions violentes à nous troubler et changer, et se devait priver enfin de tous les autres sens, c'est-à-dire de son être et de sa vie. Car ils ont tous cette puissance de commander notre discours et notre âme. *Fit etiam saepe specie quadam, saepe vocum gravitate et cantibus, ut pellantur animi vehementius ; saepe etiam cura et timore.*[11] Les médecins tiennent qu'il y a plusieurs complexions qui s'agitent par aucuns[12] sons et instruments jusques à la fureur. J'en ai vu qui ne

1) en nos montagnes de deçà : 피레네산의 프랑스측 경사를 가리킴
2) du tout = tout à fait
3) à escient = exprès
4) allège = soulage
5) coupés = abrupts
6) 《De sorte qu'on ne peut regarder en bas sans vertige des yeux et de l'esprit à la fois》. (Tite-Live, XLIV, 6)
7) qui = ce qui
8) Ce beau philosophe : Démocrite를 가리킴
9) décharger l'âme de la débauche = débarraser l'âme du désordre
10) il se devait … étouper = il aurait dû s'étouper. (se devait priver도 aurait dû se priver)
11) 《Il arrive souvent aussi que notre âme soit violemment ébranlée par quelque vue, ou par une gravité et une mélodie de la voix ; souvent encore c'est par le souci et la frayeur.》 (Cicéron, *De la Divination*, I. 37)
12) aucuns = certains

pouvaient ouïr ronger un os sous leur table sans perdre patience ; et n'est guère homme qui ne se trouble à ce bruit aigre et poignant que font les limes en raclant le fer ; comme, à ouïr mâcher près de nous, ou ouïr parler quelqu'un, qui ait le passage du gosier ou du nez empêché, plusieurs s'en émeuvent jusques à la colère et la haine···

Cette même piperie,[1] que les sens apportent à notre entendement, ils la reçoivent à leur tour. Notre âme parfois s'en revanche de même ; ils mentent et se trompent à l'envi.[2]

II, III, *Apologie.*

FRAGILITÉ DE LA COUTUME

흔히 보편적인 것으로 통용되는 관습, 나아가서는 자연법(loi naturelle)까지도 우연의 소산으로 돌림으로써 저자는 지상의 모든 제도, 법, 정치체제를 근저로부터 뒤흔들어 놓는다. 그러나 이 극단적인 회의주의는 기존체제의 전면적 파괴라는 혁명이론으로 발전하지 않는다. 그는 이성의 오만과 온갖 편견들을 무찌르되 결국 인간이 최후로 의지해야 할 어떤 〈자연적 본능〉을 강조하기에 이르기 때문이다.

Si c'est de nous que nous tirons le règlement de nos mœurs, à quelle confusion nous rejetons-nous ! Car ce que notre raison nous y conseille de plus vraisemblable, c'est généralement à chacun d' obéir aux lois de son pays, comme est l'avis de Socrate, inspiré, dit-il, d'un conseil divin.[3] Et par là que veutelle dire, sinon que notre devoir n'a d'autre règle que fortuite ? La vérité doit avoir un visage pareil et universel.[4] La droiture et la justice, si l'homme en connaissait qui eût corps et véritable essence, il ne l'attacherait pas à la condition des coutumes de cette contrée ou de celle-là : ce ne serait pas de la fantaisie des Perses ou des Indes que la vertu prendrait sa forme.

Il n'est rien sujet à plus continuelle agitation que les lois. Depuis que je suis né, j'ai vu trois et quatre fois rechanger celles des Anglais, nos voisins, non seulement en sujet politique, qui est celui qu'on veut

---

1) piperie = tromperie

2) Cf. Pascal(82) : 《Cette même piperie qu'ils apportent à la raison, ils la reçoivent à leur tour : elle s'en revanche. Les passions de l'âme troublent les sens, et leur font des impressions fausses. Ils mentent et se trompent à l'envi.》

3) conseil divin : Socrate가 말하는 〈démon〉의 충고

4) un visage pareil et universel「동일하고 보편적인 모습」

dispenser de constance, mais au plus important sujet qui puisse être, à savoir de la religion…[1] Et chez nous ici, j'ai vu telle chose, qui nous était capitale,[2] devenir légitime, et nous, qui en tenons d'autres,[3] sommes à même, selon l'incertitude de la fortune guerrière, d'être un jour criminels de lèse majesté humaine et divine,[4] notre justice tombant à la merci de l'injustice et en l'espace de peu d'années de possession, prenant une essence contraire…

Que nous dira donc en cette nécessité la philosophie ? Que nous suivions les lois de notre pays ? c'est-à-dire cette mer flottante des opinions d'un peuple ou d'un prince qui me peindront la justice d'autant de couleurs et la réformeront en autant de visages qu'il y aura en eux de changements de passion ? Je ne puis avoir le jugement si flexible. Quelle bonté est-ce, que je voyais hier en crédit et demain ne l'être plus et que le trajet d'une rivière fait crime ?[5]

Quelle vérité que ces montagnes bornent, qui est mensonge au monde qui se tient au-delà ?[6]

Mais ils sont plaisants quand, pour donner quelque certitude aux lois, ils disent qu'il y en a aucunes[7] fermes, perpétuelles et immuables, qu'ils nomment naturelles, qui sont empreintes en l'humain genre par la condition de leur propre essence. Et, de celles-là, qui[8] en fait le nombre de trois, qui de quatre, qui plus, qui moins : signe que c'est une marque aussi douteuse que le reste. Or ils sont si défortunés[9] (car comment puis-je nommer autrement cela que défortune, que d'un nombre de lois si infini il ne s'en rencontre pas au moins une que

1) 헨리8세는 anglicanisme을 창설했고, Marie Tudor는 신교도를 탄압했으며 엘리자벳시대에는 다시 anglicanisme이 득세했다.

2) capitale = (*qui méritait*) la peine capitale

3) qui en tenons d'autres = qui en tenons d'autres pour légitimes

4) lèse majesté humaine et diviner「정치적 종교적 대역죄」(종교전쟁으로 인한 상황의 변화를 암시).

5) le trajet d'une rivière fait crime「강 저편에 건너감으로써 범죄가 되는 것…」 여기서 강은 국경선을 의미하며, 가령 강 이편에서는 영웅이 되되 저편에서는 살인자가 되는 것을 말한다.

6) qui est mensonge au monde qui se tient au-delà「이 세상에서는 거짓이 되고 저편에서는 진리로 통용되는(그런 진리…)」. Cf. Pascal : 《Plaisante justice qu'une rivière borne ! Vérité au deçà des Pyrénées, erreur au delà.》 (*Pensées*, Br. 294)

7) aucunes = certaines

8) qui …, qui …,「어떤 자는 …, 어떤 자는…」

9) défortunés = infortunés

la fortune et témérité[1] du sort ait permis être universellement reçue par le. consentement de toutes les nations ?), ils sont, dis-je, si misérables que de ces trois ou quatre lois choisies il n'yen a une seule qui ne soit contredite et désavouée, non par une nation, mais par plusieurs. Or c'est la seule enseigne[2] vraisemblable, par laquelle ils puissant argumenter[3] aucunes lois naturelles, que l'université[4] de l'approbation. Car ce que nature nous aurait véritablement ordonné nous l'ensuivrions sans doute d'un commun consentement. Et non seulement toute nation, mais tout homme particulier, ressentirait la force et la violence que lui ferait celui qui le voudrait pousser au contraire de cette loi…

Le meurtre des enfants, meurtre des pères, trafic de voleries, il n'est rien en somme si extrême qui ne se trouve reçu par l'usage de quelque nation.

Il est croyable qu'il y a des lois naturelles, comme il se voit ès[5] autres créatures ; mais en nous elles sont perdues, cette belle raison humaine s'ingérant partout de maîtriser et commander, brouillant et confondant le visage des choses selon sa vanité et inconstance.[6]

II, XII, *Apologie.*

MONTAIGNE CONSERVATEUR

기존 법체제나 관습에 대하여 근원적인 회의를 제기하는 Montaigne는 그렇다고 해서 혁명적인 행동으로 이행하지는 않는다. 모든 종류의 광신과 폭력을 극도로 혐오하는 그는 기존질서를 최소한의 악으로 인정하는 것이다. 이론적으로는 모든 편견과 불의를 가차없이 고발하되 행동에 있어서는 온건한 보수주의자로 머문다. 결국 인간에 있어 절대적 진리는 불가능한 것인만큼 상대적 효용을 거두는 것이 중요하며 정신적 자유를 유지하도록 힘써야 한다.

Ces considérations ne détournent pourtant pas un homme d'entendement

1) témérité = hasard
2) la seule enseigne = le seul signe
3) argumenter = prouver
4) université = universalité
5) èa = chez les
6) 결론적으로 인간의 이성의 오만과 횡포에 모든 책임을 돌림으로써 회의주의를 표방하고 있으며, 이와 동시에 있는 그대로의 사물의 모습(le visage des choses)를 받아들이며 자연적 본능(un instinct naturel)으로 돌아갈 것을 암시하고 있다.

de suivre le style commun : ains,[1] au rebours, il me semble que toutes façons écartées et particulières partent plutôt de folie et d'affectation ambitieuse que de vraie raison, et que le sage doit au dedans retirer son âme de la presse,[2] et la tenir en liberté et puissance de juger librement des choses, mais, quant au dehors, qu'il doit suivre entièrement les façons et formes reçues. La société publique n'a que faire de nos pensées ; mais le demeurant, comme nos actions, notre travail, nos fortunes et notre vie propre, il la[3] faut prêter et abandonner à son service et aux opinions communes, comme ce bon et grand Socrate refusa de sauver sa vie par la désobéissance du[4] magistrat, voire d'un magistrat très injuste et très inique. Car c'est la règle des règles, et générale loi des lois, que chacun observe celles du lieu où il est…

En voici d'une autre cuvée.[5] Il y a grand doute, s'il se peut trouver si évident profit au changement d'une loi reçue, telle qu'elle soit,[6] qu'il y a de mal à la remuer :[7] d'autant qu'une police,[8] c'est comme un bâtiment de diverses pièces jointes ensemble, d'une telle liaison qu'il est impossible d'en ébranler une, que tout le corps ne s'en sente. Le législateur des Thuriens[9] ordonna que quiconque voudrait, ou abolir une des vieilles lois, ou en établir une nouvelle, se présenterait au peuple la corde au cou : afin que si la nouvelleté[10] n'était approuvée d'un chacun, il fût incontinent étranglé. Et celui de Lacédémone employa sa vie pour tirer de ses citoyens[11] une promesse assurée de n'enfreindre aucune de ses ordonnances. L'éphore qui coupa si rudement les deux cordes que Phrinys avait ajoutées

1) aine = mais
2) la presee = le tumulte
3) la : 가까운 notre vie propre에 일치시키고 있으나 nos actions, notre travail … 에 다 걸림. il la faut prêter … = il faut la(les) prêter …
4) par la désobeissance du = en désoheissant au
5) En voici d'une autre cuvée 「여기 또 다른 관점이 있다.」 cuvée는 「양조용 통」인데 Montaigne는 포도주 생산지 Bordeaux 태생임을 상기할 것
6) telle qu'elle soit = quelle qu'elle soit 「그 어떤 것이든 간에」
7) qu'il y a de mal à la remuer 「그것을 뒤흔들어 놓는데 재난이 따른 것만큼 (그렇게 명백한…)」. que는 si(aussi) évident … que로 연결되는 비교급 구문
8) police = constitution
9) le législateur des Thuriene = Zaleucus
10) nouvelleté = nouveauté
11) citoyens = concitoyens

à la musique,[1] ne s'esmaie[2] pas si elle en vaut mieux, ou si les accords en sont mieux remplis : il lui suffit pour les condamner que ce soit une altération de la vielle façon. C'est ce que signifiait cette épée rouillée de la justice de Marseille.

Je suis dégoûté de la nouvelleté, quelque visage qu'elle porte, et ai raison, car j'en ai vu des effets très dommageables. Celle qui nous presse depuis tant d'ans,[3] elle n'a pas tout exploité,[4] mais on peut dire avec apparence, que par accident elle a tout produit et engendré : voire et les maux et ruines, qui se font depuis sans elle, et contre elle : c'est à elle à s'en prendre au nez,[5]

Heu patior telis vulnera facta meis[6]

Ceux qui donnent le branle à un État sont volontiers[7] les premiers absorbés en sa ruine. Le fruit du trouble ne demeure guère à celui qui l'a ému[8], il bat et brouille l'eau pour d'autres pêcheurs. La liaison et contexture de cette monarchie et ce grand bâtiment ayant été démis[9] et dissous, notamment sur ses vieux ans,[10] par elle, donne tant qu'on veut d'ouverture et d'entrée à pareilles injures. La majesté royale, dit un ancien, s'avale[11] plus difficilement du sommet au milieu qu'elle ne se précipite du milieu à fond.

Mais si les inventeurs[12] sont plus dommageables, les imitateurs[13] sont plus vicieux, de se jeter en des exemples, desquels ils ont senti et puni l'horreur et le mal. Et s'il y a quelque degré d'honneur, même au mal faire,[14]

---

1) musique「악기」. 즉 la cithare(7현 대신 9현)
2) s'esmaie = s'essaie
3) 종교개혁(la Réforme)
4) elle n'a pas tout exploité = elle n'a pas réalisé jusqu'au bout
5) s'en prendre au nez = s'en prendre à elle-même
6) 《Hélas ! je suis blessé par mes propres armes》 (Ovide, *Héroides*, II, 48)
7) volontiers = d'ordinaire
8) ému = provoqué
9) démis = disloqué
10) sur ses vieux ans「(특히) 오래 유지되었을 때」
11) s'avale = descend
12) inventeurs = initiateurs
13) imitateurs : la Ligue파(ligueurs)를 가리키는 것으로 보임
14) au mal faire「해로운 일을 행하는데 있어서도」

ceux-ci[1] doivent aux autres la gloire de l'invention, et le courage du premier effort.

I, XXIII, *De la coutume et de ne changer aisément une loi reçue.*

« POUR MOI DONC, J'AIME LA VIE »

마침내 만년의 Montaigne는 삶의 예지에 도달한다. 그것은 삶을 주어진대로 감수하고 가능하면 삶의 순간 순간들을 즐기는 데 있다. 이 온건한 épicurisme은 모든 편견과 광신에서 해방된 정신적 자유의 상태에서만 가능하며, 그에게 주어진 자연에 대한 깊은 신뢰에 뿌리박고 있다. 조화와 균형의 표본인 자연이야말로 가장 부드러운 향도이며, 인간은 이 향도에 따라 자신과 세계와의 조화를 이룰 때 마음의 평안과 행복을 누릴 수 있다. 광신의 열풍에 휘말린 16세기 후반의 참담한 정신적 상황 속에서 그는 겸허와 관용과 자연에의 신뢰로 되돌아갈 것을 가르친다.'

J'ai un dictionnaire tout à part moi : je passe le temps quand il est mauvais et incommode ; quand il est bon, je ne le veux pas passer, je le retâte,[2] je m'y tiens. Il faut courir le mauvais et se rasseoir[3] au bon. Cette phrase[4] ordinaire de « passe-temps » et de « passer le temps » représente l'usage de ces prudentes gens qui ne pensent point avoir meilleur compte[5] de leur vie que de la couler et échapper,[6] de la passer, gauchir[7] et, autant qu'il est en eux, ignorer et fuir, comme chose de qualité ennuyeuse et dédaignable. Mais je la connais autre, et la trouve et prisable et commode,[8] voire en son dernier décours,[9] où je la tiens ; et nous l'a nature mise[10] en main, garnie de telles circonstances, et si favorables, que nous n'avons à nous plaindre qu'à nous si elle nous presse[11] et si elle nous échappe inutilement : *Stulti vita ingrata est, trepida est, tota*

1) ceux-ci = les inventeurs (즉, 종교개혁자를 가리킴)
2) retâte = (goûte et) regoûte, savourer. (je ne le veux pas passer = je ne veux pas le passer)
3) se rasseoir = s'installer
4) phrase = expression
5) compte = usage
6) la couler et échapper = la laisser couler et échapper
7) gauchir = esquiver
8) commode = avantageuse
9) décours = déclin (이 집필 시기는 1587년. 저자의 나이는 54세)
10) nous l'a nature mise = (la) nature nous l'a mise
11) presse = pèse「부담스럽다」. 앞의 문장은 … de telles … et si … que … 의 구문

infuturumferlur.[1] Je me compose[2] pourtant à la perdre sans regret, mais comme perdable de sa condition,[3] non comme moleste[4] et importune. Aussi ne sied-il proprement bien de ne se déplaire à mourir qu'à ceux[5] qui se plaisent à vivre. Il y a du ménage à la jouir[6] ; je la jouis au double des autres, car la mesure en la jouissance dépend du plus ou moins d'application que nous y prêtons. Principalement à cette heure que j'apercois la mienne si brève en temps, je la veux étendre en poids ; je veux arrêter la promptitude de sa fuite par la promptitude de ma saisie, et, par la vigueur de l'usage,[7] compenser la hâtiveté de son écoulement ; à mesure que la possession du vivre est plus courte, il me la faut rendre plus profonde et plus pleine.

Les autres sentent la douceur d'un contentement et de la prospérité ; je la sens ainsi qu'eux, mais ce n'est pas en passant et glissant : si la faut-il étudier,[8] savourer et ruminer, pour en rendre grâces condignes[9] à celui qui nous l'octroie. Ils jouissent les autres plaisirs comme ils font celui du sommeil, sans les connaître. A celle fin que[10] le dormir même ne m'échappât ainsi stupidement, j'ai autrefois trouvé bon qu'on me le troublât pour que je l'entrevisse. Je consulte d'[11]un contentement avec moi, je ne l'écume pas ;[12] je le sonde et plie ma raison à le recueillir, devenue chagrine et dégoûtée. Me trouvé-je en quelque

1) 《La vie du sot est aride, inquiète, tournée tout entière vers l'avenir.》 (Sénèque, *Lettres*, XV)
2) Je me compose = Je me mets en mesure de …
3) de sa condition「(삶의) 조건으로서, 주어진 운명으로서(잃을 수밖에 없다)」
4) moleste = pénible
5) Aussi ne sied-il … qu'à ceux …「그러기에 죽는 것을 싫어 (두려워)하지 않는 것은 오직 …한 자에게만 적합한 일이 된다.」
6) Il y a du ménage à la jouir = c'est tout un art de savoir en jouir.「인생을 즐기는 데에는 상당한 기술이 필요하다.」
7) par la vigueur de l'usage「인생을 정력적으로(밀도있게) 사용함으로써」 삶을 가장 충일하게 살고자 한 Montaigne의 명제는「삶의 온갖 가능성을 소진한다」라는 Gide의 명제와 맥을 같이한다.
8) si la faut-il étudier = aussi bien il faut l'étuclier 사실상, 글을 쓰는 행위는 삶을「성찰하고 음미하고 반추하는」 즉, 삶을 다시 살되「보다 깊고, 보다 충일하게」 사는 방식이 아니겠는가.
9) en … condignes = proportionnées (à son bienfait)
10) à celle(cette) fin que = afin que
le dormir : 부정법을 명사화한 것
11) Je consulte d'… = Je médite
12) je ne l'écume pas = je ne le goûte pas en surface

assiette[1] tranquille ? Y a-t-il quelque volupté qui me chatouille ? Je ne la laisse pas friponner aux sens :[2] j'y associe mon âme ; non pas pour s'y engager,[3] mais pour s'y agréer ; non pas pour s'y perdre, mais pour s'y trouver.[4] Et l'emploie de sa part[5] à se mirer dans ce prospère état, à en peser et estimer le bonheur et amplifier. Elle mesure combien c'est qu'elle doit à Dieu d'être en repos de sa conscience et d'autres passions intestines, d'avoir le corps en sa disposition[6] naturelle, jouissant ordonnément et compétemment des fonctions molles[7] et flatteuses, par lesquelles il lui[8] plaît compenser de sa grâce les douleurs de quoi sa justice nous bat à son tour ; combien lui vaut[9] d'être logée en tel point que, où qu'elle jette sa vue, le ciel est calme autour d'elle : nul désir, nulle crainte ou doute qui lui trouble l'air, aucune difficulté passée, présente, future, par dessus laquelle son imagination ne passe sans offense.[10] Cette considération prend grand lustre de la comparaison des conditions différentes. Ainsi, je me propose,[11] en mille visages, ceux que la fortune ou que leur propre erreur emporte et tempête ;[12] et encore ceux-ci, plus près de moi, qui reçoivent si lâchement et incurieusement leur bonne fortune. Ce sont gens qui passent voirement[13] leur temps ; ils outrespassent le présent et ce qu'ils possèdent, pour servir à[14] l'espérance et pour des ombrages[15] et vaines images que la fantaisie leur met au-devant,[16]

---

1) asaiette = état
2) friponner aux sens = dérober par les sens
3) non pas pour s'y engager = non pas pour qu'elle s'y engage
4) Montaignei는 어떤 쾌락(즐거움)의 노예가 되는 대신 적극적으로 즐길 것을 말하고 있다.
5) de sa part = pour sa part. l'emploie = j'emploie mon âme à ···
6) disposition = santé
7) molles = agréables
8) lui = à Dieu
9) combien lui vaut = (elle mesure) cornbien il lui est précieux
10) sans offense = sans en être atteinte. ne는 앞의 aucune와 함께 이중부정. 이와 같은 마음의 절대적 평안을 가리켜 고대인들은 *ataraxie* (absence du trouble)라 불렀다.
11) je me propose = je me représente
12) tempête = bouleverse
13) voirement = vraiment (passer「헛되이 보내다」의 경멸적 뜻을 강조)
14) pour servir à = pour s'asservir à
15) ombrages = ombres
16) que la fantaisie leur met au-devant = que l'imagination leur présente

Morle obita quales fama est volitare figuras,
Aut quœ sopitos deludunt somnia sensus,[1)]

lesquelles hâtent et allongent leur fuite à même qu'on[2)] les suit. Le fruit et but de leur poursuite, c'est poursuivre, comme Alexandre disait que la fin de son travail, c'était travailler,

Nil actum credens cum quid superesset agendum[3)]

Pour moi donc, j'aime la vie et la cultive telle qu'il a plu à Dieu nous l' octroyer. Je ne vais pas désirant qu'elle eût à dire[4)] la nécessité de boire et de manger, et me semblerait faillir non moins excusablement[5)] de désirer qu'elle l'eût double (*sapiens divitiarum naturalium quœsitor acerrimus*[6)]) ; ni que nous nous sustentassions mettant seulement en la bouche un peu de cette drogue par laquelle Epiménid[7)] se privait d'appétit et se maintenait… ; ni que le corps fût sans désir et sans chatouillement. Ce sont plaintes ingrates et iniques. J'accepte de bon cœur, et reconnaissant, ce que nature a fait pour moi ; et m'en agrée et m'en loue ; on fait tort à ce grand et tout-puissant Donneur de refuser son don, l'annuler et défigurer. Tout bon, il a fait tout bon : *Omnia quœ secundum naturam sunt, œstimatione digna sunt*….[8)] Nature est un doux guide, mais non pas plus doux que prudent et juste.

III, XIII.

1) 《Semblables aux ombres qui voltigent, dit-on, après la mort, ou aux songes qui déçoivent nos sens endormis》 (Virgile, *Enéide*, X, 641-2)
2) à même que = à mesure que
3) 《Croyant n'avoir rien fait tant qu'il restait quelque chose à faire》 (Lucain, II, 657)
4) qu'elle eût à dire = qu'il lui manquât 「살아가는 데 있어 … 이 결핍되는 것」
5) faillir non moins excusablement = commettre une erreur plus excusable 「그보다는 용서할 수 있는 과오지만 역시 과오를 범하는 (것으로 생각된다)」
6) 《Le sage est un chercheur infatigable des richesses naturelles》 (Sénèque, *Lettres*, CXIX)
7) Epiménide : 그리스의 7성 중의 하나
8) 《Tout ce qui est selon la nature est digne d'estime》 (Cicéron, *De Finibus*, III, VI)

17세기
Le XVIIe Siècle

개 관
François de Malherbe
Mathurin Régnier
Théophile de Viau
Voiture
Honoré d'Urfé
Mlle Scudéry
Scarron
Corneille
Racine
Molière
La Fontaine
Mme de Lafayette
Boileau
Perrault
Descartes
Pascal
La Rochefoucault
La Bruyère
Fénelon

Représentation du *Malade imaginaire* de Molière dans le jardin de Versailles. (Roger-Viollet)

Farceurs français et italiens du XVIIe siècle. Comédie Française. (Photographie Giraudon)

17세기 문학
(LE DIX-SEPTIÈME SIÈCLE)

개 관

프랑스의 역사상 가장 위대한 시대를 묻는다면 사람들은 서슴지 않고 17세기라고 대답할 것이다. 루이 14세의 등극과 더불어 절대왕권이 확립되어 국내로는 왕을 정점으로 한 확고부동한 정치체제가 정착했을 뿐만 아니라 국외로는 거듭되는 군사적·외교적 성공으로 국위가 전유럽에 미쳐 명실공히 유럽의 지배자로 등장했다. 한편, 문화적으로도 프랑스 국민문학의 최초의 완벽한 결실이라 할 고전주의 문학이 때를 같이하여 꽃피웠는가 하면 다른 예술 분야에 있어서도 고전주의적 이상을 구현하여 질서, 조화, 절도를 존중한 새로운 미적 형식을 창조함으로써 문예의 한 전성기를 이루고 있다. 루이 14세와 고전주의로 대표되는 17세기는 분명히 위대라는 수식사에 합당한 세기였다.

그러나 루이 14세의 친정이 1661년에 비롯되었고 1680년대 말에는 이미 프랑스의 정세가 국내외로 동요되기 시작했다는 사실, 그리고 1660 년대에 순수히 고전주의의 이상을 구현한 작가들은 극히 제한된 소수의 사람들이었고 대부분은 1685년 이전에 죽었으며 세기 말에는 고전주의를 견지한 사람들까지도 다분히 새로운 경향으로 기울어졌다는 사실 등을 감안할 때 17세기를 루이 14세와 고전주의의 시대만으로 규정짓는 것은 지나친 단순화가 아닌가 느껴진다. 사실상 17세기의 시대 구분이나 문학 조류의 평가에 관해서는 많은 논란이 있어 왔으며 학자들 사이에는 수정의 시도가 계속되어 왔다. 우리는 이 문제에 깊이 들어갈 필요는 없다. 다만, 17세기가 고전주의의 기념비적 완성의 시대임과 동시에 이를 전후하여 매우 다양한 정신적·문학적 움직임이 들끓었던 복합적인 시대라는 점은 충분히 강조되어야 할 것이다. 이런 관점에서 17세기는 특수한 정치적·사회적 상황 속에서 문학을 독자적인 형태로 발전시킨 전반부, 고대의 발견과 모방의 16세기적 전통을 계승 발전시켜 마침내 고전주의의 이상을 이론적 및 실천적으로 구현시킨 중엽 이후, 그리고 절대왕권의 동요와 더불어 고전주의가 쇠퇴하고 새로운 비판정신이 강화됨으로써 다음 세대에의 걸음이 내딛여지는 말기 등 대체로 3단계로 나누어 보는 것이 타당할 것이다. 우선 문학의 배경을 이루는 17세기의 역사적 흐름의 몇 가지 특징을 살펴보기로 하자.

역사적 배경

17세기는 시대 구분상 1610년(Henri 4세의 죽음)에서 1715년(Louis 14세의 죽음)에 이르는 기간을 가리킨다. Louis 14세의 친정은 1661년부터 시작되었는데, 그때까지 Marie de Médicis의 섭정(1614-1624), Richelieu의 집권(1624-43), Anne d'Autriche의 섭정과 Mazarin의 집권(1643-1661)으로 이어지는 17세기 전반은 극심한 정치적 변동의 양상을 보이고 있으며, Nante칙령 이후에도 계속된 종교 분쟁 및 1649-52년에 두 차례에 걸쳐 일어났던 프롱드의 난(la Fronde)은 심각한 사회적 불안을 나타내 보여주고 있다.

이 시대의 주목할 만한 특징은 무엇보다도 먼저 왕권의 점진적인 확 립이 될 것이다. 16세기 이후 프랑스의 정치사는 봉건제도의 붕괴 이래로 강력한 제후들과의 끊임없는 각축 속에서 중앙집권적인 왕권을 확립시켜 통일된 근대국가의 기반을 구축하려는 노력으로 특징지워진다. 그것은 한마디로 절대왕권을 향한 계속된 발전의 역사이다. 16세기에는 François 1세 및 Henri 4세와 같은 유능하고 강력한 왕들에 의해 왕권이 크게 신장하였으나 Henri 4세가 죽은 이후 이 발전은 허약한 왕 그리고 섭정 체제 등으로 한동안 주춤했다. 사실상 왕권은, 한편으로는 자신들의 지위에 불안을 느낀 대공들의 끊임없는 음모에 의해, 또 한편으로는 parlements의 반발에 의해 계속 위협을 받아왔던 것이다. 이때 등장한 사람이 다름 아닌 두 재상 Richelieu와 Mazarin이었다. 전자는 탁월한 정치적 재능과 강인한 성격에 의해, 후자는 교묘한 외교적 수완에 의해 오랜 숙원인 절대왕권의 확립에 결정적인 공헌을 했다. 특히 Richelieu는 지모와 강력한 추진력으로써 대귀족들의 저항을 체계적으로 무력화시키는 반면 상승세의 부르주아를 동조세력으로 끌어들임으로써 중앙집권의 새로운 행정 체제를 구축하였으며 이로써 절대왕권의 터전을 닦았다. 마지막 저항이라 할 프롱드의 난은 진압되었고, 이제 이 체제를 완성시키기 위해서는 이를 감당할 위대한 왕의 출현만이 필요했다. 이 왕이 다름 아닌 Louis 14세였다.

절대 권력을 장악한 절대 군주, 이른바 태양왕(roi-soleil)의 출현은 당대의 고전주의와 불가분의 관계에 있다. 절대 왕정의 통제, 규율, 엄격한 형식은 단순히 정치의 차원에서뿐만 아니라 사회의 전반적 풍습 그리고 문예에 있어서도 그대로 반영되는 것이기 때문이다. 이성은 왕과도 같이 존중되고, 그 지배하에서 질서, 절도, 조화의 미덕이 추구되며 엄격한 형식과 규칙에의 복종이 요구되었다. 고전주의의 이상은 어떤 의미에서 절대 왕정의 이데올로기의 재현이기도 하다.

뿐만 아니라 당대의 문학은 Louis 14세 가운데 관대한 옹호자를 발견 했다. 위대하고 장엄한 것을 사랑한 왕은 또한 Molière의 솔직한 희극도 이해할 만큼 도량 넓은 인물이었다. 그는 Racine, Boileau, Bossuet 등을 갖가지 방법으로 지원했고, 짓궂은 풍자, 때로는 대담한 비판도 서슴지 않은 Molière에게도 동일한 은총을 베풀었다. 권위주의적인 그의 성격에도 불구하고 문예에 대해서 관대하고 자유주의적인 태도를 취한 것은 퍽 다행한 일이었다. 당대의 많은 문인들이 그리고 후세의 역사가들까지도 그를 찬양한 것은 정당한 일이다. 프랑스의 고전주의가 Louis 14세의 통치뿐만 아니라 왕의 개인적 성향과 깊은 관계가 있었다는 것은 주목할 만한 사실이다.

절대 왕정의 확립은 사회의 전반적 풍습 및 사교생활에도 커다란 변화를 가져왔다. 일반 서민의 생활은 La Bruyère나 Fénelon이 개탄했듯이 여전히 빈곤의 늪에서 헤어나지 못하는 것이었지만, 귀족 및 부유한 시민 계층은 절대 권력자의 출현으로 크게 영향을 받았다. Louis 14세는 귀족의 세력을 견제하기 위하여 부르주아 계층에서 그의 협력자를 택하여 행정의 주도 세력으로 키웠고, 이로써 그들의 사회적 신분은 크게 향상되었다. 한편 귀족들에 대해서는 군직 또는 고위 성직자의 자리를 할애함으로써 그들의 자존심을 만족시키며 동시에 궁정에 발을 묶어두려 했다.

요컨대 왕 그리고 그를 중심으로 한 궁정은 권력뿐만 아니라 사교생활, 문학·예술 활동의 중심을 이루게 되었다. 모든 지위는 왕 앞에서 거의 평등했고 귀족은 자랑스런 칭호와 특권에도 불구하고 주인의 은총만을 바라는 충복으로 길들여졌다. 그 누구나 왕의 은총을 받지 않고서는 행세할 수가 없었고, 궁정을 떠나서는 자신의 지위를 보존할 수가 없었다. 작가와 예술가는 왕에 소개됨으로써 비로소 인정을 받았고, 위대한 작품들은 먼저 궁정에서 발표되어야만 했다. Versilles는 명실공히 모든 시선, 모든 관심, 모든 재능들을 끌어당기는 중력의 핵이었다.

이리하여 궁정을 중심으로 삶의 한 유형이 형성되었다. 외적·내적 우아함을 동시에 갖춘 어떤 인간의 이상형 — 우리는 이것을 가리켜 honnête homme이라 부른다. 우아한 예절과 세련된 취미를 갖춘 절도 있고, 은근하고, 신중하면서도 재치 있는 균형잡힌 교양인. 고전문학은 결국 교양인을 위해 교양인에 의해 쓰여진 문학이다. 그러나 이 honnête homme의 이상은 궁정생활 속에서 하루 아침에 이루어진 것도 아니고 고전문학 또한 몇몇 작가들의 독창적 재능만의 소산도 아니다. 이제 우리는 그 원류로 거슬러 올라가기 위해 17세기 전반의 사회와 문학으로 시선을 돌리려 한다.

바로크문학 Le baroque

17세기 전반의 문학은 고전주의의 찬란한 빛에 가리어 오랫동안 푸대접을 받아왔다. 위대한 고전주의를 향한 도정에서 이 문학은 일종의 준비 과정 또는 불완전하고 미숙한 형태, 말하자면 저차원의 문학이라는 모욕적인 평가를 받았던 것이다. 17세기의 문학적 완성을 고전주의로 보고 모든 움직임을 이 정점을 향한 발판으로 이해하려고 할 때 이와 같은 입장은 정당화될 수도 있다. 그러나 근래 17세기 전반의 문학을 그 자체로서, 다시 말해서 그 자체의 독자적인 미학과 형식을 가진 하나의 문학유형으로서 재평가하려는 시도가 이루어진 것은 주목할 만한 일이다.[1] 그리하여 이 연구들은 각기 특성을 지닌 이 시대의 작가들을 한데 묶을 수 있는 공통의 미학을 발견하기에 이르렀는데, 그것은 다름 아닌 바로크라는 개념이었다.

바로크는 이미 미술사나 독일 문학사에서 채용되었던 개념인데, 뒤늦게 17세기 초엽의 문학에 적용됨으로써 말레르브(François de Malherbe)의 초기 작품, 떼오필 드 비오(Théophile de Viau)와 쌩-따망(Saint-Amant)의 작품, 그리고 꼬르네이유(Corneille)의 초기 작품에 새로운 조명을 비추기에 이르렀다. 뿐만 아니라 당대의 문학과 관련된 프레시오 지테(1a préciosité)나 뷔르레스크(1e burlesque)의 개념도 바로크라는 독자적인 미학적 범주에 당연히 포함된다.

바로크란 무엇인가. 이것을 정의하기는 쉬운 일이 아니다. 아마도 우 리는 그 자체로서보다는 대응을 이루는 다른 미학들, 특히 고전주의와의 대조를 통해서 몇 가지 특징을 이해할 수 있을 것이다. 첫째로, 고전주의가 조화, 균형, 질서를 지향하는 것이라면 바로크는 삶의 디나미즘, 그 격동하는 움직임과 변전의 예술이라 할 수 있다. 가령, De Viau가 자연을 묘사할 때 생동하는 율동, 화려한 변조를 온갖 감각적 언어로 표현하고 있는 것은 좋은 예가 될 것이다. 바로크는 변신의 예술이다.

다음으로, 고전주의가 현실에서 본질적인 것만을 추출하는 밀도와 간결의 예술이라면, 바로크는 대상을 그 움직임과 전개 가운데 남김없이 표현함으로써 최대의 전시 효과를 노리는 예술이다. 가령, Saint-Amant은 모세의 홍해의 기적을 묘사함에 있어 그 안에 담겨진 종교적 의미보다는 물리적 현상의 경이로운 전시에 관심을 기울이며 장황하고 화려하게 묘사함으로써 특이한 효과를 자아내고 있다. 바로크는 전시의 예술이다.

1) 가장 대표적인 연구로는 Jean Rousset의 *La littérature de l'âge baroque en France,* éd. Corti를 들 수 있다. 그 외에도 R. Lebègue : *La Poésie Fraçaise de 1560 à 1630* 및 *Le Théâtre baroque en France* 등이 있다.

끝으로, 이와 같은 삶의 디나미즘, 다양성, 풍요를 언어의 온갖 기능을 동원하여 표현하는 바로크 예술이 형식적 속박에 묶일 수 없다는 것은 당연한 일이다. 고전주의가 엄격한 형식적 규제를 기꺼이 받아들인 데 반해, 바로크는 오직 작가의 예술적 영감을 존중하며 영감 외의 어떠한 구속에도 복종하기를 거부한다. 삶의 부단한 변신과 움직임에 현혹되어 그 충일하고 다양한 모습 가운데 포착하고자 하였던 바로크는 그 대상만큼 자유분방한 예술을 창조했다.[1)]

프레시오지테 La préciosité

16세기 르네상스와 더불어 귀족사회에서 움트기 시작한 사교생활은 17세기에 이르러 한층 활발해졌으며 이번에는 귀부인의 살롱을 중심으로 형성되어 나갔다. 루이 14세 시대의, 궁정을 정점으로 한 사교계에 앞서 가장 영향력이 강했던 살롱은 랑부이예관에서 열린 랑부이예 백작부인(Mme de Rambouillet, 1588-1665)의 살롱이었다. Richelieu를 위시하여 당대의 대귀족들과 일류 문인들이 모인 이 살롱은 순전한 문예 살롱은 아니었지만 새로운 창작 작품들이 자주 그곳에서 낭독되었고 또한 작품의 평가도 행해졌다. 랑부이예 부인을 뒤이은 사블레 후작부인(Mme de Sablé, 1598-1678), 스퀴데리 양(Mlle de Scudéry, 1607-1701)의 살롱들도 문학사에서 잊혀질 수 없는 역할을 담당했다.

이 살롱들의 우아하고 세련된 분위기 속에서 삶과 예술의 한 고상한 유형이 형성되었다. 후일 17세기 교양인의 이상이 될 honnête homme은 이미 살롱의 사교계 안에서 그 최초의 모델을 발견할 수 있다. 우아한 몸가짐과 예절, 세련된 취미, 타인의, 특히 부인들의 환심을 살 줄 아는 고도의 화술, 인

1) 가령, 엄격한 형식적 규제를 강조함으로써 고전주의적 작시법의 기초를 구축한 Malherbe에 대해 대항적 입장을 취한 레니에(Mathurin Régnier)(1573-1613)는 시인의 자유를 주장함으로써 바로크 미학을 대변했다. 그는 시의 생명이 영감과 환상에 있으며 시인은 규칙에 구속됨이 없이 자신의 자유로운 발상을 따를 권리가 있다고 주장했다.

간의 감정과 심리의 움직임에 대한 깊은 관심 등으로 나타난 사교인들의 경향은 고전주의의 이상에서 별로 먼 것은 아니었다. 1650년대에 일어난 〈프레시오지테〉[1]의 풍조는 이와 같은 경향의 한 극단을 의미한다. 우아와 세련을 추구하던 살롱의 경향은 précieux와 précieuses에 이르러 극에 달한 나머지 과장되고 인위적인 것으로 변질되어 갔다. 자신들의 재기를 발휘하고자 했던 이들은 표현에 있어 기교적 세련을 추구했고 마침내는 은유와 과장에 넘친 부자연한 언어를 조작하는가 하면, 태도의 세련은 도를 지나쳐 때때로 웃음거리가 되곤 했다. Molière가 그의 많은 희곡 가운데서 이들을 조소와 야유의 대상으로 삼은 것은 우연한 일이 아니다.

그러나 우리는 이와 같은 극단과 부자연에도 불구하고 프레시오지테 가운데 몇 가지 긍정적인 측면을 보고자 한다. 첫째로, 프레시오지테가 추구한 세련의 미덕은 지나친 기교와 위장에도 불구하고 감정과 사고의 어떤 고귀성을 그 안에 담고 있다. Préciosité는 무엇보다도 자기 전시에 그 특징이 있었는데, 그 저변에는 타인 앞에서 스스로를 비범한 존재로 나타내 보이려는 욕망, 다시 말해서 범속을 뛰어넘으려는 의식적인 노력이 깔려 있었다. 그것은 어떤 품위와 고귀에의 지향이었으며, 이 지향이 인위적 기교와 허세의 단계를 넘어 절도로써 다스려지고 인간적 진실 가운데 굳혀질 때 그것은 고전적 교양인의 것이 되는 것이다.

다음으로, 사교생활의 우아한 유희 속에서, 특히 기교적인 대화를 통 해서 이들은 필연적으로 인간의 감정 생활, 나아가서는 정념과 사고를 포함한 내면세계에 대한 깊은 관심을 갖게 되었다. 물론 그들의 대화의 주제는 사랑이었다. 그러나 사랑의 정념은 인간의 보다 넓은 내면세계와 연결된 것으로서

1) 프레시오지테는 문학사상 17세기 중엽 프랑스의 사교계의 한 경향을 가리키는 것이지만, 실은 전 유럽적인 풍조이기도 하고, 또한 멀리 중세에까지 거슬러 올라가는 어떤 영속적인 경향이기도 하다. 영국에서는 John Lyly의 *Euphues*(1579-81)에서 비롯된 euphuisme이, 그리고 이탈리아에서는 Marin의 이름을 딴 marinisme, 스페인에서는 시인 Gongora를 중심으로 한 gongorisme 또는 cultisme이 이에 해당된다. 한편, 중세의 애정 문학 「장미 이야기」(*Roman de la Rose*)에서 16세기의 Maurice Scève, Du Belley, Ronsard로 이어지는 전통도 프레시오지테와 연관되는 것으로 볼 수 있다.

그들은 부지불식간에 인간의 감정적·지적 세계의 신비 속에 들어섰다. 고전 문학 가운데 펼쳐질 심오한 인간 심리의 탐색은 이미 이들의 재기 넘친 유희 가운데 싹튼 것이다.

끝으로, 언어를 표현의 탁월한 도구로 발전시키는 데 있어 préciosité의 공헌을 높이 평가하지 않을 수 없다. 프레시오지테의 유희는 바로 대화, 즉 언어의 유희였으며, 그들은 특이한 언어를 창조하고 독자적 표현법을 구사함으로써 자신의 우위와 독창성을 나타내고자 했다. 은유(métaphore), 대구(antithèse), 과장법(exagération), 우언법(périphrase) 등은 이래서 고안되었다. 이 모든 표현법은 그들에 있어 교묘한 그리고 공허한 언어의 유희 이외의 아무것도 아니었으나 이와 같은 무상성과 장식화에도 불구하고 프랑스어는 표현의 도구로써 놀랍도록 세련되고 풍요해졌다. 문제는 공허한 유희의 화려한 도구로 머무른 이 언어 가운데 담을 진실에 있으며, 우리는 이 진실을 위해 위대한 작가들의 출현을 기다리기만 하면 되는 것이다[1].

Préciosité의 문학적 표현으로써는 주로 사랑을 주제로 한 시, 소설, 촌극 그리고 서한 등이 있다. 특히 중세의 애정 소설『장미 이야기』(*Roman de la Rose*)를 연상시키는 방대한 살롱 소설이 유행되었는데, 오노레 뒤르페(Honoré d'Urfé)(1568-1625)의 전원 소설『아스트레』(*Astré*), 스퀴데리의 여러 작품, 그리고 브와뛰르(Vincent Voiture)(1597-1648)의 서한집은 대표적인 것이 될 것이다.

한편, préciosité와 대조를 이루는 또 하나의 경향이 있었는데, 뷔르레스크(les burlesques)라 불리우는 일단의 작가들은 신성하고 위대한 것을 비속하게 묘사함으로써 희극적 분위기를 조성하고자 했다. 귀족적, 이상주의적 경

---

1) 17세기의 프랑스어에 관해 이야기 할 때 우리는 Académie française의 창설 및 역할을 언급하지 않을 수 없다. 17세기 초엽의 문학 살롱 중에 Valentin Conrard의 살롱이 있었는데, 당시의 재상 Richelieu는 문학자들이 모이는 이 살롱을 공적인 기관으로 인정하여 1634년에 제1회 공식회합을 갖게 했고, 1635년에는 Louis 13세의 칙령을 받아 1637년에 드디어 Académie française가 40명의 회원으로 창립되었다. 중앙집권적 체제를 확립하고자 했던 Richelieu는 이 기구를 통하여 프랑스어와 문학에 통제를 가하고자 했던 것인데, 그 후 Académie는 문전·사전·수사전·작시법의 편찬에 착수했다. 그 중『사전』은 1694년에 초판이 간행되었고, 오늘에 이르기까지 사전 편찬은 Académie의 주요한 임무의 하나가 되어 왔다.

향의 문학과 병행하는, 민중의 풍자정신의 산물이라 할 수 있는 이 사실적인 서민문학은 *Le Roman comique*를 쓴 스카롱(Paul Scarron)(1610-60)이 대표적 작가이다.

고전주의 Le classicisme

이제야 우리는 17세기 문학의 찬란한 꽃이라 할 고전주의 문학에 대해 이야기 할 차례가 되었다. 1660년대에 Corneille, Racine, Molière 등으로 대표되는 고전주의는 그러나 멀리 세기 초에까지 그 원류를 거슬러 올라가야 하며 이미 고찰한 바와 같이 많은 우여곡절을 겪어야만 했다.

고전문학을 이야기할 때 우리는 Henri 4세, Louis 13세 시대의 궁정시인 말레르브(François de Malherbe)(1555-1628)를 상기하지 않을 수 없다. 그는 그가 남긴 백여 편의 시작품보다는 프랑스어 및 작시법의 개혁으로써 고전주의의 기초를 닦는데 크게 공헌했다. 후일 브와로(Boileau)(1636-1711)가 『시법』(*Art poétique*) 속에서「마침내 말레르브 왔도다」라고 부른 것과 같이, 그는 16세기의 혼란된 국어를 정리하여 명확, 간결, 균형을 갖추게 했고, 시에 있어서는 모음 중복(hiatus), enjambement을 금하는 등 엄격한 규칙을 제정함으로써 다가올 고전시대의 시형을 준비했다.

그러나 고전주의는 희곡으로 대표되는 문학인 만큼 그것의 역사를 알기 위해서는 희곡의 역사를 살펴보지 않을 수 없다. 희곡은 작가와 관중이 한자리에 만나 깊은 공감을 나누는 매우 특이한 문학 장르인 바 사회의 어떤 공통된 이념과 교양을 배경으로 한 고전문학은 연극 가운데 최적의 표현 방식을 찾은 것으로 보인다.

먼저 비극에 눈을 돌려 보자. 16세기의 가장 위대한 비극 작가 가르니 에(Robert Garnier)에서 비롯된 비극은 아르디(Alexandre Hardy)(1569-1630), 메레(Mairet)(1604-1686)를 거쳐 로트루(Rotrou)(1609-1650)에 이르는 동안 연극의 다른 유형들 사이에서 크게 빛을 보지 못했다. 그러나 1635년을 전후하여

Rotrou를 위시한 몇몇 작가들의 작품[1])은 비극의 새로운 시대를 예고하는 듯이 보였다.

때를 같이하여 비극의 형식의 문제도 커다란 논란의 대상이 되었다. 이 문제는 16세기에 비극이 새로 탄생하면서부터 스칼리제(Scaliger), 장 드 라 따이유(Jean de la Taille) 등에 의해 거론되어 아리스토텔레스의 시학 및 라틴 비극을 모델로 한 정의의 시도가 이루어졌고 그 후 계속해서 논란을 불러일으켰다. 17세기에 이르러서는 오지에(François Ogier)를 중심으로 비극의 형식적 구속에 대한 반발의 기운도 있었으나 Mairet에 의해 다시 한번 고대비극의 유형이 존중되고 형식의 엄격한 준수가 요구되었다[2]).

비극의 형식은 무엇보다 먼저 사건·시간·장소의 단일, 즉 삼단일(trois unités)의 규칙이다. 사건은 단일한 것으로서(unité d'action), 단 하루 동안에 일어난 것이어야 하고(unité de temps), 한 장소에서 전개되어야 한다(unité de lieu). 이와 같은 외적 규제에 못지않게 중요한 것은 예의(bienséances) 및 진실성(vraisemblance)이라는 내적 규제이다. 즉 신화의 영웅이나 왕과 귀족들을 주인공으로 등장시키는 비극은 그들의 신분에 알맞은 위엄과 고귀성을 지녀야 하고 언어 및 동작에 있어 예의범절의 규칙이 준수되어야 한다. 한편, 비극은 합리의 테두리 안에 머물러야 하며 비록 비극의 소재나 배경이 초자연적인 것이라 할지라도 그 안에는 인간적인 진실성이 담겨져야 한다. 비극은 바로 인간의 내적 드라마여야 하고 이 드라마를 통하여 인간의 보편적이고 영원한 모습이 조명되어야 한다.

루이 14세의 등장으로 성숙된 질서와 규율과 위엄의 사회적 배경, 비극

1) 대표적인 것으로는 Rotrou : *Hercule mourant*(1633), Mairet : *Sophonisbe*(1634), Scudéry : *La Mort de César*(1636), Tristan l'Ermite : *Marianne*(1636) 등을 들 수 있다.

2) Ogier가 de Viau의 *Tyr et Sidon*에 붙인 서문에서, 그리스극의 맹목적인 모방을 비난하면서 작가의 자유로운 창작을 방해하지 않기 위해 삼단일의 규칙을 완화할 것을 주장한데 대해, Mairet는 이 규칙을 가장 충실히 지킨 모델로써 *Sophonisbe*를 제작 공연했다. 이 공연을 계기로, 후일 Victor Hugo의 Hernani를 둘러싼 신구논쟁을 방불케 하는 일대 논쟁이 벌어졌는데, 대부분의 비평가 및 교양인들이 엄격한 형식의 고전극에 기울어짐으로써 고전파의 승리가 확실해졌다. 압도적 성공을 거둔 *Le Cid*가 공연된 것은 이러한 성숙된 분위기 속에서 였다.

의 형식적 및 내적 규제, 세련되고 밀도 있는 언어, 인간의 내면세계에 대한 관심—이 모든 것은 이제 감정과 사상의 위대한 문학적 구조물의 탄생을 가능케 했고 이 구조물은 비극 가운데 그 모습을 드러냈다. 그리하여 Corneille(1606-1684) 가운데 우리는 장엄하고 위풍당당한 비극의 탄생을 보게 되는 것이다.

Corneille는 최초 바로크풍의 현란하고 소란스런 분위기에 휩쓸렸었 다. 그러나 그에게 찬란한 승리를 안겨 준 *Le Cid*(1647) 이후로 그는 비극의 형식적 규제에 쉽게 순응하지 못하는 자신의 기질, 소재의 생동하는 극적 요소에도 불구하고 비극을 본래의 위엄으로 이끌어 올리고자 시도했다. 그의 작품 속에는 시대의 불안을 살아온 위대한 영주들의 영웅주의와 내적 혼란이 강렬하게 메아리치고 있다. 그러나 그러한 소용돌이를 통하여 그는 드높은 이상을 추구하며 마침내 의지로써 정신의 승리를 성취하는 한 영원한 인간상을 포착하고자 했다.

Racine(1639-1699)의 작품에 이르러 비극은 마침내 가장 밀도 있는 비극적 구성을 이룩했다. 복잡하고 변화무쌍한 극적 요소로 말미암아 비극의 외적 규제에 대하여 항상 속박감을 느껴왔던 Corneille와는 달리 Racine는 바로 자신의 비극적 세계를 담을 최상의 형식으로서 이 규제를 기꺼이 받아들였고, 이 형식과 주제의 기적적인 합체로써 이른바 순수 비극을 창조하였던 것이다. Corneille의 비극 안에서 그토록 현란한 장식적 효과를 자아냈던 외적 사건들(épisodes)은 거의 자취를 감추었고, 복잡하고 회화적인 구성은 단순하고 추상적인 구도로 바뀌었다. 요컨대 주제가 극도로 내면화함으로써 비극은 내적 갈등의 심리적 드라마가 되었던 것인데, 이 드라마는 어떠한 외적 간섭도 받음이 없이 오직 그 자체의 엄정한 논리에 따라 극한에까지 치달으며 마침내 파멸로써 종결지어진다.

우리는 이것을 가리켜 「위기의 비극」(tragédie-crise)이라 부른다. 비극은 내적 위기의 순간들, 아니 가장 극적인 한 순간에 집중되며 이 순간을 밀도있게 조명하기 위하여 치밀하게 계산된 구성의 기교가 요청된다. 비극이 이렇듯 위기의 비극일 때 삼단일을 위시한 규제는 작가에게 속박이 되기는 커녕 오히려 다행스러운 것이 된다. 왜냐하면 이와 같은 규제는 순수 비극의 이상인 밀도와 집중, 그리고 엄밀한 구성의 필수적인 조건이 되기 때문이다.

한편, Molière(1622-1673)에 의해 대표되는 희극도 위에서 말한 고전 비극의 흐름에 일치하는 것으로 보인다. Molière는 희극으로 하여금 전래의 광대놀이나 오락적인 소극의 차원을 뛰어넘어 비극에 버금가는 연극적 진실에 도전케 함으로써 희극의 새 장을 열었다. 그가 추구한 연극적 진실이란 다름 아닌 인간성 그 자체였는데, 그는 시대의 풍습에 대한 예리한 관찰을 통하여 인간의 어떤 보편적 모습을 포착하고자 했다. 그의 경우 이 보편적 모습은 「인간에 있어서의 우스꽝스러움」과 관련되는 것으로서, 궁극적으로는 자신에 대한 그리고 타인에 대한 위선으로 귀착된다. 인간이 내면적으로 스스로에 대해서, 그리고 사회적으로 타인 앞에서 연출하는 영원한 기만극 — Molière의 인간 현실은 이러한 것이었다. 문제는 비극이 감동을 통하여 인간의 내적 현실에 도전한 것과 같이 희극이 웃음을 통하여 동일한 인간 내면의 심층에까지 파고들어간 데 있다. 17세기 고전시대의 비극과 희극은 소재와 표현의 차이에도 불구하고 인간에 대한 공통의 관심과 동일한 미학 가운데 하나가 되어 있으며 말하자면 같은 사물의 양면에 불과하다.

동시대의 위대한 우화작가 라 퐁텐(La Fontaine, 1621-1695)이 수많은 우화시 가운데 그리고자 한 것도 다름 아닌 인간적 진실이었다. 그는 아이소포스를 위시한 고대우화, 중세 이래의 프랑스 고역, 그리고 인도 페르샤계의 동양 우화 등 광범한 원천에서 소재를 얻어, 전통적 방식에 따라 동물들을 등장시키되, 동물 개개의 모습과 성격의 묘사 그리고 동물 사회의 전체적 습성의 묘사를 통하여 「우리들 한 사람 한 사람이 자신의 모습을 발견할 수 있는 그림」은 물론 인간 사회의 적나라한 풍습도를 그려 나갔던 것이다. 그는 각 우화마다 하나의 우의적 교훈을 암시하고 있지만 그의 작품의 참된 모랄은 그의 우화 전체 속에 깊이 스며 있는 인간적 진실 그 자체라 함이 옳다. 또한 자연과 동물의 묘사에 있어서의 간결하고 선명한 필치, 제재에 알맞는 변화 있고 유연한 문체 등은 그가 다른 고전주의 작가들과 동일한 미학을 나누어 가지고 있음을 말해주고 있다. 인간현실에 대한 예리한 통찰과 깊은 이해, 세련되고 밀도 있는 문체로써 그의 우화는 고전문학을 한결 풍요하게 만들고 있다.

고전주의 문학의 세계는 이렇듯 찬란하게 펼쳐졌다. 그것은 1660년대에 몇몇 위대한 작가들에 의해 구축되었고 특정한 시대의 사회적 색조에 짙게 물들어 있다. 그러나 그것은 문학의 한 영원한 미학적 이상을 성취했고 또한 시간과 공간을 초월한 인간의 내면적 진실에 도전한 점에서 영원한 생명을 지니고 있는 것으로 보인다. 특히 프랑스 문학사의 측면에서 볼 때 그것은 프랑스적 정신과 미학의 한 독창적인 유형을 대변하고 있다. 우리는 이것을 가리켜 일차적으로 모랄리스트의 문학이라 정의할 수 있다. 인간의 내면세계에 대한 관심, 심리적 갈등에 대한 분석, 그리고 한 걸음 더 나아가 이 관찰과 분석을 통한 인간의 보편적 존재 양식의 규명 — 모랄리스트 문학의 특징은 대체로 이런 것이다. 아마도 가장 중요한 것은 개개의 특수성에 대한 고찰을 통하여 하나의 보편성을 추출하려는 지적 노력에 있을 것이다. 하나하나의 특수한 현상들을 대상으로 삼되 그것들의 개별적 특성보다는 공통된 보편적 본질에 도전하는 것, 다시 말해서 문학을 잡다한 현상들의 회화적 묘사의 기교로서가 아니라 이 현실을 어떤 이념(세계 및 인간에 대한 개념)에 따라 재구성하려는 지적 구도의 시도로 보는 것 — 고전문학의 본질은 바로 여기에 있으며 이와 같은 전통은 프랑스 문학의 역사를 통하여 면면히 이어져 나가는 것을 보게 될 것이다.

17세기의 모랄리스트 Les moralistes

문학 가운데 나타난 모랄리스트적 경향은 사상의 흐름 가운데서도 동일하게 나타난다. 우리는 프랑스의 17세기가 질서와 통일을 성취한 세기임과 동시에 매우 심각한 정신적 동요와 불안을 내포하고 있는 세기임을 고찰한 바 있다. 바로크, 프레시오지테, 고전주의로 이어지는 17세기 문학의 복잡한 판도에 못지않게 정신의 세계에도 다양한 흐름을 발견하게 되는 것은 당연한 일이다.

먼저 세기 초의 스토아주의(le stoïcisme)와 합리주의(le rationalisme)에 눈을 돌려보자. 스토아주의자들은 우주 이성에 자신의 이성을 일치시킴으로써 마음의 평온을 유지하며 외적 운명을 초월할 수 있다고 믿었는데, 이 가르침은 16세기 후반부터 17세기 초에 걸쳐 많은 사람들, 특히 기독교도들의 마음을 사로잡았었다. 종교전쟁 그리고 뒤이은 사회적·정신적 혼란 속에서 사람들은 극기의 의지적 모랄로써 시시각각 위협하는 외적 운명에서 자유롭게 되고 평안을 누리고자 원했던 것이다. 뒤 베르(Guillaume du Vair)(1556-1621)의 『성스런 철학』(*La Sainte philosophie*), 『스토아의 도덕철학』(*La Philosophie morale des stoïques*) 등은 대표적인 저술로서 널리 읽혀졌으며, Descartes의 도덕론은 그의 영향을 받은 것으로 알려져 있다.

한편, 데칼트(René Descartes)(1596-1650)는 수학적 사고를 모델로 한 명증적 직관과 분석적 방법과 엄정한 추리를 철학에 도입함으로써 종래의 스콜라 철학을 뒤엎어 근대적 합리주의의 기초를 닦았다. 그는 갖가지 선입관과 편견에 오염된 과거의 지식 체계의 허구성을 폭로하고, 오직 이성의 독자적 권위 위에 새로운 사상 체계를 구축하였으며, 이로써 회의주의의 해독으로 병든 이성을 회복시켜 본래의 자율성과 위엄을 되찾게 했다. 이성의 회복은 필연적으로 의지의 회복으로 이어진다. 그는 이 의지의 고귀성을 가리켜 générosité라 불렀다. 그가 『정념론』(*le Traité des Passions*)의 결론으로써 제시하고 있는 générosité의 모랄은 바로 스토아철학과 상통하는 것이며, 우리는 그것의 문학적 유형을 Corneille의 작품 속에 발견하게 될 것이다. 합리적 사고와 고귀한 의지의 결합 — 우리는 이 가운데 17세기의 한 이상적 인간형을 본다.

그러나 Descartes에 의해 이토록 고상한 합리적 사고나 스토아주의자들의 고상한 의지는 인간의 현실 가운데서 과연 얼마나 효력이 있는 것일까. 인간의 현실적 비참에 보다 민감하고, 시시각각 되풀이되는 실패와 좌절 속에서 보다 인간적이고 겸손한 생활 태도를 제시하는 일단의 사람들이 있다. 이들은 스토아주의자들처럼 명백한 철학 체계와 결부되어 있지 않을 뿐만 아니라(굳이 갖는다면 인간의 모든 독단과 독선을 거부하는 회의주의가 될 것이다), 그러한 관념적이고 추상적인 이론을 불신하고 인간의 척도를 유일한 규제의 원리로 삼은, 다시 말해서 자연에 따라 살기를 택한 생활인이었다. 흔히 자유사상가(les libertins)라 불리우는 이들은 모든 종교적 · 도덕적 편견을 물리치고 정신의 자유와 삶의 다양성을 믿으며 따라서 이해와 관용을 최고의 미덕으로 믿는 교양인으로 자처했다.

몇몇 대표적 인물들을 든다면 Académie Puétane[1)]의 회원이 된 라 모뜨 드 베이에(François la Mothe de Vayer)(1588-1672), 이성의 광기와 모순을 폭로하고 무신론에 기울기까지 한 노데(Gabriel Naudé)(1600-1650), 신학자 · 철학자로서 당대에 가장 큰 명성과 영향력을 가졌던 가쌴디(Pierre Gassendi)(1592-1655) 등이 있다. 그러나 이들 libertins의 영원한 스승은 Montaigne였으며, 1620년대에 『세 개의 진리』(*Le Traité des Trois Verités*), 『지혜에 관하여』(*Le Traité de La Sagesse*)의 저자인 샤롱(Pierre Charron)(1541-1603)을 통하여 사람들은 자유 사상의 영원한 원천인 『엣세』(*Les Essais*)로 되돌아갔다.

정신의 자유를 존중하고 종교적 · 철학적 독단을 배격하며, 인간의 현실을 있는 그대로의 모순 · 혼돈 · 다양성 가운데 인식하고 이 현실적 인식에 적용된 삶의 예지를 다듬어 나간 이들은 사고의 유연성과 실제적 감각으로써 17세기의 또 하나의 인간학을 대변하고 있는 것이다.

데칼트와 자유사상가들에 뒤이어 우리는 파스칼(Blaise Pascal)에 대해 언급하지 않을 수 없다. 그는 중세적 과학과 철학의 굴레에서 인간의 사유를

1) 리베르뗑들은 결속된 유파를 이루지는 않았지만 1620년~40년대에 걸쳐 Les de Memes과 frères Dupuy를 중심으로 자연스럽게 규합되었다. Académie puétane는 frères Dupuy를 중심으로 모여 든 학자 · 문인들의 모임이었는데, 이들은 학문 · 예술 · 정치 등 당대의 모든 관심사를 논하고 연구함으로써 한 사상적 요람을 이루었다. 이에 가담한 대표적 문인으로는 Balzac, Chapelin. Ménage 등을 들 수 있다.

해방시켜 이성의 자율성을 확립케 하는 대혁명에 가담함으로써 Descartes와 뜻을 같이 했고, 또한 인간을 관념적 주체로서가 아니라 현실의 삶 속에서 방황하고 고뇌하는 실존적 존재로서 파악하며 그의 무력과 비참에 민감했던 점에서 리베르뗑들과 깊이 공감했다. 그러나 그는 세계를 하나의 관념 체계 속에 환원시킬 수 있다고 믿은 합리주의자도 아니었고, 인생을 우아한 기교로 헤쳐나간 리베르뗑으로 머물지도 않았다. 전자에서는 관념의 허구성을, 그리고 후자에서는 자기 기만의 유희를 꿰뚫어 본 그는 마침내 신과의 만남을 통해 초월적 구원을 체험하였기 때문이다.

파스칼에 있어 독창적인 것은 그가 도달한 초월성으로 말미암아 17세기의, 아니 인류의 사고의 역사와 더불어 면면히 이어져 온 사상과 윤리의 두 유형, 합리와 회의, 스토아와 쾌락주의를 동시에 부감하며 성찰과 비판의 대상으로 삼음으로써 새로운 차원, 사상의 제 3범주를 열어 놓은 데 있다. 그의 주저『팡세』(*Les Pensées*)는 그의 기독교적 인간학의 서술임과 동시에 이와 같은 사상적 대결의 장이기도 했다.

파스칼 이후 17세기 후반의 사상은 비관주의로 깊이 물들어갔다. 파리의 사교계를 전전하면서 인간의 삶에 대한 환상 없는 성찰을 거듭한 라로슈푸코(La Rochefoucault)(1613-1680)의『잠언집』(*Les Maximes*)에서 풍기는 것도 인간에 대한 짙은 비관주의이다. 그의 잠언들은 인간의 위선 · 허위 · 기만의 고발이며 그 이면에 원죄와도 같이 도사리고 있는 이기주의의 폭로이다.

단 한 권의 책『인물론』(*Les Caractères*)로써 알려져 있는 17세기 말의 모랄리스트 라 부뤼예르(La Bruyère)(1645-1696)에게서도 우리는 동일한 비관주의적 경향을 발견하게 된다. 인간의 미덕을 이기주의로 설명하고, 인간 현실을 모순과 변덕의 카오스로 보는 그는 사실상 라 로슈푸코와 인식을 같이 하고 있다. 그러나 그에게는 비관주의 이상의 것이 있다. 즉, 그가 광범한 인물들의 묘사를 하는 것은 개개의 대상의 특성, 나아가서는 시대의 사회적 풍습에 관심을 갖고 있기 때문이다. 요컨대 그는 인물들의 묘사를 통하여 그의 시대의 사회적 범주를 그려나갔던 것인데, 그는 그 가운데 인간의 영원한 기만 ·

광기를 보는 것과 동시에 이 본질들의 시대적 특징에 관심을 기울였다. 인간의 위선을 그리되 그것을 본질적인 모습으로서가 아니라 특정한 사회적 배경 안에서 연출되는 특정한 형태로서 그리고자 했다. 그리하여 이와 같은 풍속도는 때때로 사회 제도 및 정치 체제에 대한 비판으로까지 발전되어 나갔다. 그는 비합리적인 신분제도, 매관 매직, 부의 불균형, 부와 권력의 결탁 등을 신랄히 비판했던 것이다.

라 부뤼예르의 이와 같은 시대적 감각, 다분히 반체제적인 사회 비판과 더불어 우리는 사상의 새 기류로 넘어가는 듯이 느껴진다. 사실상 우리는 18세기의 문턱에 와 있는 것이다.

신구논쟁(新舊論爭)

La Querelle des anciens et des modernes

이와 같은 정신적 기류의 변화는 세기 말 모든 프랑스의 문인, 지식인을 흥분시킨 일대 논쟁, 이른바 「신구논쟁」을 통하여 한결 선명하게 나타난다. 플레이야드 이후 고전문학에 이르기까지 고대의 숭상은 프랑스 문학의 금과옥조가 되어 왔었다. 그러나 갖가지 상황의 변화는 차츰 고대의 우월성에 대한 비판을 낳게 했고 마침내 세기 말에 이르러서는 공공연한 도전으로 발전되어, 이 새로운 주장과 수구파(守舊派) 사이에 일대논쟁을 불러 일으켰던 것이다.

이 논쟁은 1680년경 Charpentier가 베르사유의 그림의 제호를 라틴어가 아닌 프랑스어로 쓴 것으로부터 발단되었는데, 그는 프랑스어 및 현대 예술의 우월성을 주장했고, 한편 Fontenelle도 『사자들의 대화』 (*Dialogue des Morts*) (1683) 속에서 고대인들을 공격했다.

그러나 결정적인 계기는 신파의 주장격인 Charles Perrault(1628-1703)가 1687년, 아카데미의 한 회합에서 낭독한 자작시 『루이대왕의 세기』 (*Le Siècle de Louis le Grand*) 안에서, 루이 14세의 세기가 로마의 오귀스트 시대를 능가

한다고 주장함으로 비롯되었다. Boileau는 이 낭독이 채 끝나기도 전에「이것은 아카데미의 수치다 !」라고 외치며 자리를 박차고 일어섰고, 그 후 격렬한 비난의 단시 2편으로써 Perrault에 응수했다. Perrault는 다시 이에 대하여『신구비교론』(*Parallèles des Anciens et des Modernes*)(1688, 1690, 1692)으로써 반격을 가했다. 이리하여 신·구 양 파로 갈린 일대 공방전이 전개되었다. Boileau의 주장에 가담한 La Fontaine는 *L'Epître à Huet*로써 구파의 입장을 옹호했고, La Bruyère는 *Discours sur Théophraste* 가운데서 신파들을 야유했다. 한편, 신파에서는 동인지 *Le Mercure Galant*을 통하여 그들의 이론을 계속 주장했고, 이론가 Fontenelle은『신구잡론』(*Digression sur les Anciens et les Modernes*)(1688)을 통하여 진보의 개념에 입각한 신파의 우월성을 강력히 변호했다. 1692년 퐁트넬의 아카데미회원 당선은 신파의 화려한 승리로 간주되었다. 그 후 이 논쟁은 1694년까지 계속되었는데, 당시 브뤼셀에 망명중이던 대 아르노(Le Grand Arnauld)의 중재에 의해 간신히 가라앉았다.

구파의 주장은 오래 전부터의 입장을 되풀이한 것으로서 새로운 것이 없었다. 그들은 고대문화의 찬란한 업적을 찬양하면서 이 모델의 모방을 제일원리로 삼았다. 우리의 관심은 이에 대하여 신파가 어떤 반론을 폈는가에 있다. 첫째로, 권위주의에 대한 비판을 들 수 있다. 때로는 고대의 모든 것을 전래되어 온 권위로서 무조건 숭상하는 것은 비판 정신의 결여라고 통렬히 비난하고 나섰다. 이미 학자들은 권위주의의 해독에서 벗어났으며 그들의 연구를 아리스토텔레스나 히포크라테스 안에서가 아니라 자연 속에서 전개시키고 있지 않은가.「다른 모든 분야에서 이성은 주권자로서 행동하며 자신의 권리를 행사하고 있다. 그런데, 호머나 버질의 작품에 대해 판단하는 것은 금지되어 있단 말인가 ?」(*Parallèles* I).

다음으로 지적할 것은 특히 퐁트넬에 의해 강력히 제시된 자연법칙의 영속성이란 개념이다. 그에 의하면 자연은 항상 동일한 질량을 가지고 있으며 그것으로 여러 형태의 사물과 생물을 만들어내고 있다. 고대인들은 더 우수한 질량으로 만들어진 더 우수한 철학가나 예술가가 아니라 단지 우리보다 먼저 만들어진 것에 불과하다.「만약 우리가 그들의 위치에 있었다면 우리도 (그들처럼) 창조하였을 것이다」. 이것은 마치 옛날에 자랐던 나무들이 오늘의 나무들보다 더 크지 않은 것과 마찬가지다.

그러나 이 영속성의 원리보다 더 결정적인 중요성을 갖는 것은 진보의 개념이다.「자연은 일반적으로 그의 생산에 있어서 동일하다. 그러나 세기는 항상 같지 않다. 그리하여 모든 것이 같을 때 한 세기가 다른 세기보다 뒤늦게 온다는 것은 그만큼 이롭다」이렇게 말하는 페로는 예술의 분야에서도 과학의 분야에서와 같이 진보의 법칙이 인정되어야 할 것을 믿고 있다. 시간의 흐름은 경험과 지식의 축적을 의미하며 이것으로써 예술은 더욱 완성되어 나간다. 그는「시간이 완성시키지 않는 것은 아무 것도 없다」는 일반적인 이유로써 모든 장르에 있어서 현대인의 우월성을 인정하기에 이르며, 마침내는 루이 14세의 시대를「완성의 극치」로 찬양하기까지 했다.

우리는 이미 데칼트나 파스칼 가운데 진보의 개념을 발견한 바 있다. 그들은 지식의 탐구에 있어 권위에의 복종 대신 이성의 자율을 존중했고, 이 이성의 계속되는 정복은 지식의 발전을 가져온다고 믿었다. 이제 과학에 있어서의 진보의 개념은 예술의 진보로 이어진 셈이다. 신구논쟁의 가장 깊은 뜻은 여기에 있다. 17세기는 고대 숭상 및 모방의 16세기적 전통을 이어받아 마침내 위대한 고전주의를 창출했다. 그러나 고전주의는 단순한 고대의 모방이 아니라 고대의 형식 안에 담은 프랑스적 감성과 정신의 최초의 결정체였다. 고대는 분명히 모방해야 할 한 완성의 모델이었지만 그 안에 담겨진 것은 프랑스의 국민 정신이었다. 고전주의를 통하여 프랑스인들은 더욱 더 프랑스적인 것에 대한 자각에 눈떴으며 이제 그들은 과감히 그리스·로마의 후견으로부터 벗어나고자 하는 것이다. 그것은 또한 과거의 권위, 나아가서는 모든 권위로부터의 해방의 시도를 의미한다. 아마도 그 저변에는 강제된 내적·외적 제약에 대한 반발에서 비롯된 어떤 정신혁명의 기운이 움트고 있을 것이다. 위대한 정치적·문화적 통일을 이룩한 루이 14세의 강력한 중앙집권적 체제도 점차 동요되기 시작한 17세기 말의 불안한 상황 속에서 일견 유치하게 보이는 신구논쟁은 이렇듯 정신 세계의 새 시대를 예고하고 있는 것이다.

이상 우리는 17세기 문학의 변모와 위대한 성취의 발자취를 더듬어 보았다. 16세기 후반의 종교전쟁의 여파가 가시지 않은, 그리고 절대 왕정을 지향하는 과정에서 수많은 정치적 마찰과 사회적 혼란이 야기되었던 17세기 전반의 바로크 문학에서 비롯하여 마침내 모든 분야에서 안정과 질서와 통일을 성취한 Louis 14세 시대의 장엄하고도 세련된 고전주의 문학을 거쳐 다시금 새로운 가능성을 향해 도약을 시도하는 세기 말의 정신적 풍요에 이르기까지 우리는 한 위대한 시대의 탄생과 성숙과 황혼을 뒤쫓아 보았다. 프랑스인들이 프랑스의 위대를 말할 때마다 그지없는 향수를 느끼며 되돌아 보는 17세기는 위대한 세기임에 틀림없다. 그러나 17세기가 우리에게 흥미로운 것은 이 위대한 완성이 어떻게 잉태되어 성장하고 결실하였는가를 보여 주는 점에 있다. 16세기 르네상스의 고대 모방에서 시작하여 마침내 프랑스적인 것의 가장 완벽한 최초의 결실을 이룩하기까지 겪어야 했던 정신적 · 미학적 모험의 가장 극적인 순간들을 우리는 17세기 가운데 발견하는 것이다. 프랑스 문학과 지성은 그 후에도 풍요하고 다양한 모습으로 발전 · 변모해 나갈 것이다. 그러나 우리는 17세기 가운데 그 모든 변모와 모험들의 원형을 찾아볼 수 있는 것은 아닐까. 17세기는 단순히 프랑스의 위대의 모델로서가 아니라 모든 프랑스적인 것의 영원한 고향으로서 우리의 관심을 끈다고 함이 옳을 것이다.

〈Bibliographie〉

P. Castex et P. Surer : *XVIIe Siècle*, Manuel des Etudes littéraires françaises, Hachette

A. Lagarde et L. Michard : *XVIIe Siècle*, les Grands Auteurs Français III, Bordas.

V. -L. Saulnier : *La Littérature française du Siècle classique*, P.U.F.

H. Bénac : *Le Classicisme*, Hachette

R. Bray : *La Formation de la Doctrine classique en France*, Droz, 1931.

J. Schérer : *La Dramaturgie classique en France*, Nizet, 1952.

J. Rousset : *La Littérature de l'Age baroque en France*, Corti.

M. Raymond : *Baroque et Renaissance poétique*, Paris, 1~64

R. Bray : *La Préciosité et les Précieux*, Albin Michel, 1948.
P. Bénichou : *Morales du grand siècle*, Gallimard, 1948.
L. Cognet : *Les Origines de la Spiritualité française du XVII*[e] *Siècle*, Paris, 1949.
R. Pintard : *Le Libertinage érudit en France dans la première moitié du XVII*[e] *Siècle*, Boivin, 1943
L. Cognet : *Le Jansénisme*, P.U.F.
R. Lebègue : *La Poésie française de 1506 à 1630*, Paris. 1951. 2 vol.
J. -C. Tournand : *Introduction à la vie littéraire du XVII*[e] *siècle*, Bordas, 1970.
H. Peyre : *Qu'est-ce que le classicisme* ?, Nizet, 1971.

MALHERBE (1556-1628)

Caen에서 한 법관의 아들로 태어난 François de Malherbe는 1576년 le duc d'Angoulème과 인연을 맺음으로써 나이 50세에 이르기까지 대부분의 생애를 Provence의 Aix에서 보내게 되었다. 그가 결혼한 것도 이곳이었고, 또한 남불의 시인들과 몇몇 인본주의 법학자들(그 중에는 유명한 스토아주의자 Du Vair)과의 접촉을 통해 문학적 의식에 눈뜨기 시작한 것도 이곳이었다. 그는 자신의 시작(詩作)을 후원해 줄 강력한 보호자를 찾고자 하여 Henri 3세에게 *Les Larmes de saint Pierre*(1587)를, 그리고 Marie de Médicis에게 *Ode sur sa bienvenue en France*(1600) 등을 바쳤지만 별 성공을 거두지 못했다.

마침내 1605년 Henri 4세의 요청으로 *Prière pour le Roi allant en Limousin*을 쓴 것이 계기가 되어 궁정시인의 칭호를 얻게 되었고, 계속해서 Marie de Médicis, Louis 13세에 걸쳐 영광을 누리며 영향력을 행사했다.

Malherbe는 시를 쓴 작가로서보다는 새로운 시이론의 창시자로서 그 이름이 기억되고 있다. 그는 재능과 권위와 확고한 이론으로써 그의 주위를 압도하고 시대를 지배하였으며 Mainard, Racan 등과 더불어 명실상부한 하나의 유파를 형성했다. Boileau가 그의 *Art poétique* 안에서 「마침내 Malherbe 왔도다」라고 노래 부른 바와 같이 그는 프랑스문학사상 분명히 새 장을 연 사람이다. Malherbe 없이 프랑스의 고전문학은 생각할 수 없다. 그는 16세기의 혼돈된 국어에 질서와 명확성을 부여하기 위하여 고어, 방언, 술어, 비속한 표현 등을 과감히 배제하면서 간결, 밀도, 균형을 갖추게 했고 한편 시에 있어서는 hiatus, enjambement을 금하는 등 엄격한 규율을 부과했다. 그의 시이론은 Desportes(1546-1606)의 작품을 비명한 *Commentaires*에 의해 알려져 있다.

〈ETUDES〉
René Fromilhague : *Malherbe, technique et création poéiques* A.Colin, 1954
F. Ponge : *Pour un Malherbe*, Gallimard, 1965.

CONSOLATION À M. DU PÉRIER

이 시는 딸을 잃은 친구 Du Périer(Aix의 한 법관)를 위로하기 위해 1598년에 쓰여진 것이나 실은 8년 전에 쓴 다른 시를 개작한 것이다. 이 작품은 그 자체의 미학적 가치 외에도 17세기 초의 한 정신적 분위기, 즉 감정의 억제, 인간 조건의 환상 없는 수락, 극기적 모랄을 강하게 풍기고 있다.

Ta douleur, Du Périer, sera donc éternelle,
Et les tristes discours[1)]
Que te met en l'esprit l'amitié[2)] paternelle

1) discours = réflexions
2) amitié = affection, amour

L'augmenteront toujours ?

Le malheur de ta fille au tombeau descendue
Par un commun trépas,
Est-ce quelque dédale où ta raison perdue[1)]
Ne se retrouve pas ?

Je sais de quels appas son enfance était pleine,
Et n'ai pas entrepris,
Injurieux ami,[2)] de soulager ta peine
Avecque son mépris.[3)]

Mais elle était du monde où les plus belles choses
Ont le pire destin,
Et rose elle a vécu ce que vivent les roses,[4)]
L'espace d'un matin.

Puis, quand ainsi serait que,[5)] selon ta prière,
Elle aurait obtenu
D'avoir en cheveux blancs terminé sa carrière,
Qu'en fût-il advenu ?

Penses-tu que, plus vieille, en la maision céleste
Elle eût eu plus d'accueil ?
Ou qu'elle eût moins senti la poussière funeste
Et les vers du cercueil ?[6)]

Non, non, mon Du Périer, aussitôt que la Parque
Ote l'âme du corps,
L'âge s'évanouit au deçà de la barque[7)]
Et ne suit point les morts.

---

1) ta raison perdue「길 잃은 그대의 이성」결국 시인은 불행을 당한 친구의 이성(비록 지금은 방황하고 있지만)에 호소할 수밖에 없다.

2) injurieux ami「부당한(무정한) 친구(가 되어서)」. Je에 걸리는 동격

3) Avecque son mépris「그녀(당신의 딸)를 업신여김으로써」. *son mépris*「내가 그녀에게 갖는 멸시」(소유격 son은 mépris의 주격이 아니라 목적격. 이와 같은 용법은 고전불어에서 흔히 볼 수 있다).

4) Du Périer의 딸은 Marguerite였는데, rose의 비유는 매우 적절한 것으로 보인다.

5) Quand ainsi serait que = en admettant que …

6) 충격을 주는 노골적인 사실적 표현

7) la barque = 죽음의 강을 건네주는 뱃사공 Charon의 배(그리스신화)

Tithon n'a plus les ans qui le firent cigale,[1)]
Et Pluton, aujourd'hui,
Sans égard du passé, les mérites égale
D'Archémore[2)] et de lui.

Ne te lasse donc plus d'inutiles complaintes ;
Mais, sage à l'avenir,
Aime une ombre comme ombre, et des cendres éteintes
Éteins[3)] le souvenir.

C'est bien, je le confesse, une juste coutume,
Que le cœur affligé,
Par le canal des yeux vidant son amertume,
Cherche d'être allégé.

Même, quand il advient que la tombe sépare
Ce que nature a joint,
Celui qui ne s'émeut a l'âme d'un barbare
Ou n'en a du tout point.

Mais d'être inconsolable, et dedans sa mémoire
Enfermer un ennui,[4)]
N'est-ce pas se haïr pour acquérir la gloire
De bien aimer autrui ?…

La Mort a des rigueurs à nulle autre pareilles
On a beau la prier,
La cruelle[5)] qu'elle est se bouche les oreilles
Et nous laisse crier.

Le pauvre en sa cabane où le chaume le couvre
Est sujet à ses lois,
Et la garde qui veille aux barrièrs du Louvre
N'en défend point nos rois.
De murmurer contre elle et perdre patience

1) Aurore의 남편 Tithon은 나이를 먹자 매미로 변신했다.
2) Archémore : 어린 나이에 죽은 전설 속의 왕자(요절을 상징).
3) 같은 말 *éteins*의 반복은 강렬한 인상을 준다.
4) ennui = tourment (sens fort)
5) la cruelle : la mort personnifiée

Il est mal à propos ;
Vouloir ce que Dieu veut est la seule science
Qui nous met en repos.

Strophes 1–12 et 18–fin.

PARAPHRASE DU PSAUME CXLV

시인은 『시편』 145의 2~4절에 의거하여 기독교의 한 영원한 주제를 전개시키고 있다. 이 시에는 사람의 마음을 전율케 하는 감동과 열기가 결여되어 있지만, 그의 웅변은 위엄과 장엄함이 깃들어 있으며 그의 명상은 소진될 수 없는 깊이를 간직하고 있다. 반종교개혁파 시인들은 Marot의 『시편』에 대항하여 이런 종류의 시편 해석을 시도했다. 여기 문제되어 있는 시편의 원문은 다음과 같다.

Loue, mon âme, le Seigneur···
Ne mettez pas votre confiance dans les princes,
Dans les fils des hommes, en qui n'est pas le salut.
Le souffle (de chacun) s'en ira ; il retournera à la terre d'où il a été tiré.
En ce jour mourront toutes leurs pensées.

Psaume 145. 2-5.

N'espérons plus, mon âme, aux promesses du monde ;
Sa lumière est un verre,[1] et sa faveur une onde
Que toujours quelque vent empêche de calmer ;[2]
Quittons ces vanités, lassons-nous de les suivre :
C'est Dieu qui nous fait vivre
C'est Dieu qu'il faut aimer.

En vain, pour satisfaire à nos lâches envies,
Nous passons près des rois tout le temps de nos vies,
A souffrir des mépris, et ployer les genoux ;
Ce qu'ils peuvént n'est rien ; ils sont comme nous sommes,
Véritablement hommes,

---

1) un verre : 화려한 반짝임(éclat)과 견고하지 못함(fragilité)을 동시에 상징. (*Cf. Poleucte, Stances : Et comme elle a l'éclat du verre. elle en a la fragilité*)

2) calmer = se calmer

Et meurent comme nous.[1)]

Ont-ils rendu l'esprit, ce n'est plus que poussière
Que cette majesté si pompeuse et si fière,
Dont l'éclat orgueilleux étonnait l'univers ;
Et dans ces grands tombeaux, où leurs âmes hautaines
Font encore les vaines,[2)]
Ils sont mangés des vers.

Là se perdent ces noms de maîtres de la terre,
D'arbitres de la paix, de foundres de la guerre :
Comme ils n'ont plus de sceptre, ils n'ont plus de flatteurs,
Et tombent avec eux d'une chute commune
Tous ceux que leur fortune[3)]
Faisait leurs serviteurs.

MATHURIN RÉGNIER (1573-1613)

Desportes의 조카 Mathurin Régnier는 1573년 Chartres에서 태어났다. Joyeuse추기경과 인연을 맺은 그는 1594년 추기경을 따라 로마에 갔고 그 후 Languedoc 지방에 머물렀다. 그는 여러 차례 로마에 되돌아가곤 했는데, 이것은 그의 문학적 수업과 깊은 관계가 있었다. 1605년경에는 파리에 정착하며 Bertaut, Rapin을 위시한 문인들과 교분을 맺었다. 1608년에는 12편의 풍자시를 묶은 최초의 시집이 발간되었는데, 1613년 Rouen에서 39세의 젊은 나이로 요절했다.

자유분방하고 독립적인 기질의 Régnier는 Malherbe의 시론에 정면으로 도전하여, 시인은 규칙과 형식에 얽매임이 없이 자신의 영감과 상상력에 따라 자유롭게 시를 써야 한다고 주장했다. 그는 풍자시(satire)의 형식을 되살려 특히 생동감 넘치는 카리카추어와 초상을 그리는데 탁월한 재능을 발휘했다.

LA COUR

궁정생활에 있어서의 위선, 아첨, 음모 등 추악한 풍습은 전통적으로 많은 시인들의 풍자의 대상이 되어 왔다. 정직하고 솔직하고 단순하고자 원하는 사람들에게 이 궁정의 풍속도는 혐오와 야유를 불

1) Cf. Consolation à M. du Périer : 《*Et la garde qui veille aux barrières du Louvre / N'en defend point nos rois.*》
2) vaines = orgueilleuses
3) leur fortune = la fortune des rois

러일으켰기 때문이다. Régnier의 풍자는 궁정생활의 사실적인 묘사와 함께 화려하게 전개된다.

Il est vrai ; mais pourtant je ne suis point d'avis
De dégager mes jours pour les rendre asservis,[1]
Et sous un nouvel astre aller, nouveau pilote,
Conduire en autre mer mon navire qui flotte[2]
Entre l'espoir du bien et la peur du danger
De froisser mon attente[3] en ce bord étranger.
　Car, pour dire le vrai, c'est un pays étrange[4]
Où comme un vrai Protée,[5] à toute heure on se change,
Où les lois, par respect[6] sages humainement,
Confondent le loyer avec le châtiment ;
Et pour un même fait, de même intelligence,[7]
L'un est justicié,[8] l'autre aura récompense.
Car selon l'intérêt, le crédit ou l'appui
Le crime se condamne et s'absout aujourd'hui.
Je le dis sans confondre en ces aigres remarques
La clémence du roi,[9] le miroir[10] des monarques,
Qui, plus grand[11] de vertu, de cœur et de renom,
S'est acquis de Clément et la gloire et le nom.
　Or, quant à ton conseil qu'à la cour je m'engage,
Je n'en ai pas l'esprit, non plus que le courage.[12]
Il faut trop de savoir et de civilité,
Et, si j'ose en parler, trop de subtilité.

---

1) Le cardinal de Joyeuse를 떠나 궁정에 들어감으로써 (더욱 심한) 예속에 처하게 되는 것을 의미
2) flotte = hésite
3) froisser mon attente = briser mon espoir
4) un pays étrange (que la cour) : 궁정을 가리킴
5) Protée : 바다의 신(변화무쌍한 변신의 신)
6) par respect = par égard pour le rang, la faveur「지위나 왕의 총애를 고려해서」 sages humainement은 경멸적 뜻으로 쓰여짐. 즉, 법은 상대가 누구냐에 따라 현명하게 적용된다는 뜻
7) de mêmte intelligence = (moralement) de même nature
8) justicié = châtié
9) Henri IV를 가리킴
10) le miroir = le modèle
11) plus grand = le plus grand(최상급)
12) Je n'en ai … le courage「그럴만한 재능도 없고 욕망도 없다」(=Je ne suis pas doué pour cela, et je ne le désire pas.)

Ce n'est pas mon humeur : je suis mélancolique ;[1]
Je ne suis point entrant,[2] ma façon est rustique ;
Et le surnom de bon me va-t-on reprochant,
D'autant que je n'ai pas l'esprit d'être méchant.
  Et puis, je ne saurais me forcer ni me feindre ;
Trop libre en volonté, je ne me puis contraindre.
Je ne saurais flatter, et ne sais point comment
Il faut se taire accort[3] ou parler faussement,
Bénir les favoris de geste et de paroles,
Parler de leurs aïeux au jour de Cérisoles,[4]
Des hauts faits de leur race, et comme ils ont acquis
Ce titre, avec honneur, de ducs et de marquis.
  Je n'ai point tant d'esprit pour tant de menterie.
Je ne puis m'adonner à la cajolerie ;
Selon les accidents, les humeurs ou les jours,
Changer comme d'habits tous les mois de discours.
Suivant mon naturel, je hais tout artifice ;[5]
Je ne puis déguiser la vertu, ni le vice,
Offrir tout de la bouche,[6] et, d'un propos menteur,
Dire : « Pardieu, monsieur, je vous suis serviteur » ;
Pour cent bonadies[7] s'arrêter en la rue,
Faire sur l'un des pieds en la salle la grue,[8]
Entendre un marjollet[9] qui dit avec mépris ;
« Ainsi qu'ânes, ces gens sont tous vêtus de gris,
Ces autres verdelets aux perroquets ressemblent,
Et ceux-ci mal peignés devant les dames tremblent » ;
Puis au partir de là, comme tourne le vent,
Avecques un bonjour, amis comme devant.

---

1) mélancolique = d'humeur farouche : 「비사교적인 성격이다」
2) entrant = entreprenant 「과감한, 진취적인」
3) accort = avec circonspection(부사적으로 쓰인 형용사)
4) Cérisoles = victoire française sur les impériaux, en Piémont(1544)
5) artifice 「꾸밈」을 싫어한다는 것은 그의 삶에 있어서나 예술에 있어서나 다같이 적용됨
6) de la boucher 「입으로」 (즉 「마음으로부터가 아닌」
7) bonadies = bonjour
8) … la grue = faire le pied de grue 「한 자리에 선 채 오래 기다리다」
9) marjollet = élégant

Je n'entends[1] point le cours du ciel ni des planètes ;
Je ne sais deviner les affaires secrètes,
Connaître un bon visage, et juger si le cœur,
Contraire à ce qu'on voit, ne serait point moqueur.

Satire III, v. 71-124.

CONTRE MALHERBE

Malherbe의 시론에 반기를 든 Régnier는 Ronsard와 la Pléiade를 원용하며 자유로운 영감에 대한 시인의 권리를 주장한다. 이 대결은 치밀한 의식적 작업으로서의 시와 영감의 자유로운 발로로서의 시와의 대결, 준엄한 규칙과 발상의 자유와의 대결, 그리고 숙부 Desportes의 시풍을 비난하는 자와 이를 변호하려는 자와의 인간적 대결이다.

Cependant leur savoir ne s'étend seulement[2]
Qu'à regratter un mot douteux au jugement,
Prendre garde qu'un qui ne heurte une diphtongue,[3]
Épier si des vers la rime est brève ou longue,[4]
Ou bien si la voyelle à l'autre s'unissant,
Ne rend point à l'oreille un son trop languissant,[5]
Et laissent sur le vert[6] le noble de l'ouvrage.
Nul aiguillon divin n'élève leur courage ;[7]
Ils rampent bassement, faibles d'inventions,
Et n'osent, peu hardis, tenter les fictions,
Froids à l'imaginer : car, s'ils font quelque chose,
C'est proser de la rime et rimer de la prose,
Que l'art lime et relime, et polit de. façon
Qu'elle rend à l'oreille un agréable son ;

1) n'entends = ne comprends. 당시 궁정에서 천문학은 크게 유행하였으며 이탈리아의 천문학자들이 출입했다.

2) 강조를 위한 pléonasme(중복법)

3) Malherbe는 *hialus*(모음충돌)를 비난했다.

4) 긴 모음과 짧은 모음은 rime를 이룰 수 없다(가령, glace와 masse 따위).

5) Malherbe는 뒤이어 말이 자음으로 시작될 때 *vie*, *Partie*, *loue*와 같은 말을 사용하는 것을 배격했다.

6) laissent sur le vert = laissant de côté (proverbial)

7) courage = coeur, ardeur

Et voyant qu'un beau feu leur cervelle n'embrase,
Ils attifent leurs mots, enjolivent leur phrase,
Affectent leur discours tout si relevé d'art,[1]
Et peignent leurs défauts de couleur et de fard.
Aussi je les compare à ces femmes jolies
Qui par les affiquets[2] se rendent embellies,
Qui, gentes[3] en habits et sades[4] en façons,
Parmi leur point coupé[5] tendent leurs hameçons,
Dont l'œil rit mollement avec afféterie,
Et de qui le parler n'est rien que flatterie ;
De rubans piolés[6] s'agencent proprement,[7]
Et toute leur beauté ne gît qu'en l'ornement ;
Leur visage reluit de céruse et de peautre,[8]
Propres en leur coiffure, un poil ne passe l'autre.
Où[9] ces divins esprits, hautains[10] et relevés,
Qui des eaux d'Hélicon[11] ont les sens abreuvés,
De verve et de fureur leur ouvrage étincelle,
De leurs vers tout divins la grâce est naturelle,
Et sont, comme l'on voit, la parfaite beauté
Qui, contente de soi, laisse la nouveauté
Que l'art trouve au Palais[12] ou dans le blanc d'Espagne.
Rien que le naturel sa grâce n'acompagne ;
Son front, lavé d'eau claire, éclate d'un beau teint ;
De roses et de lys la nature la peint ;
Et, laissant là Mercure[13] et toutes ses malices,

---

1) tout ai relevé d'art = tout relevé d'art de la sorte (ai = ainsi)
2) affiquets = parures
3) gentes = élégantes
4) sades = aimables (*maussade*의 반대)
5) point coupé = dentelle
6) piolés = de deux couleurs (comme la *pie*)
7) proprement = élégamment
8) peautre : 분의 일종
9) où = Alors que
10) hautains = nobles
11) Hélicon : 시신(詩神, Muses)들이 살던 산 (Pégase는 그곳에 Hippocrène 샘을 솟게 했다).
12) Palais : Palais de Justice의 화랑에 있는 상점들을 의미함
13) Mercure : 음모와 책략의 신

Les nonchalances sont ses plus grands artifices.
Or, Rapin, quant à moi, je n'ai point tant d'esprit.
Je vais le grand chemin que mon oncle[1] m'apprit,
Laissant là ces docteurs, que les muses instruisent
En des arts tout nouveaux : et s'ils font, comme ils disent,
De ses fautes un livre aussi gros que le sien.[2]
Telles je les croirai[3] quand ils auront du bien,
Et que leur belle muse, à mordre si cuisante,
Leur don'ra,[4] comme à lui, dix mille écus de rente,
De l'honneur, de l'estime, et quand par l'univers
Sur le luth de David[5] on changera leurs vers ;
Qu'ils auront joint l'utile avec le d'électable[6]
Et qu'ils sauront rimer[7] une aussi bonne table.

Satire IX, v. 55-106.

THÉOPHILE DE VIAU (1590-1626)

신교도 법관의 아들로 Clairac-en-Agenais에서 태어난 Théophile de Viau는 일찍부터 매우 강한 독립적 성향을 나타냈다. 착실한 종교교육을 받았음에도 불구하고 그는 자연히 자유사상으로 기울어 졌으며 이 경향은 Vanini의 영향하에 더욱 심화되었다. Des Barreaux, Mainard, Saint-Amant 등 자유사상가들과 어울린 그는 그 그룹 중에서도 가장 극단적이었다. 1619년에 추방령을 받았다가 특사로 되돌아온 그는 1621년 최초의 시집 발간과 특히 비극 *Pyrame et Thisbé*의 공연으로 일약 명성을 드높였다. 그러나 다시 불온사상으로 체포되어 정식재판을 받은 끝에 추방령에 처해졌다(1625). 풀려난지 1년 만에 젊은 나이로 타계했다.

그는 규칙을 혐오하고 자연스러움은 존중한 점에서 Régnier와 더불어 반 말레르브의 대열에 속한다. 그는 Malherbe가 스틸의 스승임을 인정하되 그에게 예속되는 대신 자신의 독립을 선언했다. 그의 시는 음악적인 서정, 회화적이고 생동감 넘치는 묘사로 특징지어진다.

1) mon oncle : Desportes를 가리킴
2) Malherbe가 쓴 *Le Commentaire sur Desportes*
3) Telles je les croirai = Je croirai que ce sont vraiment des fautes
4) don'ra : 시에서만 허용된 고어 = donnera
5) le luth de David : Desportes의 *Psaumes*을 암시
6) Horace의 *Art poétique*에 나오는 유명한 말 *qui miscuit utile dulci*
7) rimer = acquérir en rimant

LE MATIN

전원의 새벽을 노래한 이 시는 Théophile de Viau의 예술이 어떤 것인가를 여실히 보여주고 있다. 언어의 리듬과 회화적 요소를 십분 이용한 그의 시는 생동감 넘치는 화려한 색채의 향연과도 같다. 그것은 다름 아닌 눈뜨는 전원의 감각적 향연이며 그 밑에는 강렬한 서정이 숨쉬고 있다.

L'Aurore sur le front du jour
Sème l'azur, l'or et l'ivoire,
Et le soleil, lassé de boire,[1]
Commence son obliquet tour.

Ses chevaux, au sortir de l'onde,
De flamme et de clarté couverts,
La bouche et les naseaux ouverts,
Ronflent la lumière du monde.[2]

Ardents ils vont en nos ruisseaux,
Altérés de sel et d'écume,
Boire l'humidité qui fume,[3]
Sitôt qu'ils ont touché les eaux.

La lune fuit devant nos yeux,
La nuit a retiré ses voiles :
Peu à peu le front des étoiles
S'unit à la couleur des cieux.
Déjà la diligente avette
Boit la marjolaine et le thym,
Et revient riche du butin
Qu'elle a pris sur le mont Hymette···[4]

Je vois les agneaux bondissants[5]

---

1) lassé de boire : 바다 속에 잠겼던 태양은 바닷물을 마시기에 지쳤다는 뜻

2) 동녘에 떠오르는 태양이 찬란한 빛을 발하는 모습을 말의 질주에 비유한 대담한 이미지 (=Les chevaux du soleil *hennissent la lumièrè*). (Cf. Victor Hugo, *Contemplations, VI*, 10 : *Et le hennissement du cheval aurore*)

3) 회화적 묘사. 그러나 대담하면서도 섬세한 상징적 비유 속에서 전개

4) le mont Hymette : 꿀벌이 많은 것으로 이름난 Athènes 근교의 산

5) 붕붕거리며 나는 꿀벌에 뒤이어 껑충거리는 양떼, 노래부르는 목동이 등장한다. 깨어나는 자연은 생기와 환희에 넘쳐있다.

Sur ces blés qui ne font que naître ;
Cloris, chantant, les mène paître
Parmi ces coteaux verdissants.

Les oiseaux, d'un joyeux ramage,
En chantant semblent adorer
La lumière qui vient dorer
Leur cabinet[1] et leur pluniage.

La charrue écorche la plaine ;
Le bouvier, qui suit les sillons,
Presse de voix et d'aiguillons
Le couple de bœufs qui l'entraîne.

Alix apprête son fuseau ;
Sa mère, qui lui fait[2] la tâche,
Presse le chanvre qu'elle attache
A sa quenouille de roseau.

Une confuse violence
Trouble le calme de la nuit,
Et la lumière, avec le bruit,
Dissipe l'ombre et le silence…

Les bêtes sont dans leur tanière,
Qui tremblent de voir le Soleil ;
L'homme, remis par le sommeil,[3]
Reprend son œuvre coutumière.

Le forgeron est au fourneau :
Ois[4] comme le charbon s'allume !
Le fer rouge, dessus l'enclume,
Étincelle sous le marteau.

Cette chandelle semble morte,

1) cabinet = asile

2) fait = prépare

3) remis par le sommeil = qui renaît grâce au sommeil (remis는 se remettre de「(기력을) 회복하다」의 구문에 나온 것)

4) Ois = ouïr의 명령법

Le jour la fait évanouir ;
Le Soleil vient nous éblouir :
Vois qu'il passe au travers[1] la porte.

Il est jour : levons-nous, Philis[2],
Allons à notre jardinage,
Voir s'il est, comme ton visage,
Semé de roses et de lis.

Strophes 1-5, 8-12, et 14-17.

PYRAME ET THISBÉ

1623년에 출판된 이 극의 이미 1621년부터 공연되기 시작한 것으로 알려져 있다. 왕 앞에서 공연됨으로써 공전의 대성공을 거둔 이 작품은 외형상 독백과 긴 대사들로 엮어진 고풍의 구성을 보여주고 있지만, 스틸의 다양한 변화, 감정의 격렬함, 사상의 대담성 등으로 특이하고 환상적인 분위기를 조성하고 있다. 내용과 형식으로 보아 당대의 전원극(la pastorale)과 유사한 것으로 평가된다.

Pyrame과 Thisbé는 서로 사랑하지만 부모들과, 특히 Thisbé를 연모하는 왕의 반대에 부딪혀 함께 도주할 것을 결심한다. 그들은 밤에 만나기로 약속했는데 먼저 그곳에 당도한 Thisbé는 사자의 습격을 받고 도망치다가 베일을 떨어드린다. 사자가 갈기갈기 찢은 이 베일을 뒤늦게 온 Pyrame이 발견하고, 사랑하는 그녀가 사자의 밥이 된 것으로 짐작하며 단검으로 자살한다. 되돌아온 Thisbé는 그가 죽은 것을 보자 자신도 그 자리에서 목숨을 끊는다. 이 대사는 약속한 곳에서 Pyrame을 기다리는 Thisbé의 독백이다.

THISBÉ

Déesse de la nuit, Lune, mère de l'ombre,
Me voyant arriver sous ce feuillage sombre,
Tiens-toi dans ton silence, et ne t'offense pas
De l'amour effronté qui guide ici mes pas···
Et toi, sacré ruisseau dont le plaisant rivage
Semble plus accostable en ce qu'il est sauvage,
Redouble à ma faveur le doux bruit de ton cours,
Tant que[3] tous les Sylvains en puissent être sourds,

---

1) au travers = à travers
2) Philis : 그리스식 이름. Cloris, Alix도 같음
3) Tant que = Au point 〔à tel point〕 que··· 「~할 정도로, ~할 만큼」

Et que la vaine Echo, de ton bruit assourdie,
Mes amoureux propos à ces bois ne redie.[1)]
Mais non, va doucement, de peur de réveiller
Les nymphes de tes eaux ; laisse-les sommeiller :
L'onde ne leur met pas tant de froideur dans l'âme
Qu'elle[2)] ne s'embrasât en regardant Pyrame.
Mais quoi ! ce paresseux est encore à venir.
Je ne sais quel sujet le peut tant retenir.
Il a bien de l'amour, mais il n'est pas possible
Qu'il le ressente au point où je me vois sensible.[3)]
Je ne le dis qu'à vous, ruisseaux, antres, forêts,
A qui même Diane[4)] a commis ses secrets.
A ma faveur, Echo, commande à cette roche
De lui[5)] toucher un mot d'un amoureux reproche.
Mais n'ois-je pas de loin, ce semble, un peu de bruit ?
J'entrevois la clarté comme d'un œil qui luit.
Hélas ! qu'ai-je aperçu ! Dieux ! l'effroyable bête !
Un lion affamé qui cherche ici sa quête.
Fuis, Thisbé, les horreurs d'un si mauvais destin.
Dieux ! que Pyrame au moins n'en soit pas le butin !

Pyrame et Thisbé, IV, III.

VOITURE (1597-1648)

주류상인의 아들로 Amiens에서 태어난 Vincent Voiture는 초대 아카데미 회원이었으며 궁정과 Rambouillet관에서 우아한 풍모와 재기로써 명성을 높였다. 그는 Balzac와 더불어 서간작가의 쌍벽을 이루었는데, Balzac의 장중한 문체에 비해 그의 문장은 경쾌하고 활기와 상상에 넘쳐있어 가위 서간문이라는 장르의 진수라 할 만한 것이었다.

---

1) redie = redise (redire의 *subj*) = *que la vaine Eho ... ne redise mes amoureux propos à ces bois*
2) elle = leur âme. 「그 물결은 그들(물의 요정들)의 마음이 Pyrame을 보고 타오르지 않을 만큼 그 마음을 냉각시키지는 못한다.」 (불같은 정열과 순진한 préciosité : 이것은 17세기 초의 극시의 한 특징이기도 하다)
3) au point où je me vois sensible 「나 자신이 느끼는 것만큼」
4) Diane : 「(그토록 정숙하고 내밀한) 달의 여신」
5) lui = à Pyrame

LETTRE À UNE « LIONNE »

Gaston d'Orléans (frère de Louis XIII)을 가까이 섬긴 탓으로 Richelieu의 눈 밖에 난 Voiture는 때때로 망명의 길을 떠나 벨기에, 스페인, 심지어는 모로코에까지 여행해야만 했다. 그러나 그는 유배지에서 계속 Rambouillet관에 편지를 써보냄으로써 여전히 사교계의 중심인물로 머물었다. 여기 수록한 서한은 붉은 머리카락 탓으로 la Lionne라는 별명이 붙은 Paulet양에게 보내진 것이다.

Mademoiselle, enfin, je suis sorti de l'Europe, et j'ai passé ce détroit qui lui sert de bornes. Mais la mer qui est entre vous et moi ne peut rien éteindre de la passion que j'ai pour vous, et quoique tous les esclaves de la chrétienté se trouvent libres en abordant cette côte, je ne suis pas moins à vous pour cela.[1] Ne vous étonnez pas de m'ouïr dire des galanteries si ouvertement. L'air de ce pays m'a déjà donné je ne sais quoi de félon qui fait que je vous crains moins, et quand je traiterai désormais avec vous, faites état que c'est de Turc à More.[2] Il ne vous doit pas pourtant déplaire que je vous parle d'amour de si loin, et quand ce ne serait que par curiosité, vous devez être bien aise de voir des poulets[3] de Barbarie. Il manquait à vos aventures d'avoir un amant au-delà de l'Océan, et, comme vous en avez dans toutes les conditions, il faut que vous en ayez dans toutes les parties du monde. Je gravai hier vos chiffres[4] sur une montagne qui n'est guère plus basse que les étoiles et de laquelle on découvre sept royaumes, et j'envoie demain des cartels[5] aux Mores de Maroc et de Fez, où je m'offre à soutenir que l'Afrique n'a jamais rien produit de plus rare, ni de plus cruel que vous. Après cela, je n'aurai plus rien à faire ici que d'aller voir vos parents,[6] à qui je veux parler de ce mariage qui a fait autrefois tant de bruit, et tâcher d'avoir leur consentement, afin que personne ne s'y oppose plus. A ce que j'entends ce sont gens peu accostables. J'aurai de la peine à les trouver. On m'a dit qu'ils doivent être au fond de la Libye, et que les lions de cette côte sont moins nobles et

1) 당대의 galanterie précieuse의 두 주제, 즉, 사랑의 영원함과 절대적 충성의 맹세가 여기 표현된다.

2) de Turc à More = sans pitié「사정없이 (다루다)」. 속어적 표현 : traiter *à la turque*

3) poulet = billet galant「연문」(de Barbarie는 바다 건너편의 비기독교 지역(Maroc)을 가리킴)

4) vos chiffres = vos initiales

5) cartel :「(연인을 위한) 결투 도전장」

6) vos parents : Mlle Paulet의 별명이「암사자」임을 상기할 것

moins grands. On en vend ici de jeunes qui sont extrêment gentils. J'ai résolu de vous en envoyer une demi-douzaine, au lieu de gants d'Espagne : car je sais que vous les estimerez davantage, et ils sont à meilleur marché. Tout de bon, on en donne ici pour trois écus, qui sont les plus jolis du monde : en se jouant, ils emportent un bras ou une main à une personne, et après vous, je n'ai jamais rien vu de plus agréable. Disposez, s'il vous plaît, Mme Anne[1] à s'accommoder avec eux et à leur donner la place de Dorinthe.[2] Je vous les enverrai par le premier vaisseau qui partira et plût à Dieu que je pusse aller avec eux me mettre à vos pieds ! Ce sera là, Mademoiselle, qu'ils auront sujet d'être les plus fiers animaux de la terre, et de s'estimer les rois de tous les autres.[3]

HONORÉ D'URFÉ (1567-1625)

L'Astrée의 작가 Honoré d'Urfé는 젊은 시절을 고향 le Forez의 la Bastie성에서 보냈다. 전해 내려오는 이야기에 의하면 그는 형수 Dianne de Châteaumorand을 사랑했고, 형과 그녀와의 결혼이 무효화되자 1600년 그녀와 결혼하였으나 1613년에 헤어졌다. Dianne가 Châteaumorand에 머물러 있는 동안 그는 Savoie지방과 파리에 있었는데 Malherbe와 친분을 맺었고 Rambouillet관에도 출입했다.

그는 문인으로서보다는 무인으로 생활했다고 함이 옳다. 그는 가톨릭동맹(la Ligue)을 위해 싸웠는가 하면, Savoie대공을 위해 프랑스 왕에 대항하기도 했다. Savoie와 프랑스가 화해한 후로는 Henri 4세의 충실한 부하가 되었다. 그는 그 후에도 Savoie대공을 위해 전투에 참가하였는데, 1625년 스페인과 전투를 지휘하던 중 폐렴으로 쓰러졌다.

이렇듯 행동과 모험의 사람이었던 d'Urfé는 틈틈이 필생의 대작 *L'Astrrée*를 집필했다. 제1부는 1607년, 제2부는 1610년, 제3부는 1619년, 제4부는 1624년에 발표되었고, 그가 죽은 후 그의 비서 Baro는 미완성으로 남겨진 d'Urfé의 작품을 완결시키기 위해 속편을 내놓았다(1627).

〈ETUDES〉

J. Ehrmann : *Un Paradis désespéré, l'Amour et l'illusion dans l'Astrée,* P. U. F., 1963.

M. Gaume : *Les Inspirations et les sources de l'œuvre d'Honoré d'Urfé,* Paris, 1975.

1) Mme Anne = tante de Mlle Paulet

2) Dorinthe = sa femme de chambre

3) 이 서명은 Voiture l'Africain으로 되어 있다.

L'ASTRÉE

총 5천여 페이지에 달하는 이 방대한 소설은 한 세기에 걸쳐 일대 선풍을 일으킨 거작이다. *L'Astrée*는 최초 스페인의 전원풍 소설, 특히 Montemayor의 *Diane*의 유형으로 구상되었다. 그러나 플라톤과 라틴 시인들에 탐닉했던 d'Urfé는 고대 모험소설의 갖가지 일화들을 도입했고, 또한 그가 젊은 시절을 보냈던 전원과 시골귀족의 풍습을 되살렸다. 그는 이 작품 가운데 중세의 기사적 사랑을 방불케 하는 어떤 신비주의를 펼쳐나가고 있다. 그것은 지적인 동시에 의지적인 것으로써 이미 Corneille의 도래를 예고하고 있는 듯이 보인다. 사랑의 심리묘사에 있어서의 진실성과 섬세함, 「사람은 존경하지 않는 것을 사랑할 수 없다」라고 말함으로써 사랑을 의지적 차원으로 승화시키는 영웅주의, 작품을 감싸는 서정과 낭만, 단순과 순수로 특징지어지는 문체 등으로 이 소설은 많은 사람을 매료하였으며 커다란 영향을 미쳤다.

LES SOUVENIRS DU PASSÉ

*L'Astrée*의 주인공은 서로 사랑하는 목동 Céladon과 목녀 Astrée이다. 두 가족 간의 불화를 위시한 갖가지 우여곡절은 그들을 갈라놓았으며, 두 사람은 무한한 그리움과 비탄에 빠진다. 마침내 Céladon은 Astreé에 접근하기 위해 소녀로 분장하여 나타난다. 옛 고향과 Astrée를 다시 본 Céladon(여기서는 소녀로 나타남으로 elle로 표시된다)은 지난날을 추억하며 눈물짓는다. d'Urfé는 가공의 작중인물을 통해 마치 자신의 흘러간 사랑을 되새기고 있는 듯이 보인다.

Les larmes aux yeux, elle[1] sortit de la chambre, pour aller revoir les lieux où autrefois elle avait été si contente,[2] et leur demander compt des soupirs et des désirs que si souvent elle leur avait donnés en garde.[3] D'abord, elle entra dans ce grand jardin, duquel[4] un petit bras de la rivière de Lignon va baignant les quatre côtés et, ayant jeté les yeux sur la fontaine qui paraît dans le milieu : « C'est bien, disait-elle, ici le lieu où si souvent Astrée m'a juré que son amitié[5] serait éternelle. C'est bien cette fontaine où, me prenant les mains, elle me jurait par l'Amour qui nous liait d'affection, et par la source sainte[6] de cette eau, vouloir plutôt cesser de vivre que cesser d'aimer son Céladon.» Et s'avançant d'un pas tremblant vers le bassin qui

1) elle : 여자로 분장한 Céladon을 가리킴
2) contente = si pleinement heureuse
3) avait donnés en garde「…에게 위탁하였던」(*cf.* Lamartine, *le Lac*)
4) duquel = dont
5) amitié = amour
6) la source sainte : 왜냐하면 모든 샘에는 요정(nymphe)이 살고 있는 것으로 믿어졌기 때문에

recevait la fontaine : « Et ne voilà pas encore, disait-il,[1] les chiffres[2] bienheureux de nos noms, qu'elle-même y a gravés ! » Et alors, les baisant : « O témoins de mon extrême affection, et maintenant les justes accusateurs de l'infidélité de la plus belle bergère du monde, comment ne vous êtes-vous effacés de ce marbre aussi bien que vous l'êtes de son cœur ? N'est-ce point pour rendre preuve que, comme vous avez eu votre commencement de[3] la plus parfaite amour[4] que la beauté ait jamais fait naître, vous demeurez ici pour lui reprocher que jamais changement ne fut fait avec moins de raison, ni avec plus d'injustice ? » Et lors, sortant de cette fontaine, elle entra dans un petit bois de coudres,[5] où les divers détours des chemins entrelacés faisaient fourvoyer l'œil aussi bien que les pas de ceux qui s'y allaient promener. Ce lieu fut bien celui qui lui remit en la mémoire les plus doux ressouvenirs de son bonheur passé, et qui toutefois ne les lui pouvait représenter qu'avec tant d'amertume, pour être le temps[6] si changé, qu'à tous coups les larmes rendaient témoignage de son déplaisir,[7] parce que ç'avait été en ce petit bois où[8] le plus souvent elle avait eu la commodité d'entretenir sa belle bergère, lorsque leurs parents, à moitié lassés des peines et des contrariétés qu'ils leur avaient faites, leur pérmettaient un peu plus de liberté de se voir et de s'entretenir que de coutume. Se ressouvenant donc de tant de passions qu'elle avait ressenti en ce lieu, et qu'elle avait remis[9] dans le sein de sa bergère, avec tant de serments reçus de sa fidélité, elle ne put s'empêcher de soupirer ces vers :

SONNET

Elle demande si sa maîtresse s'est point souvenue des serments faits en ce lieu.

N'est-ce pas. en votre présence,
Arbres feuillus et bois heureux,

1) d'Urfé는 잠시 Céladon이 여장한 것을 잊고 il을 쓰고 있다.
2) les chiffres = les initiales
3) vous avez eu votre commencement de … = vous êtes nés de …
4) amour : 당시에는 단수로 쓰일 때도 흔히 여성명사로 취급되었다.
5) coudres = coudriers, noisetiers
6) pour être le temps = parce que le temps était …
7) déplaisir = désespoir
8) où는 현대문에서는 que로 대치됨이 옳다 : c'est … que의 구문
9) remis = confié (과거분사가 les passions과 일치하고 있지 않은 점에 유의)

Où[1] tant de serments amoureux
Ont pris autrefois leur naissance ?

Dites-moi si pendant l'absence
L'on s'est jamais souvenu d'eux,
Ou si les serments de tous deux
Ne sont plus en sa[2] souvenance ?

Mais qu'est-ce que je veux savoir ?
Puis-je bien me tant décevoir
Que d'estimer que la pensée

Qu'elle en peut avoir eue ici,
Ne l'ait pas autant oppressée,
Qu'elle m'a laissé de souci.[3]

Cette pensée l'entretint[4] longuement, mais non pas sans l'accompagner[5] de soupirs et de larmes, et n'eût été qu'[6]enfin elle se conduisit sans y penser sur le bord de l'un des bras de Lignon qui environne ce jardin, elle n'en fût pas si tôt sortie,[7] mais la vue de cette rivière qui avait été presque présente à tous ces bonheurs passés et qui avait aussi vu naître le commencement de son extrême malheur, lui toucha l'âme si vivement que, donnant cesse à son promenoir[8], elle fut contrainte de s'asseoir sur le bord du ruisseau, et après, s'étendant tout de son long et s'appuyant du coude contre terre, se mit la joue dans la main, demeurant si ravie et tellement hors d'elle-même qu'il s'écoula un long espace de temps avant qu'elle pût s'en prendre garde…

L'Astrée (III, 950 sqq.).

1) où = que (주 14참조)
2) sa : Astrée에 걸리는 소유형용사(그 위의 on도 은근히 Astrée를 지칭)
3) Puia-je…de souci : 복잡하고 어색한 구문. 다음과 같이 풀이할 수 있음. Puis-je m'abuser au point de croire que le souvenir de mes serments lui ait causé autant de peine qu'il m'a laissé de souci ? (se décevoir = s'abuser ; oppresser = opprimer. (당시에는 oppresser「호흡곤란케 하다」와 opprimer「억압하다, 괴롭히다」의 구별이 없었음).
4) l'entretint = l'occupa
5) accompagner의 주어는 cette pensée가 아니라 Céladon
6) n'eût été que :「설사 … 였다 할지라도」
7) elle n'en fût pal si tôt sortie = elle ne se fût pas si tôt arrachée à cette pensée
8) promenoir = promenade

MLLE DE SCUDÉRY (1607-1701)

1652년경부터 토요일마다 Marais의 살롱에 문인 및 문학애호가들을 모이게 함으로써 Rambouillet 관에 뒤이어 가장 활기 있는 살롱을 운영했던 Mlle de Scudéry는 préciosité 문학의 대표적인 작가이기도 했다. Rambouillet관보다 한결 평민적인 성격의 이 살롱은 특히 문학적 활동으로 특징지어졌는데, Mlle de Scudéry는 해마다 장편소설 *Le Grand Cyrus*(전10권, 1649-53)와 *Clélie*(전10권, 1654-1661)를 한 권 또는 몇 권씩 발표했다. 이 살롱에 출입했던 문인들은 각기 이 작품 속에 그들 자신의 모습과 그들이 이야기와 대화를 발견하곤 했다. 그녀 자신은 Sapho가 되고 Pellisson은 Acante, Godeau는 le Mage de Sidon으로 불리워졌다. 재기 넘치는 대화와 노래와 각종의 문학적 경연으로 이 살롱은 여러 해에 걸쳐 17세기 프랑스의 문학적·정신적 경향을 화려하게 대표하였으며 Mlle de Scudéry는 이 살롱의 꽃으로서도 문학사에 이름을 남길만 했다.

PORTRAIT DE CLÉOMIRE

Rambouillet 후작부인에 대한 이 찬사는 그녀가 어찌하여 그토록 큰 영향을 끼칠 수 있었는가를 이해하게 해준다. 한편, Scarron, Molière 등이 조소의 대상으로 삼았던 préciosité와는 거리가 멀다는 것도 알게 될 것이다.

Cléomire est grande et bien faite ; tous les traits de son visage sont admirables ; la délicatesse de son teint ne se peut exprimer ; la majesté de toute sa personne est digne d'admiration et il sort je ne sais quel éclat de ses yeux qui imprime le respect dans l'âme de tous ceux qui la regardent··· Sa physionomie est la plus belle et la plus noble que je vis jamais, et il paraît une tranquillité sur son visage qui fait voir clairement qu'elle est celle de son âme. On voit même en la voyant seulement que toutes ses passions sont soumises à raison et ne font point de guerre intestine dans son cœur ; en effet je ne pense pas que l'incarnat qu'on voit sur ses joues ait jamais passé ses limites et se soit épanché sur tout son visage, si ce n'a été par la chaleur de l'été ou par la pudeur, mais jamais par la colère ni par aucun dérèglement de l'âme ; ainsi Cléomire étant toujours également tranquille est toujoure également belle··· [1)]

Au reste, l'esprit et l'âme de cette merveilleuse personne surpassent de beaucoup sa beauté ; le premier n'a pas de bornes dans son étendue et l'autre n'a point d'égale en générosité, en constance, en

1) 외모의 아름다움과 내면적 덕성의 일치를 말하되, 특히 이성의 힘에 의한 내면의 평온(tranquillité)을 강조하고 있음

bonté, en justice et en pureté. L'esprit de Cléomire n'est pas un de ces esprits qui n'ont de lumière que celle que la nature leur donne, car elle l'a cultivé soigneusement, et je pense pouvoir dire qu'il n'est point de belles connaissances qu'elle n'ait acquises. Elle sait diverses langues et n'ignore presque rien de tout ce qui mérite d'être su, mais elle le sait sans faire semblant de le savoir et on dirait à l'entendre parler, tant elle est modeste, qu'elle ne parle de toutes choses admirablement comme elle fait, que par le simple sens commun et par le seul usage du monde.[1] Cependant elle se connaît à tout ; les sciences les plus élevées ne passent point sa connaissance ; les arts les plus difficiles sont connus d' elle parfaitement ; elle s'est fait faire un palais de son dessin,[2] qui est un des mieux entendus du monde, et elle a trouvé l'art de faire en une place de médiocre[3] grandeur un palais d'une vaste étendue. L'ordre, la régularité et la propreté[4] sont dans tous ses appartements et à tous ses meubles tout est magnifique chez elle et même particuier ; les lampes y sont différentes des autres lieux ses cabinets[5] sont pleins de mille raretés qui font voir le jugement de celle qui les a choisies ; l'air est toujours parfumé dans son palais ; diverses corbeilles magnifiques, pleines de fleurs, font un printemps continuel dans sa chambre,[6] et le lieu où on la voit d'ordinaire est si agréable et si bien imaginé, qu'on croit être dans un enchantement, lorsqu'on y est auprès d'elle. Au reste personne n'a eu une connaissance si délicate qu'elle pour les beaux ouvrages de prose ni pour les vers ; elle en juge pourtant avec une modération merveilleuse, ne quittant jamais la bienséance de son sexe, quoiqu'elle en soit beaucoup audessus.

Le Grand Cyrus.

LA CARTE DE TENDRE

이「사랑의 지도」는 Mlle de Scudéry가 고안한 한 놀이로써 사랑의 심리의 온갖 섬세한 굴곡을 지

---

1) 많은 지식을 쌓되 결코 과시하지 않으며(sans faire semblant de le savoir), 현학에 빠짐이 없이 양식(le sens commun)과 일반적 관행(l'usage du monde)의 범주 안에 머무름 – 고전주의적 인간상을 예고

2) de son dessin = sur ses plans「그녀의 설계로」

3) médiocre = moyenne

4) propreté = élégance

5) cabinets = petits salons de réception

6) sa chambre = *la chombre bleue* (la marquise de Rambouillet가 친구들을 맞이했던 방)

도의 형태로 표현한 것인데, 그녀의 작품 *Clélie* 제1권에 수록되어 있다. *Clélie*의 성공에 크게 기여한 이 지도는 프레시오지테의 사랑의 교과서와도 같은 것인데, Molière와 Boileau는 이를 신랄하게 야유한 바 있다.

Afin que vous compreniez mieux le dessein de Clélie, vous verrez qu'elle a imaginé qu'on peut avoir de la tendresse par trois causes différentes : ou par une grande estime, ou par reconnaissance, ou par inclination ; et c'est ce qui l'a obligée d'établir ces trois villes de Tendre sur trois rivières qui portent ces trois noms, et de faire aussi trois routes différentes pour y aller. Si bien que comme on dit Cumes[1)] sur la mer d'Ionie, et Cumes[2)] sur la mer Tyrrhènienne, elle fait qu'on dit Tendre sur Inclination, Tendre sur Estime, Tendre sur Reconnaissance. Cependant comme elle a présupposé[3)] que la tendresse qui naît par Inclination n'a besoin de rien d'autre chose pour être ce qu'elle est, Clélie, comme vous le voyez, Madame, n'a mis nul village le long des bords de cette rivière qui va si vite, qu'on n'a que faire de logement le long de ses rives pour aller de Nouvelle Amitié à Tendre. Mais pour aller à Tendre sur Estime, il n'en est pas de même ; car Clélie a ingénieusement mis autant de villages qu'il y a de petites et de grandes choses qui peuvent contribuer à faire naître par estime cette tendresse dont elle entend parler. En effet vous voyez que de Nouvelle Amitié on passe à un lieu qu'elle apelle Grand Esprit, parce que c'est ce qui commence ordinairement l'estime ; ensuite vous voyez ces agréables villages de Jolis vers, de Billet galant, de Billet doux, qui sont les opérations les plus ordinaires du grand esprit dans les commencements d'une amitié. Ensuite pour faire un plus grand progrès dans cette route, vous voyez Sincérité, Grand Cœur, Probité, Générosité, Respect, Exactitude et Bonté, qui est tout contre Tendre, pour faire connaître qu'il ne peut y avoir de véritable estime sans bonté, et qu'on ne peut arriver à Tendre de ce côté-là sans avoir cette précieuse qualité. Après cela, Madame, il faut s'il vous plaît retourner à Nouvelle Amitié pour voir par quelle route on va de là à Tendre sur Reconnaissance. Voyez donc, je vous en prie, comment il faut aller d'abord de Nouvelle Amitié à Complaisance ; ensuite à ce petit village qui se nomme

1) Cumes (ou Cymé) : 소아시아 지방의 아이올리스(Éolie) 식민지

2) Cumes : 티레니아(Tyrrhénie) 바다 위의 이탈리아 도시

3) a présupposé = a supposé préalablement

Soumission, et qui en touche un autre fort agréable, qui s'appelle Petits Soins. Voyez, dis-je, que de là, il faut passer par Assiduité, pour faire entendre que ce n'est pas assez d'avoir durant quelques jours tous ces petits soins obligeants, qui donnent tant de reconnaissance, si on ne les a assidûment. Ensuite vous voyez qu'il faut passer à un autre village qui s'appelle empressement, et ne faire pas comme certaines gens tranquilles, qui ne se hâtent pas d'un moment, quelque prière qu'on leur fasse, et qui sont incapables d'avoir cet empressement qui oblige quelquefois si fort. Après cela vous voyez qu'il faut passer à Grands Services, et que pour marquer qu'il y a peu de gens qui en rendent de tels, ce village est plus petit que les autres. Ensuite, il faut passer à Sensibilité, pour faire connaître qu'il faut sentir jusqu'aux plus petites douleurs de ceux qu'on aime. Après il faut pour arriver à Tendre, passer par Tendresse, car l'amitié attire l'amitié. Ensuite il faut aller à Obésissance, n'y ayant presque rien qui engage plus le cœur de ceux à qui on obéit que de le faire aveuglément, et pour arriver enfin où l'on veut aller, il faut passer à Constante Amitié, qui est sans doute le chemin le plus sûr, pour arriver à Tendre sur Reconnaissance. Mais, Madame, comme il n'y a point de chemins où l'on ne se puisse égarer, Clélie a fait, comme vous le pouvez voir, que si ceux qui sont à Nouvelle Amitié prenaient un peu plus à droit,[1)] ou un peu plus à gauche, ils s'égareraient aussi ; car si au partir de Grand Esprit, on allait à Négligence, que vous voyez tout contre sur cette carte, qu'ensuite continuant cet égarement, on allât à Inégalité ; de là à Tiédeur, à Légèreté, et à Oubli, au lieu de se trouver à Tendre sur Estime, on se trouverait au Lac d'Indifférence que vous voyez marqué sur cette carte et qui par ses eaux tranquilles représente sans doute fort juste la chose dont il porte le nom en cet endroit. De l'autre côté, si au partir de Nouvelle Amitié, on prenait un peu trop à gauche, et qu'on allât à Indiscrétion, à Perfidie, à Orgueil, à Médisance ou à Méchanceté, au lieu de se trouver à Tendre sur Reconnaissance, on se trouverait à la mer d'Inimitié, où tous les vaisseaux font naufrage, et qui, par l'agitation de ses vagues, convient sans doute fort juste avec cette impétueuse passion que Clélie veut représenter.

– *Clélie, histoire romaine*. 1656, T.I, 399 et suiv.

1) à droit = à droite

SCARRON (1610-1660)

파리에서 태어난 Paul Scarron은 le Mans의 주교와의 깊은 인연에도 불구하고 자유사상가들의 무리 속에서 자신의 재능을 발휘했다. 류마티즘에 걸려 곱추가 된 후 문학활동에 전념한 그는 해학적이고 냉소적인 경향의 작품을 발표했다. 그 중에는 수편의 희극과 소극(farces), 운문으로 쓰여진 *Le Virgile travesti*(1649-1659), *Nouvelles tragi-comiques*(1655-1657), 특히 그의 최대 걸작으로 평가되는 *Roman comique*(1651-1657) 등이 있다. 1652년 그는 Agrippa d' Aubigné의 손녀와 결혼했는데, 그녀는 후일 Louis 14세의 왕후가 될 Mme de Maintenon이다.

DISGRÂCE DE RAGOTIN

Le Roman comique는 일단의 유랑극단의 이야기로서 제목은 Roman des comédiens의 뜻을 갖는다. 주인공 Ragotin은 하나의 문학적 유형이 되었다. "C'était le plus grand petit fou qui eût couru les champs depuis Roland… Il était menteur comme un valet, présomptueux et opiniâtre comme un pédant, et assez mauvais poète pour être étouffé s'il y avait de la police dans le royaume."

이 장면은 주인이 상을 당한 여관에 묵게 된 극단을 묘사하고 있다. 그로테스크한 희극적 분위기의 묘사와 그 바탕을 이루고 있는 냉철한 사실적 관찰은 이 삽화에서도 절묘한 혼합을 이루고 있다.

On entendit dans la chambre haute des hurlements fort peu différents de ceux que fait un pourceau qu'on égorge ; et celui qui les faisait n'était autre que le petit Ragotin. Le curé, les comédiens et plusieurs autres coururent à lui et le trouvèrent tout le corps, à la réserve de la tête, enfoncé dans un grand coffre de bois qui servait à ranger le linge de l'hotellerie ; et ce qu'il y avait de plus fâcheux pour le pauvre encoffré, le dessus du coffre, fort pesant et massif, était tombé sur ses jambes, et les pressait d'une mainère fort douloureuse à voir. Une puissante servante, qui n'était pas loin du coffre quand ils entrèrent, et qui leur paraissait fort émue,[1] fut soupçonnée d'avoir si mal placé Ragotin. La chose était vraie, et elle en était toute fière, si bien que, s'occupant à faire un des lits de la chambre, elle ne daigna regarder de quelle façon on tirait Ragotin du coffre ; ni même répondre à ceux qui lui demandèrent d'où venait le bruit qu'on avait entendu. Cependant le demi-homme fut tiré de la chausse-trape, et ne fut pas plus tôt sur ses pieds qu[2]'il courut à une épée. On

1) émue = agitée

2) ne~pas plus tôt~que … : 「~하자마자 …하다」

l'empêcha de la prendre, mais on ne put l'empêcher de joindre la grande servante, qu'il ne put aussi empêcher de lui donner un si grand coup sur la têté, que tout le vaste siège de son étroite raison[1] en fut ébranlé. Il en fit trois pas en arrière, mais c'eût été reculer pour mieux sauter, si l'Olive ne l'eût pas retenu par ses chausses, comme il allait s'élancer comme un serpent contre sa redoutable ennemie. L'effort qu'il fit, quoique vain, fut fort violent ; la ceinture de ses chausses s'en rompit, et le silence aussi[2] de l'assistance, qui se mit à rire. Le curé en oublia sa gravité, et le frère de l'hôte de faire le triste.[3] Le seul Ragotin n'avait pas envie de rire, et sa colère s'était tournée contre l'Olive, qui, s'en sentant injurié, le porta tout brandi,[4] comme on dit à Paris, sur le lit que faisait la servante, et là, d'une force d'Hercule, il acheva de faire tomber ses chausses dont la ceinture était déjà rompue, et haussant et baissant les mains dru et menu[5] sur les cuisses, en moins de rien les rendit rouges comme de l'écarlate. Le hasardeux Ragotin se précipita courageusement du lit en bas ; mais un coup si hardi n'eut pas le succès qu'il méritait. Son pied entra dans un pot de chambre qu'on avait laissé dans la ruelle du lit pour son grand malheur, et y entra si avant que, ne l'en pouvant retirer à l'aide de son autre pied, il n'osa sortir de la ruelle du lit où il était, de peur de divertir davantage la compagnie et d'attirer sur soi la raillerie, qu'il entendait moins que personne au monde. Chacun s'étonnait fort de le voir si tranquille après avoir été si ému. La Rancune se douta que ce n'était pas sans cause. Il le fit sortir de la ruelle du lit, moitié bon gré moitié par force ; et lors tout le monde vit où était l'enclouure,[6] et personne ne put s'empêcher de rire, voyant le pied de métal que s'était fait le petit homme. Nous le laisserons foulant l'étain d'un pied superbe, pour aller recevoir un train[7] qui entra en même temps dans l'hôtellerie.

Roman Comique, II, 7.

1) tout le vaste siège de son étroite raison「그의 좁은 이성의 널따란 거처」(그의「머리」를 가리킴. 희화적 표현)
2) le silence aussi··· = le silence aussi ··· se rompit의 뜻(style의 절묘한 효과에 유의)
3) de faire le triste = oublia de faire le triste로 연결됨
4) tout brandi = tel quel
5) haussant et baissant les mains dru et menu = à coups redoublés
6) enclouure :「대갈을 박을 때 생기는 말굽의 상처」
7) un train = un équipage

Cl. Bernand

Jean Vilar et Gérard Philipe

Le Cid, au Théâtre National Populaire

Don Diègue : « Et ce fer que mon bras ne peut plus soutenir, Je le remets au tien pour venger et punir.»

(Acte l, scène 5)

CORNEILLE (1606-1684)

1606년 6월 6일 Rouen에서 태어난 Pierre Corneille는 법조가의 출신이었으며 그 자신도 제쥐트파가 운영하는 collège des Jésuites de Rouen에서 고전을 배운 후에 변호사의 자격을 얻어 법관으로 Rouen에서 활동했다. 그러나 법관생활보다는 문학활동에 더 관심이 이끌렸던 Corneille는 1629년 희극 *Mélite*로서 연극계에 데뷔한 이래 *Médée*(1635)에 이르기까지 수편의 희극 또는 희비극을 발표했다. 종래의 작품경향을 대체로 답습한 것에 불과했던 이 희곡들은 크게 주목을 끌지는 못했다.

그가 일약 극단의 총아로 명성을 얻게 된 것은 1636년 *Le Cid*의 공연으로 비롯된다. 이 비극이 공연되었던 Marais극장은 연일 초만원을 이루었고 전 파리시가 온통 흥분의 도가니를 이룰 만큼 *Le Cid*는 선풍적인 성공을 거두었다. 성공이 컸던 만큼 이 극을 에워싼 비난의 소리도 거세었다. 엄밀하게 말해서 이 비극은 고전극의 규칙을 충실히 지킨 것이 아니었는데, 이에 대하여 Scudéry를 위시하여 아카데미, 나아가서는 Richelieu까지도 가세하여 공격을 퍼부음으로써 이른바 「르 시드논쟁」이 벌어졌다. 아카데미의 비난에 불복한 Corneille는 3년여 붓을 꺾고 작품활동을 중단하기까지 했다.

그 후 그는 *Le Cid*가 스페인작가 De Castro의 모방이며 비극의 규칙을 무시했다는 비난을 감안하여, 로마사에서 취재할 뿐만 아니라 삼단일의 규칙을 엄밀히 지킨 걸작을 차례차례로 발표했다. 그의 전성기는 1640년대에 해당하며 *Horace*(1640), *Cinna*(1640), *Polyeucte*(1642), *La Mort de Pompée*(1643), 그리고 희극 *Le Menteur*(1643), *Rodogune*(1644) 등은 이 시기에 발표된 것들이다. 그 후로 그의 작품은 *Nicomède*(1651)를 제외하고는 현저하게 빛을 잃은 감이 있으며, 한때는 극작을 중단하고 *Imitation de jésus-Chrit*의 운문역을 위시한 개인적 명상의 저술에 몰두하기도 했다. 만년에 다시 극작을 시작하여 *Oedipe*(1659) 외 몇 편의 작품을 내놓았으나 지난날의 찬란한 영광을 되찾지는 못했다. 떠오르는 새 별 Racine에 압도되었을 뿐만 아니라 한편 두 아들을 잃은 가정적 불행까지 겹쳐 그는 실의와 불우 가운데 만년을 마쳤다.

Robert Garnier로부터 시작되는 프랑스의 본격적인 비극은 Mairet와 Hardy를 거쳐 Corneille에 이름으로써 위대한 완성에의 가보가 내딛여졌다. 사건을 단일한 줄거리로 집중시키고, 외적인 상황의 변화 대신 인물의 성격, 정념, 의지 등 내적요인들의 논리적 귀결로 극을 전개시켜 나가며, 설명적 서술보다 내적 위기를 중심으로 간결하고 밀도 있게 구성해 나감으로써 그는 「위기로서의 비극」(tragédie-crise)을 시도했다. 그러나 순수비극의 완성은 장차 Racine에 의해 달성된다고 말하는 것이 옳을 것이다. Corneille의 세계는, 가령 *Le Cid*의 경우와 같이, 외적 요소들이 극구성에 크게 작용하며 때때로 과장과 웅변이 지배하기도 한다. 그러나 그에 의해 비극은 새로운 차원으로 승화되었고 순수비극에의 터전이 닦여진 것임에 틀림없다. 아마도 la Fronde 란으로 상징되는 시대의 불안과 귀족들의 영웅주의가 반영된 것으로 보이는 그의 작품은 격앙된 정신적 분위기, 거인들의 강렬한 숨결이 담겨져 있다. 그러나 그의 극 가운데서 결국 의지와 논리가 승리하며, 값싼 감상주의를 배제한 영웅적이고 숭고한 결단은 작품의 비장감을 돋구고 있다. 그의 비극은 의지의 비극이며, 인간적 승리의 비극이다.

〈ŒUVRE〉

Mélite(1628), *La Veuve*(1631), *La Place Royale*(1634), *Clitandre*(1631), *Médée*(1635), *Illusion comique*(1636),

Le Cid(1637), *Horace*(1640), *Cinna*(1640), *Horace*(1642), *Le Menteur*(1643), *La Mort de Pmpée*(1643), *Rodogune*(1644), *Nicomède*(1651), *Œdipe*(1659), *Sertorius*(1662), *Sophonisbe*(1663), *Othon*(1664), *Attila*(1667), *Tite et Bérénice*(1670), *Pulchénie*(1672), *Suréna*(1674), Psyché(l671).

〈ETUDES〉

B. Dort : *Corneille dramaturge*, Arche, 1971.
L. Herland : *Corneille, par lui-même*, éd. du Seuil, 1954.
O. Nadal : *Le sentiment de l'amour dans l'oeuvre de Corneille, Gallimard, Bibl. des Idées*, 1948.
G. Couton : *La Vieillesse de Corneille*, F. Deshays, 1949,
S. Doubrovsky : *Corneille et la dialectique du héros*, Gallimard, 1963

STANCES DE CLARICE

젊은 과부 Clarice는 Philiste를 열렬히 사랑한다. Philiste도 또한 그녀를 사랑하지만 자신의 가난 때문에 주저한다. 그러나 상냥한 Clarice에게 교묘히 인도되어 마침내 사랑을 고백한다. 환희에 넘친 여인은 저물어가는 뜰에서 홀로, 나무와 꽃들을 향해 자신의 사랑과 기쁨을 토로한다.

Chers confidents de mes désirs,
Beaux lieux, secrets témoins de mon inquiétude,
Ce n'est plus avec des soupirs
Que je viens abuser de votre solitude ;
Mes tourments sont passés,
Mes vœux sont exaucés,
La joie aux maux succède :
Mon sort en ma faveur change sa dure loi,
Et pour dire en un mot le bien que je possède,
Mon Philiste est à moi.

En vain nos inégalités[1)]
M'avaient avantagée à mon désavantage.[2)]
L'amour confond nos qualités,[3)]

---

1) nos inégalités : Philiste와 자신 사이의 신분 및 부의 차이를 말함
2) 즉, 자신의 부는 세상에서 하나의 avantage이지만 자신의 사랑을 위해서는 désavantage로 작용했다는 뜻(절묘한 jeu de mots에 유의).
3) qualités : 여기서는 사회적 신분을 가리킴

Et nous réduit tous deux sous un même esclavage.
L'aveugle outrecuidé[1)]
Se croirait mal guidé
Par l'aveugle fortunes[2)]
Et son aveuglement par miracle fait voir
Que quand il nous saisit, l'autre[3)] nous importune,
Et n'a plus de pouvoir.

Cher Philiste, à présent tes yeux
Que j'entendais[4)] si bien sans les vouloir entendre,
Et tes propos mystérieux
Par leurs rusés détours n'ont plus rien à m'apprendre.
Nortre libre entretien
Ne dissimule rien ;
Et ces respects farouches
N'exerçant plus sur nous de secrètes rigueurs,
L'amour est maintenant le maître de nos bouches
Ainsi que de nos cœurs.

Qu'il fait bon avoir enduré !
Que le plaisir se goûte au sortir des supplices ![5)]
Et qu'après avoir tant duré,
La peine qui n'est plus augmente nos délices !
Qu'un si doux souvenir
M'apprête à l'avenir
D'amoureuses tendresses !
Que mes malheurs finis[6)] auront de volupté !
Et que j'estimerai chèrement ces caresses
Qui m'auront tant coûté !

Mon heur me semble sans pareil ;

---

1) L'aveugle outrecuidé : l'amour를 가리킴 outrecuidé = outrecuidant, présomptueux
2) 즉, 두 사람의 inégalité를 만들어 낸 운명(여기서도 jeu de mots)
3) l'autre = l'aveuglement de la fortune
4) entendaia = comprenais
5) Cf. 7행 : La joie aux maux succède. (지난날의 괴로움과 오늘의 환희는 계속해서 contraste를 이룬다.)
6) mes malheurs finis = la fin de mes malheurs(latinisme의 영향)

Depuis qu'en liberté mon amour m'en assure,
Je ne crois pas que le soleil···

La Veuve, III, 8.

L'AMOUR GÉNÉREUX

Rodrigue는 아버지의 수모에 대한 복수로서 애인 Chimène의 아버지를 결투에서 죽인 다음 그녀의 거처를 찾아간다. 그는 Chimène의 시녀 Elvire에게 사랑하는 여인으로부터 직접 처벌을 받고자 왔노라고 전한다. Chimène가 그곳에 다가오자 Elvire는 그를 숨게 하고, Rodrigue는 숨은 채로 두 여인의 대화를 엿듣는다. Chimène는 여전히 그를 사랑하되 가문의 명예를 위해 그를 법에 제소할 뜻을 말한다.

《Le poursuivre, le perdre, et mourir après lui.》 이 말을 듣자 Rodrigue는 Chimène의 아버지를 죽였던 칼을 든 채 그 자리에 모습을 나타낸다. 비운의 두 남녀는 의무와 사랑의 갈등 끝에 마침내 고귀한 사랑의 개념 속에 합치된다.

DON RODRIGUE : Eh bien ! sans vous donner la peine de poursuivre,
Assurez-vous l'honneur de m'empêcher de vivre.

CHIMÈNE : Elvire, où sommes-nous, et qu'est-ce que je voi[1] ?
Rodrigue en ma maison ! Rodrigue devant moi !

DON RODRIGUE : N'épargnez point mon sang : goûtez sans résistance
La douceur de ma perte et de votre vengeance.

CHIMÈNE : Hélas !
DON RODRIGUE : Écoute-moi.

CHIMÈNE : Je me meurs.

DON RODRIGUE : Un moment.

CHIMÈNE : Va, laisse-moi mourir.

DON RODRIGUE : Quatre mots seulement
Après ne me réponds qu'avecque cette épée.

1) voi = vois (당시에 이 철자는 허용되었다 – Vaugelas는 이에 반대)

CHIMÈNE : Quoi !du sang de mon père encor toute trempée[1] !

DON RODRIGUE : Ma Chimène…
CHIMÈNE : Ote-moi cet objet[2] odieux,
Qui reproche ton crime et ta vie à mes yeux.

DON RODRIGUE : Regarde-le plutôt pour exciter ta haine,
Pour croître[3] ta colère, et pour hâter ma peine[4].

CHIMÈNE : Il est teint de mon sang.

DON RODRIGUE : Plonge-le dans le mien,
Et fais-lui perdre ainsi la teinture du tien.

CHIMÈNE : Ah ! quelle cruauté, qui tout en un jour tue
Le père par le fer, la fille par la vue !
Ote-moi cet objet, je ne le puis souffrir.
Tu veux que je t'écoute, et tu me fais mourir !

DON RODRIGUE : Je fais ce que tu veux, mais sans quitter l'envie
De finir par tes mains ma déplorable vie ;
Car enfin n'attends pas de mon affection
Un lâche repentir d'une bonne[5] action.
L'irréparable effet d'une chaleur[6] trop prompte
Déshonorait mon père, et me couvrait de honte.
Tu sais comme un soufflet touche un homme de cœur ;
J'avais part à l'affront, j'en ai cherché l'auteur :
Je l'ai vu, j'ai vengé mon honneur et mon père :
Je le ferais encor, si j'avais à le faire.

---

1) trempée : 이 말은 비유적인 뜻으로 쓰여진 것. (실제로 피 묻은 칼은 아님. *Cf.* Acte V, scène 5 : *Quoi ! du sang de Rodrigue encore tout trempée.* – 실은 Don Sanche는 Rodrigue와의 결투에서 그에 의해 칼을 떨어뜨리게 되었을 뿐이다.)
2) objet = spectacle
3) croitre = accroître
4) peine = punition
5) bonne action = action généreuse (용감한 남자에게 합당한 위엄있는 행동을 말함. bon은 그 앞에 lâche와 대조를 이룸)
6) chaleur「격앙된 감정, 흥분」

Ce n'est pas qu'en effet[1] contre mon père et moi
Ma flamme[2] assez longtemps n'ait combattu pour toi ;
Juge de son pouvoir : dans une telle offense
J'ai pu délibérer si j'en prendrais vengeance.
Réduit à te déplaire, ou souffrir[3] un affront,
J'ai pensé qu'à son tour mon bras était trop prompt ;
Je me suis accusé de trop de violence ;
Et ta beauté sans doute[4] emportait[5] la balance,
A moins que d'opposer[6] à tes plus forts appas
Qu'un homme sans honneur ne te méritait pas ;
Que malgré cette part que j'avais en ton âme,
Qui m'aima généreux[7] me haïrait infâme ;
Qu'écouter ton amour, obéir à sa voix,
C'était m'en rendre indigne et diffamer[8] ton choix.
Je te le dis encore et quoique j'en soupire,
Jusqu'au dernier soupir je veux bien le redire :
Je t'ai fait une offense, et j'ai dû m'y porter
Pour effacer ma honte, et pour te mériter ;
Mais quitte envers l'honneur, et quitte envers mon père,
C'est maintenant à toi que je viens satisfaire :
C'est pour t'offrir mon sang qu'en ce lieu tu me vois.
J'ai fait ce que j'ai dû, je fais ce que je dois.
Je sais qu'un père mort[9] t'arme contre mon crime ;
Je ne t'ai pas voulu dérober[10] ta victime

---

1) en effet = en réalité
2) flamme :「사랑의 정열」을 가리킴 (préciosité의 영향)
3) souffrir = ou *à* souffrir (souffrir「감수하다」= endurer)
4) sans doute = sans aucun doute의 뜻 :「틀림없이, 분명히」
5) emportait = aurait emporté (결과를 강조하기 위해 조건법과거 대신 반과거가 사용된다.)
6) opposer A à B의 구문. 여기서 A는 que …로써 시작되는 3개의 절
7) généreux : Descartes는 le généreux를 이렇게 정의했다 : "celui qui sent en soi·même une ferme et constante résolution de bien user de sa volonté"「명예를 존중하는 사람, 의로운 사람」으로 해석됨. 반대는 infâme :「명예를 저버린 자, 비굴한 자」
8) diffamer = déshonorer
9) un père mort = la mort d'un père(라틴어의 영향)
10) Je ne t'ai pas voulu dérober = ie n'ai pas voulu te dérober … (고전 불어에서는 인칭대명사가 조동사 앞에 나온다.) ta victime「그대가 바칠 재물」(즉, Rodrigue 자신)」

Immole avec courage au sang qu'il[1] a perdu
Celui qui met sa gloire à l'avoir répandu.

CHIMÈNE : Ah ! Rodrigue, il est vrai, quoique ton ennemie,
Je ne puis te blâmer d'avoir fui l'infamie ;
Et de quelque façon qu'éclatent mes douleurs,
Je ne t'accuse point, je pleure mes malheurs.
Je sais ce que l'honneur, après un tel outrage,
Demandait à l'ardeur d'un généreux courage[2] :
Tu n'as-fait le devoir que d'un homme de bien ;
Mais aussi, le faisant, tu m'as appris le mien.
Ta funeste[3] valeur m'instruit par ta victoire ;
Elle a vengé ton père et soutenu ta gloire[4] :
Même soin me regarde, et j'ai, pour m'affliger,
Ma gloire à soutenir et mon père à venger.
Hélas ! ton intérêt ici me désespère :
Si quelque autre malheur m'avait ravi mon père,
Mon âme aurait trouvé dans le bien[5] de te voir
L'unique allégement qu'elle eût pu recevoir ;
Et contre ma douleur j'aurais senti des charmes[6],
Quand une main si chère eût essuyé mes larmes.
Mais il me faut te perdre[7] après l'avoir perdu ;
Cet effort sur ma flamme à mon honneur est dû ;
Et cet affreux devoir, dont l'ordre m'assassine,
Me force à travailler moi-même à ta ruine.
Car enfin n'attends pas de mon affection
De lâches sentiments pour : ta punition.
De quoi qu'en ta faveur notre amour m'entretienne,
Ma générosité doit répondre à la tienne :
Tu t'es, en m'offensant, montré digne de moi ;
Je me dois, par ta mort, montrer digne de toi.

---

1) il = le père (mort)
2) courage = cœur
3) funeste valeur : 「죽음을 가져온 용기」 (funeste = qui donne la mort.)
4) gloire = réputation
5) le bien = le bonheur
6) charmes = 「마력, 묘약」
7) perdre : 「망하게(죽게) 하다, 파멸시키다」 (= ruiner)

DON RODRIGUE : Ne diffère donc plus ce que l'honneur t'ordonne :
Il demande ma tête, et je te l'abandonne :
Fais-en un sacrifice à ce noble intérêt :
Le coup m'en sera doux, aussi bien que l'arrêt.
Attendre après mon crime une lente justice,
C'est reculer ta gloire autant que mon supplice.
Je mourrai trop heureux, mourant d'un coup si beau.

CHIMÈNE : Va, je suis ta partie, et non pas ton bourreau.
Si tu m'offres ta tête, est-ce à moi de la prendre ?
Je la dois attaquer, mais tu dois la défendre ;
C'est d'un autre que toi qu'il me faut l'obtenir,
Et je dois te poursuivre, et non pas te punir.

DON RODRIGUE : De quoi qu'en ma faveur notre amour t'entretienne,
Ta générosité doit répondre à la mienne ;
Et pour venger un père emprunter d'autres bras,
Ma Chimène, crois-moi, c'est n'y répondre pas :
Ma main seule du mien as su venger l'offense,
Ta main seule du tien doit prendre la vengeance.

CHIMÈNE : Cruel ! à quel propos sur ce point t'obstiner ?
Tu t'es vengé sans aide, et tu m'en veux donner !
Je suivrai ton exemple, et j'ai trop de courage
Pour souffrir qu'avec toi ma gloire se partage.
Mon père et mon honneur ne veulent rien devoir
Aux traits de ton amour ni de ton désespoir.

DON RODRIGUE : Rigoureux point d'honneur ! hélas ! quoi que je fasse,
Ne pourrai-je à la fin obtenir cette grâce ?
Au nom d'un père mort, ou de notre amitié,
Punis-moi par vengeance, ou du moins par pitié.
Ton malheureux amant aura bien moins de peine
A mourir par ta main qu'à vivre avec ta haine.

CHIMÈNE : Va, je ne te hais point.

DON RODRIGUE : Tu le dois.

Le Cid, Acte III, Scène IV

LEÇON DE GRANDEUR À UN ROI

Bithinie의 왕 Prusias는 재취한 아내 Arsinoé와 로마의 대사 Flaminius의 압력을 받아 전처 소생의 아들 Nicomède로 하여금 Arménie의 여왕 Laodice와의 결혼을 포기시키려 한다. 계모 Arsinoé의 온갖 중상(아버지에 대한 역모를 꾸몄다는)과 아버지의 분노에 아랑곳 없이 Nicomède는 왕위에 대한 권리도 사랑도 포기하지 않는다. 이 장면에서 Nicomède는 아버지 Prusias에게 왕의 위엄을 환기시키려 시도하지만 그것이 헛됨을 알자 어조를 바꾸어 그의 위협에 결코 굴하지 않을 것이라고 단호히 선언한다.

PRUSIAS : Nicomède, en deux mots, ce désordre me fâche.
Quoi qu'on t'ose imputer, je ne te crois point lâche,
Mais donnons quelque chose à Rome, qui se plaint,
Et tâchons d'assurer[1] la Reine, qui te craint.
J'ai tendresse pour toi, j'ai passion pour elle ;
Et je ne veux pas voir cette haine éternelle,
Ni que[2] des sentiments[3] que j'aime à voir durer
Ne règent dans mon cœur que pour le déchirer.
J'y veux mettre d'accord l'amour et la nature,
Etre père et mari dans cette conjoncture…

NICOMÈDE : Seigneur, voulez-vous bien vous en fier à moi ?
Ne soyez l'un ni l'autre.

PRUSIAS : Et que dois-je être ?

NICOMÈDE : Roi.[4]
Reprenez hautement ce noble caractère.
Un véritable roi n'est ni mari ni père ;
Il regarde[5] son trône, et rien de plus. Régnez,
Rome vous craindra plus que vous ne la craignez.
Malgré cette puissance et si vaste et si grande,

---

1) assurer = rassurer
2) Ni que : (Je ne veux) … ni que로 연결
3) des sentiments : 위에서 말한 아들에 대한 tendresse와 아내에 대한 passion을 가리킴(9행에서는 la nature(부자 사이의 감정이기 때문에)와 l'amour로 표시).
4) 이 말을 부각시킨 style의 효과에 주의
5) regarde = prend en considération「항상 염두에 둔다」

Vous pouvez déja voir comme elle[1] m'appréhende,
Combien en me perdant elle espère gagner,
Parce qu'elle prévoit que je saurai régner.

PRUSIAS : Je règne donc, ingrat ! puisque tu me l'ordonnes :
Choisis, ou Laodice, ou mes quatre couronnes.[2]
Ton roi fait ce partage entre ton frère[3] et toi ;
Je ne sui.s plus ton père, obéis à ton roi.

NICOMÈDE : Si vous étiez aussi le roi de Laodice
Pour l'offrir à mon choix avec quelque justice,
Je vous demanderais le loisir d'y penser ;
Mais enfin, pour vous plaire, et ne pas l'offenser,
J'obéirai, Seigneur, sans répliques frivoles,
A vos intentions, et non à vos paroles.
A ce frère si cher transportez tous mes droits,
Et laissez Laodice en liberté du choix.
Voilà quel est le mien.

PRUSIAS : Quelle bassesse d'âme,[4]
Quelle fureur t'aveugle en faveur d'une femme ?
Tu la préfères, lâche ! à ces prix glorieux
Que ta valeur unit au bien de tes aïeux !
Après cette infamie es-tu digne de vivre ?

NICOMÈDE : Je crois que votre exemple est glorieux à suivre :
Ne préférez-vous pas une femme à ce fils
Par qui tous ces Etats aux vôtres sont unis ?[5]

PRUSIAS : Me vois-tu renoncer pour elle au diadème ?

NICOMÈDE : Me voyez-vous pour l'autre y renoncer moi-même ?
Que cédé-je à mon frère en cédant vos Etats ?
Ai-je droit d'y prétendre avant votre trépas ?

---

1) elle = Rome

2) quater couronnes : 이 중 셋은 Nicomède의 정복으로 얻어진 것

3) ton frère : 이복동생 Attale (실은 동생을 위해 Laodice와의 결혼을 포기시키려 한 것이다.)

4) 매우 신랄하고 혹독한 비난

5) 이 답변 속에 담긴 가시 돋힌 풍자에 유의

Pardonnez-moi ce mot, il est fâcheux à dire,
Mais un monarque enfin comme un autre homme expire ;
Et vos peuples alors, ayant besoin d'un roi,
Voudront choisir peut-être entre ce prince et moi.
Seigneur, nous n'avons pas si grande ressemblance
Qu'il faille de bons yeux pour y voir différence ;
Et ce vieux droit d'aînesse est souvent si puissant
Que pour remplier un trône il rappelle un absent.
Que si leurs sentiments se règlent sur les vôtres,
Sous le joug de vos lois j'en ai bien rangé d'autres ;
Et dussent vos Romains en être encor jaloux,[1)]
Je ferai bien pour moi ce que j'ai fait pour vous.[2)]

Nicomède IV, 3.

MON VRAI CRIME EST MA GLOIRE...

Arménie왕의 딸 Eurydice는 한 약정에 의해 Parthes왕의 아들 Pacorus와 결혼해야만 한다. 그러나 그녀는 로마군을 무찌른 Parthes의 용장 Suréna와 사랑을 나누고 있다. Suréna의 명성에 위협을 느낀 Parthes의 왕 Orode는 그의 충성을 보장받기 위해 딸 Mandane와 결혼할 것을 요구하며 그렇지 않을 경우 죽이기로 마음먹는다. Suréna는 왕의 제의를 거절한다. 이 거절의 이유는 마침내 밝혀지게 되고, 이제 Suréna의 거부는 죽음을 면할 길이 없게 된다. 그의 누이 Palmis는 이 위험을 알리고 양보하도록 간곡히 타이르지만 Suréna의 결심은 요지부동이다.

SURÉNA : Que faire donc, ma sœur ?

PALMIS : Votre asile est ouvert.

SURÉNA : Quel asile ?

L'hymen qui vous vient d'être offert.[3)]
Vos jours en sûreté dans les bras de Mandane,
Sans plus rien craindre···

1) ··· dussent vos Romains ··· jaloux「설사 로마인들이 그것을 시기하게 된다 할지라도」
2) Je ferai bien ··· : 즉, 지난날에 당신을 위해 싸워 이긴 것처럼, 그들에 대항하여 싸우겠다는 뜻
3) qui vous vient d'être offert = qui vient de vous être offert

SURÉNA : Et c'est ma sœur qui m'y condamne !
C'est elle qui m'ordonne avec tranquillité
Aux yeux de ma princesse[1] une infidélité !

PALMIS : Lorsque d'aucun espoir notre ardeur[2] n'est suivie,
Doit-on être fidèle aux dépens de sa vie ?
Mais vous[3] ne m'aidez point à le persuader,
Vous qui d'un seul regard pourriez tout décider ?
Madame, ses périls ont-ils de quoi vous plaire ?

EURYDICE : Je crois faite beaucoup, Madame, de me taire ;
Et tandis qu'à mes yeux vous donnez tout mon bien,
C'est tout ce que je puis que de ne dire rien,
Forcez-le, s'il se peut, au nœud[4] que je déteste ;
Je vous laisse en parler, dispensez-moi du reste :
Je n'y mets point d'obstacle, et mon esprit confus···
C'est m'expliquer assez : n'exigez rien de plus.

SURÉNA : Quoi ? vous vous figurez que l'heureux nom de gendre,[5]
Si ma perte est jurée, a de quoi m'en défendre,
Quand malgré la nature, en depit de ses lois,
Le parricide a fait la moitié de nos rois,
Qu'un frère pour régner se baigne au[6] sang d'un frère,
Qu'un fils impatient prévient la mort d'un père ?
Notre Orode lui-même, où serait-il sans moi ?[7] (···)
Car enfin mes refus ne font pas mon offense ;
Mon vrai crime est ma gloire, et non pas mon amour :
Je l'ai dit, avec elle il croîtra chaque jour ;
Plus je les servirai, plus je serai coupable ;
Et s'ils veulent ma mort, elle est inévitable.
Chaque instant que l'hymen pourrait ra reculer

1) ma princesse = 그가 사랑하는 Eurydice (Arménie왕의 딸)
2) ardeur = amour (「사랑」을 표현하는 말 중의 하나. Cf. *flamme*)
3) vous : 여기서 Palmis는 Eurydice에게 말을 건다.
4) au nœud = au mariage(avec Mandane).
5) l'heureux nom de gendre : 즉 Suréna가 왕녀 Mandane와 결혼하여 왕의 사위가 되는 것
6) au sang = dans le sang(고전불어에서 전치사 à의 용법은 광범위하다.)
7) 여기서 Suréna는 Orode와 동생 사이의, 그리고 그의 자식들 간의 알력을 암시하고 있다.

Ne les attacherait qu'à mieux dissimuler ;
Qu'à rendre, sour l'appas d'une amitié tranquille,
L'attentat plus secret, plus noir et plus facile.
Ainsi dans ce grand nœud chercher ma sûreté,
C'est inutilement faire une lâcheté,
Souiller en vain mon nom, et vouloir qu'on m'impute
D'avoir enseveli ma gloire sous ma chute.
Mais, Dieux ! se pourrait-il qu'ayant si bien servi,
Par, l'ordre de mon roi le jour me fût ravi ?
Non, non : c'est d'un bon œil qu'Orode me regarde ;
Vous le voyez, ma sœur, je n'ai pas même un garde :[1)]
Je suis libre.

PALMIS : Et j'en crains d'autant plus son courroux :
S'il vous faisait garder, il répondrait de vous.
Mais pouvez-vous, Seigneur, rejoindre votre suite ?
Etes-vous libre assez pour choisir une fuite ?
Garde-t-on chaque porte à moins d'un grand dessein ?
Pour en rompre l'effet, il ne faut qu'une main.[2)]
Par toute l'amitié[3)] que le sang doit attendre,
Pat tout ce que l'amour a pour vous de plus tendre…

SURÉNA : La tendresse n'est point de l'amour d'un héros :
Il est honteux pour lui d'écouter des sanglots ;
Et parmi la douceur des plus illustres flammes,
Un peu de dureté sied bien aux grandes âmes.

PALMIS : Quoi ? vous pourriez…

SURÉNA : Adieu : le trouble où je vous voi
Me fait vous craindre plus que je ne crains le Roi.[4)]

Suréna, V, 3.

---

1) je n'ai pas même un garde.「나는 감시를 받고 있지도 않다」(= je ne suis pas même gardé à vue.)

2) il ne faut qu'une main :「그녀와의 결혼을 받아들이기만 하면 된다」(= il suf fit que vous acceptiez la main de Mandane.)

3) amitié = affection, amour

4) 이 구절로 미루어 보아 Suréna는 그의 단호한 결의(51~54행)에도 불구하고 마음속의 동요를 두려워하고 있다.

LA TRAGÉDIE HISIORIQUE

Pertharite(1652)의 실패 이후 7년동안 극작을 중단했던 Corneille는 이미 발표된 작품들의 신판을 준비하는 한편(이 신판은 3권으로 1660년에 발간됨), 자신의 예술에 대한 성찰을 계속했다. *Le Cid*를 에워싼 논쟁 이래 자신에 대한 갖가지 비난에 민감했던 그는 아리스토텔레스를 위시한 고금의 극시 이론가들의 저서를 읽으면서 자신의 작품에 대한 진지하고 공평한 검토를 게을리 하지 않았다. 이 일련의 성찰이 1660년의 신판 각 권마다 서두에 *Discours*란 제목으로 발표되었고, 아울러 각 작품마다 자작비평(*Examen*)을 붙이고 있다. 작가 자신에 의한 자가비판은 매우 특이한 것으로써 주목할 만하다. 여기 실린 텍스트는 제1권 서두의 *Discoure sur l'utilité et les parties du poème dramatique*의 첫 부분이다.

Bien que, selon Aristote, le but seul de la poésie dramatique soit de plaire aux spectateurs, et que la plupart de ces poèmes[1] leur aient plu, je veux bien avouer toutefois que beaucoup d'entre eux n'ont pas atteint le but de l'art. *Il ne faut pas prétendre*, dit ce philsophe, *que ce genre de poésie nous donne toute sorte de plaisir, mais seulement celui qui lui est propre ;*[2] et, pour trouver ce plaisir qui lui est propre, et le donner aux spectateurs, il faut suivre les préceptes de l'art, et leur plaire selon ses règles. Il est constan[3] qu'il y a des préceptes, puisqu'il y a un art ; mais il n'est pas constant quels ils sont. On convient du nom sans convenir de la chose, et on s'accorde sur les paroles pour contester sur leur signification. Il faut observer l'unité d'action, de lieu et de jour, personne n'en doute ; mais ce n'est pas une petite difficulté de savoir ce que c'est que cette unité d'action, et jusques où peut s'étendre cette unité de jour et de lieu.[4] Il faut que le poète traite son sujet selon le vraisemblable et le nécessaire ; Aristote le dit, semblent si clairs et si intelligibles, qu'aucun d'eux n'a daigné nous dire, non plus que lui, ce que c'est que ce vraisemblable

1) poèmes : 이 말은 17세기에 단독으로, 혹은 *tragique, dramatique*와 같은 수식어와 더불어 비극 또는 희곡을 가리키는데 사용되었다. 한편, Comeille는 여기서 la plupart라고 쓰고 있는데, 두 개의 예외(*Théodore*, 1645와 *Pertharite*, 1652)가 있을 뿐 거의 전부라고 함이 옳다.

2) Cf. *Poétique*, XIV, 2.

3) Il est constant = Il est reconnu pour certain

4) unité de jour에 관해서 Corneille는 *le Second discours*(sur les trois unités) 가운데서 Aristote의 정의를 인용하되 (*"la tragédie doit renfermer la durée de son action dans un tour du soleil, ou ne le passer pas de beaucoup" – Poétique.* V.8), 극의 전개상 이 정의를 다소 벗어날 수도 있다고 주장한다. 한편, unité de lieu는 Aristote에 의해 정의된 바 없으나 unite de temps의 필연적인 결과로서 인정하되 역시 그 적용에 있어서는 다소의 융통성이 허용되어야 한다고 믿고 있다.

et ce nécessaire. Beaucoup même ont si peu considéré ce dernier, qui accompagne toujours l'autre chez ce philosophe, hormis une seule fois, où il parle de la comédie, qu'on en est venu à établir une maxime très fausse, *qu'il faut que le sujet d'une tragédie soit vraisemblable* ; appliquant ainsi aux conditions du sujet la moitié de ce qu'il a dit de la manière de le traiter. Ce n'est pas qu'on ne puisse faire une tragédie d'un sujet purement vraisemblable ; il en donne pour exemple *La Fleur* d'Agathon,[1] où les noms et les choses étaient de pure invention, aussi bien qu'en la comédie : mais les grands sujets qui remuent fortement les passions, et en opposent l'impétuosité aux lois du devoir ou aux tendresses du sang, doivent toujours aller au delà du vraisemblable, et ne trouveraient aucune croyance parmi les auditeurs, s'ils n'étaient soutenus, ou par l'autorité de l'histoire qui persuade avec empire, ou par la préoccupation[2] de l'opinion commune qui nous donne ces mêmes auditeurs déjà tout persuadés. Il n'est pas vraisemblable que Médée tue ses enfants,[3] que Clytemnestre assassine son mari,[4] qu'Oreste poignarde sa mère,[5] mais l'histoire le dit, et la représentation de ces grands crimes ne trouve point d'incrédules. Il n'est ni vrai ni vraisemblable qu'Andromède,[6] exposée à un monstre marin, ait été garantie de ce péril par un cavalier volant, qui avait des ailes aux pieds : mais c'est une fiction que l'antiquité a reçue ; et, comme elle l'a transmise jusqu'à nous, personne ne s'en offense quand on la voit sur le théâtre. Il ne serait pas permis toutefois d'inventer sur ces exemples. Ce que la vérité ou l'opinion fait accepter serait rejeté, s'il n'avait point d'autre fondement qu'une ressemblance à cette vérité ou à cette opinion. C'est pourquoi notre docteur dit que *les sujets viennent de la fortune*, qui fait arriver les choses, *et non de l'art*, qui les imagine. Elle est maîtresse des événements, et le choix qu'elle nous donne de ceux qu'elle nous présente enveloppe une secrète défense d'entreprendre sur elle,[7] et d'en produire sur la scène qui ne soient pas de

---

1) Agathon : Platon의 *le Banquet* 속에 등장하는 그리스 시인
2) la préoccupation : 관객의 마음속에 이미 자리잡은 생각(여기서는 신화의 인물이나 사건에 대한 일반대중의 믿음을 암시).
3) Sénèque의 동명의 비극, 또는 Corneille 자신의 비극 속에서 벌어지는 사건
4) Eschyle(아이스큘로스)의 Agamennon 속에서
5) Eschyle의 Choéphores 속에서
6) Corneille 자신의 *Andromède* 속에서
7) entreprendre bur elle : 「그의 권리를 침해하다」 (= usurper ses droits)

sa façon.[1] Aussi *les anciennes tragédies se sont arrêtées autour de peu de familles, parce quil était arrivé à peu de familles des choses dignes de la tragédie.* Les siècles suivants nous en ont assez fourni pour franchir ces bornes, et ne marcher plus sur les pas des Grecs : mais je ne pense pas qu'ils nous aient donné la liberté de nous écarter de leurs règles.[2] Il faut, s'il se peut, nous accommoder avec elles, et les amener jusqu'à nous. Le retranchement que nous avons fait des cœurs nous oblige à remplir nos poèmes de plus d'épisodes qu'ils ne faisaient ; c'est quelque chose de plus, mais qui ne doit pas aller au delà de leurs maximes, bien qu'il aille au delà de leur pratique.

Discours du Poème dramatique.

RACINE (1639-1699)

1639년 12월 북불 La Ferté-Milon에서 법관의 아들로 태어난 Jean Racine는 2살 때 어머니를, 4살 때 아버지를 여읜 후 조모 밑에서 자랐고, 장세니즘(jansénisme)의 중심지 Port-Royal의 종교적 분위기 속에서 특히 그리스 고전의 교양을 익혔다. 그 전후에 그는 Beauvais와 파리의 학교에서도 수학하였으나 Port-Royal에서의 교육은 그에게 결정적 영향을 미친 것으로 보인다. (Corneille가 제쥐뜨 학교에서 공부한 것과는 매우 대조적이다. 인간에 대한 개념에 있어 제쥐뜨파의 낙관주의와 장세니스트의 비관주의는 그대로 그들의 작품 속에 반영되는 것을 볼 수 있다.) 파리로 나온 Racine는 문학에 이끌려 시작을 시도하였는데 Louis 14세의 성혼을 축하하는 시 *La Nymphe de la Seine*(1660)는 호평을 받아 상을 받기도 했다. 한동안 Uzès의 숙부의 집에 머물게 된 그는 신학공부와 함께 Virgile을 위시한 고전작가의 연구에 몰두했다. 1663년에는 파리로 되돌아와 Boileau와도 알게 되고 본격적인 문학활동을 전개하였는데, 이때 최초의 비극 *Thébaïde*(1663)를 써서 다음해 몰리에르극단에 의해 공연케 했다. 2년 후 *Alexandre*(1665)도 몰리에르극단에 의해 공연되었는데, 그는 곧 부르고뉴좌로 이 공연을 옮김으로써 Molière와는 소원한 관계가 되었다.

Musée de Langres
Cl. Guiley-Lagache
Portrait présumé de Jean Racine

1) qui ne soient pas de sa façon = qui ne soient pas façonnés(crés) par elle

2) 즉, 역사적 주제(sujets historiques)를 다루어야 한다는 규칙

극작가로서의 위치를 굳히고 국왕의 비호를 받기에 이른 Racine는 반면 그의 문학활동을 못마땅하게 여긴 Port-Royal과 갈등을 일으키게 되었고, 이에 반발함으로써 그는 사실상 파문을 당하기에 이르렀다. 그러나 이 무렵부터 그의 재능은 찬란하게 피어오르기 시작했고 불후의 명작들이 속속 발표되었다. *Andromaque*(1667), *Britannicus*(1669), *Bérénice*(1670), *Bajazet*(1672), *Mitridate*(1673), *Iphigénie*(1674), *Phèdre*(1677) 등은 그의 걸작인 동시에 가위 프랑스 고전극의 정화라 할 만한 것들이다.

그러나 Racine에게는 많은 적이 있었고, 이들은 Racine를 곤경에 빠뜨릴 음모를 그치지 않았다. 그리하여 *Phèdre*의 공연은 이들의 음모로 말미암아 실패로 돌아가고 말았는데, 이에 충격을 받은 Racine는 이후 극작을 중단하고 말았다. 한동안 Boileau와 함께 왕실사료편찬관의 직무를 수행하여 때때로 국왕을 따라 전지에 나가기도 했다. 예술을 포기함과 동시에 Port-Royal과도 화해했고, 1677년에는 결혼하여 평화롭고 경건한 생활로 되돌아갔다. 가까이 지내던 Mme de Maintenon의 청을 받아들여 두 편의 종교극을 다시 쓰게 된 것은 다행한 일이다. 부인이 창립한 Saint-Cyr 학교의 여학생들을 위해 쓰여진 *Esther*(1689)와 *Athalie*(1691)는 이전의 작품에 손색이 없는 걸작으로 평가되고 있다.

그러나 Racine는 더 이상 극작활동을 계속하지 않았다. 만년에는 전적으로 신앙에 몰입하여, 젊었을 때의 정신적 지주였던 Port-Royal의 스승들과 교류하여 때로는 쟝세니스트의 입장을 강력히 옹호하기도 했다. 이로 인하여 국왕의 총애를 잃기도 했지만, 그는 되찾은 신앙적 입장에서 자신의 과거의 극작 활동을 스스로 비판하며 이를 젊은 혈기의 과오로 뉘우치기도 했다.

Racine의 작품은 프랑스 고전비극의 전형을 이루고 있으며 우리는 이를 가리켜 순수비극이라 부르기도 한다. 그는 극의 요소를 외적사적의 얽힘에 두지 않고 등장인물의 내적 심리의 갈등에 두었다. 따라서 그의 극은 매우 단순한 줄거리로 짜여지되, 인물들의 복잡미묘하게 얽힌 심리적 움직임이 그 자체의 논리적 필연에 의해 최후의 폭발점을 향해 치닫도록 구성되어 있다. 다시 말해서 그의 작품은 내적갈등의 한 위기의 순간을 극적으로 부각시키는 기술로 성립되어 있는데, 그러기에 삼단일(trois unités) 규칙은 오히려 이와 같은 전개에 적합한 것이 되어 있다. Racine는 또한 자연스러움(le naturel)과 사실성(le vraisemblable)을 중요시했다. 그가 Corneille의 비극을 비난한 것은 그것이 부자연스럽기 때문인데 La Bruyère는 「Corneille는 있어야 할 인간을, Racine는 있는 그대로의 인간을 그렸다…」라고 평한 것은 정곡을 찌른 말이다. Corneille가 정념을 극복하는 의지적이고 영웅적인 하나의 이상형을 그렸다면 Racine는 정념의 광란에 결국 삼키워버리는 인간의 현실적 모습을 사실 그대로 그렸기 때문이다.

〈ŒUVRE〉

La Thébaïde ou Les Frères ennemis(1663-1664) *Alexandre*(1665) *Andromaque*(1667) *Britannicus*(1669) *Bérénice*(1670) *Bajazet*(1672) *Mitridate*(1673) *Iphigénie*(1674) *Phèdre*(1677) *Esther*(1689) *Athalie*(1691)

〈ETUDES〉

P. Moreau : *Racine*, Hatier. 1943.
J. Pommier : *Aspects de Racine*, Nizet, 1954.
R. Picard : *La carrière de Jean Racine*, Gallimard, 1956.
R. Barthes : *Sur Racine*, Paris, 1963.
M. Blum : *Le Thème Symbolique dans le théâtre de Racine*, Paris, 1965.

LA VIOLENCE

Sparte의 공주 Hermione와 약혼한 Epire의 왕 Pyrrhus는 그에 의해 패망한 Hector의 과부 Andromaque를 열렬히 사랑한다. Andromaque는 아들 Astyanax와 함께 Pyrrhus의 포로로 잡혀 있는데, 그리스인들은 사신 Oreste(그는 Hermione를 사모하고 있다)를 보내어 Astyanax를 인도해 줄 것을 요구한다. Pyrrhus는 Andromaque에게 Astyanax를 그리스인으로부터 보호해 준다는 미끼로 자기와 결혼해 줄 것을 요구한다. 망부 Hector에 대한 정절과 아들 Astyanax에 대한 모성애 사이에서 Andromaque는 한동안 번민하며 양자 사이에서 갈팡질팡한다. 이 극의 등장인물들을 묶는 관계의 구도는 이와 같은 것이다. Andromaque의 태도 여하에 따라 모든 인물들은 각기 희비의 드라마를 연출하게 된다.

Oreste ⇄ Hermione ⇄ Pyrrhus ⇄ Andromaque ⇄ Hector
　　　　　　　　　　　　　　　　　　　　　⇄ Astyanax

요컨대 무대 위에 등장하는 4인물은(모습을 나타내지 않는 2인물과 함께) 인간의 의지로는 어찌할 수 없는 숙명적 liens으로 서로 묶여 있으며, 이 극도의 긴장 관계는 마침내 Andromaque의 결정이 내려지자 최후의 폭발점을 향해 숨가쁘게 움직인다. 즉, Andromaque는 Astyanax를 살리기 위해 Pyrrhus와의 결혼을 받아들이되 식이 끝나자마자 자결하기로 결심한다. Pyrrhus의 배신에 분노한 Hermione는 자기를 사랑하는 Oreste로 하여금 Pyrrhus를 살해케 하려고 한다. 이 장면은 Pyrrhus가 Hermione에게 찾아와 파혼을 선언하는 장면이다.

PYRRHUS : Vous ne m'attendiez pas, Madame ; et je vois bien
Que mon abord[1] ici trouble votre entretien.
Je ne viens point, armé d'un indigne artifice,
D'un voile d'équité couvrir mon injustice :
Il suffit que mon cœur me condamne tout bas ;
Et je soutiendrais mal ce que je ne crois pas.
J'épouse une Troyenne. Oui, Madame, et j'avoue
Que je vous ai promis la foi[2] que je lui voue.
Un autre vous dirait que dans les champs troyens
Nos deux pères sans nous formèrent ces liens,
Et que sans consulter ni mon choix ni le vôtre,
Nous fûmes sans amour engagés l'un à l'autre ;
Mais c'est assez pour moi que je me sois soumis.[3]

---

1) abord = arrivée

2) foi = fidélité

3) que je me sois soumis : 「내가 (그 결정에) 동의한 것으로 (충분하다)」 즉, 동의한 이상 내가 책

Par mes ambassadeurs mon cœur vous fut promis ;
Loin de les[3] révoquer, je voulus y[1] souscrire.
Je vous vis avec eux arriver en Épire ;
Et quoique d'un autre œil l'éclat victorieux
Eût déjà prévenu[2] le pouvoir de vos yeux,
Je ne m'arrêtai point à cette ardeur nouvelle :
Je voulus m'obstiner à vous être fidèle,
Je vous reçus en reine ; et jusques à ce jour
J'ai cru que mes serments me tiendraient lieu d'amour.
Mais cet amour l'emporte, et par un coup funeste
Andromaque m'arrache un cœur qu'elle déteste.
L'un par l'autre entraînés, nous courons à l'autel
Nous jurer, malgré nous, un amour immortel.
Après cela, Madame, éclatez[3] contre un traître,
Qui l'est avec douleur, et qui pourtant veut l'être.[4]
Pour moi, loin de contrandre un si juste courroux,
Il me soulagera peut-être autant que vous.
Donnez-moi tous les noms destinés aux parjures :
Je crains votre silence, et non pas vos injures.
Et mon cœur, soulevant[5] mille secrets témoins,
M'en dira d'autant plus que vous m'en direz moins.

HERMIONE : Seigneur, dans cet aveu dépouillé d'artifice,
J'aime à voir que du moins vous vous rendiez justice,
Et que voulant bien[6] rompre un nœud si solennel,
Vous vous abandonniez au crime en criminel.
Est-il juste, après tout, qu'un conquérant s'abaisse
Sous la servile loi de garder sa promesse ?
Non, non, la perfidie a de quoi vous tenter ;

임져야 할 일이다라는 뜻

1) les, y : promis라는 말 속에 암시된 promesse를 받음

2) prévenu = devancé「앞지르다, 선수치다」

3) éclatez :「분노를 터트리시오」(*éclater* = s'emporter)

4) 이성과 의지(사랑의 욕망)와의 갈등을 표현. (*veux* l'être는 이성의 만류에도 그렇게 될 수밖에 없는 의지(vouloir)의 마력을 표현

5) soulevant = suscitant

6) voulant bien : 확고한 결의를 표현

Et vous ne me cherchiez que pour vous en vanter.[1]
Quoi ? sans que ni serment ni devoir vous retienne,
Rechercher une Grecque, amant d'une Troyenne ?
Me quitter, me reprendre et retourner encor
De la fille d'Hélène à la veuve d'Hector ?
Couronner tour à tour l'esclavè et la princesse ;
Immoler Troie aux Grecs, au fils d'Hector la Grèce ?
Tout cela part d'un cœur toujours maître de soi,[2]
D'un héros qui n'est point esclave de sa foi.[3]
Pour plaire à votre épouse, il vous faudrait peut-être
Prodiguer les doux noms de parjure et de traître.
Vour veniez de mon front observer la pâleur,
Pour aller dans ses bras rire de ma douleur.
Pleurante après son char vous voulez qu'on me voie ;
Mais, Seigneur, en un jour ce serait trop de joie ;
Et sans chercher ailleurs des titres empruntés,
Ne vous suffit-il pas de ceux que vous portez ?
Du vieux père d'Hector la valeur abattue
Aux pieds de sa famille expirante à sa vue,
Tandis que dans son sein votre bras enfoncé
Cherche un reste de sang que l'âge avait glacé ;
Dans des ruisseaux de sang Troie ardente plongée ;
De votre propre main Polyxène[4] égorgée
Aux yeux de tous les Grecs indignés contre vous :
Que peut-on refuser à ces généreux coups ?

PYRRHUS : Madame, je sais trop à quels excès de rage
La vengeance d'Hélène emporta mon courage :
Je puis me plaindre à vous[5] du sang que j'ai versé ;
Mais enfin je consens d'oublier le passé.
Je rends grâces au ciel que votre indifférence

---

1) 상대의 의도에 대한 냉소적이고 역설적인 반발

2) soi = lui

3) 주(2) 참조

4) Polyxène ; Priam과 Hécube의 딸

5) je puis me plaindre à vous = Je pourrais vous faire des reproches (au sujet du sang…) : 「나는 (…에 대해) 당신들에게 비난을 할 수도 있소」

De mes heureux soupirs[1] m'apprenne l'innocence.
Mon cœur, je le vois bien, trop prompt à se gêner,[2]
Devait[3] mieux vous connaître et mieux s'examiner.
Mes remords vous faisaient une injure mortelle ;
Il faut se croire aimé pour se croire infidèle.
Vous ne prétendiez point m'arrêter dans vos fers :[4]
J'ai craint de vous trahir, peut-être je vous sers.
Nos cœurs n'étaient point faits dépendants l'un de l'autre :
Je suivais mon devoir, et vos cédiez au vôtre.
Rien ne vous engageait à m'aimer en effet.

HERMIONE : Je ne t'ai p-oint aimé, cruel ? Qu'ai-je donc fait ?
J'ai dédaigné pour toi les vœux de tous nos princes ;
Je t'ai cherché moi-même au fond de tes provinces ;
J'y suis encor, malgré tes infidélités,
Et malgré tous mes Grecs honteux de mes bontés.
Je leur ai commandé de cacher mon injure ;[5]
J'attendais en secret le retour d'un parjure :
J'ai cru que tôt ou tard, à ton devoir rendu,
Tu me rapporterais un cœur qui m'était dû,
Je t'aimais inconstant, qu'aurais-je fait fidèle ?[6]
Et même en ce moment où ta bouche cruelle
Vient si tranquillement m'annoncer le trépas,
Ingrat, je doute encor si je ne t'aime pas,
Mais, Seigneur, s'il le faut, si le ciel en colère
Réserve à d'autres yeux la gloire de vous plaire,
Achevez votre hymen, j'y consens. Mais du moins

Ne forcez pas mes yeux d'en être les témoins.
Pour la dernière fois je vous parle peut-être :[7]

1) soupirs pour Andromaque
2) se gêner = se tourmenter
3) devait = aurait dû
4) fers : 모든 종류의 속박을 의미하는 상징적 표현. 여기서는 결혼의 구속을 의미
5) mon injure「내가 받은 치욕」
6) Qu'aurais-je fait fidèle ? = Combien aurais je aimé (si vous aviez été) fidèle ? (faire는 흔히 앞에 나온 동사를 대신함).
7) 아직도 여운을 남기는 비극적인 표현

Différez-le d'un jour ; demain vous serez maître.
Vous ne répondez point ? Perfide, je le voi,
Tu comptes les moments que tu perds avec moi !
Ton cœur, impatient de revoir ta Troyenne,
Ne souffre qu'à regret qu'un autre[1] t'entretienne.
Tu lui parles du cœur, tu la cherches des yeux.
Je ne te retiens plus, sauve-toi de ces lieux :
Va lui jurer la foi que tu m'avais jurée,
Va profaner des Dieux la majesté sacrée.
Ces Dieux, ces justes Dieux n'auront pas oublié
Que les mêmes serments avec moi t'ont lié.
Porte aux pieds des autels ce cœur qui m'abandonne ;
Va, cours. Mais crains encor d'y trouver Hermione.

Andromaque, IV, 5

L'AVEU DE PHÈDRE

Thésée의 후처 Phèdre는 전처와의 소생인 Thésée의 아들 Hippolyte에 대해 연정을 품는다. 이 불륜의 사랑에 심히 고민한 Phèdre는 죽을 것을 결심한다. 이때 원정길에 나갔던 Thésée가 전사했다는 전갈을 받는다. 희망을 되찾은 Phèdre는 유모 Œnone가 시키는 대로 Hippolyte를 만나 되살아난 사랑의 정념에 이끌려 마침내 사랑을 고백한다. 맹목적으로 자신의 꿈에 탐익했던 짧은 행복의 순간은 Hippolyte의 오만한 거절로써 무서운 고독과 자책으로 이어진다.

PHÈDRE : On ne voit point deux fois le rivage des morts,
Seigneur.[2] Puisque Thésée a vu les sombres bords,[3]
En vain vous espérez qu'un dieu vous le renvoie ;
Et l'avare[4] Achéron ne lâche point sa proie.
Que dis-je ? Il n'est point mort, puisqu'il respire en vous.
Toujours devant mes yeux je crois voir mon époux.
Je le vois, je lui parle ; et mon cœur··· Je m'égare,
Seigneur, ma folle ardeur malgré moi se déclare.

1) un autre = quelqu'un d'autre(중성으로 표시).
2) Hippolyte가 Thésée의 귀환을 기대하고 있는 데 대한 답변
3) 지옥의 강 Achéron의 기슭
4) avare = avide

HIPPOLYTE : Je vois de votre amour l'effet prodigieux.
Tout mort qu'il est, Thésée est présent à vos yeux ;
Toujours de son amour votre âme est embrasée.

PHÈDRE : Oui, Prince, je languis,[1] je brûle pour Thésée.
Je l'aime, non point tel que l'ont vu les enfers,
Volage adorateur de mille objets[2] divers,
Qui va du dieu des morts déshonorer la couche ;[3]
Mais fidèle, mais fier, et même un peu farouche,
Charmant, jeune, traînant tous les cœurs après soi,[4]
Tel qu'on dépeint nos dieux ou tel que je vous voi.
Il avait votre port,[5] vos yeux, votre langage,
Cette noble pudeur colorait son visage
Lorsque de notre Crète il traversa les flots,
Digne sujet des vœux des filles de Minos.[6]
Que faisiez-vous alors ? Pourquoi, sans Hippolyte,
Des héros de la Grèce assembla-t-il l'élite ?
Pourquoi, trop jeune encor, ne pûtes-vous alors
Entrer dans de vaisseau qui le mit sur nos bords ?
Par vous aurait péri le monstre de la Crète,
Malgré tous les détours de sa vaste retraite.[7]
Pour en développer[8] l'embarras incertain,
Ma sœur du fil fatal eût armé votre main.[9]
Mais non, dans ce dessein je l'aurais devancée :
L'amour m'en eût d'abord[10] inspiré la pensée.
C'est moi, Prince, c'est moi dont l'utile secours
Vous eût du labyrinthe enseigné les détours.

---

1) languis : (생리적인 뜻)「(몸이) 초췌해지다」
2) objets = femmes aimées
3) Thésêe는 Proserpine를 겁탈하러 갔음
4) après soi = après lui
5) port :「풍채, 용모」
6) Ariane와 Phèdre를 가리킴 (Thésée는 Minotaure를 죽이기 위해 Crète에 갔었다.)
7) Minotaure가 살고 있었던 labyrinthe
8) développer = débrouiller
9) Thésée는 Ariane가 준 실(le fil d'Ariane)을 따라 미궁에서 빠져나올 수 있었다(그러나 Thésée는 Ariane을 버렸다).
10) d'abord = dès l'abord「처음부터」

Que de soins m'eût coûtés cette tête charmante !
Un fil n'eût point assez rassuré votre amante.
Compagne du péril qu'il vous fallait chercher,
Moi-même devant vous j'aurais voulu marcher ;
Et Phèdre au Labyrinthe avec vous descendue
Se serait avec vous retrouvée, ou perdue.

HIPPOLYTE : Dieux ! qu'est-ce que j'entends ? Madame, oubliez-vous
Que Thésée est mon père, et qu'il est votre époux ?

PHÈDRE : Et sur quoi jugez-vous que j'en perds la mémoire,
Prince ? Aurais-je perdu tout le soin de ma gioire ?[1]

HIPPOLYTE : Madame, pardonnez. J'avoue, en rougissant.
Que j'accusais à tort un discours innocent.
Ma honte ne peut plus soutenir votre vue ;
Et je vais···

PHÈDRE : Ah ! cruel, tu m'as trop entendue.[2]
Je t'en ai dit assez pour te tirer d'erreur.
Hé bien ! connais donc Phèdre et toute sa fureur.
J'aime. Ne pense pas qu'au moment que je t'aime,
Innocent à mes yeux, je m'approuve moi-même ;
Ni que du fol amour[3] qui touble ma raison
Ma lâche complaisance ait nourri le poison.
Objet infortuné des vengeances célestes,
Je m'abhorre encor plus que tu ne me détestes.
Les Dieux m'en sont témoins, ces Dieux qui dans mon flanc
Ont allumé le feu fatal à tout mon sang ;[4]
Ces Dieux qui se sont fait une gloire cruelle
De séduire[5] le cœur d'une faible mortelle.
Toi-même en ton esprit rappelle le passé.
C'est peu de t'avoir fui, cruel, je t'ai chassé ;

---

1) tout le soin de ma gloire = tout souci de mon honneur「나의 명예를 지키려는 모든 노력」

2) entendue = comprise

3) (le poison) du fol amour로 연결됨

4) tout mon sang = toute ma famille

5) séduire = égarer

J'ai voulu te paraître odieuse, inhumaine ;
Pour mieux te résister, j'ai recherché ta haine.
De quoi m'ont profité mes inutiles soins ?
Tu me haïssais plus, je ne t'aimais pas moins.
Tes malheurs te prêtaient encor de nouveaux charmes.[1)]
J'ai langui, j'ai séché, dans les feux, dans les larmes.
Il suffit de tes yeux pour t'en persuader,
Si tes yeux un moment pouvaient me regarder.[2)]
Que dis-je ? Cet aveu que je te viens de faire,
Cet aveu si honteux, le crois-tu volontaire ?
Tremblante pourun fils que je n'osais trahir,
Je te venais prier de ne le point hair.
Faibles projets d'un cœur trop plein de ce qu'il aime !
Hélas ! je ne t'ai pu parler que de toi-même.
Venge-toi, punis-moi d'un odieux amour (···)
Voilà mon cœur. C'est là que ta main doit frapper.
Impatient déjà d'expier son offense,[3)]
Au-devant de ton bras je le sens qui s'avance.
Frappe. Ou si tu le crois indigne de tes coups,
Si ta haine m'envie[4)] un supplice si doux,
Ou si d'un sang trop vil ta main serait trempée,
Au défaut de ton bras prête-moi ton épée.
Donne.[5)]

Phèdre, II, 5

LA JALOUSIE DE PHÈDRE

Thésée가 죽지 않고 돌아온다는 소식은 Phèdre를 혼란에 빠뜨리며 죽음을 생각케 한다. Œnone은 Thésée의 노여움을 피하려고, Hippolyte가 Phèdre에 대해 불륜을 범했노라고 거짓 고한다. 이에 분노한 Thésée는 아들을 추방한다. Phèdre는 양심의 가책을 느끼며 Thésée에게 자신의 잘못을 고

1) Cf. *Néron* : 《*J'aimais jusqu'à ses pleurs que je faisais couler.*》
2) 여기서 Hippolyte는 Phèdre를 외면하고 있음을 알 수 있다.
3) son offense = l'offense qu'il(mon coeur) t'a faite
4) m'envie = me refuse
5) 여기서 Phèdre는 자결하려고 Hippolyte의 칼을 뺏는다(Sérèque의 비극에서는 Hippolyte가 그녀를 벌하기 위해 칼을 뽑는다. 두 방식, 두 개념의 차이에 유의).

백하려고 찾아간다. 그 자리에서 그녀는 Hippolyte가 Aricie를 사랑하고 있다는 말을 그에게서 듣게 되고 할 말을 잊는다. 질투의 가공할 불길이 그녀의 가슴을 이글거리게 만든 것이다. 사랑의 감정의 또 하나의 발로이기도 한 질투는 Phèdre의 입을 통하여 가장 완벽하게 표현된다.

PHÈDRE : Œnone, qui l'eût cru ? j'avais une rivale.

ŒNONE : Comment ?

PHÈDRE : Hippolyte aime, et je n'en puis douter.
Ce farouche ennemi qu'on ne pouvait dompter,
Qu'offensait le respect, qu'importunait la plainte,
Ce tigre, que jamais je n'abordai sans crainte,
Soumis, apprivoisé, reconnaît un vainqueur :
Aricie a trouvé le chemin de son cœur.

ŒNONE : Aricie ?

PHÈDRE : Ah ! douleur non encore éprouvée !
A quel nouveau tourment[1] je me suis réservée !
Tout ce que j'ai souffert, mes craintes, mes transports,[2]
La fureur de mes feux. l'horreur de mes remords,
Et d'un refus cruel l'insupportable injure
N'était[3] qu'un faible essai[4] du tourment que j'endure.
Ils s'aiment ! Par quel charme[5] ont-ils trompé mes yeux ?
Comment se sont-ils vus ? Depuis quand ? Dans quels lieux ?
Tu le savais. Pourquoi me laissais-tu séduire ?[6]
De leur furtive ardeur ne pouvais-tu m'instruire ?
Les a-t-on vus souvent se parler, se chercher ?
Dans le fond des forêts allaient-ils se cacher ?
Hélas ! ils se voyaient avec pleine licence.[7]
Le ciel de leurs soupirs approuvait l'innocence ;
Ils suivaient sans remords leur penchant amoureux,
Tous les jours se levaient clairs et sereins pour eux.

---

1) tourment = torture
2) transpors : 「(마음의) 격동, 동요」 (= agitation violente)
3) N'était : 고전불어에서 동사는 가장 가까운 주어와 일치
4) essai = ébauche, esquisse
5) charme = 「마력」 (pouvoir mystérieux)
6) séduire = tromper
7) licence = liberté

Et moi, triste rebut de la nature entière,
Je me cachais au jour, je fuyais la lumière ;
La mort est le seul dieu que j'osais implorer
J'attendais le moment où j'allais expirer.
Me nourrissant de fiel, de larmes abreuvée,
Encor dans mon malheur de trop près observée,
Je n'osais dans mes pleurs me noyer à loisir ;
Je goûtais en tremblant ce funeste plaisir ;
Et sous un front serein déguisant mes alarmes,
Il fallait bien souvent me priver de mes larmes.[1)]

ŒENONE : Quel fruit recevront-ils de leurs vaines amours ?
Ils ne se verront plus.

PHÈDRE : Ils s'aimeront toujours.
Au moment que[2)] je parle, ah ! mortelle pensée !
Ils bravent la fureur d'une amante insensée.
Malgré ce même exil[3)] qui va les écarter,
Ils font mille serments de ne se point quitter.
Non, je ne puis souffrir un bonheur qui m'outrage,[4)]
Œnone. Prends pitié de ma jalouse rage,
Il faut perdre[5)] Aricie. Il faut de mon époux
Contre un sang odieux réveiller le courroux.
Qu'il ne se borne pas à des peines légères :
Le crime de la sœur passe[6)] celui des frères.
Dans mes jaloux transports je le veux implorer.
Que fais-je ? Où ma raison se va-t-elle égarer ?
Moi jalouse ! et Thésée est celui que j'implore !
Mon époux est vivant, et moi je brûle encore !

---

1) 이 긴 대사는 (1) 1~6행 : 질투에 사로잡힌 그녀의 마음이 겪는 가공할 고통 : (2) 7~12행 : 자신만이 그들의 사랑을 모르고 있었다는, 즉 기만당하고 있었다는 사실로 인한 경악과 배신감 : (3) 13~26행 : 그들의 떳떳한 사랑과 자신의 금지된 사랑과의 비교를 통해 자신의 비운을 통탄 등 3 단락으로 구성되어 있다.

2) que = où

3) ce même exil = cet exil même

4) 질투의 감정 밑바닥에는 이와 같은 모멸감이 깔려있는 것이 아닐까.

5) perdre = faire périr

6) passe = dépasse

Pour qui ? Quel est le cœur où[1] prétendent mes vœux ?
Chaque mot sur mon front fait dresser mes cheveux.
Mes crimes désormais ont comblé la mesure.
Je respire à la fois l'inceste et l'imposture.
Mes homicides mains, promptes à me venger,
Dans le sang innocent brûlent de se plonger.
Misérable ! et je vis ? et je soutiens la vue
De ce sacré soleil dont je suis descendue ?[2]
J'ai pour aïeul le père et le maître des Dieux ;[3]
Le ciel, tout l'univers est plein de mes aïeux.
Où me cacher ? Fuyons dans la nuit infernale.
Mais que dis-je ? mon père y tient l'urne[4] fatale ;
Le sort, dit-on, l'a mise en ses sévères mains :
Minos juge aux enfers tous les pâles humains···

Phèdre, IV, 6 (1218-1280)

BÉRÉNICE RENONCERA-T-ELLE À TITUS ?

Vespasien의 아들 Titus는 그를 따라 로마로 온 Palestine의 여왕 Bérénice를 사랑하며 결혼하려고 한다. 그러나 로마의 원로원은 외국의 여왕과의 결혼을 반대한다. Titus는 로마의 법을 존중하기로 결심하고 고통스러운 주저 끝에 그 자신 Bérénice에게 이를 알린다. 여기 전개되는 것은 작별의 장면이다. 다분히 코르네이유적인 이 상황을 Racine는 섬세하고 다정하게 펼쳐나가며 장엄한 슬픔으로 물들여간다.

BÉRÉNICE : Hé bien ! régnez, cruel ; contentez votre gloire :[5]
Je ne dispute[6] plus. J'attendais, pour vous croire,
Que cette même bouche,[7] après mille serments
D'un amour qui devait unir tous nos moments,

---

1) où = auquel (*prétendre à* : 「…을 열망하다」)

2) 그녀는 Minos와 Pasiphae의 딸, 태양의 딸이다.

3) Zeus (père d'Apollon)를 가리킴

4) 심판관들이 그들의 판결을 그 안에 넣는 함

5) gloire = honneur

6) dispute = lutte

7) cette même bouche = cette bouche elle-même

Cette bouche, à mes yeux[1] s'avouant infidèle,
M'ordonnât elle-même une absence éternelle.
Moi-même j'ai voulu vous entendre en ce lieu.[2]
Je n'écoute plus rien ; et pour jamais, adieu.
Pour jamais ! Ah ! Seigneur, songez-vous en vous-même
Combien ce mot cruel est affreux quand on aime ?
Dans un mois, dans un an, comment souffrirons-nous,
Seigneur, que tant de mers me séparent de vous ?
Que le jour recommence,[3] et que le jour finisse,
Sans que jamais Titus puisse voir Bérénice,
Sans que de tout le jour je puisse voir Titus ?
Mais quelle est mon erreur, et que de soins[4] perdus !
L'ingrat, de mon départ consolé par avance,
Daignera-t-i ! compter les jours de mon absence ?
Ces jours si longs pour moi lui sembleront trop courts.[5]

TITUS : Je n'aurai pas, Madame, à compter tant de jours.
J'espère que bientôt la triste renommée
Vous fera confesser que vous étiez aimée.
Vous verrez que Titus n'a pu sans expirer…

BÉRÉNICE : Ah ! Seigneur, s'il[6] est vrai, pourquoi nous séparer ?
Je ne vous parle point d'un heureux hyménée :
Rome à ne vous plus voir m' a-t-elle condamnée ?
Pourquoi ni'enviez-vous[7] l'air que vous respirez ?

TITUS : Hélas ! vous pouvez tout, Madame. Demeurez :
Je n'y résiste point ; mais je sens ma faiblesse :
Il faudra vous combattre et vous craindre sans cesse,
Et sans cesse veiller à retenir mes pas

---

1) à mes yeux = devant moi
2) en ce lieu : 즉, 지난날 사랑의 맹세를 듣던 이곳
3) recommence : 특별한 의미를 갖는 말. 사랑의 종말은 모든 것의 종말일 수도 있기 때문에
4) soins = soucis
5) Bérénice는 Titus와 헤어지면 곧 죽을 것임을 간접적으로 암시
6) s'il est vrai = si cela est vrai
7) m'enviez = me refusez

Que vers vous à toute heure entraînent vos appas.[1]
Que dis-je ? En ce moment mon cœur, hors de lui-mêtê,
S'oublie, et se souvient seulement qu'il vous aime.

BÉRÉNICE : Hé bien, Seigneur, hé bien ! qu'en peut-il arriver ?
Voyez-vous les Romains prêts à se soulever ?

TITUS : Et qui sait de quel œil ils prendront cette injure ?
S'ils parlent, si les cris succèdent au murmure,
Faudra-t-il par le sang justifier[2] mon choix ?
S'ils se taisent, Madame, et me vendent leurs lois,[3]
A quoi m'exposez-vous ? Par quelle complaisance
Faudra-t-il quelque jour payer leur patience ?[4]
Que n'oseront-ils -point alors me demander ?
Maintiendrai-je des lois que je ne puis garder ?

BÉRÉNICE : Vous ne comptez pour rien les pleurs de Bérénice.

TITUS : Je les compte pour rien ? Ah ciel ! quelle injustice !

BÉRÉNICE : Quoi ? pour d'injustes lois que vous pouvez changer,
En d'éternels chagrins vous-même vous plonger ?
Rome a ses droits, Seigneur : n'avez-vous pas les vôtres ?
Ses intérêts sont-ils plus sacrés que les nôtres ?
Dites, parlez.

TITUS : Hélas ! que vous me déchirez !

BÉRÉNICE : Vous êtes empereur, Seigneur, et vous pleurez !

Bérénice, IV, 5 (v.1103-1154).

BÉRÉNICE *se retire, accablée de douleur et décidée à mourir.* TITUS, *en proie au désarroi, voudrait aller apaiser sa souffrance ; mais le Sénat l'attend : il se domine et fait passer ses devoirs de souverain avant son amour. A l'*ACTE V, *Bérénice a résolu de partir et de se donner la mort; Titus l'assure qu'il ne lui survivra pas, mais qu'il ne peut renoncer à son devoir de sacrifier son bonheur à* TITUS : « Je l'amie, je le fuis ; Titus

1) appaa = charmes
2) justifier = confirmer
3) vendent leurs lois : 즉 그들의 법을 이긴 것을 묵인해준다는 뜻
4) patience = soumission

m'aime, il me quitte.» Ces héros serviront « *d'exemple à l'univers* De l'amour la plus tendre et la plus malheureuse Dont il puisse garder l'histoire douloureuse ».

MOLIÈRE (1622-1673)

Jean-Baptiste Poquelin(Molierè의 본명)은 부유한 실내장식업자의 아들로 파리에서 태어났다. 착실하게 교육을 받은 그는 Clermont학교에서 제쥐뜨 신부들 밑에서 고전을 배웠고 철학에도 관심을 기울였으며 자유사상가 Gassendi의 영향도 받았다. 1642년에는 Orléans대학에서 법학사의 자격도 획득했다.

그러나 어려서부터 연극에 관심을 두었던 그는 부르주아의 생활을 포기하고 연극에 뛰어들었다. 1643년 배우 Madeleine Béjart와 알게 된 Poquelin은 Béjart일가와 함께 극단 Illustre théâtre를 조직하여 Molière라는 이름으로 배우 겸 극단주의 생활을 시작했다. 그러나 당시 파리의 명성 높은 두 극장 Hôtel de Bourgogne와 Théâtre du Marais와는 경쟁할 수 없었으며 그의 파리에서의 흥행을 실패로 돌아간다.

이때부터 그는 무대를 지방으로 옮겨 주로 남불의 각처를 유랑하게 된다. 12년에 걸친 기나긴 유랑극단의 생활은 그에게 배우로서의 수업을 물론 인간과 사회에 대한 깊은 통찰을 가능케 하였으며 차츰 자신의 독창적인 연극세계를 구축케 했다. 1653년 Lyon에서 *L'Etourdi*를, 1656년 Béziers에서 *Le Dépit amoureux*를 공연하는 등 차츰 명성을 높여갔던 그는 마침내 1658년 대망의 파리로 귀환했고, Louvre에서 국왕 Louis 14세가 관람하는 가운데 *Nicomède*(Corneille작), 자작의 *Le Docteur amoureux* 등을 공연하기에 이르렀다. 그 후로 Petit Bourbon좌에서의 공연이 허락되었고 급기야 *Les Précieuses ridicules*(1659)로써 결정적인 명성을 얻었다.

1660년에는 Palais-Royal좌를 본거지로 정착하였으며 국왕의 비호를 받기에 이르렀다. 그 후 신작을 발표할 때마다 호평을 받아 인기와 명성을 누렸으나 반면 그에 대한 질시와, 그의 야유의 대상이 된 자들의 반감은 날이 갈수록 격화되었으며 *Tartuffe*와 *Don Juan*의 경우에는 공연금지의 사태로까지 발전하기도 했다. 한편 그의 가정생활도 별로 행복하지 않았던 것으로 알려져 있다. 20년 연하의 젊은 아내 Armande Béjart와의 결혼은 그에게 불안과 질투의 괴로움을 안겨주었고, 극단의 생계를 보장해 주어야 했던 그는 계속되는 과로를 무릅쓰고 무대에 서야만 했다. 화려한 명성에도 불구하고 고달픈 삶의 짐을 지녀왔던 천재 Molière는 결국 1673년 *Le Malade imaginaire* 공연 중 그가 생애를 바쳤던 무대 위에서 쓰러져 향년 51세로 숨을 거두었다.

배우이자 극작가였던 Molière는 희극의 장르를 전적으로 새롭게 했다. 그는 르네상스의 고전모방에도 불구하고 다분히 중세적 소극(farce)의 전통이 판을 치고 있던 17세기의 희극에 새로운 바람을 불어넣는 것이다. Molière도 초기 작품에서는, 그리고 그 후 본격적인 희극에 있어서까지도 farce의 전통을 이어받고 있다. 그러나 그가 해묵은 전통을 탈피하여 희극을 새 차원으로 올려놓는 데 있어 결정적으로 작용한 요인은 첫째로 그의 자연스러움의 미학일 것이다. 과거의 소극이 과장되고 기교적이고 따라서 부자연스러웠던 데 반해 자연과 사실을 존중한 Molière는 희극에 있어서도 이 자연의 범주가 지켜져야 할 것으로 믿었다. 다음으로 과거의 희극이 사건의 줄거리나 우스꽝스러운 대사와 몸짓 등

외부적 수단에 의거했던 데 반해, Molière는 인간의 본성 자체에 뿌리박고 있는 약점, 악습, 결함의 폭로에 의해 희극적 요소를 창출해냄으로써 희극을 인간의 내면적 또는 사회적 드라마의 표현으로 전환시켜 나갔다. 그의 희극은 성격희극, 사회풍속희극의 경향을 띠우는 바, 한마디로 말하여 인간적 진실의 희극적 표현이라 할 수 있다.

이렇게 볼 때 Molière의 희극은 Racine의 비극과 완전히 동일한 차원에 속한다고 말할 수 있다. 그들은 다같이 인간의 본래적 모습을 추구하였던 것인데, 전자는 그것의 희극적 측면을, 후자는 비극적 측면을 주제로 삼은 것뿐이다. 그들은 사실성(le vraisemblable)과 자연스러움(le naturel)을 미학의 주축으로 삼은 점에서도 일치한다. 장르의 차이에도 불구하고 그들은 인간의 내면적 드라마에 극의 초점을 맞추었으며 인간적 진실의 다양한 모습을 포착하고자 하였던 것이다.

〈ŒUVRE〉

L'Etourdi ou les contre-temps(1653), *Le Dépit amoureux*(1656), *Les Précieuses ridicules*(1659), *L' Ecole des moris*(1661), *L'Ecole des femmes*(1662), *La Critique de l'Ecole des femmes*(1663), *Tarluffe*(1664), *Don Juan*(1665), *Le Misanthrope*(1666), *Le Médecin malgré lui*(1666) *Amphitryon*(1668), *George Dandin*(1668), *L' Avare*(1668), *Le Bourgeois gentilhomme*(1670), *Les Fourberies de Scapin*(1671), *Les Femmes savantes*(1672), *Le Maladi imaginaire* (1673).

〈ETUDES〉

D. Mornet : *Molière, l'homme et l'œuvre*, Hatier, 1943.
R. Bray : *Molière homme de Théâtre*, Mercure de France, 1954.
R. Jasinski : *Molière*, Hatier, 1972.
R. Laubreaux : *Molière*, Seghers, 1973.

LA TRAGÉDIE, LA COMÉDIE ET LES RÈGLES

L'Ecole des Femmes의 성공은 Molière의 많은 적을 자극하여 마침내 Le Cid 논쟁에 버금가는 일대 논쟁을 불러일으켰다. Bourgogne좌의 연극인들, 극중에서 야유와 조소의 대상이 되었던 귀족과 귀족부인들, 작가의 반종교를 경계하는 종교인들, 그를 질시하는 극작가들은 합세하여 Molière를 공격했다. 1663년 6월, Molière는 산문체로 된 1막극 la Critique de l'Eole des femmes를 공연케 함으로써 이 공격에 응수했다. 그는 비난에 답하고, 그의 적을 웃음거리로 만들며 특히 자신의 예술을 정의한다.

DORANTE : Vous croyez donc, Monsieur Lysidas, que tout l'esprit et toute la beauté sont dans les poèmes sérieux,[1] et que les pièces comiques sont

1) poèmes sérieux = tragédies를 가리킴

des niaiseries qui ne méritent aucune louange ?

URANIE : Ce n'est pas mon sentiment, pour moi. La tragédie, sans doute, est quelque chose de beau quand elle est bien touchée ;[1] mais la comédie a ses charmes, et je tiens que l'une n'est pas moins difficile à faire que l'autre.

DORANTE : Assurément, Madame ; et quand, pour la difficulté, vous mettriez un *plus* du côté de la comédie, peut-être que vous ne vous abuseriez pas. Car enfin, je trouve qu'il est bien plus aisé de se guinder sur de grands sentiments, de braver en vers la Fortune, accuser les Destins, et dire des injures aux Dieux,[2] que d'entrer comme il faut dans le ridicule des hommes, et de rendre agréablement sur le théâtre les défauts de tout le monde. Lorsque vous peignez des héros, vous faites ce que vous voulez. Ce sont des portraits à plaisir, où l'on ne cherche point de ressemblance ; et vous n'avez qu'à suivre les traits d'une imagination qui se donne l'essor, et qui souvent laisse le vrai pour attraper le merveilleux.[3] Mais lorsque vous peignez les hommes, il faut peindre d'après nature. On veut que ces portraits ressemblent ; et vous n'avez rien fait, si vous n'y faites reconnaître les gens de votre siècle. En un mot, dans les pièces sérieuses, il suffit, pour n'être point blâmé, de dire des choses qui soient de bon sens et bien écrites ; mais ce n'est pas assez dans les autres, il y faut plaisanter ; et c'est une étrange entreprise que celle de faire rire les honnêtes gens…[4]

LYSIDAS, *s'attaquant alon directement* à L'École des Femmes, *se fait fort « d'y montrer partout cent défauts visibles »*

URANIE : Mais, de grâce, Monsieur Lysidas, faites-nous voir ces défauts, dont je ne me suis point aperçue.

LYSIDAS : Ceux qui possèdent Aristote et Horace voient d'abord,[5] Madame, que cette comédie pèche contre toutes les règles de l'art.[6]

URANIE : Je vous avoue que je n'ai aucune habitude avec ces messieurs-

---

1) être bien touché : (회화용어)「훌륭한 솜씨로 그려지다, 만들어지다」

2) Cf. Corneille, *Horace*, v. 423-452

3) le merveilleux = l'extraordinaire

4) les honnêtes gens :「상류사회의 인사들」(=les gens du monde)

5) d'abord = dès l'abord

6) toutes les règles de l'art : 즉, les règles tirées de la *Poétique* d'Aristote et de *l'Art poétique* d'Horace

là, et que je ne sais point les règles de l'art.

Dorante : Vous êtes de plaisantes gens avec vos règles, dont vous embarrassez les ignorants et nous étourdissez tous les jours. Il semble, à vous ouïr parler, que ces règles de l'art soient les plus grands mystères du monde ; et cependant ce ne sont que quelques observations aisées, que le bon sens a faites sur ce qui peut ôter le plaisir que l'on prend à ces sortes de poèmes ; et le même bon sens qui a fait autrefois ces observations les fait aisément tous les jours, sans le secours d'Horace et d'Aristote. Je voudrais bien savoir si la grande règle de toutes les règles n'est pas de plaire, et si une pièce de théâtre qui a attrapé son but n'a pas suivi un bon chemin. Veut-on que tout un public s'abuse sur ces sortes de choses, et que chacun n'y soit pas juge du plaisir qu'il y prend ?

Uranie : J'ai remarqué une chose de ces Messieurs-là : c'est que ceux qui parlent le plus des règles, et qui les savent mieux que les autres, font des comédies que personne ne trouve belles.

Dorante : Et c'est ce qui marque, Madame, comme on doit s'arrêter peu à leurs disputes embarrassées. Car enfin si les pièces qui sont selon les règles ne plaisent pas et que celles qui plaisent ne soient pas selon les règles, il faudrait de nécessité que les règles eussent été mal faites. Moquons-nous donc de cette chicane où ils veulent assujettir le goût du public, et ne consultons dans une comédie que l'effet qu'elle fait sur nous. Laissons-nous aller de bonne foi aux choses qui nous prennent par les entrailles,[1)] et ne cherchons point de raisonnements pour nous empêcher d'avoir du plaisir.

Uranie : Pour moi, quande je vois une comédie, je regarde seulement si les choses me touchent ; et, lorsque je m'y suis bien divertie, je ne vais point demander si j'ai eu tort, et si les règles d'Aristote me défendaient de rire.

Critique de l'Ecole des Femmes, sc. 6.

---

1) qui nous prennent par les entrailles : 「우리의 마음을 사로잡는(감동케 하는)」 (entrailles = siège des émotions)

ARNOLPHE MALHEUREUX ET RIDICULE

40대의 Arnolphe는 만년의 행복하고 안정된 생활을 꿈꾸며 한 시골소녀 Agnès를 세상사에서 격리시켜 고독과 무지 속에서 키운다. 이렇게 함으로써 자기에 대한 그녀의 정절을 보장받고자 한 Arnolphe는 한 젊은 Horace의 뜻하지 않은 출현으로 그녀의 마음이 흔들리는 것을 보고 고민에 빠진다. 오해와 갖가지 사건의 얽힘 끝에 Arnolphe는 결국 자신의 억압에 반항하는 Agnès를 발견하기에 이른다.

사랑하되 사랑받기 위하여 아무 것도 하지 못하며 괴로워하는 한 인간의 고통스러운 상황 — 그러나 이 고통은 제3자에게는 때때로 우스꽝스럽고 그로테스크하게 보인다. 그 자체로서는 Agnès에게나 Arnolphe에게나 다같이 비극적인 이 상황을 희극적인 것으로 전환시키는데 바로 Molière의 재능이 발휘된다.

AGNÈS : Chez vous le mariage est fâcheux et pénible.
Et vos discours en font une image terrible ;
Mais, las ! il le fait, lui,[1] si rempli de plaisirs
Que de se marier il donne des désirs.

ARNOLPHE : Ah ! c'est que vous l'aimez, traîtresse.

AGNÈS : Oui, je l'aime.

ARNOLPHE : Et vous avez le front de le dire à moi-même !

AGNÈS : Et pourquoi, s'il[2] est vrai, ne le dirais-je pas ?

ARNOLPHE : Le deviez-vous aimer, impertinente ?

AGNÈS : Hélas !

Est-ce que j'en puis mais ?[3] Lui seul en est la cause,
Et je n'y songeais pas lorsque se fit la chose.[4]

ARNOLPHE : Mais il fallait chasser cet amoureux désir.

---

1) lui = Horace를 가리킴
2) s'il = si cela
3) Est-ce que j'en puis mais ? 「그것이 내 탓인가요 ?」 (*n'en pouvoir mais* 「…의 탓이 아니다」)
4) Molière는, 사랑은 힘으로나 이성으로나 어찌할 수 없는 élan du cœur로 보고 있다 : 《*Le caprice y prend part et, quand quelqu'un nous plait, souvent nous avons à dire pourquoi c'est*》(*Femmes savantes*, v. 1499-1500)

AGNÈS : Le moyen de chasser ce qui fait du plaisir ?

ARNOLPHE : Et ne saviez-vous pas que c'était me dépaire ?

AGNÈS : Moi ? point du tout : quel mal cela vous peut-il faire ?

ARNOLPHE : Il est vrai, j'ai sujet d'en être réjoui.
Vous ne m'aimez donc pas, à ce compte ?

AGNÈS : Vous ?

ARNOLPHE : Oui.

AGNÈS : Hélas ! non.

ARNOLPHE : Comment, non ?

AGNÈS : Voulez-vous que je mente ?

ARNOLPHE : Pourquoi ne m'aimer pas, Madame l'impudente ?

AGNÈS : Mon Dieu ! ce n'est pas moi que vous devez blâmer :
Que ne vous êtes-vous comme lui fait aimer ?[1)]
Je ne vous en ai pas empêché, que je pense.

ARNOLPHE : Je m'y. suis efforcé de toute ma puissance ;
Mais les soins que j'ai pris, je les ai perdus tous.[2)]

AGNÈS : Vraiment, il en sait donc là-dessus plus que vous,
Car à se faire aimer il n'a point eu de peine.

ARNOLPHE : Voyez comme raisonne et répond la vilaine ![3)]
Peste ! une précieuse en dirait-elle plus ?
Ah ! je l'ai mal connue, ou, ma foi, là-dessus
Une sotte en sait plus que le plus habile homme.
Puisqu'en raisonnements votre esprit se consomme,[4)]
La belle raisonneuse, est-ce qu'un si long temps

---

1) Que ne vous êtes-vous comme lui fait aimer ?「어찌하여 당신은 그 사람처럼 사랑을 받게 되지 못했나요」(*Que ne*··· = Pourquoi ne ~ pas. *vous êtes-vous fait aimer* → se faire aimer)

2) je les ai perdus tous「그런 것은 다 헛일이 되고 말았다」

3) la vilaine = la paysanne

4) se consomme「완벽해지다」(= atteint la perfection)

Je vous aurai pour lui nourrie[1] à mes dépens ?

AGNÈS : Non, il vous rendra jusques au dernier double.[2]

ARNOLPHE : Elle a de certains mots où mon dépit redouble.
Me rendra-t-il, coquine, avec tout son pouvoir,
Les obligations que vous pouvez m'avoir ?

AGNÈS : Je ne vous en ai pas de si grandes qu'on pense.

ARNOLPHE : N'est-ce rien que les soins d'élever vortre enfance ?

AGNÈS : Vous avez là dedans bien opéré vraiment,
Et m'avez fait en tout instruire joliment !
Croit-on que je me flatte,[3] et qu'enfin dans ma tête
Je ne juge pas bien que je suis une bête ?
Moi-même j'en ai honte, et, dans l'âge où je suis,
Je ne veux plus passer pour sotte, si je puis…

ARNOLPHE : Je ne sais qui me tient[4] qu'avec une gourmade
Ma main de ce discours ne venge la bravade.
J'enrage quand je vois sa piquante froideur,
Et quelques coups de poing satiferaient mon cœur.

AGNÈS : Hélas ! vous le pouvez, si cela peut vous plaire.

ARNOLPHE : Ce mot, et ce regard, désarme ma colère,
Et produit un retour de tendresse de cœur
Qui de son action m'efface la noirceur.
Chose étrange d'aimer, et que pour ces' traîtresses
Les hommes soient sujets à de telles faiblesses ![5]
Tout le monde connaît leur imperfection :
Ce n'est qu'extravagance et qu'indiscrétion ;

---

1) nourrie = élevée
2) double = petite monnaie
3) je me flatte = je me fasse des illusions (「자기 자신에 대해 착각을 하다」)
4) qui me tient = ce qui me retient de… 「도대체 무엇이 …하지 못하도록 나를 붙잡는지…」
5) Cf. *Misanthrope*, v. 1415 : « *Ah ! traîtresse, mon faible est étrange pour vous !* »

Leur esprit est méchant, et leur âme fragile ;
Il n'est rien de plus faible et de plus imbécile,
Rien de plus infidèle ; et, malgré tout cela,
Dans le monde on fait tout pour ces animaux-là.
Hé bien ! faisons la paix ; va, petite traîtresse,
Je te pardonne tout, et te rends ma tendresse.
Considère par là l'amour que j'ai pour toi,
Et, me voyant si bon, en revanche aime-moi.

AGNÈS : Du meilleur de mon cœur je voudrais vous complaire.
Que me coûterait-il, si je le pouvais faire ?

ARNOLPHE : Mon pauvre petit bec,[1] tu le peux,si tu veux.
(Ilsoupire.) Ecoute seulement ce soupir amoureux ;
Vois ce regard mourant, contemple ma personne,
Et quitte ce morveux et l'amour qu'il te donne.
C'est quelque sort qu'il faut qu'il ait jeté sur toi,[2]
Et tu seras cent fois plus heureuse avec moi.
Ta forte passion est d'être brave[3] et leste :[4]
Tu le seras toujours, va, je te le proteste…[5]
Tout comme tu voudras tu pourras te conduire.
Je ne m'explique point, et cela c'est tout dire.
(A part.) Jusqu'où la passion peut-elle faire aller ?
(Haut.) Enfin, à mon amour rien ne peut s'égaler.
Quelle preuve veux-tu que je t'en donne, ingrate ?
Veux-tu me voir pleurer ? veux-tu que je me batte ?
Veux-tu que je m'arrache un côté de cheveux ?
Veux-tu que je me tue ? Oui, dis si tu le veux.
Je suis tout prêt, cruelle, à te prouver ma flamme.

---

1) mon petit bec : 일종의 애칭
2) jeter un sort sur *qn* : 「…에게 주술을 걸다」 여기서는 : 「너는 그의 마술에 홀려 있음이 분명하다」 라는 뜻
3) brave = élégante
4) leste = en bel équipage 「훌륭한 옷차림의」
5) proteste = déclare solennellement

AGNÈS : Tenez, tous vos dicours ne me touchent point l'âme.
Horace, avec deux mots, en ferait plus que vous.

ARNOLPHE : Ah ! c'est trop me braver, trop pousser mon courroux.
Je suivrai mon dessein, bête trop indocile,
Et vous dénicherez à l'instant de la ville.
Vous rebutez mes vœux, et me mettez à bout,
Mais un cul de couvent me vengera de tout.

L'École des Femmes, V, 4

LE MISANTHROPE

거짓과 위선 덩어리인 인간을 혐오하는 순진하고 융통성 없는 Alceste는 우아하고 바람기 있는 과부 Célimène를 사랑한다. 그러나 그 사랑은 Célimène의 경박함으로 인하여 그에게 질투의 괴로움만을 안겨준다. 마침내 그가 가장 미워하고 경멸하는 Oronte에게 써보낸 Célimène의 애정 담긴 편지를 손에 넣게 된 Alceste는 그녀를 만나 결판을 내려고 한다.

ALCESTE : O Ciel ! de mes transports[1] puis-je être ici le maître ?
CÉLIMÈNE : Ouais ! Quel est donc le trouble où je vous vois paraître ?
Et que me veulent dire et ces soupirs poussés
Et ces sombres regards que sur moi vous lancez ?
ALCESTE : Que toutes les horreurs dont une âme est capable
A vos déloyautés n'ont rien de comparable ;
Que le sort, les démons, et le ciel en courroux
N'ont jamais rien produit de si méchant que vous.
CÉLIMÈNE : Voilà certainement des douceurs que j'admire.
ALCESTE : Ah ! ne plaisantez point, il n'est pas temps de rire :
Rougissez bien plutôt, vous en avez raison ;
Et j'ai de sûrs témoins[2] de votre trahison.
Voilà ce que marquaient les toubles de mon âme :
Ce n'était pas en vain que s'alarmait ma flamme
Par ces fréquents soupçons, qu'on trouvait odieux,
Je cherchais le malheur qu'ont rencontré mes yeux.

1) transports「격양된 마음, 흥분」(=mouvements violents de colère)
2) témoins = témoignages, preuves

Et malgré tous vos soins et votre adresse à feindre,
Mon astre me disait ce que j'avais à craindre
Mais ne présumez pas que, sans être vengé.
Je souffre le dépit de me voir outragé.
Je sais que sur les vœux on n'a point de puissance.[1)]
Que l'amour veut partout naître sans dépendance.
Que jamais par la force on n'entra dans un cœur,
Et que toute âme est libre à nommer son vainqueur.
Aussi ne trouverais-je aucun sujet de plainte,
Si pour moi votre bouche avait parlé sans feinte ;
Et, rejetant mes vœux dès le premier abord,
Mon cœur n'aurait eu droit de s'en prendre qu'au sort.
Mais d'un aveu trompeur voir ma flamme applaudie,
C'est une trahison, c'est une perfidie,
Qui ne saurait touver de trop grands châtiments,[2)]
Et je puis tout permettre à mes ressentiments,
Oui, oui, redoutez tout après un tel outrage ;
Percé du coup mortel dont vous m'assassinez,
Mes sens par la raison ne sont plus gouvernés,
Je cède aux mouvements d'une juste colère,
Et je ne réponds pas de ce que je puis faire.

CÉLIMÈNE : D'où vient donc, je vous prie, un tel emportement ?
Avez-vous, dites-moi, perdu le jugement ?

ALCESTE : Oui, oui, je l'ai perdu, lorsque dans votre vue
J'ai pris, pour mon malheur, le poison qui me tue,
Et que j'ai cru trouver quelque sincérité
Dans les traîres appas dont je fus enchanté.

CÉLIMÈNE : De quelle trahison pouvez-vous donc vous plaindre ?

ALCESTE : Ah ! que ce cœur est double et sait bien l'art de feindre !
Mais pour le mettre à bout[3)] j'ai des moyens tous prêts :
Jetez ici les yeux, et connaissez vos traits ;
Ce billet découvert[4)] suffit pour vous confondre,

---

1) sur les vœux … de puissance「사랑의 욕망에 대해서는 어찌할 도리가 없다」(*les vœux* = les désirs d'amour)

2) qui ne saurait … châtiments「아무리 큰 징벌을 받아도 지나칠 수가 없는」

3) le mettre à bout = le confondre「꼼짝 못하게 하다」

4) ce billet découvert = la découverte de ce billet (latinisme의 영향)

Et contre ce témoin on n'a rien à répondre.
CÉLIMÈNE : Voilà donc le sujet qui vous trouble l'esprit ?
ALCESTE : Vous ne rougissez pas en voyant cet écrit ?
CÉLIMÈNE : Et par quelle raison faut-il que j'en rougisse ?
ALCESTE : Quoi ? vous joignez ici l'audace à l'artifice ?
Le désavouerez-vous, pour n'avoir point de seing ?
CÉLIMÈNE : Pourquoi désavourer un billet de ma main ?
ALCESTE : Et vous pouvez le voir sans demeurer confuse
Du crime dont vers moi[1] son style vous accuse ?
CÉLIMÈNE : Vous êtes, sans mentir, un grand extravagant.
ALCESTE : Quoi ? vous bravez ainsi ce témoin convaincant ?
Et ce qu'il m'a fait voir de douceur pour Oronte
N'a donc rien qui m'outrage, et qui vous fasse honte ?
CÉLIMÈNE : Oronte ! Qui vous dit que la lettre est pour lui ?
ALCESTE : Les gens qui dans mes mains l'ont remise aujourd'hui.
Mais je veux consentir[2] qu'elle soit pour un autre :
Mon cœur en a-t-il moins à se plaindre du vôtre ?
En serez-vous vers moi moins coupable en effet ?
CÉLIMÈNE : Mais si c'est une femme à qui va ce billet,
En quoi vous blesse-t-il ? et qu'a-t-il de coupable ?
ALCESTE : Ah ! le détour est bon, et l'excuse admirable.
Je ne m'attendais pas, je l'avoue, à ce trait.
Et me voilà, par là, convaincu tout à fait.
Osez-vous recourir à ces ruses grossières ?
Et croyez-vous les gens si privés de lumières ?
Voyons, voyons un peu par quel biais, de quel aif[3]
Vous voulez soutenir un mensonge si clair,
Et comment vous pourrez tourner[4] pour une femme
Tous les mots d'un billet qui montre tant de flamme.
Ajustez[5] pour couvrir[6] un manquenment de foi,
Ce que je m'en vais lire…

---

1) vers moi = envers moi
2) consentir = reconnaître
3) de quel air = de quelle façon
4) tourner = interpréter
5) Ajustez = mettez d'accord
6) couvrir「엄호하다」(=apporter une défense à)

CÉLIMÈNE : Il ne me plaît pas, moi.
Je vous trouve plaisant d'user d'un tel empire,
Et de me dire au nez ce que vous m'osez dire.
ALCESTE : Non, non : sans s'emporter,[1] prenez un peu souci
De me justifier les termes que voici.
CÉLIMÈNE : Non, je n'en veux rien faire, et dans cette occurrence,
Tout ce que vous croirez m'est de peu d'importance.
ALCESTE : De grâce, montrez-moi, je serai satisfait,
Qu'on peut pour une femme expliquer ce billet.
CÉLIMÈNE : Non, il est pour Oronte, et je veux qu'on le croie ;
Je reçois tous ses soins[2] avec beaucoup de joie ;
J'admire ce qu'il dit, j'estime ce qu'il est,
Et je tombe d'accord de tout ce qu'il vous plaît.
Faites, prenez parti, que rien ne vous arrête,[3]
Et ne me rompez pas davantage la tête.
ALCESTE : Ciel ! rien de plus cruel peut-il être inventé ?
Et jamais cœur fut-il de la sorte traité ?
Quoi ! d'un juste courroux je suis ému contre elle,
C'est moi qui me viens plaindre et c'est moi qu'on querelle !
On pousse ma douleur et mes soupçons à bout,
On me laisse tout croire, on fait gloire de tout ;
Et cependant mon cœur est encore assez lâche
Pour ne pouvoir briser la chaîne qui l'attache,
Et pour ne pas s'armer d'un généreux[4] mépris
Contre l'ingrat objet dont il est trop epris !
Ah ! que vous savez bien ici, contre moi-même,
Perfide, vous servir de ma faibless extrême,
Et ménager[5] pour vous l'excès prodigieux
De ce fatal amour né de vos traîtres yeux !
Défendez-vous au moins d'un crime qui m'accable,
Et cessez d'affecter d'être envers moi coupable ;
Rendez-moi, s'il se peut, ce billet innocent :

---

1) sans s'emporter = sans que nous nous emportions
2) ses soins = ses assiduités
3) que rien ne vous arrête : 이 귀절은 v. 35-38에 대한 대답
4) généreux = noble, digne d'une grande âme
5) ménager「교묘히 이용하다」(= tirer habilement parti de)

A vous prêter les mains[1] ma tendresse consent ;
Efforcez-vous ici de paraître fidèle,
Et je m'efforcerai, moi, de vous croire telle.

CÉLIMÈNE : Allez, vous êtes fou, dans vos transports jaloux,
Et ne méritez pas l'amour qu'on a pour vous.
Je voudrais bien savoir qui[2] pourrait me contraindre
A descendre pour vous aux bassesses de feindre,
Et pourquoi, si mon cœur penchait d'autre côté,
Je ne le dirais pas avec sincérité.
Quoi ? de mes sentiments l'obligeante assurance[3]
Contre tous vos soupçons ne prend pas ma défense ?
Auprès d'un tel garant,[4] sont-ils de quelque poids ?
N'est-ce pas m'outrager que l'écouter leur voix ?
Et puisque notre cœur[5] fait un effort extrême
Lorsqu'il peut se résoudre à confesser qu'il aime,
Puisque l'honneur de sexe, ennemi de nos feux,[6]
S'oppose fortement à de pareils aveux,
L'amant qui voit pour lui franchir un tel obstacle
Doit-il impunément douter de cet oracle ?[7]
Et n'est-il pas coupable en ne s'assurant pas[8]
A ce qu'on ne dit point qu'[9] après de grands combats ?
Allez, de tels soupçons méritent ma colère,
Et vous ne valez pas que l'on vous considère :
Je suis sotte, et veux mal[10] à ma simplicité
De conserver encor pour vous quelque bonté ;
Je devrais autre part attacher mon estime,
Et vous faire un sujet de plainte légitime.

---

1) voua pretêr les mains = vous aider
2) qui = quelle chose(= ce qui…)
3) l'obligeante assurance = l'assurance flatteuse que je vous ai donnée (de mes sentiments) : 「내가 당신에게 주었던 (내 사랑의) 다짐」
4) garant = garantie
5) notre cœur = le cœur à nous autres femmes 「여자들의 마음」
6) ennemi de nos feux : 「우리들의 사랑에 대적하는 여성의 명예」 (= qui combat notre amour)
7) douter de cet oracle 「이 명백한 사랑의 선언(고백)을 의심하고도 (무사할 수 있겠는가)」
8) en ne s'assurant pas = en ne prenant pas confiance.
9) ne ~ que의 구문. (point은 강조를 위한 것)
10) mal = du mal

ALCESTE : Ah ! traîtresse, mon faible est étrange pour vous !
Vous me trompez sans doute[1] avec des mots si doux ;
Mais il n'importe, il faut suivre ma destinée :
A votre foi mon âme est toute abandonnée ;
Je veux voir, jusqu'au bout, quel sera votre cœur,
Et si de me trahir il aura la noirceur.
CÉLIMÈNE : Non, vous ne m'aimez point comme il faut que l'on aime.

Le Misanthrope, IV, 3

LA FONTAINE (1621-1695)

Champagne지방의 Château-Thierry에서 부르주아가문의 아들로 태어난 Jean de la Fontaine는 별 흥미없이 신학과 법학을 배웠고, 치수영림관이었던 아버지의 직을 물려받았다. 그는 여가를 이용하여 사교계의 인사들과 교제하면서 독서에 탐닉했다. 그가 즐겨 읽은 책은 중세의 『원탁기사 이야기』를 비롯하여 아리스토텔레스와 보카치오의 contes, 당대의 유행했던 romans précieux, 그리고 고전으로는 호라시우스, 버질, 호머, 플라톤 등이었다.

1657년 그는 재무상 Fouquet의 비호를 받게 되는데 이때 쓴 것이 후일 Valéry가 극찬하여 마지않은 *Adonis*였다. 관직에 물러난 Fouquet를 따라 Limousin을 여행한 후 이번에는 Orléans 대공비를 섬기게 된 그는 궁정에도 출입하며 Boileau, Racine 등과 교우할 무렵 불후의 명작 *Fables* 제1집을 발표했다. (그는 그 전에 아리스토텔레스와 보카치오를 모방한 운문체의 우아한 이야기 *les Contes*(1665)를 발표한 바 있다.)

1672년 그의 보호자 Orléans대공비를 잃고 몹시 상심한 la Fontaine를 따뜻이 맞아들인 것은 Mme de la Sablière였다. 시와 과학을 사랑한 우아하고 유식한 이 부인은 그의 살롱에 당대의 우수한 작가와 학자들을 맞이했는데 la Fontaine는 이 모임에서 정신의 기쁨과 성찰의 새 주제들을 발견하였으며 활동의 폭을 넓혀갔다. 새 contres를 쓰는가 하면 비극 *Achille*, Lulli를 위한 오페라의 대본을 시작했고 쟝세니스트적 경향의 시 *la Captivité de Saint Marc*를 쓰기도 했다.

1678년에는 Fables 제2집이 발간되었다. 마지막 12권이 발간된 것은 그가 죽기 1년 전인 1694였다. 1693년 72세의 고령으로 병에 시달리고 또한 Mme de la Sablière를 잃기까지 한 그는 깊은 내적변화를 겪게 되며 종교로 귀의했다. 자연과 쾌락을 사랑하고 삶을 즐겼으되 한편 인간과 사회에 대한 투철한 현실주의적 감각을 지니고 왕왕 비관적 결론에 기울어지곤 했던 la Fontaine는 결국 종교적 감정으로 되돌아갔던 것이다.

La Fontaine의 전작품 중에서 *Fables*이 차지하는 비중은 별로 큰 것이 아니다. 그가 제1집(I-VI)를 냈을 때 그의 나이는 47세였으며, 그는 이미 다른 많은 작품들에 의해 이름이 널리 알려져 있었다. 그러나 후세는 *Contes*와 *Fables*, 특히 후자에 의해 그의 이름을 기억하고 있다. 17세기 고전주의 문학

1) sans doute = sans aucun doute, certainement

과 더불어 비극과 희극의 두 장르가 전적으로 새로운 형태로 완성되는 것과 같이 우화라는 장르도 la Fontaine에 의해 면모를 일신하기에 이르렀다. 그는 제1집을 낼 때만 해도 「la Fontaine씨에 의해 운문으로 옮겨진 우화선집」이란 겸손한 부제를 달아 옛 우화의 전승자로서 자신을 소개했다. 그러나 제2집을 발표할 때는, 「다소 다른 모습과 윤곽을 부여하고자」했고 「새로운 풍요함을 찾으며 이야기의 상황을 확대하고자」하였음을 밝히고 있다.

요컨대 그는 자연의 배경 속에서 엮어지는 동물의 세계를 그리되 그 가운데 인간과 사회의 온갖 진실을 담고자 하였던 것이다. 그는 하나 하나의 동물에 정신적 특징(오만, 비굴, 교활, 잔인, 무관심 따위)을 반영시켰으며, 그들의 집단생활 가운데 인간의 사회적 관계의 유형을 반영시켰다. 그의 우화는 온갖 암시와 상징이 동물들의 자연적 삶의 생생한 묘사와 혼합되는 가운데 전개되는 인간극이라 할 수 있다. 고전문학의 다른 장르들이 그렇듯이 그의 우화도 그 안에 담긴 인간적 진실의 무게로써 새로운 문학의 범주를 이루며 고전주의와 합류하는 것이다.

〈ŒUVRE〉

Contes(1665) *Amouts de Psyché et de Cupidon*(1669) *Fables I-VI*(1668) *Fables VII-XI*(1678) *Fables XII*(1694) *Discouts à Mme de la Sablière* (*appelé* 《*deuxième discouts*》)1684.

〈ETUDES〉

P. Clarac : *La Fontaine, l' homme et l' œuvre*, Boivin, 1959.
G. Couton : *La Poétique de La Fontaine*, P.U.F., 1957.
J. Orieux : *La Fontaine, ou la vie est un conte*, Flammarion, 1976.

LA MORT ET LE BÛCHERON

이 나무꾼의 이야기는 사실적인 묘사와 그 안에 담긴 인간적 진실로써 La Fontaine의 우화의 진가를 우리에게 보여준다. 어느 시대에나 불행한 삶이 운명지워진 나무꾼은 작가 자신이 직접 목격할 수 있었던 17세기 농부들의 모습이기도 하다. 작가의 섬세한 감정, 깊은 심리적 통찰, 예술가적 재능은 이 한편의 우화 속에 한 소우주를 담는 데 성공하고 있다.

Un pauvre Bûcheron, tout couvert de ramée,
Sous le faix du fagot aussi bien que des ans
Gémissant et courbé, marchait à pas pesants,
Et tâchait de gagner sa chaumine enfumée.
Enfin, n'en pouvant plus d'effort et de douleur,[1)]

---

1) n'en pouvant plus d'effort et de douleur 「더이상 힘을 낼 수도, 고통을 견딜 수도 없어」 effort와 douleur의 대조는 2행의 fagot와 ans의 연결과 같이 강한 인상을 준다.

Il met bas son fagot, il songe à son malheur.
Quel plaisir a-t-il eu depuis qu'il est au monde ?
En est-il un plus pauvre en la machine ronde ?[1)]
Point de pain quelquefois, et jamais de repos :
Sa femme, ses enfans, les soldats,[2)] les impôts,
    Le créancier[3)] et la corvée
Lui font d'un malheureux la peinture achevée.
Il appelle la Mort. Elle vient sans tarder,
    Lui demande ce qu'il faut faire.
    « C'est, dit-il, afin de m'aider
A recharger ce bois ; tu ne tarderas guère.»
    Le trépas vient tout guérir ;
    Mais ne bougeons d'où nous sommes :
    Plutôt souffrir que mourir,
    C'est la devise des hommes.

LES ANIMAUX MALADES DE LA PESTE

한 왕국의 운명이 결정지어지는 정치적 화합의 모습을 우화작가는 동물의 세계를 통하여 상징적으로 드러내 보인다. 작가는 등장인물들에게 역할, 성격, 언어를 적절하게 부여함으로써 동물세계의 픽션을 리얼하게 구성해 나가되 이 가운데 인간 및 인간사회의 진실을 교묘히 개입시킨다. 결국 그는 이 우화를 통하여 17세기 프랑스의 사회를 그리고 있으며 이 사회를 지배하는 약육강식의 법칙을 부각시킨다.

    Un mal qui répand la terreur,
    Mal que le Ciel en sa fureur
    Inventa pour punir les crimes de la terre,
La Peste (puisqu'il faut l'appeler par son nom),
Capable d'enrichir en un jour l'Achéron,[4)]
    Faisait aux Animaux la guerre.
Ils ne mouraient pas tous, mais tous étaient frappés :

---

1) la machine ronde = la terre (familier)
2) les soldats : 이들은 농가에서 유숙했다(특히 세금을 내지 않은 농가에서).
3) le créancier : 농민들이 세금을 내기 위해 돈을 빌리는 대금업자
4) Achéron = fleuve des enfers

On n'en voyait point d'occupés
A chercher le soutien d'une mourante vie ;
Nul mets n'excitait leur envie ;
Ni loups ni renards n'épiaient
La douce et l'innocente proie ;
Les tourterelles se fuyaient :
Plus d'amour, partant[1] plus de joie.
Le Lion tint conseil, et dit : « Mes chers amis,
Je crois que le Ciel a permis
Pour nos péchés cette infortune.
Que le plus coupable de nous
Se sacrifie[2] aux traits du céleste courroux ;
Peut-être il obtiendra la guérison commune.
L'histoire nous apprend qu'en de tels accidents,[3]
On fait de pareils dévouements.[4]
Ne nous flattons donc point,[5] voyons sang indulgence
L'état de notre conscience.
Pour moi, satisfaisant mes appétits gloutons,
J'ai dévoré force moutons.
Que m'avaient-ils fait ? Nulle offense ;
Même il m'est arrivé quelquefois de manger
Le berger[6]
Je me dévouerai donc, s'il le faut : mais je pense
Qu'il est bon que chacun s'accuse ainsi que moi :
Car on doit souhaiter, selon toute justice,
Que le plus coupable périsse.
– Sire, dit le Renard, vous êtes trop bon roi ;
Vos scrupules font voir trop de délicatesse.
Eh bien ! manger moutons, canaille, sotte espèce,
Est-ce un péché ? Non, non. Vous leur fîtes, Seigneur,

1) partant = par conséquent
2) se sacrifie …「희생의 재물이 되어주기를 (…바란다)」
3) accidents「불상사」(= événements malheureux)
4) dévouements「(신의 노여움을 달래기 위한) 헌신, 재물」
5) ne nous flattons … point「우리 자신을 미화하지 말자」(= ne nous embellissons point)
6) 갑작스러운 운율(mètre)의 변화에 유의

En les croquant,[1] beaucoup d'honneur ;[2]
Et quant au berger, l'on peüt dire
Qu'il était digne de tous maux,
Étant de ces gens-là qui sur les animaux
Se font un chimérique empire.»
Ainsi dit le Renard ; et flatteurs d'applaudir.[3]
On n'osa trop approfondir
Du Tigre, ni de l'Ours, ni des autres puissances,
Les moins pardonnables offenses.
Tous les gens querelleurs, jusqu'aux simples mâtins,
Au dire de chacun, étaient de petits saints.
L'Ane vint à son tour, et dit : « J'ai souvenance
Qu'en un pré de moines passant,
La faim, l'occasion, l'herbe tendre, et, je pense,
Quelque diable aussi me poussant,
Je tondis de ce pré la largeur de ma langue.
Je n'en avais nul droit puisqu'il faut parler net.»
A ces mots, on cria haro sur le Baudet.
Un Loup, quelque peu clerc,[4] prouva par sa harangue
Qu'il fallait dévouer ce maudit animal,
Ce pelé, ce galeux, d'où venait tout leur mal.
Sa peccadille fut jugée un cas pendable.
Manger l'herbe d'autrui ! quel crime abominable !
Rien que la mort n'était capable
D'expier son forfait : on le lui fit bien voir.
Selon que vous serez puissant ou misérable,
Les jugements de cour vous rendront blanc ou noir.

LE VIEILLARD

만년의 La Fontaine는 그의 épicurisme에서 삶의 예지를 이끌어낸다. 다가올 죽음은 그로 하여금 삶의 의미와 방법을 발견하게 만든다.

---

1) 26행의 dévorer란 말 대신 여기서는 croquer
2) 왜나하면 이 사회에서 그것들의 역할은 croquer 당하는 것이니까.
3) flatteurs d'applaudir「아첨꾼들은 갈채를 보냈다」de+*inf*는 동사의 변화를 생략한 빠른 묘사의 구문
4) clerc = savant

Un Octogénaire plantait.
« Passe encor de bâtir ;[1] mais planter à cet âge ! »
Disaient trois Jouvenceaux, enfants du voisinage ;
Assurément il radotait.[2]
« Car, au nom des Dieux, je vous prie,
Quel fruit[3] de ce labeur pouvez-vous recueillir ?
Autant qu'un patriarche[4] il vous faudrait vieillir.
A quoi bon charger votre vie
Des soins[5] d'un avenir qui n'est pas fait pour vous ?
Ne songez désormais qu'à vos erreurs passées ;
Tout cela ne convient qu'à nous.
– Il ne convient pas à vous-mêmes,[6]
Repartit le Vieillard. Tout établissement[7]
Vient tard et dure peu. La main des Parques[8] blêmes
De vos jours et des miens se joue également.
Nos termes sont pareils par leur courte durée
Qui de nous des clartés de la voûte azurée
Doit jouir le dernier ? Est-il aucun moment
Qui vous puisse assurer d'un second seulement ?[9]
Mes arrière-neveux[10] me devront cet ombrage :
Eh bien ! défendez-vous au sage

De se donner des soins pour le plaisir d'autrui ?
Cela même est un fruit[11] que je goûte aujourd'hui :
J'en puis jouir demain, et quelques jours encore ;
Je puis enfin compter l'aurore

1) Passe encor de batir「집을 짓는 것이라면 몰라도…」
2) il radotait : 간접화법.「정말 이 사람은 노망을 부리는군」(하고 말했다)
3) fruit = profit
4) 가령 천 살까지 살았다는, 성서속의 Mathusalem
5) soins = soucis
6) à vous-même = même à vous
7) Tout établissement「사람이 세우는 견고한 것」
8) Parques「생사를 관장하는 3여신」(로마신화)
9) Est-il … seulement ?「그 어떤 순간인들 다음 순간만이라도 보장할 수 있는 것이 있겠는가 ?」(Est-il… ?= Y a-til… ? aucun은 결과적으로 부정의 뜻을 갖는 의문문에서 쓰인 것)
10) mes arrière-neveux = Arrière-petits-fils
11) 6행에 대한 대답

Plus d'une fois sur vos tombeaux.»
Le Vieillard eut raison : l'un des trois Jouvenceaux
Se noya dès le port, allant à l'Amérique ;
L'autre, afin de monter aux grandes dignités,
Dans les emplois de Mars[1] servant la République,
Par un coup imprévu vit ses jours emportés ;
Le troisième tomba d'un arbre
Que lui-même il voulut enter ;
Et, pleurés du Vieillard, il grava sur leur marbre
Ce que je viens de raconter.

MME DE LAFAYETTE (1634-1693)

파리에서 태어난 Marie-Madeleine는 어려서부터 상류 사교계의 분위기 속에서 성장했다. 그녀는 Rambouillet관에 출입하여 재능을 닦았고 21세에는 Lafayette백작과 결혼하여 1659년까지 Auvergne지방에 머물렀다. 그 후 파리에 정착한 Lafayette부인은 다시 사교계의 생활을 시작하여 살롱을 열고 Segrais, Huet, la Rochefoucauld 등과 친히 교제하면서 소설을 썼다. Segrais의 이름으로 심리소설 *la Princesse de Montpensier*(1662)가 발표되었고 뒤이어 사랑의 이야기를 담은 *Zaïde*(1670)가 발표되었다. 그녀의 걸작 *la Princesse de Clève*가 나온 것은 1678년의 일이다. 1680년 la Rochefoucauld가 죽은 것과 때를 같이하여 그녀의 문학활동은 중단되었다. 그러나 죽기 전에 회고록 *les Mémoires de la Cour de France pour les années* 1688 *et* 1689를 집필했다.

4부로 나뉘어진 짧은 소설 *la Princesse de Clève*는 일견 roman précieux의 모든 특징을 지니고 있다. 이야기는 전통적인 프레시오지테의 배경에서 전개되고 등장인물들은 사랑에 헌신하되 살롱의 풍습과 예절의 범주 안에 머무른다. 그러나 Lafayette부인은 이와 같은 전통적 배경 가운데, 자신이 그 안에서 살았고 또한 관찰한 시대에 역사를 생생하게 재현시키고 있다. 뿐만 아니라 그녀는 농도 짙은 인간의 내면적 진실을 담음으로써 고전문학의 진수에 육박하고 있다. 그의 작품을 감싸는 정신적 분위기는 Corneille의 작품세계를 연상케 하고, 인간의 내면세계에 대한 깊은 심리적 통찰은 Racine를 방불케 한다. 끝으로 그녀의문체는 간결함과 밀도로써 가히 고전문학의 다른 걸작에 비견할 만하다.

프레시오지테의 화사하고 우아한 감상적 배경에 담겨진 명석하고 환상없는 고전정신, 다시 말해서 섬세한 감성과 투명한 지적 투시력의 혼합 – 이로써 *la Princesse de Clève*는 프랑스 문학의 영원한 걸작으로 남는 것이다.

〈ETUDES〉

E. Magne : *Le Cœur et l'Esprit de Mme de Lafayette*, Emile Paul, 1927.
B. Pingaud : *Mme de Lafayette par elle-même*, Le Seuil, 1959.

1) les emplois de Mars : 「군직」 (Mars 「군신」)

S. Doubrovsky : *La Princesse de Clève*, la Table Ronde, juin, 1959.
N. Ashton : *Mme de Lafayette, sa vie et ses œuvres*, Cambridge, 1922.

L'AVEU

*La Princesse de Clèves*의 줄거리는 간단하다. 남편에 대해서 존경심은 가지고 있으나 사랑을 느끼지 못하는 Clèves대공비는 어느날 무도회에서 Nemours공을 만나자 마음의 동요를 느낀다. 차츰 마음속에 사랑의 감정이 짙어가는 것을 느낀 부인은 남편에게 모든 것을 고백하고 자신을 보호해 줄 것을 바란다. 그는 아내의 정절과 솔직함을 칭찬하지만 마음속 깊이 타오르는 질투와 온갖 의심으로 괴로워한 나머지 죽고 만다. 자유의 몸이 된 부인은 관대한 남편에 대한 의리로써 Nemours공과의 결혼을 물리치고 수도원으로 들어간다.

여기 실린 고백의 장면을 위하여 작가는 세심한 준비를 함으로써 이 장면의 당돌함을 예방하고 있다. Clèves 비는 벌써 여러 차례 고백할 것을 마음 먹었었지만 감히 단행하지 못했다. 그러나 사랑의 유혹에 넘어가지 않기 위해서는 이러한 극단적인 방법 외에는 달리 방도가 없음을 깨닫게 된 그녀는 이제 이 고백을 불가피한 것으로 판단하는 것이다. 거기에는 그녀의 천성적인 성실성, 이를 받아들이는 남편의 관대함이 개입하는 바, 어떤 정신적 고귀를 바탕으로 한 코르네유적 분위기가 감돈다.

« Ne me contraignez point, lui dit-elle, à vous avouer une chose que je n'ai pas la force de vous avouer, quoique j'en aie eu plusieurs fois le dessein. Songez seulement que la prudence ne veut pas qu'une femme de mon âge, et maîtresse de sa conduite, demeure exposée au milieu de la cour. – Que me faites-vous envisager, madame ? s'écria M. de Clèves ! je n'oserais vous le dire de peur de vous offenser.» Mme de Clèves ne répondit point,[1] et son silence achevant de confirmer son mari dans ce qu'il avait pensé : « Vous ne me dites rien, reprit-il, et c'est me dire que je ne me trompe pas. – Eh bien, monsieur, lui répondit-elle en se jetant à ses genoux, je vais vous faire un aveu que l'on n'a jamais fait à un mari ; mais l'innocence de ma conduite et de mes intentions m'en donne la force. Il est vrai que j'ai des raisons pour m'éloigner de la cour, et que je veux éviter les périls où se trouvent quelquefois les personnes de mon âge. Je n'ai jamais donné nulle marque de faiblesse, et je ne craindrais pas d'en laisser paraître, si vous me laissiez la liberté de me retirer de la cour, ou si j'avais encore Mme de Chartres pour aider à me conduire. Quelque dangereux que soit le parti que je prends, je le prends avec joie pour me conserver digne d'être à vous. Je vous demande mille pardons, si j'ai des

1) 이와 같은 침묵의 효과는 특히 Racine의 비극에서 최고도로 활용되고 있다.

sentiments qui vous déplaisent : du moins je ne vous déplairai jamais par mes actions.[1] Songez que, pour faire ce que je fais, il faut avoir plus d'amitié[2] et plus d'estime pour un mari que l'on n'en a jamais eu :[3] conduisez-moi, ayez pitié de moi, et aimez-moi encore, si vous pouvez.»

M. de Clèves était demeuré, pendant tout ce discours, la tête appuyée sur ses mains, hors de lui-même, et il n'avait pas songé à taire relever sa femme. Quand elle eut cessé de parler, qu'il la vit à ses genoux, le visage couvert de larmes, et d'une beauté si admirable, il pensa mourir de douleur, et l'embrassant en la relevant : « Ayez pitié de moi vous-même, madame, lui dit-il, j'en suis digne, et pardonnez si dans les premiers moments d'une affliction aussi violente qu'est la mienne, je ne réponds pas comme je dois à un procédé comme le vôtre. Vous me paraissez plus digne d'estime et d'admiration que tout ce qu'il y a jamais eu de femmes au monde ; mais aussi je me trouve le plus malheureux homme qui ait jamais existé.[4] Vous m'avez donné de la passion dès le premier moment que je vous ai vue ; vos rigueurs[5] et votre[6] possession n'ont pu l'éteindre, elle dure encore : je n'ai jamais pu vous donner[7] de l'amour, et je vois que vous craignez d'en avoir pour un autre. Et qui est-il, madame, cet homme heureux qui vous donne cette crainte ? Depuis quand vous plaît-il ? Qu'a-t-il fait pour vous plaire ? Quel chèmin a-t-il trouvé pour aller à votre cœur ?[8] Je m'étais consolé en quelque sorte de ne l'avoir pas touché, par la pensée qu'il était incapable de l'être.[9] Cependant un autre fait ce que je n'ai pu faire :[10] j'ai tout ensemble la jalousie d'un mari et celle d'un amant ; mais il est impossible d'avoir celle d'un mari après un

1) 여기서 sentiments과 actions의 두 범주를 대립시키고 있다. 즉, 감정은 어찌할 수 없다 할지라도 행동은 의지의 힘으로 자제한다는 뜻(Corneille적 개념)
2) amitié = affection
3) Cf. 10~11행 : 예를 찾아볼 수 없는 자신의 고백의 성격을 다시 강조
4) 표면상 지나치게 과장된 듯한 이 표현들 속에 담겨진 깊고 밀도 있는 진실성에 유의
5) vos rigueurs = votre froiduer
6) votre : 목적격으로 쓰인 소유형용사 : 「당신을 내 사람으로 만든 것」(앞의 *vos*는 주격)
7) donner = inspirer 「(당신의 마음속에 사랑의 감정을) 불러 일으키지 (못하였소)」
8) Cf. Racine. *Phèdre*. IV, 6 : 《Aricie a trouvé le chemin de son coeur》
9) de l'être = d'être touché 「사랑의 감정을 느끼다」
10) 사랑의 질투에 사로잡힌 모든 불행한 연인들의 한결같은 탄식. Cf. Racine의 비극 *Phèdre* 속에서 Hippolyte가 다른 여인 Aricie를 사랑한다는 사실을 안 Phèdre도 동일한 탄식을 발한다 (*Phèdre*, V. 1220-1225).

procédé comme le vôtre. Il est trop noble pour ne pas me donner une sûreté ; il me console même comme votre amant. La confiance et la sincérité que vous avez pour moi sont d'un prix infini : Vous avez raison, madame, je n'en abuserai pas et je ne vous en aimerai pas moins. Vous me rendez malheureux par la plus grande marque de fidélité que jamais une femme ait donnée à son mari,[1] mais, madame, achevez, et apprenez-moi qui est celui que vous voulez éviter. — Je vous supplie de ne me le point demander, répondit-elle ; je suis résolue de ne pas vous le dire, et je crois que la prudence ne veut pas que je vous le nomme. — Ne craignez point, madame, reprit M. de Clèves ; je connais trop le monde pour ignorer que la considération d'un mari n'empêche pas que l'on ne soit amoureux de sa femme. On doit haïr ceux qui le sont,[2] et non pas s'en plaindre ; et, encore une fois, madame, je vous conjure de m'apprendre ce que j'ai envie de savoir. — Vous m'en presseriez inutilement, répliqua-t-elle ; j'ai de la force pour taire ce que je ne crois pas devoir dire. L'aveu que je vous ai fait n'a pas été par faiblesse, et il faut plus de courage pour avouer cette vérité que pour entreprendre de la cacher.»

LE REFUS DE MADAME DE CLÈVES

남편의 죽음은 대공비의 마음을 극심한 비탄에 빠뜨린다. 그러나 세월이 흘러감에 따라 그녀의 마음에서 Nemoure공에 대한 사랑이 되살아난다. 그녀는 사랑을 고백하는 지극한 행복을 맛본다. 그러나 이 고백은 그녀가 결코 그의 것이 될 수 없다는 괴로운 선언으로 이어진다.

« Par vanité ou par goût, toutes les femmes souhaitent de vous attacher ; il y en a peu à qui vous ne plaisiez ; mon expérience me fait croire qu'il n'y en a point à qui vous ne puissiez plaire. Je vous croirais amoureux et aimé, et je ne me tromperais pas souvent ;[3] dans cet état, néanmoins, je n'aurais d'autre parti à prendre que celui de la souffrance ; je ne sais même si j'oserais me plaindre. On fait des reporches à un amant ; mais en fait-on à un mari, quand on n'a qu'à lui reprocher de n'avoir plus d'amour ? Quand je

---

1) 아내의 성실성이 갖는 이율배반적인 결과 : 즉 신뢰로 인한 위안(이성적)과 사실의 고백으로 인한 고통(감정적)

2) le sont = sont amoureux(de sa femme)

3) Je vous croirais…et je ne me tromperais… 「당신이 사랑에 빠지고 또 사랑을 받고 있다고 내가 생각할지라도 종종 틀린 일은 아닐 거예요」(조건법 현재… + 조건법 : concession을 나타냄)

pourrais[1] m'accountumer à cette sorte de malheur, pourrais-je m'accoutumer à celui de croire voir M. de Clèves vous accuser de sa mort, me reprocher de vous avoir aimé, de vous avoir épousé, et me faire sentir la différence de son attachemen[2] au vôtre ? Il est impossible, continua-t-elle, de passer pardessus des raisons si fortes : il faut que je demeure dans l'état où je suis et dans les résolutions que j'ai prises de n'en sortir jamais. — Hé ! croyez-vous le pouvoir, madame ? s'écria M. de Nemours. Pensez-vous que vos résolutions tiennent contre un homme qui vous adore et qui est assez heureux pour vous plaire ?[3] Il est plus difficile que vous ne pensez, madame, de résister à ce[4] qui nous plaît et à ce qui nous aime. Vous l'avez fait[5] par une vertu austère qui n'a presque point d'exemple ; mais cette vertu ne s'oppose plus à vos sentiments,[6] et j'espère que vous les suivrez malgré vous. — Je sais bien qu'il n'y a rien de plus difficile que ce que j'entreprends, répliqua Mme de Clèves ; je me défie de mes forces au milieu de mes raisons ; ce que je crois devoir à la mémoire de M. de Clèves serait faible s'il[7] n'était soutenu par l'intérêt de mon repos ; et les raisons de mon repos ont besoin d'être soutenues de celles de mon devoir ; mais, quoique je me défie de moi-même, je crois que je ne vaincrai jamais mes scrupules,[8] et je n'espère pas aussi[9] de surmonter l'inclination que j'ai pour vous. Elle me rendra malheureuse, et je me priverai de votre vue, quelque violence qu'il m'en coûte. Je vous conjure, par tout le pouvoir que j'ai sur vous, de ne chercher aucune occasion de me voir. Je suis dans un état qui me fait des crimes de[10] tout ce qui pourrait être permis dans un autre temps, et la seule bienséance interdit tout commerce entre nous.»

---

1) Quand je pourrais… 「…할 수 있다 할지라도」 (Quand même… + 조건법 : 양보를 나타냄)
2) Cf. M. de Clèves가 죽으면서 한 말 : « …*vous connaîtrez la différence d'être aimé comme je vous aimais à l'êre par des gens qui, en témoignant de l'amour, ne cherchent que l'honneur de vous séduire*… »
3) pour vous plaire = pour être aimé par vous : (「당신을 사랑하고 또한 사랑받는 사람」이란 뜻)
4) ce qui = l'être qui…
5) Vous l'avez fait = vous y avez résisté
6) 왜냐하면 그녀의 남편이 죽었기 때문에
7) s'il = si cela
8) mes scrupules : 죽은 남편에 대한 의무(le devoir)와 마음의 평안에 대한 소망(l'intérêt)을 지키려는 조바심
9) aussi = non plus
10) qui me fait des crimes de = qui rend criminel pour moi… 「나에게는 (…모든 것을) 죄악으로 만드는」

M. de Nemours se jeta à ses pieds et s'abandonna à tous les mouvements[1] dont il était agité. Il lui fit voir, et par ses paroles et par ses pleurs, la plus vive et la plus tendre passion dont un cœur ait jamais été touché. Celui de Mme de Clèves n'était pas insensible ; et, regardant ce prince avec des yeux un peu grossis par les larmes : « Pourquoi faut-il, sécria-t-elle, que je vous puisse accuser de la mort de M. de Clèves ? Que n'aije commencé à vous connaître depuis que je suis libre, ou pourquoi ne vous ai-je pas connu avant que d'être engagée ? Pourquoi la destinée nous séparet-elle par un obstacle si invincible ? — Il n'y a point d'obstacle, madame, reprit M. de Nemours, vous seule vous opposez à mon bonheur : vous seule vous imposez une loi que la vertu et la raison ne vous sauraient imposer. — Il est vrai, répliqua-t-elle, que je sacrifie beaucoup à un devoir qui ne subsiste que dans mon imagination. Attendez ce que le temps pourra faire, M. de Clèves ne fait encore que d'expirer, et cet objet funeste[2] est trop proche pour me laisser des vues claires et distinctes ; ayez cependant le plaisir de vous être fait aimer d'une personne qui n'aurait rien aimé, si elle ne vous avait jamais vu ; croyez que les sentiments que j'ai pour vous seront éternels, et qu'ils subsisteront également, quoi que je fasse.[3] Adieu, lui dit-elle ; voici une conversation qui me fait honte. Rendez-en compte à M. le vidame ;[4] j'y consens, et je vous en prie.»

BOILEAU (1636-1711)

파리고등법원 서기의 아들로 태어난 Nicolas Boileau-Despreaux는 신학과 법학을 수학하고 변호사가 되었으나 아버지의 유산을 물려받아 생계가 보장되자 공직을 버리고 문학에 전념했다. Moliere, Racine, La Fontaine 등 당대의 문호들과 교우한 그는 1666년에 시집 *Satires*를 발표했고 뒤이어 1669년에는 서한시집 *Epîtres*를 발표했다. 그는 이성과 양식을 존중하는 입장에서 당대의 경박한 풍조를 비판했고 특히 상류사회에 유행했던 préciosité나 문단을 휩쓸었던 burlesque를 시정하고자 했다. 마침내 1674년에 유명한 『시법』(*Art poétique*)이 발표되었는데, 그는 이 가운데 고전적 시법의 규범을 집대성함으로써 고전주의 문학의 가장 권위있는 이론가로 인정받기에 이르렀다.

*Art poétique*는 4부로 구성되어 있다. 제1부에서는 시에 관한 일반적 원리를, 제2부에서는 élégie, ode, sonnet 등 작은 장르를, 제3부에서는 비극, 희극, 서사 등 큰 장르를, 끝으로 제4부에서는 시인의 사

1) mouvements = sentiments passionnés
2) cet objet funeste : 죽어가는 M. de Clèves의 이미지
3) quoi que je fasse : 즉, 내가 다시는 당신을 만나게 되지 않는다 할지라도
4) 두 사람의 만남을 주선했던 Chartres의 주교대리

명, 자격, 비평 등에 관한 논설을 다루고 있다. 그가 주장한 미학적 원리는 다음 네 가지로 요약될 수 있다.

첫째로 자연의 숭상. 즉 과장 · 허식 · 인위 등으로 나타나는 프레시오지테나 뷔르레스크를 배격하고 자연스러움을 존중해야 한다.

둘째로 이성의 우위. 즉 정신의 활동은 특수하고 예외적인 것을 뛰어넘어 일반성과 보편성을 추구해야 하는 바 그 향도는 이성이어야 한다.

셋째로 고대의 숭상. 고대인은 자연과 이성의 두 원리로써 불멸의 정신적 유산을 구축한 만큼 그들의 예를 본받아야 한다. (이와 같은 그의 입장은 후일 신구논쟁에 있어 그를 구파의 대변자로 만들었다.)

끝으로 예술적 완성의 추구. 고전작가의 독창은 style로써 나타나야 하며, 작시에 있어서 시법의 준수, 언어의 엄정한 선별, 표현의 완벽으로써 끊임없이 연마해 나가야 한다.

〈ETUDES〉

P. Clarac : *Boileau*, Hatier, 1962.
H. Bénac : *L'Art poétique*, Hachette, 1946.
R. Bray, Boileau : *L'homme et l'œuvre*, Hatier, 1942

LA TRAGÉDIE

Boileau는 여기서 고전비극에 관한 완벽한 이론을 제시하고 있다. 비극의 본질에 대한 성찰에서부터 시작하여 비극의 형식, 구성, 내적규제의 문제들이 남김없이 논의된다.

Il n'est point de serpent, ni de monstre odieux,
Qui, par l'art imité, ne puisse plaire aux yeux :
D'un pinceau délicat l'artifice[1] agréable
Du plus affreux objet fait un objet aimable.[2]
Ainsi pour nous charmer, la Tragédie en pleurs
D'Œdipe[3] tout sanglant fit parler les douleurs,
D'Oreste parricide[4] exprima les alarmes,
Et, pour nous divertir, nous arracha des larmes.
Vous donc qui, d'un beau feu pour le théâtre épris,
Venez en vers pompeux[5] y disputer le prix,[6]

1) l'artifice = l'habileté
2) aimable = attachant, 예술은 자연을 미화한다는 원리
3) Sophocle의 비극 *L'Œdipe roi*
4) 어머니를 살해한 Oreste (Eschyle, Sophocle, Euripide 등이 다룬 주제)
5) pompeux = majestueux
6) 고대 그리스에서 벌어졌던 비극의 경연을 암시

Voulez-vous sur la scène étaler des ouvrages
Où tout Paris en foule apporte ses suffrages,
Et qui, toujours plus beaux, plus ils sont regardés,
Soient au bout de vingt ans encor redemandés ?
Que dans tous vos discours la passion émue
Aille chercher le cœur, l'échauffe et le remue.
Si d'un beau mouvement l'agréable fureur
Souvent ne nous remplit d'une douce terreur
Ou n'excite en notre âme une pitié charmante,[1]
En vain vous étalez une scène savante :
Vos froids raisonnements ne feront qu'attiédir
Un spectateur toujours paresseux d'applaudir,
Et qui, des vains efforts de votre rhétorique
Justement fatigué, s'endort ou vous critique.
Le secret est d'abord de plaire et de toucher :[2]
Inventez des ressorts[3] qui puissent m'attacher.
  Que dès les premiers vers l'action préparée
Sans peine du sujet[4] aplanisse l'entrée.
Je me ris d'un acteur qui, lent à s'exprimer,
De ce qu'il veut d'abord ne sait pas m'informer,
Et qui, débrouillant mal une pénible intrigue,
D'un divertissement me fait une fatigue.
J'aimerais mieux encor qu'il déclinât son nom
Et dît : « Je suis Oreste, ou bien Agamemnon[5] »,
Que d'aller, par un tas de confuses merveilles,
Sans rien dire à l'esprit, étourdir les oreilles :
Le sujet n'est jamais assez tôt expliqué.
  Que le lieu de la scène y soit fixe et marqué.[6]
Un rimeur, sans péril, delà les Pyrénées,[7]

---

1) Aristote에 의하면 terreur와 pitié는 비극의 두 장치
2) Racine는 비극의 두 목표를 plaire et toucher로 설정하고 있다 : « *La principale règle est de plaire et de toucher : toutes les autres ne sont faites que pour parvenir à cette première* » (Préface de Bérénice).
3) ressorts : 이야기를 엮어나가는 사건들
4) l'entrée du sujet로 연결
5) Euripide의 작품의 서막을 연상케 한다.
6) marqué = déterminé
7) delà les Pyrénées = par delà les Pyrénées. 스페인 연극을 암시(Calderon, Lope de Vega 등)

Sur la scène en un jour renferme des années :
Là souvent le héros d'un spectacle grossier,
Enfant au premier acte, est barbon au dernier.
Mais nous, que la raison à ses règles engage,
Nous vowons qu'avec art l'action se ménage ;[1]
Qu'en un lieu, qu'en un jour, un seul fait accompli[2]
Tienne jusqu'à la fin le théâtre rempli.[3]
　Jamais au spectateur n'offrez rien d'incroyable :[4]
Le vrai peut quelquefois n'être pas vraisemblable.
Une merveille absurde est pour moi sans appas :
L'esprit n'est point ému de ce qu'il ne croit pas.
Ce qu'on ne doit point voir, qu'un récit nous l'expose :[5]
Les yeux en la voyant saisiraient mieux la chose ;
Mais il est des objets que l'art judicieux
Doit offrir à l'oreille et reculer[6] des yeux.
　Que le trouble,[7] toujours croissant de scène en scène,
A son comble arrivé se débrouille sans peine.
L'esprit ne se sent point plus vivement frappé
Que lorsqu'en un sujet d'intrigue envoloppé
D'un secret tout à coup la vérité connue
Change tout, donne à tout une face imprévue[8]

Chant III, v. 1-60.

L'IDÉAL CLASSIQUE

문학에 있어 이성과 양식의 중요성을 논한 Boileau는 또 하나의 측면, 즉 style의 신비를 강조하고자 한다. 「올바른 생각은 쉽게 표현된다. 이런 생각을 말하기 위한 말은 용이하게 발견된다」 라고 말했

---

1) se ménage = soit ménagée 「적절히 조절되다」
2) 삼단일(trois unités)의 법칙
3) le théâtre rempli : 즉 한 막이 진행되는 동안 한시도 무대가 비어 있어서도 안 된다.
4) rien d'incroyable : 즉 사실성(la vraisemblance)의 법칙이 존중되어야 함
5) qu'un récit nous l'expose 「(실제로 보아서는 안될 것은) 이야기로써 우리에게 설명되어야 한다」 (la bienséance의 법칙)
6) reculer = écarter
7) le trouble : 사건의 복잡한 얽힘
8) 가령, Sophocle의 *L' Œudipe roi*에서와 같이

던 그는 새로운 미학적 성찰로써 이 주장이 보완되어야 할 것임을 느낀 것이다. 1701년의 서문에서 그는 문체의 미학적 문제에 깊은 관심을 기울이며 예술적 완성의 의미를 스스로 묻는다.

Un ouvrage a beau être approuvé d'un petit nombre de connaisseurs : s'il n'est plein d'un certain agrément et d'un certain sel propre à piquer le goût général des hommes, il ne passera jamais pour un bon ouvrage, et il faudra à la fin que les connaisseurs eux-mêmes avouent qu'ils se sont trompés en lui donnant leur approbation ; que si on me demande ce que c'est que cet agrément et ce sel, je répondrai que c'est un je ne sais quoi qu'on peut beaucoup mieux sentir que dire.[1] A mon avis néanmoins, il consiste principalement à ne jamais présenter au lecteur que des pensées vraies et des expressions justes.[2] L'esprit de l'homme est naturellement plein d'un nombre infini d'idées confuses du vrai, que souvent il n'entrevoit qu'à demi ; et rien ne lui est plus agréable que lorsqu'on lui offre quelqu'une de ces idées bien éclaircie et mise dans un beau jour. Qu'est-ee qu'une pensée neuve, brillante, extraordinaire ? Ce n'est point, comme se le persuadent les ignorants, une pensée que personne n'a jamais eue, ni dû avoir.[3] C'est au contraire une pensée qui a dû venir à tout le monde, et que quelqu'un s'avise le premier d'exprimer. Un bon mot n'est un bon mot qu'en ce qu'il dit une chose que chacun pensait, et qu'il la dit d'une manière vive, fine et nouvelle.[4] Considérons, par exemple, cette réplique si fameuse de Louis Douzième à ceux de ses ministres qui lui conseillaient de faire périr plusieurs personnes qui, sous le règne précédent,[5] et lorsqu'il n'était encore que duc d'Orléans, avaient pris à tâche de le desservir. « Un Roi de France, leur répondit-il, ne venge point les injures d'un duc d'Orléans[6] » D'où vient que ce mot frappe d'abord ? N'est-il pas aisé de voir que c'est parce qu'il présente aux yeux une vérité que tout le monde sent, et qu'il dit mieux que tous les plus beaux discours de morale : « Qu'un grand prince, lorsqu'il est une fois sur le

1) 여기서 Boileau는 이성적 기준보다는 미적 감각을 강조하고 있다.

2) 그러나 *Art poétique*에서 밝힌 그의 주장은 여전히 유효하다.

3) Cf. *Art poétique* : 《*Une merveille absurde est pour moi sans appas*》. Pascal : 《Rien n'est plus commun que les bonnes choses》.

4) Pascal : 《*Les meilleurs livres sont ceux que ceux qui les lisent croient qu'ils auraient pu faire.*》

5) = Charles VIII의 시대

6) les injures d'un duc d'Orléans : 「un duc d'Orléans이 당한 수모」

trône, ne doit plus agir par des mouvements particuliers, ni avoir d'autre vue que la gloire et le bien général de son Etat » ? Veut-on voir au contraire combien une pensée fausse est froide et puérile ? Je ne saurais rapporter un exemple qui le fasse mieux sentir que deux vers du poète Théophile, dans sa tragédie intitulée Pyrame et Thisbé, lorsque cette malheureuse amante, ayant ramassé le poignard encore tout sanglant dont Pyrame s'était tué, elle[1] querelle ainsi ce poignard :

Ah ! voici le poignard qui du sang de son maître
S'est souillé lâchement. Il en rougit, le traître !

Toutes les glaces du Nord ensemble ne sont pas, à mon sens, plus froides que cette pensée. Quelle extravagance, bon Dieu ! de vouloir que la rougeur du sang dont est teint le poignard d'un homme qui vient de s'en tuer lui-même, soit un effet de la honte qu'a ce poignard de l'avoir tué ! Voici encore une pensée qui n'est pas moins fausse, ni par conséquent moins froide. Elle est de Benserade, dans ses *Métamorphoses* en rondeaux, où parlant du déluge envoyé par les Dieux pour châtier l'insolence de l'homme, il s'exprime ainsi :

Dieu lava bien la tête à son image.

Peut-on, à propos d'une aussi grande chose que le déluge, dire rien de plus petit, ni de plus ridicule que ce quolibet, dont la pensée est d'autant plus fausse en toutes manières, que le Dieu dont il s'agit à cet endroit, c'est Jupiter, qui n'a jamais passé chez les païens pour avoir fait l'homme à son image, l'homme dans la Fable étant, comme tout le monde sait, l'ouvrage de Prométhée ?

Puis donc qu'une pensée n'est belle qu'en ce ce qu'elle est vraie, et que l'effet infaillible du vrai, quand il est bien énoncé, c'est de frapper les hommes, il s'ensuit que ce qui ne frappe point les hommes n'est ni beau ni vrai, ou qu'il[2] est mal énoncé, et que, par conséquent, un ouvrage qui n'est point goûté du public est un très méchant ouvrage. Le gros des hommes peut bien, durant quelque temps, prendre le faux pour le vrai, et admirer de méchantes chose mais il n'est pas possible qu'à la longue une bonne chose ne lui plaise, et je défie tous les auteurs les plus mécontents

1) elle은 cette malheureuse amante를 받는 대명사로 불필요한 중복

2) il = cela

du public de me citer un bon livre que le public ait jamais rebuté ; — à moins qu'ils ne mettent en ce rang leurs écrits, de la bonté desquels eux seuls sont persuadés. J'avoue néanmoins, et on ne saurait le nier, que quelquefois, lorsque d'excellents ouvrages viennent à paraître, la cabale et l'envie trouvent moyen de les rabaisser, et d'en rendre en apparence le succès doutenx ;[1] mais cela ne dure guère ; et il en arrive de ces ouvrages comme d'un morceau de bois qu'on enfonce dans l'eau avec la main ; il demeure au fond tant qu'on l'y retient, mais bientôt, la main venant à se lasser, il se relève et gagne le dessus. Je pourrais dire un nombre infini de pareilles choses sur ce sujet, et ce serait la matière d'un gros livre ; mais en voilà assez, ce me semble, pour marquer au public ma reconnaissance, et la bonne idée que j'ai de son goût et de ses jugements.

Préface de 1701.

PERRAULT (1628-1703)

변호사의 아들로 태어난 Charles Perrault는 두가지 이유로 후세에 이름이 알려져 있다. 그 중 하나는 동화 *Contes de ma mère l'Oye*(1697)의 저자로서이고, 또 하나는 신구논쟁(Querelle des Anciens et des Modernes)의 도화선이 되어 신파의 입장을 가장 열렬히 대변한 논자로서이다. *Contes*는 고대로 전승되어 온 중세기의 선녀동화를 재생한 것인데, 평이한 문장과 완벽한 구성으로 구비전설에 결정적인 형태를 부여한 것은 Perrault의 큰 공적으로 인정된다.

한편 신구논쟁은 고대의 맹목적 숭배에서 벗어나 프랑스의 정신적·문화적 독립성을 강조함으로써 일종의 정신혁명의 성격을 띠우고 있는 바, Charles Perrault는 Fontenelle과 더불어 신파의 입장을 열렬히 대변했다. 1689년 Louis 14세의 시대를 오거스트대왕의 시대와 비교하며 찬양한 한편의 시 *le Siècle de Louis le-Grand*으로써 격렬한 논쟁의 불을 붙인 그는 그 후 *Parallèles des Anciens et des Modernes* 가운데 자신의 입장을 남김없이 개진하고 있다.

〈ETUDE〉
M. Soriano : *Les Contes de Perrauet*, Gallimard, 1968.

L'ART ET LE GÉNIE

Les *Parallèles*은 이론가인 승려, 냉소적인 기사(이 두사람은 Perrault의 입장을 대변), 그리고 한 법원장(구파의 대변자) 사이에서 엮어지는 대화의 모음이다. 이 대화의 한 단편 속에서 우리는 신구 양파

1) 가령, Racine의 *Phèdre*의 경우

가 내세우는 두 가지 주장이 어떻게 전개되는가를 보게 될 것이다.

Quand nous[1] avons parlé de la peinture, je suis demeuré d'accord que le saint Michel et la Sainte Famille de Raphaël[2] que nous vîmes hier dans le grand appartement du roi sont tous deux préférables à ceux de M. Lebrun,[3] mais j'ai soutenu et soutiendrai toujours que M, Lebrun a su plus parfaitement que Raphaël l'art[4] de la peinture dans toute son étendue, parce qu'on a découvert avec le temps une infinité de secrets dans cet art, que Raphaël n'a point connus. J'ai dit la même chose touchant la sculpture, et j'ai fait voir que nos bons sculpteurs étaient mieux instruits que les Phidias et les Polyclètes,[5] quoique quelques-unes des figures qui nous restent de ces grands maîtres soient plus estimables que celles de nos meilleiurs sculpteurs. Il y a deux choses dans tout artisan[6] qui contribuent à la beauté de son ouvrage : la connaissance des règles de son art et la force de son génie;[7] de là il peut arriver, et souvent il arrive, que l'ouvrage de celui qui est le moins savant, mais qui a le plus de génie, est meilleur que l'ouvrage de celui qui sait mieux les règles de son art et dont le génie a moins de force. Suivant ce principe, Virgile a pu faire un poème épique[8] plus excellent que tous les autres, parce qu'il a eu plus de génie que tous les poètes qui l'ont suivi, et il peut en même temps avoir moins su les règles du poème épique, ce qui me suffit, mon problème consistant uniquement en cette proposition que tous les arts ont été portés dans notre siècle à un plus haut degré de perfection que celui où ils étaient parmi les anciens, parce que le temps a découvert plusieurs secrets dans tous les arts,[9] qui, joints à ceux que les anciens nous ont laissés, les ont rendus plus accomplis, l'art n'étant autre chose, selon Aristote[10] même, qu'un amas de préceptes pour bien faire l'ouvrage

1) 승려(l'abbé)가 하는 말
2) Raphaël Sanzio(1483-1520) : 이탈리아의 저명한 화가(르네상스시대)
3) Lebrun : Académie de peinture의 창설자
4) l'art : 이 말의 정의는 25~27행 참조
5) les Phidias, les Polyclètes : 기원전 5세기의 저명한 그리스 조각가들
6) artisan = artiste
7) 이 두가지 조건에 대한 인식은 앞으로의 논거의 기초가 된다.
8) *l'Énéide*를 가리킴
9) Perrault는 예술의 규칙에 관한 지식이 풍부해졌다는 주장에 멈추지 않고, 「인간의 마음과 가장 미묘하고 섬세한 그의 감정에 관한 보다 심오하고 정확한 인식」을 갖게 되었다는 주장을 덧붙인다.
10) 자신의 주장에, 구파가 숭상하는 한 고대인을 끌어들임으로써 교묘히 이용하고 있다.

qu'il a pour objet. Or quand j'ai fait voir qu'Homère et Virgile ont fait une infinité de fautes où les modernes ne tombent plus, je crois avoir prouvé qu'ils n'avaient pas toutes les règles que nous avons, puisque l'effet naturel des règles est d'empêcher qu'on ne fasse des fautes. De sorte que s'il plaisait au ciel de faire naître un homme qui eût un génie de la force de celui de Virgile, il est sûr qu'il ferait un plus beau poème que l'Énéide, parce qu'il aurait, suivant ma supposition, autant de génie que Virgile, et qu'il aurait en même temps un plus grand amas de préceptes pour le conduire. Cet homme pouvait naître en ce siècle de même qu'en celui d'Auguste, puisque la nature est toujours la même et qu'elle ne s'est point affaiblie par la suite des temps.[1)]

FÉNELON (1651-1715)

Périgord지방의 명문 출신인 François de Salignac la Mothe-Fénelon은 Saint-Sulpice신학교에서 수학했고, 그 후 특히 가톨릭으로 개종한 신교도의 교육을 맡았는데, *Traité de l'éducation des filles*(1687)와 같은 여성교육론을 저술하기도 했다. 1689년에는 Louis 14세의 손자 Bourgogne공의 교육을 맡아, *les Fables, les Dialogues des Morts, le Télémaque* 등을 썼다. 1693년에는 아카데미회원으로 영입되었고 2년 후에는 Cambrai의 대주교로 임명되었다. 그러나 Guyon부인이 프랑스에 유행시킨 이단적인 quiétisme에 동조한 Fénelon은 이로 인하여 지탄을 받고 Bossuet와 결별하게 되었을 뿐만 아니라 그의 저술 *Télémaque*가 Louis 14세와 그의 정치를 풍자한 것으로 오해를 받게 되어 마침내는 Cambrai의 임지에 유폐되다시피 했다. 유일한 희망이었던 Bourgogne공마저 1712년에 죽자 그는 비탄 속에서 죽음을 맞이해야만 했다.

Fénelon은 기독교 신앙과 고대에의 취향으로써 17세기 전통에 연결되어 있는 것은 사실이지만 대담하고 강한 호기심, 사상의 독립성에 대한 집착, 그리고 quiétisme의 사건을 통해 나타나는 솔직성 등은 오히려 18세기적인 성격의 일면을 드러내 보인다.

〈ETUDES〉

E. Carcassone : *Fénelon, l'homme et l'oeuvre*, Boivin, 1946.

LE MÉTIER DE ROI

Fénelon의 이름이 오늘날 전해 내려오는 것은 *le Télémaque*에 의해서이다. 이것은 장차 왕이 될 왕태자에게 왕도를 가르침과 동시에 그리스의 시를 알게 하려는 목적으로 쓰여진 것인데, 도덕과 정

1) 여기서 Perrault는 하나의 가설로서의 이론적 근거를 제시할 뿐, 현대인의 우월성을 사실로써 입증하고 있지는 않다.

치를 논하고, 전쟁 반대, 사치의 추방, 절대왕권의 폐지 등을 비유적으로 암시하고 있다. 이 모든 것은 Louis 14세의 생활과 통치방식에 대한 풍자로 간주되기도 했다.

Télémaque regardait de tous côtés avec étonnement, et disait à Mentor : « Voici un changement dont je ne comprends pas bien la raison. Est-il arrivé quelque calamité à Salente pendant mon absence ? D'où vient qu'on n'y remarque plus cette magnificence qui éclatait partout avant mon départ ? Je ne vois plus ni or, ni argent, ni pierres précieuses ; les habits sont simples : les bâtiments qu'on fait sont moins vastes et moins ornés ; les arts languissent, la ville est devenue une solitude.»

Mentor lui répondit en souriant : « Avez-vous remarqué l'état de la campagne autour de la ville ?

— Oui, reprit Télémaque ; j'ai vu partout le labourage en honneur et les champs défrichés.

— Lequel vaut mieux, ajouta Mentor, ou une ville superbe en marbre, en or et en argent, avec une campagne négligée et stérile, ou une campagne cultivée et fertile, avec une ville médiocre[1] et modeste dans ses mœurs ? Une grande ville fort peuplée d'artisans occupés à amollir les mœurs par les délices de la vie, quand elle est entourée d'un royaume pauvre et mal cultivé, ressemble à un monstre dont la tête est d'une grosseur énorme et dont tout le corps, exténué et privé du peuple et l'abondance des aliments qui font la vraie force et la vraie richesse d'un royaume. Idoménée a maintenant un peuple innombrable et infatigable dans le travail, qui remplit toute l'étendue de son pays. Tout son pays n'est plus qu'une seule ville : Salente n'en est que le centre. Nous avons transporté de la ville dans la campagne les hommes qui manquaient à la campagne, et qui étaient superflus dans la ville. De plus, nous avons attiré dans ce pays beaucoup de peuples étrangers. Plus ces peuples se multiplient, plus ils multiplient les fruits de la terre par leur travail ; cette multiplication si douce et si paisible augmente plus son royaume qu'une conquête. On n'a rejeté de cette ville que les arts superflus, qui détournent les pauvres de la culture de la terre pour les vrais besoins, et qui corrompent les riches en les jetant dans le faste et dans la mollesse :[2] mais nous n'avons fait aucun tort aux beaux-arts, ni aux hommes qui ont un vrai génie pour les cultiver. Ainsi Idoménée est beaucoup plus puissant qu'il ne

1) médiocre = moyenne

2) 후일 Rousseau 가운데서 더욱 심화되는 생각

l'était quand vous admiriez sa magnificènce. Cet éclat éblouissant cachait une faiblesse et une misère qui eussent bientôt renversé son empire : maintenant il a un plus grand nombre d'hommes, et il les nourrit plus facilement. Ces hommes, accoutumés au travail, à la peine et au mépris de la vie par l'amour des bonnes lois, sont tous prêts à combattre pour défendre ces terres cultivées de leurs propres mains. Bientôt cet Etat, que vous croyez déchu, sera la merveille de l'Hespérie.

« Souvenez-vous, ô Télémaque, qu'il ya deux choses pernicieuses, dans le gouvernement des peuples, auxquelles on n'apporte presque jamais aucun remède : la première est une autorité injuste et trop violente dans les rois ; la seconde est le luxe, qui corrompt les mœurs.»

« Quand les rois s'accoutument à ne connaître plus d'autres lois que leurs volontés absolues, et qu'ils ne mettent plus de frein à leurs passions, ils peuvent tout : mais à force de tout pouvoir, ils sapent les fondements de leur puissance ; ils n'ont plus de règle certaine ni de maximes de gouvernement. Chacun à l'envi les flatte ; ils n'ont plus de peuple ; il ne leur reste que des esclaves, dont le nombre diminue chaque jour. Qui leur dira la vérité ? Qui donnera des bornes à ce torrent ? Tout cède ; les sages s'enfuient, se cachent, et gémissent. Il n'y a qu'une révolution soudaine et violente qui puisse ramener dans son cours naturel cette puissance débordée : souvent même le coup qui pourrait la modérer l'abat sans ressource. Rien ne menace tant d'une chute funeste qu'une autorité qu'on pousse trop loin : elle est semblable à un arc trop tendu, qui se rompt enfin tout à coup si on le relâche : mais qui est-ce qui osera le relâcher ?[1] »

« L'autre mal, presque incurable, est le luxe. Comme la trop grande autorité empoisonne les rois, le luxe empoisonne toute une nation. On dit que ce luxe sert à nourrir les pauvres aux dépens des riches ; comme si les pauvres ne pouvaient pas gagner leur vie plus utilement, en multipliant les fruits de la terre, sans amollir les riches par des raffinements de volupté. Toute une nation s'accoutume à regarder comme les nécessités de la vie les choses les plus superflues : ce sont tous les jours de nouvelles nécessités qu'on invente, et on ne peut plus se passer des choses qu'on ne connaissait point trente ans auparavant··· Les proches parents du roi veulent imiter sa magnificence ; les grands, celles des parents du roi ; les gens médiocres veulent égaler les grands··· Toute une nation se ruine, toutes les conditions se confondent. La passion d'acquérir du bien pour soutenir une vaine

1) Fénelon은 절대왕권의 비극적인 몰락을 예고하는 있는 듯이 보인다.

dépense corrompt les âmes les plus pures : il n'est plus question que d'être riche ; la pauvreté est une infamie…[1] Mais qui remédiera à ces maux ? Il faut changer le goût et les habitudes de toute une nation ; il faut lui donner de nouvelles lois. Qui le pourra entreprendre, si ce n'est un roi philosophe… ? »

DESCARTES (1596-1650)

Touraine주의 La Haye(지금은 La Haye-Descartes)에서 태어난 René Descartes는 10세에서 18세까지 제쥐트의 La Flèche학교에서 스콜라 철학을 근간으로 하는 고전적 교육을 받았다. 성직자가 되리라는 주위의 기대와는 달리 그는 Poitiers대학에서 법학을 수학하여 변호사의 자격을 획득했다. 이때부터 그는 모든 지식과 학문에 대한 회의를 품게 되었다.

22세 때 그는 네덜란드에서 군사교육을 받고 2-3년간 군복무를 했다. 군대에 있을 때부터 그는 덴마크, 독일 등 유럽의 각지를 여행하였는데, 그 후에도 1625년 파리에 한동안 기착하기까지 네덜란드, 프랑스, 이탈리아 등 널리 순회하며 견문을 넓혔다. 그런데 1619년(그의 나이 23세) 어느 겨울 밤(11월10일) 그의 정신적 모험의 결정적 전기가 될 한 계시를 받게 된다. 그의 군대가 동계야영에 들어간 독일의 한 작은 마을에서 받은 이 놀라운 계시는 앞으로 그의 철학의 주도적 원리가 되는 것이다.

1629년부터 20년간 그는 사람을 피해 네덜란드에 정착하며 학문에 전념했다. 그의 이름은 점차 유럽 전역에 알려지기 시작했고, 그는 유럽의 우수한 지식인들과 문통을 계속했다. 도덕의 문제를 논한, Elisabeth de Bavière 공주와의 서신, 그리고 그의 열렬한 지지자였던 스웨덴의 Christine 여왕과의 서한 등은 대표적인 것이다. 1636년 중요한 철학저서 *Traité du Monde*를 저술하였지만, Galilée에 대한 선고에 불안을 느낀 그는 그중에서 *La géométrie, fa dioptrique, les métores* 등 3부분만을 발표했고 그 앞에 서문을 붙였다. 이것이 프랑스어로 쓰여진 최초의 철학논문 *Le Discours de la Méthode*이다.

1641년에는 라틴어로 *Les Méditations métaphysiques*를 발표하였는데, 이 책은 몇년 후에 Luynes공에 의해 불어로 번역되었다. 1644년에는 *les Principes de la Philosophie*를, 1649년에는 *Le Traité des Passions de l'âime*을 발표했다. 후자는 인간의 정념을 생리학적 관점에서 설명하되 인간 의지의 우위를 주장하고 générosité의 모랄을 제시함으로써 고전문학의 한 이상(코르네이유적)에 이론적 근거를 제시해주었다.

1649년 크리스티나 여왕의 간곡한 청을 받아들여 스톡홀름으로 갔으나 반년 남짓 머물었을 뿐 1650년 2월 폐렴으로 세상을 떴다.

〈ŒUVRE〉

Discours de fa Méthode(1637) *Méditations métaphysiques*(1641, traduction française en 1647) *Les Principes de la Philosophie*(1644) *Le Traité des Pas-*

---

1) Fénelon은 마치 현대 산업사회의 퇴폐적인 한 측면을 비판하고 있는 듯이 보인다.

sions de l'âme(1649) Posthumes : *Traité de la Lumière*(1664) *Lettres*(1667)

〈ETUDES〉

F. Alquié : *Descartes, l'homme et l'oeuvre*, Hatier, 1955
G. Rodis-Lewis : *L'œuvre de Descartes*, Vrin, 1971.
E. Gilson : *Descartes, Discours de la Méthode*, texte et commentaire, Vrin, 1931.

DISCOURS DE LA METHOD

*Le Discours de la méthode pour bien conduire sa raison et chercher la vérité dans les sciences*라는 긴 제목이 붙은 이 책은 Descartes가 염원했던 「단 하나의 보편적 학문」을 구축하기 위하여 그가 겪었던 정신적 역정을 서술하고 있다. *Le Discours*는 1장 : 학문에 관한(일반적) 고찰, 2장 : 방법의 주된 규칙, 3장 : 잠정적 모랄의 규칙, 4장 : 신 및 인간영혼의 존재의 증거, 5장 : 물리학적 문제의 세계, 6장 : 과학적 발전 등 전 6장으로 구성되어 있다. 인간정신의 보편적 인식능력에 대한 신뢰에서부터 시작하여, 이 능력을 올바르게 인도함으로써 사고의 공정성을 보장하는 방법론에 대한 고찰을 거쳐, 마침내 이 방법적 원리에 입각한 자신의 철학적 영상이 도달한 기본원리 Je pense, donc je suis를 제시하며 이어 계속되는 형이상학적 고찰을 설명하고 있는 이 책은 그 자신의 정신적 이력서인 동시에 근대철학의 초석이 되고 있다.

LES QUATRE RÈGLES DE LA MÉTHODE

제1장에서 이성 즉 올바르게 판단하고 진(眞)과 위(僞)를 구별하는 능력은 모든 사람에게 공평하게 주어져 있지만 이 능력을 공정하게 사용하지 못한 탓으로 사고의 혼란과 오류가 야기된다는 사실을 지적한 Descartes는 다음과 같이 결론 짓는다 : 《Car ce n'est pas assez d'avoir l'esprit bon, mais le principal est de l'appliquer bien.》 이리하여 그는 제2장에서 방법론을 거론하고 있다.

Comme la multitude des lois fournit souvent des excuses aux vices, en sorte qu'un État est bien mieux réglé lorsque, n'en ayant que fort peu, elles y sont fort étroitement observées, ainsi, au lieu de ce grand nombre de préceptes dont la logique est composée,[1] je crus que j'aurais assez des quatre suivants, pourvu que je prisse une ferme et constante résolution de ne manquer pas une seule fois à les observer.

---

1) 여기서 Descartes는 스콜라 논리학의 복잡한 이론을 암시하고 있다.

Le premier[1] était de ne recevoir jamais aucune chose pour vraie que je ne la connusse évidemmen[2] être telle ; c'est-à-dire d'éviter soigneusement la précipitation[3] et la prévention,[4] et de ne comprendre rien de plus en mes jugements que ce qui se présenterait si clairement et si distinctement à mon esprit que je n'eusse aucune occasion de le mettre en doute.

Le second,[5] de diviser chacune des difficultés que j'examinerais en autant de parcelles qu'il se pourrait et qu'il serait requis pour les mieux résoudre.

Le troisième,[6] de conduire par ordre mes pensées, en commençant par les objets les plus simples et les plus aisés àconnaître,[7] pour monter peu à peu comme par degrés jusques à la connaissance des plus composés,[8] et supposant même de l'ordre entre ceux qui ne se précèdent point naturellement les uns les autres.[9]

Et le dernier,[10] de faire partout[11] des dénombrements si entiers[12] et des revues si générales, que je fusse assuré de ne rien omettre.

Ces longues chaînes de raisons, toutes simples et faciles, dont les géomètres ont coutume de se servir pour parvenir à leurs plus difficiles démonstrations, m'avaient donné occasion de m'imaginer que toutes les choses qui peuvent tomber sous la connaissance des hommes s'entresuivent en même façon, et que, pourvu seluement qu'on s'abstienne d'en recevoir aucune pour vraie qui ne le soit, et qu'on grade toujours l'ordre qu'il faut pour les déduire les

1) 제1원리는 명증(évidence)의 원리이다.
2) évidemment : 즉 증명이나 추론의 결과로서가 아니라 직접적으로 (다시 말해서 직관적으로) 자명(évident)한 것으로 받아들여진다는 뜻
3) précipitation : 충분한 검토 없는 성급한 결론
4) prévention : 선입관(préjugés 또는 idée d'autorité)
5) 제2원리는 분석(analyse)의 원리. 즉 복합적인 것을 단순한 요소로 분해함으로써 제1원리가 적용될 수 있게 한다.
6) 제3원리는 종합(synthèse) 또는 연역(déduction)의 원리
7) 특히 évidence의 원리로써 인식 가능한 것
8) 《Je pense donc je suis》라는 최초의 évidence에서부터 출발하여 인간·세계·신으로까지 확대되어가는 그의 형이상학은 이 방법론에 의한 하나의 구조물
9) Descartes는 인식의 모든 대상은 합리적인 것이요, 하나의 질서(ordre)를 가지고 있다는 postulat를 인정한다. Cf. 26~27행 : 《…toutes les chose qui pouvent tomber sous la connaissance des hommes s'entresuivent en même façon…》
10) 제4원리는 (dénombrement)의 원리
11) partout : 즉 〈분절〉에 있어서나 〈종합〉에 있어서나.
12) entiers : 모든 éléments을 하나하나 재확인한다는 뜻

unes des autres, il n'y en peut avoir de si éloignées auxquelles enfin on ne parvienne, ni de si cachées qu'on ne découvre.

Deuxième Partie

« *JE PENSE, DONC JE SUIS* »

제3장에서, 그가 찾고 있는 철학적 원리가 확립될 때까지 잠정적으로 자신의 삶을 규제할 도덕적 원리가 어떤 것이어야 하는가를 논한 다음, 저자는 제4장에서 그의 철학의 확고부동한 원리가 어떻게 발견되었는가를 설명한다. 온갖 방법적 회의의 시련에서 살아남은 요지부동의 명제 Cogito ergo sum(Je pense, donc je suis)은 그의 형이상학뿐만 아니라 근대 관념철학의 출발점을 이루고 있는 점에서 실로 혁명적인 명제라 할 것이다.

Je ne sais si je dois vous entretenir des premières méditations que j'y ai faites,[1] car elles sont si métaphysiques et peu communes, qu'elles ne seront peut-être pas au goût de tout le monde, et, toutefois, afin qu'on puisse juger si les fondements que j'ai pris sont assez fermes, je me trouve en quelque façon contraint d'en parler. J'avais dès longtemps remarqué que pour les mœurs il est besoin quelquefois de suivre des opinions qu'on sait être fort incertaines, tout de même que si elles étaient indubitables,[2] ainsi qu'il a été dit ci-dessus ; mais pour ce qu'alors je désirais vaquer seulement à la recherche de la vérité, je pensai qu'il fallait que je fisse tout le contraire, et que je rejetasse comme absolument faux tout ce en quoi je pourrais imaginer la moindre doute, afin de voir s'il ne me resterait point après cela quelque chose en ma créance qui fût entièrement indubitable.[3] Ainsi à cause que nos sens nous trompent quelquefois, je voulus supposer qu'il n'y avait aucune chose qui fût telle qu'ils nous la font imaginer ;[4] pour ce qu'il y des hommes qui se méprennent en raisonnant, même touchant les plus simples matières de géométrie, et y font des paralogismes, jugeant que

---

1) 앞장에서 Descartes는 네덜란드의 여러 도시, 특히 Amsterdam에서 은거하며 철학적 사색에 잠겼었다는 것을 술회하고 있다.

2) tout de même que si…indubitables : 「그것들이(윤리적 문제에 대한 opinions) 확실한 경우와 마찬가지로」 여기서 Descartes는 윤리적 규범과 지적 탐구를 구분하고 있다.

3) 여기서 Descartes는 전통과 권위로써 전승되어온 과거의 모든 지식과의 결투를 말하고 있다.

4) 과거의 모든 명제를 일일이 다룰 수 없는 Descartes는 3가지 범주로 나누어 자신의 회의의 방법론을 제시하고 있다. 여기 최초의 대상, 즉 감각(les sens)을 통한 지각

j'étais sujet à faillir autant qu'aucun autre, je rejetai comme fausses toutes les raisons que j'avais prises auparavant pour démonstrations,[1] et enfin, considérant que toutes les mêmes pensées que nous avons étant éveillés nous peuvent aussi venir quand nous dormons sans qu'il y en ait aucune pour lors qui soit vraie, je me résolus de feindre que toutes les choses qui m'étaient jamais entrées en l'esprit n'étaient non plus vraies que les illusions de mes songes.[2] Mais aussitôt après je pris garde que, pendant que je voulais ainsi penser que tout était faux, il fallait nécessairement que moi qui le pensais fusse quelque chose ; et remarquant que cette vérité : *Je pense, donc je suis*, était si ferme et si assurée que toutes les plus extravagantes suppositions des sceptiques n'étaient pas capables de l'ébranler, je jugeai que je pouvais le recevoir sans scrupule pour le premier principe[3] de la philosophie que je cherchais.

Puis, examinant avec attention ce que j'étais, et voyant que je pouvasi feindre que je n'avais aucun corps et qu'il n'y avait aucun monde ni aucun lieu où je fusse, mais que je ne pouvais pas feindre pour cela que je n'étais point, et qu'au contraire, de cela même que je pensais à douter de la vérité des autres choses, il suivait très évidemment et très certainement que j'étais ; au lieu que, si j'eusse seulement cessé de penser, encore que tout le reste de ce que j'avais imaginé eût été vrai, je n'avais aucune raison de croire que j'eusse été, je connus de là que j'étais une substance dont toute l'essence ou la nature n'est que de penser, et qui, pour être, n'a besoin d'aucun lieu ni ne dépend d'aucune chose matérille ; en sorte que ce moi, c'est-à-dire l'âme, par laquelle je suis ce que je suis, est entièrement distincte du corps, et même qu'elle est plus aisée à connaître que lui, et qu'encore qu'il ne fût point, elle ne laisserait point d'être tout ce qu'elle est.[4]

Quatrième Partie

1) 두번째 대상 : 추론(les raisonnements)에 의한 인식
2) 세번째 대상 : 현실(la réalité)의 개념
3) le premier principe : 최초의 명제이자 모든 철학의 기초
4) Descartes에 있어 인식의 순서는 연역적 순서를 따른다. 즉 가장 인식하기 쉬운 것은 논리적으로 바로 선행하는 것이다. Je doute, 즉 생각한다는 행위(사실)는 논리적으로 생각하는 주체의 존재를 선행조건으로 한다(*Je pense, donc je suis*). 또한 이 주제는 오직 사유(pensée)를 낳는, 즉 사유를 속성으로 갖는 실체(substance)이어야 한다. Descartes는 이것을 가리켜 âme이라 부르고 있다. 그의 발견의 순서는 다음과 같다 : 회의, 즉 사유→사유하는 나의 유재→나의 실체→âme.

LE GÉNÉREUX

Descartes는 *le Traité des Passions de l'âme*에서 먼저 정념이 어떤 생리적 메카니즘에 의해 발생하며 인간의 정신에 영향을 미치는가를 설명한다. 이어서 그는 6개의 기본적 정념, 즉 찬양, 사랑, 증오, 욕망, 기쁨, 슬픔을 추출하면서, 이 정념들이 이성과 합치되느냐 안되느냐에 따라 선한 또한 악한 정념으로 평가된다고 주장한다. 본능의 질주를 억제하고 이성적 판단에 순응케 하는 힘이 곧 자유의지이며 그는 이 자유의지의 도덕적 힘을 la générosite라 부른다. Descartes의 이와 같은 입장은 Corneille의 비극의 주인공들의 영웅주의를 연상케 한다. (그러나 이 책이 출간된 것은 1649년이므로 Corneille에 대한 직접적인 영향을 말할 수는 없다. 다만, Descartes는 질서와 논리를 향한 당대의 정신적 흐름에 명확한 표현을 부여한 것으로 보인다.)

Il est certain que, pourvu que notre âme ait toujours de quoi se contenter en son intérieur, tous les troubles qui viennent d'ailleurs[1] n'ont aucun pouvoir de lui nuire ; mais plutôt ils servent à augmenter sa joie en ce que, voyant qu'elle ne peut être offensée par eux, cela lui fait connaître sa perfection. Et afin que notre âme ait ainsi de quoi être contente, elle n'a besoin que de suivre exactement la vertu. Car quiconque a vécu en telle sorte que sa conscience ne lui peut reprocher qu'il ait jamais manqué à faire toutes les choses qu'il a jugées être les meilleures (qui est ce que je nomme ici suivre la vertu), il en reçoit une satisfaction qui est si puissante pour le rendre heureux, que les plus violents efforts des passions[2] n'ont jamais assez de pouvoir pour troubler la tranquillité de son âme···

Je ne remarque en nous qu'une seule chose qui nous puisse donner juste raison de nous estimer, à savoir l'usage de notre libre arbitre[3] et l'empire que nous avons sur nos volontés ;[4] et il nous rend en quelque façon semblables à Dieu[5] en nous faisant maîtres de nous-mêmes···

Ceux qui sont généreux en cette façon sont naturellement portés à faire de grandes choses, et toutefois à ne rien entreprendre dont ils ne se

---

1) d'ailleurs「외부로부터」

2) 위의 논조로 미루어 passions은 외부로부터의 작용에 의해 야기되는 troubles의 본체

3) l'usage de notre libre arbitre :「우리의 자유의지의 행사」윗 단에서 언급된 내적평온 또는 충족감은 이 자유의지의 확고함에 기인된 것

4) volontés : passions과 거의 같은 의미로 쓰인 말, 즉 인간의 근원적 욕망과 사랑의 본체, il n'y a que ··· être loués ou blâmés :「우리가 정당히 찬양받거나 비난받게 되는 것은 오직 이 자유의지에 달린 행동에 의해서이다.」

5) semblable à Dieu : 이것은 스토아주의의 이상이기도 하다.

sentent capables ; et pour ce qu'ils n'estiment rien de plus grand que de faire du bien aux autres hommes et de mépriser son propre intérêt, pour ce sujet ils sont toujours parfaitement courtois, affables et officieux envers un chacun. Et avec cela ils sont entièrement maîtres de leurs passions, particulièrement des désirs, de la jalousie et de l'envie, à cause qu'il n'y a aucune chose dont l'acquisition ne dépende pas d'eux qu'ils pensent valoir assez pour mériter d'être beaucoup souhaitée,[1] et de la haine envers les hommes, à cause qu'ils les estiment tous, et de la peur, à cause que la confiance qu'ils ont en leur vertu les assure, et enfin de la colère, à cause que, n'estiment que fort peu toutes les choses qui dépendent d'autrui, jamais ils ne donnant tant d'avantage à leurs ennemis que de reconnaître qu'ils en sont offensés.[2]

Traité des Passions de l'âme, articles 148, 152, 156.

PASCAL (1623-1662)

프랑스 중부 산악지방의 도시 Clermont(지금은 Clermont-Ferrand)에서 태어난 Blaise Pascal은 법관이었던 아버지로부터 정성어린 교육을 받았다. 일찍 어머니를 여읜 Blaise를 교육하기 위하여 아버지는 1631년 법관직을 양도하고 파리로 올라와 당대의 유수한 학자들과 교우하면서 아들의 교육에 전념하였던 것인데, Blaise는 어려서부터 놀라운 천재적 재능을 발휘하여 16세에는 당시의 수학의 첨단인 원추곡선론을 전개하기도 했다. 19세에는 계산기를 발명했고 23세에는 고향에 있는 Puy-de-Dôme에서 진공에 관한 실험을 하는 등 갖가지 과학적 업적을 낳았다.

그러나 과학에 몰두했던 그에게 새로운 계기가 찾아왔다. 1646년, 23세 때 그는 Port-Royal을 중심으로 한 쟝세나즘파의 기독교와 접하게 됨으로써 열렬한 회심을 경험하게 되었던 것이다. 그 후 그는 건강상 이유로 휴식을 위해 사교계를 출입하게 되고 몽테뉴를 애독하며 교양인 및 자유사상가들과도 교제한다. 이 시기는 이른바 사교시대에 해당되는데, 이 기간 동안 그의 신앙의 열도가 다소 냉각되는 일면도 있었으나 그에게 비종교의 세계, 세속적 사상과의 직접적인 접촉을 가능케 함으로써 그의 인간 이해의 폭을 넓힌 점은 주목할 만하다.

1654년 11월 23일 마침내 그는 또 한차례의 결정적 회심을 경험함으로써 열렬한 신앙생활에 들어가며 한때 Port-Royal에 머문다. 이때 쓴 것이 *L' Entretien avec M. de Saci sur Epictète et Montaigne* 이다. 스토아철학의 왕자 Epictète와 회의주의의 대변자 Montaigne에 대한 비판을 통해 궁극적으로

---

1) à cause qu il … souhaitée : 「그것을 소유하는 것이 그들에게 달려있지 않는 어떤 것도 열렬히 소망할 만한 가치가 있는 것으로 생각하지 않기 때문에」 (*qu*'ils pensent…의 que는aucune chose에 걸리는 관계대명사

2) jamais ils ne…offensés : 「그들의 적이 우월하다고 인정함으로써 스스로 상처입었음을 인정하는 일은 결코 없기(때문에)」

기독교 진리의 진정성으로 유도해가는 그의 논리는 결국 그가 책과 직접적인 관찰을 통하여 알았던 인간적 사고와의 대결의 한 소산이며 그가 최후로 붙잡은 신앙의 고백이다.

1656년에는 1년 여에 걸쳐, 자신이 속해 있던 쟝세니즘파와 제쥐트파와의 논쟁의 와중에 휘말리게 되는데, 이때 쟝세니스트에 대한 탄압에 항의하며 자신의 신학적 입장을 천명하기 위해 쓴 것이 전 18편에 달하는 서한 *Lettres à un provincial par un de ses amis*(흔히 *les Provinciales*로 불리워짐)이다. 그 후로 그는 육체적 고통을 잊기 위해 몇가지 과학적 문제에 몰두하기도 했지만 주력은 호교론(Apologie)에 쏟았다. 그의 만년은 격심한 육체적 고통의 연속이었고 결국 Apologie도 완성하지 못한 채 1662년 39세의 젊은 나이로 세상을 떴다.

그의 주저(主著) *Pensées*는 그가 Apologie를 준비하기 위해 써 모았던 notes를 사후에 편찬 발간한 것이다. 1670년 그의 친구들에 의해 편찬된 최초의 판(Port-Royal판)은 *Pensées de M. Pascal sur la religion et sur quelques autres sujets*라는 제목이 붙어 있다. 그런데 이 초판은 파스칼의 육필원고와는 상당한 차이가 있는 것으로서, 그 후, 특히 1842년 Victor Cousin이 이 사실을 지적한 이래로 원고에 충실한 판들이 속속 발표되었다. 그런데 Pascal이 남겨놓은 것은 단편적인 notes로서 이것들을 어떤 순서로 구성할 것인가 라는 문제는 항상 편집자들을 괴롭혀 왔다. 최근 Tourneur와 Lafuma는 갖가지 문헌적 연구 끝에 Pascal 자신에 의한 분류를 발견하기에 이르렀고 이로써 *Penseés*의 편찬에 새로운 빛을 가져왔다. 오늘날까지 가장 널리 보급되어 있는 판은 논리적 편찬을 시도한 Brunschvicg이나 앞으로는 Lafuma판이 파스칼의 의도에 보다 충실한 점에서 더욱 권위 있는 판으로 인정받게 될 것이다.

〈ŒUVRE〉

Penseés et Opuscules, publiés par L. Brunschvicg, Hachette, 1897.

Pensées, Publieés par L. Lafuma, éditions MS, 3 volumes, Ed, du Lux-embourg, Paris, 1951.

Opuscules, publiés par L. Lafuma, Aubier, 1955.

〈ETUDES〉

J. Mesnard : *Blaise Pascal, l'homme et l'œuvre*, Boivin.

A. Béguin : *Pascal par lui-mtme*, éd. du Seuil

H. Gouhier : *Blaise Pascal, commentaires,* Vrin, 1966.

ORDRE

파스칼 자신의 분류에 의하면 *Les Pensées*는 총 27장으로 구성되어 2부로 나뉘어져 있는데, 제1부는 2장에서 11장까지, 제2부는 12장에서 26장까지이다. 1장은 그가 구상하는 호교론의 전체적 구성을 다루고 있는 부분으로 Ordre라는 제목이 붙어 있고, 27장은 결론에 해당한다.

INTRODUCTION : ORDRE[1)]

Première partie : Misère de l'homme sans Dieu.
Seconde partie : Félicité de l'homme avec Dieu.

Autrement :

Première partie : Que la nature est corrompue. Par[2)] la nature même.
Seconde partie : Qu'il y a un réparateur. Par l'Ecriture.

(60-29)

Ordre. – Les hommes ont mépris pour la religion ; ils en ont haine et peur qu'elle soit vraie.[3)] Pour guérir cela, il faut commencer par montrer que la religion n'est point contraire à la raison ;[4)] vénérable, en donner respect.

La rendre ensuite aimable, faire souhaiter aux bons qu'elle fût vraie ;[5)] et puis montrer qu'elle est vraie.[6)]

Vénérable, parce qu'elle a bien connu l'homme ;[7)]

Aimable, parce qu'elle promet le vrai bien.[8)]

(187-35)

IMAGINATION

Ordre의 몇몇 단편에서 밝히고 있는 바와 같이 제1부는 인간의 비참을 주제로 하고 있으며 그 방법은 인간성 자체의 실증적 검토라는 점을 명백히 하고 있다. 파스칼은 먼저 이성적 인식의 무력을 밝히는 것으로부터 비참의 첫장을 연다. 이성적 판단을 시시각각 위협하고 혼란에 빠뜨리는 갖가지 세력

1) 여기 실린 2편의 단편은 Pascal의 작품 구상을 요약하는 것으로써 전자는 전·후 2부의 포괄적 주제를, 후자는 다소 세분화된 플랜을 설명하고 있다. (각 단편의 숫자표시는 각각 Brunschvicg판과 Lafuma판의 일련번호이다.)
2) par:〈la nature est corrompue〉라는 사실을 입증하는 방법을 말함. 즉, 인간성(la nature humaine)의 타락된 본성을 인간성 그 자체의 검증으로써 밝힌다는 뜻(다음의 Par l'Ecriture도 같음).
3) 신앙이 없는 일반인들의 종교에 대한 태도(mépris는 지적 반응, haine와 peur는 심정적 반응)
4) 일반인이 종교에 대해 mépris를 갖는 것은 종교가 반이성적(contraire à la raison)이라고 생각하기 때문이다. 따라서 첫째의 과제는 종교가 반이성적인 것이 아니며 오히려 존경의 대상이 된다는 것을 보여줄 필요가 있다.
5) 다음으로는 haine의 감정에 대해 오히려 〈사랑〉의 감정을 불어넣어야 하고, 종교가 진실된 것임을 〈바라게〉 만들어야 한다. (여기까지가 제1부에 해당된다)
6) 이상과 같은 이론적 전제에 뒤이어 〈종교가 과연 참된 것임〉을 밝히는 것은 제2부의 과제에 속한다.
7) 다시 앞으로 되돌아가 종교가 왜 respect의 대상이 될 수 있는가를 설명
8) 뒤이어, 종교가 왜 amour의 대상이 될 수 있는가를 설명

들, 이른바 기만적 세력(les puissances trompeuses) 중에서 그는 특히 상상력, 습관, 자애심을 집중적으로 다루고 있다.

Le plus grand philosophe du monde, sur une planche plus large qu'il ne faut, s'il y a au-dessous un précipice, quoique sa raison[1)] le convainque de sa sûreté, son imagination prévaudra.[2)] Plusieurs n'en sauraient soutenir la pensés sans pâlir et suer.

Je ne veux pas rapporter tous ses[3)] effets.

Qui ne sait que la vue des chats,[4)] des rats,[5)] l'écrasement d'un charbon, etc…, emportent la raison hors des gonds ? Le ton de voix impose aux plus sages, et change un discours et un poème de force.

L'affection ou la haine change la justice de face.[6)] Et combien un avocat bien payé par avance trouve-t-il plus juste[7)] la cause qu'il plaide ! Combien son geste hardi[8)] la fait-il paraître meilleure aux juges dupés par cette apparence ![9)] Plaisante raison qu'un vent manie, et à tous sens ![10)]

Je raporterais presque toutes les actions des hommes qui ne branlent[11)] presque que par ses secousses. Car la raison a été obligée de céder, et la plus sage prend pour ses principes ceux que l'imagination des hommes a

1) raison은 imagination과 계속 대비되는 가운데 그 본래의 권위와 기능이 여지없이 실추되는 모습으로 나타난다.

2) 이성은 현실(le réel)의 안전성을 보장한다. 그러나 이성과 현실 사이에 공포, 즉 실추할지는 모른다는 생각이 끼어들어 하나의 obsession이 된다. 결국 현실보다 더 강하게 작용하는 imagination이 그를 지배한다.

3) ses = de l'imagination

4) chat를 악귀 들린 짐승으로 간주하는 미신은 중세까지 거슬러 올라간다.

5) rat는 더러운 곳에 살 뿐만 아니라 고래로 peste와 더불어 연상되는 짐승

6) affection과 haine는 정념(passions)에 속한다. 이 정념들은 한 원인으로써 자극할 따름이며 실제로 작동하는 것은 imagination

7) 이익에 대한 관심으로 자극받은 상상력은 우선 하나의 환각, 즉 자신이 변호하는 입장의 정당성을 믿게 한다.

8) 다음으로, 자신의 변호의 정당성을 믿게 된 변호사는 일종의 자기암시(autosuggestion)로써 대담한 제스처를 취하게 된다.

9) 세번째로, 이 대담한 제스처는 파급암시(hétérosuggestion)로써 이를 보는 심판관들의 상상력을 사로잡는다.

10) à tous sens = en tout sens

11) branlent = bougent, remuent

témérairement introduits en chaque lieu…[1)]

Les impressions anciennes ne sont pas seules capables de nous abuser : les charmes de la nouveauté ont le même pouvoir.[2)] De là vient toute la dispute des hommes, qui se reprochent ou de suivre leurs fausses impressions de l'enfance, ou de courir témérairement après les nouvelles. Qui tient le juste milieu, qu'il paraisse et qu'il le prouve. Il n'y a principe, quelque naturel qu'il puisse être, même depuis l'enfance, qu'on ne fasse pour une fausse impression, soit de l'instruction, soit des sens.

Parce, dit-on, que vous avez cru dès l'enfance qu'un coffre était vide lorsque vous n'y voyiez rien, vous avez cru le vide possible. C'est une illusion de vos sens, fortifiée par la coutume, qu'il faut que la science corrige. Et les autres disent : « Parce qu'on vous a dit dans l'école qu'il n'y a point de vide on a corrompu votre sens commun, qui le comprenait si nettement avant cette mauvaise impression, qu'il faut corriger en recourant à votre première nature.» Qui a donc trompé ? les sens ou l'instruction ?

Nous avons un autre principe d'erreur, les maladies. Elles nous gâtent le jugement et le sens ; et si les grandes l'altèrent sensiblement, je ne doute pas que les petites n'y fassent impression à leur proportion.

Notre propre intérêt est encore un merveilleux instrument pour nous crever les yeux agréablement. Il n'est pas permis au plus équitable homme du monde d'être juge en sa cause ; j'en sais qui, pour ne pas tomber dans cet amour-propre, ont été les plus injustes du monde à contre-biais. Le moyen sûr de perdre une affaire toute juste était de la leur faire recommander pas leurs proches parents.

La justice et la vérité sont deux pointes si subtiles que nos instruments sont trop mousses pour y toucher exactement. S'ils y arrivent, ils en écachent la pointe et appuient tout autour, plus sur le faux que sur le vrai.[3)]

(82-81)

---

1) en chaque lieu = dans tous les domaines. 이와 같은 결과는 습관(la coutume) 에 크게 힘 입은 것이다. 습관은 이렇게 도입된 원리들을 자연스럽고 필연적인 것으로 보이게 하기 때문이다. (가령, 인간사회를 지배하는 법에 대한 Pascal의 분석은 이 과정을 잘 설명해준다).

2) Cf. 《La continuité dégoûte en tout》. 한편, le proverbe : 《Tout nouveau, tout beau》

3) 따라서 이중의 어려움이 있다 : 진리 그 자체의 극도의 섬세성(subtilités)과 인간의 기능의 조잡성(grossièretés)에서 유래되는 어려움

LE ROSEAU PENSANT

비참의 측면을 강조한 Pascal은 이번에는 역설적으로 위대의 측면을 부각시킨다. Pascal은 인식이 단순히 이성에 의해서만이 아니라 심정(le cœur)에 의해서도 가능하다는 것을 밝히며, 인간에게 원초적으로 주어진 기본적 원리들, 즉 시간, 공간, 운동의 개념과 같은 제일 원리들은 심정을 통해 주어짐으로써 확고부동한 인식이 될 수 있음을 주장한다(fr. 110-114 : la connaissance du cœur 참조). 그러나 Pascal은 위대의 개념을 비참의 의식 그 자체에서 이끌어낸다. 즉, 인간이 스스로를 비참하다고 느끼는 것은 인간이 위대하기 때문이다 : Un arbre ne se connaît pas misérable. (fr. 114-218).

L'homme n'est qu'un roseau, le plus faible de la nature ; mais c'est un roseau pensant. Il ne faut pas que l'univers entier s'arme pour l'écraser : une vapeur, une goutte d'eau, suffit pour le tuer.[1] Mais, quand[2] l'univers l'écraserait, l'homme serait encore[3] plus noble que ce qui le tue, parcè qu'il sait qu'il meurt, et l'avantage[4] que l'univers a sur lui ; l'univers n'en sait rien.

Toute notre dignité consiste donc en la pensée. C'est de là[5] qu'il faut nous relever,[6] et non de l'espace et de la durée, que nous ne saurions remplir. Travaillons donc à bien penser : voilà le principe de la morale.[7] (347-391)

Roseau pensant. – Ce n'est point de l'espace que je dois chercher ma dignité, mais c'est du règlement de ma pensée. Je n'aurai pas davantage en possédant des terres : par l'espace, l'univers me comprend et m'engloutit comme un point ; par la pensée, je le comprends.[8] (348-217)

Grandeur de l'homme. – Nous avons une si grande idée de l'âme de l'homme, que nous ne pouvons souffrir d'en être méprisés, et de n'être pas dans l'estime d'une âme ; et toute la félicité des hommes consiste dans cette estime. (400-223)

---

1) Pascal은 fr. 176-203에서 Cromwell을 죽게 한 (그리고 영국의 운명을 바꿔놓은) 《petit grain de sable》을 말하고 있다.
2) quand = même si…
3) encore : 「그럴 경우에도」 (= même dans ce cas)
4) l'avantage : sait의 두번째 보어
5) de là = à partir de là
6) relever : 즉 *relever* de notre bassesse
7) la morale : 인간을 충일하게 실현시킬 수 있는 규범
8) le comprend = l'embrasse tout entier

La grandeur de l'homme est grande en ce qu'il se connaît misérable. Un arbre ne se connaît pas misérable.

C'est donc être misérable que de (*se*) connaître misérable ; mais c'est être grand que de connaître qu'on est misérable. (397-218)

Pensée. – Toute la dignité de l'homme consiste en la pensée.

La pensée est donc une chose admirable et incomparable par sa nature. Il fallait qu'elle eût d'étranges défauts pour être méprisable ; mais elle en a de tels que rien n'est plus ridicule. Qu'elle est grande par sa nature ! Qu' elle est basse par ses défauts !

Mais qu'est-ce que cette pensée ? Qu'elle est sotte ![1] (365-232)

Il est dangereux de trop faire voir à l'homme combien il est égal aux bêtes, sans lui montrer sa grandeur. Il est encore dangereux de lui trop faire voir sa grandeur sans sa bassesse. Il est encore plus dangereux de lui laisser ignorer l'un et l'autre. Mais il est très avantageux de lui représenter l'un et l'autre. Il ne faut pas que l'homme croie qu'il est égal aux bêtes, ni aux anges, ni qu'il ignore l'un et l'autre, mais qu'il sache l'un et l'autre. (418-236)

L'homme n'est ni ange ni bête, et le malheur veut que qui veut faire l'ange fait la bête.[2] (358-257)

DIVERTISSEMENT

인식의 문제에서 인간존재의 근원적 모순을 지적한 Pascal은 이번에는 행복의 문제를 제기한다. 여기서도 그는 인간의 의지적 통제의 기능을 원리로 삼는 스토아주의와 쾌락의 원리를 추구하는 쾌락주의와의 끝없는 대립을 확인한다. 한편에서는 위대를 고양하고 한편에서는 비참을 의식한다. 이 사이에서 인간은 본능적으로 자신의 비참을 피하기 위한 기교를 고안한다. 위락(le divertissement)이 바로 그것이다. 그러나 이것이야말로 비참 중의 비참이다. 왜냐하면 그것은 문제의 해결이 아니라 회피의 방식이며 마치 눈을 가리고 절벽을 향해 달려가는 것과도 같기 때문이다.

Ainsi l'homme est si malheureux, qu'il s'ennuierait même sans aucune

1) Pascal이 note로서 첨가한 귀절. 따라서 사유가 위대한 것은 그 자체의 능력으로써가 아니라 자신을 아는, 즉 자신의 비참을 아는 그 인식으로써 위대하다.

2) stoïciens에 대한 비판

cause d'ennui,[1] par l'état propre de sa complexion, et il est si vain,[2] qu'étant plein de mille causes essentielles[3] d'ennui, la moindre chose, comme un billard et une balle qu'il pousse, suffisent pour le divertir…

D'où vient que cet homme, qui a perdu depuis peu de mois son fils unique, et qui, accablé de procès et de querelles, était ce matin si troublé, n'y pense[4] plus maintenant ? Ne vous en étonnez point : il est tout occupé à voir par où passera ce sanglier que les chiens poursuivent avec tant d'ardeur depuis six heures.[5] Il n'en faut pas davantage. L'homme, quelque plein de tristesse qu'il soit, si on peut gagner sur lui de le faire entrer en quelque divertissement, le voilà heureux pendant ce temps-là ; et l'homme, quelque heureux qu'il soit, s'il n'est diverti et occupé par quelque passion ou quelque amusement qui empéche l'ennui de se répandre, sera bientôt chagrin et malheureux. Sans divertissement il n'y a point de joie, avec le divertissement il n'y a point de tristesse.[6] Et c'est aussi ce qui forme le bonheur des personnes de grande condition, qu'ils[7] ont un nombre de personnes qui les divertissent, et qu'ils ont le pouvoir de se maintenir en cet état.

Prenez-y garde. Qu'est-ce autre chose d'être surintendant,[8] chancelier,[9] premier président,[10] sinon d'être en une condition où l'on a dès le matin un grand nombre de gens qui viennent de tous côtés pour ne leur laisser pas une heure en la journée où ils[11] puissent penser à eux-mêmes ? Et quand ils sont dans la disgrâce et qu'on les renvoie à leurs maisions des champs, où ils ne manquent ni de biens, ni de domestiques pour les assister dans leur besoin, ils ne laissent pas d'être misérables et abandonnés, parce que personne ne les empêche de songer à eux. (139-269)

---

1) Baudelaire의 ennui를 상기
2) vain = léger「경박한」
3) essentielles : 인간의 본성 자체에서 연유하는
4) n'y pense plus : divertissement의 특징은 바로 생각하는 것에서 마음을 돌리게 하는 데 있다.
5) 그가 당하고 있는 고통의 심각성과 지금 몰두하고 있는 일의 경박성과의 대조에 유의
6) 대구의 미묘함
7) ils = les grands
8) surintendant : 재무상(당시에는 Fouquet 가 이 직을 맡음)
9) chancelier : garde des sceaux「옥쇄상서」
10) premier président du parlement
11) Pascal은 *l'on…leur…ils* 등으로 다소 문법을 무시한 자유로운 어법을 사용하고 있다.

LA SAGESSE DE DIEU

이렇듯 비참과 위대의 혼합, 이율배반적 존재인 인간에 대하여 인간의 예지는 수긍할 만한 해답을 제시하지 못한다. Pascal의 인간학은 마침내 신학으로 이어진다. L'homme passe l'homme의 뜻은 바로 여기에 있다.

즉, 인간의 문제는 인간의 범주 안에서 종결지어질 수 없으며 필연적으로 인간을 넘어서는 차원으로의 이행을 요청한다. 인간의 운명은 그것을 넘어서는 어떤 초월적 운명과의 교차로써 새로이 편성되고 새로운 의미가 부여된다. Pascal의 독창성은 이 초월적 운명의 개입을 그 자체로서가 아니라 그의 인간학의 한 필연적 연장으로 제시한 점에 있으며, 따라서 그의 인간학은 신학으로써 비로소 완결된다.

Quelle chimère[1] est-ce donc que l'homme ? Quelle nouveauté, quel monstre, quel chaos, quel sujet de contradiction, quel prodige ! Juge de toutes choses, imbécile[2] ver de terre ; dépositaire du vrai, coaque[3] d'incertitude et d'erreur ; gloire et rebut de l'univers.[4]

Qui démêlera cet embrouillement ? La nature confond[5] les pyrrhoniens, et la raison confond les dogmatiques. Que deviendrez-vous donc, ô hommes qui cherchez quelle est votre vérable condition par votre raison naturelle ?[6] Vous ne pouvez fuir une de ces sectes, ni subsister dans aucune.

Connaissez donc, superbe,[7] quel paradoxe vous êtes à vous-même. Humiliez-vous, raison impuissante ; taisez-vous, nature imbécile : apprenez que l'homme passe[8] infiniment l'homme, et entendez[9] de votre maître votre condition véritable que vous ignorez. Écoutez Dieu.

Car enfin, si l'homme n'avait jamais été corrompu, il jouirait dans son innocence et de la vérité et de la félicité avec assurance ; et si l'homme n'avait jamais été que corrompu, il n'aurait aucune idée ni de la vérité ni de la béatitude. Mais, malheureux que nous sommes, et plus que s'il n'y avait point de grandeur dans notre condition, nous avons une

---

1) chimère : 「괴물」(여러 짐승의 부분으로 된 괴수 – 그리스 신화)
2) imbécile = faible
3) cloaque : 처음에는 amas로 표현되었음
4) 위대와 비참의 극적 대비를 표현하는 현란한 대응의 수사학
5) confond = montre les erreurs de…
6) 이성적 사고, 즉 철학
7) superbe = orgueilleux
8) passe = dépasse
9) entendez = apprenez

idée du bonheur, et ne pouvons y arriver ; nous sentons une image de la vérité, et ne possédons que le mensonge ; incapables d'ignorer absolument et de savoir certainement, tant il est manifeste que nous avons été dans un degré de perfection dont nous sommes malheureusement déchus ! (434-246)

« N'attendez pas, dit-elle, ni vérité, ni consolation des hommes. Je suis celle qui vous ai formés et qui puis seule vous apprendre qui vous êtes. Mais vous n'êtes plus maintenant en l'état où je vous ai formés. J'ai créé l'homme saint, innocent, parfait ; je l'ai rempli de lumière et d'intelligence ; je lui ai communiqué[1] ma gloire et mes merveilles. L'œil de l'homme voyait alors la majesté de Dieu. Il n'était pas alors dans les ténèbres qui l'aveuglent, ni dans la mortalité et dans les misères qui l'affligent. Mais il n'a pu soutenir tant de gloire sans tomber dans la présomption. Il a voulu se rendre centre de lui-même, et indépendant de mon secours. Il s'est soustrait de ma domination ;[2] et, s'égalant[3] à moi par le désir de trouversa félicité en lui-même, je l'ai abandonné à lui ; et, révoltant[4] les créatures, qui lui étaient soumises, je les lui ai rendues ennemies : en sorte qu'aujourd'hui l'homme est devenu semblable aux bêtes, et dans un tel éloignement de moi, qu'à penine lui reste-t-il une lumière[5] confuse de son auteur : tant toutes ses connaissances ont été éteintes ou troublées ! Les sens, indépendants de la raison, et souvent maîtres de la raison, l'ont emporté à la recherche des plaisirs. Toutes les créatures ou l'affligent ou le tentent, et dominent sur lui, ou en le soumettant par leur force, ou en le charmant par leur douceur, ce qui est une domination plus terrible et plus impérieuse.

« Voilà l'état où les hommes sont aujourd'hui. Il leur reste quelque instinct impuissant du bonheur de leur première nature, et ils sont plongés dans les misères de leur aveuglement et de leur concupiscence, qui est devenue leur seconde nature.»

1) communiqué = donné une part de…
2) le péché originel을 암시. 원죄의 핵심은 〈신과 같이 되고자〉 원한 데 있다. 즉 신의 지배를 벗어나 인간이 자신의, 그리고 주위의 모든 것의 지배가 되고자 원한 것. (이로써 인간은 각기 지배자가 되고자 함으로써 상호 대립과 증오의 악순환에 빠져들었고, 그것의 최초의 발현은 형제간의 살인이다.)
3) s'égalant = puisqu' il s'égalait
4) révoltant = puisqu'il poussait à la révolte…
5) une lumière = une connaissance

« De ce principe que je vous ouvre, vous pouvez reconnaître la cause de tant de contrariétés[1] qui ont étonné tous les hommes, et qui les ont partagés en de si divers sentiments.[2] Observez maintenant tous les mouvements de grandeur et de gloire que l'épreuve de tant de misères ne peut étouffer, et voyez s'il ne faut pas que la cause en soit en une autre nature.[3] »

(430-309)

LES DEUX INFINIS

La transition de la connaissance de l'homme à Dieu라는 제목의 15장에 실린 이 긴 단편은 우주 안에서의 인간의 위치에 대한 과학적이고도 시적인 명상에서부터 시작하여 인간조건에 대한 전반적인 고찰을 다시 한번 시도함으로써 초월적 세계에의 필연적인 이행을 예비하고 있다. 인간의 한계, 무력, 궁극적 파멸로 이어져 가는 논리의 전개에는 화려한 이미지의 구사와 더불어 어떤 심정적 전율이 함께 하며 독자를 깊은 감동으로 몰아넣는다.

Disproportion de l'homme. —··· Que l'homme contemple[4] donc la nature entière dans sa haute et pleine majesté, qu'il éloigne sa vue des objets bas[5] qui l'environnent. Qu'il regarde cette éclatante lumière,[6] mise comme une lampe éternelle pour éclairer l'univers, que la terre lui paraisse comme un point au prix du[7] vaste tour que cet astre décrit et qu'il s'étonne de ce que ce vaste tour[8] lui-même n'est qu'une pointe très délicate à l'égard de celui que les astres qui roulent dans le firmament embrassent. Mais si notre vue s'arrête là, que l'imagination passe outre ; elle se lassera plutôt de concevoir,[9] que la

1) contrariétés = contradictions
2) sentimemts = opinions
3) une autre nature : 원죄 이전의 최초의 nature. 즉 신의 영광을 나누어 가졌던 본성. 따라서 오늘의 인간은 제2의 본성의 지배를 받고 있는데, 결국 그는 타락의 실제와 영광의 부재(그림자)로 구성된, 다시 말해서 인간의 몫과 신의 몫(부재)으로 구성된 이중적 존재이다.
4) 처음에는 considère란 말로 표현되었음
5) des objets bas : 지상의 사물들을 가리킴
6) = soleil
7) au prix du = en comparaison du
8) Pascal은 같은 말 또는 표현의 반복에 관하여 이렇게 말하고 있다 : 《*Quand dans un discours se trouvent des mots répétés, et qu'essayant de les corriger, on les trouve si propres qu'on gâterait le discours, il les faut laisser, C'en est la marque*》(48-)
9) Pascal은 뒤이어 *des immensités d'espace*란 말을 지워버렸다.

nature de fournir.[1] Tout ce mondé visible n'est qu'un trait imperceptible dans l' ample sein de la nature. Nulle idée n'en approche. Nous avons beau enfler nos conception au-delà des espaces imaginables, nous n'enfantons que des atomes, au prix de la réalité des choses.[2] C'est une sphère dont le centre est partout, la circonférence nulle part.[3] Enfin c'est le plus grand caractère sensible de la toute-puissance de Dieu, que notre imagination se perde dans cette pensée.

Que l'homme, étant revenu à soi, considère ce qu'il est au prix de ce qui est ; qu'il se regarde comme égaré dans ce canton[4] détourné de la nature ; et que de ce petit cachot où il se trouve logé,[5] j'entende l'univers, il apprenne à estimer la terre, les royaumes, les villes et soi-même son juste. prix. Qu'est-ce qu'un homme dans l'infini ?[6]

Mais pour lui présenter un autre prodige aussi étonnant, qu'il recherche dans ce qu'il connaît les choses les plus délicates. Qu'un ciron[7] lui offre dans la petitesse de son corps des parties incomparablement plus petites, des jambes avec des jointures, des veines dans ces jambes, du sang dans ces veines, des humeurs dans ce sang, des gouttes dans ces hueurs, des vapeurs dans ces gouttes que, divisant encore ces dernièrs choses, il épuise ses forces en ces conceptions, et que le dernier objet où il peut arriver soit maintenant celui de notre discours il pensera peut-être que c'est là l'extrême petitesse de la nature. Je veux lui faire voir là-dedans un abîme nouveau.[8] Je lui veux peindre non seulement l'univers visible, mais l'immensité qu'on peut concevoir de la nature, dans l'enceinte de ce raccourci d'atome. Qu'il y voie une infinité d'univers,[9] dont chacun a son firmament, ses planètes, sa terre, en la même proportion que le monde visible ; dans cette terre, des animaux, et enfin des cirons, dans lesquels il retrouvera ce que les premiers ont donné ; et trouvant

1) que la nature se lassera de fournir
2) la réalité des choses 대신 처음에는 cette vastitude infinie란 표현을 사용
3) 이와 같은 비유는 이미 Rabelais, Montaigne, Gassendi 등에서 찾아볼 수 있으나 Pascal에 의해 가장 잘 표현되었고 후세에도 Pascal의 것으로 알려져 있다.
4) canton = coin
5) Cf. Montaigne, *Essais* II. 12 : 《*Ce Petit cachot où tu es logé*》
6) l'infini : 처음에는 la nature로 표현되었음
7) ciron : 육안으로 볼 수 있는 가장 작은 생물. (1590년 이래로 원시적 형태의 현미경이 사용되었음)
8) 최초의 기술은 : *Je veux lui en montrer l'infinie grandeur.*
9) Pascal의 놀라운 천재적 직관, 현대 물리학은 물질의 구성요소에 관하여 이 직관을 사실로 입증하고 있다.

encore dans les autres la même chose sans fin et sans repos, qu'il se. perde dans ces merveilles, aussi étonnantes dans leur petitesse que les autres[1] par leur étendue ; car qui n'admirera que notre corps, qui tantôt n'etait pas perceptible dans l'univers, imperceptible lui-même[2] dans le sein du tout, soit à présent un colosse, un monde, ou plutôt un tout, à l'égard du néant où l'on ne peur arriver ?

Qui se considérera de la sorte s'effrayera de soi-même, et, se considérant soutenu dans la masse[3] que la nature lui a donnée, entre ces deux abîmes de l'infini et du néant, il tremblera dans la vue de ces merveilles ; et je crois que sa curiosité se changeant en admiration, il sera plus disposé à les contempler en silence qu'à les rechercher avec présomption.

Car enfin qu'est-ce que l'homme dans la nature ? Un néant à l'égard de l'infini, un tout à l'égard du néant, un milieu entre rien et tout. Infiniment éloigné de comprendre les extrêmes, la fin des choses et leur principe sont pour lui invinciblement cachés dans un secret impénétrable,[4] également incapable de voir le néant d'où il est tiré, et l'infini où il est englouti.

Que fera-t-il donc, sinon d'apercevoir (quelque) apparence du milieu des choses,[5] dans un désespoir éternel de connaître ni leur principe ni leur fin ? Toutes choses sont sorties du néant et portées jusqu'à l'infini. Qui suivra ces étonnantes démarches ? L'auteur de ces merveilles les comprend. Tout autre ne le peut faire. (73-390)

LES TROIS ORDRES

Pascal의 변증법적 논리의 한 극치를 보여주는 이 텍스트 가운데 우리는 그의 인간학 및 기독교 신앙의 기본적 개념을 파악할 수 있을 것이다. 육적 질서, 정신적 질서, 영적(사랑의) 질서로 분류되는 세 질서는 인간을 지배하는 대립적 세 가치의 표현이며 그 사이에는 상승의 의지가 개입한다. 그러나 육적, 정신적 가치를 다같이 인간의 가치로 볼 때 결국 인간적 가치와 신적 가치의 대립이라는 양분법이 성립된다. Pascal이 그의 인간학에 있어서 시도한 비참과 위대, 악과 선의 이원론적 분석은 격국 인간과 신, 자연과 사총(思寵)과의 수직적 이원론으로써 완결된다.

---

1) les autres = celles de l'infini de grandeur
2) lui-même : l'univers를 가리킴
3) masse = matière
4) 자연 안에서의 인간의 위치를 논한 Pascal은 인간의 능력, 특히 지적능력의 한계를 언급함으로써 형이상학적 고찰을 개입시킨다.
5) des choses, placées, comme lui, au milieu des deux infinis

La distance infinie des coprs aux esprits figure[1] la distance infiniment plus infinie des esprits à la charite,[2] car elle est surnaturelle.

Tout l'éclat des grandeurs[3] n'a point de lustre pour les gens qui sont dans les recherches de l'esprit.

La grandeur des gens d'esprit est invisible aux rois, aux riches, aux capitaines, à tous ces grands de chair.

La grandeur de la sagesse, qui n'est nulle sinon de Dieu,[4] est invisible aux charnels[5] et aux gens d'esprit. Ce sont trois ordres différents de genre.

Les grands génies[6] ont leur empire, leur éclat, leur grandeur, leur victoire, leur lustre, et n'ont nul besoin des grandeurs charnelles, où[7] elles n'ont pas de rapport. Ils sont vus non des yeux, mais des esprits, c'est assez.

Les saints ont leur empire, leur éclat, leur victoire, leur lustre, et n'ont nul besoin des grandeurs charnelles ou spirituelles,[8] où elles n'ont nul rapport, car elles n'y ajoutent ni ôtent. Ils sont vus de Dieu et des anges, et non des corps ni des esprits curieux :[9] Dieu leur suffit.

Archimède,[10] sans éclat,[11] serait en même vénération. Il n'a pas donné des batailles pour les yeux, mais il a fourni à tous les esprits ses inventions. Oh ! qu'il a éclaté[12] aux esprits !

Jésus-Christ sans biens et sans aucune production au dehors de science, est dans son ordre de sainteté. Il n'a point donné d'invention, il n'a point régné ; mais il a été humble, patient, saint, saint, saint à Dieu, terrible aux démons, sans aucun péché. Oh ! qu'il est venu en grande pompe et en une

---

1) figure = représente, symbolise
2) la charité = l'amour de Dieu. 정신과 신적 사랑과의 사이는 la distance infiniment plus infinie로써 그 단절이 한결 더 강조되어 있다. (즉, corps와 esprit가 다같이 *nature*에 속해 있는데 반해 charité는 *surnature*에 속한 것이기 때문에.)
3) grandeurs charnelles 11행 참조「육에 속한 물질적 위대」
4) = qui n'est rien si elle ne vient pas de Dieu
5) les charnels = gens de chair
6) les grands génies : 위대한 gens d'esprit
7) où = là où…
8) spirituelles = intellectuelles
9) curieux : 왜냐하면 지적연구의 바탕은 curiosité니까
10) Archimède : le grand génie의 한 표본(기원전 3세기의 학자).
11) sans éclat :「외적 찬란함이 없었다 할지라도」(즉, Archimède는 왕족이었는데, 설사 왕족이 아니었다 할지라도)
12) 앞의 éclat와 대조를 이루는 말. 단, 그가 발한 광채는 정신적 위대의 광채

prodigieuse magnificence, aux yeux du cœur[1] et qui voient la sagesse !

Il eût été inutile à Archimède de faire le prince dans ses livres de géométrie, quoiqu'il le fût.

Il eût été inutile à Notre Seigneur Jésus-Christ pour éclater dans son règne de sainteté de venir en roi ; mais il y est bien venu avec l'éclat de son ordre !

Il est bien ridicule de se scandaliser de la bassesse[2] de Jésus-Christ, comme si cette bassesse était du même ordre duquel est la grandeur qu'il venait faire paraître. Qu'on considère cette grandeur-là dans sa vie, dans sa passion, dans son obscurité, dans sa mort, dans l'élection des siens,[3] dans leur abandon,[4] dans sa secrète résurrection, et dans le reste, on la verra si grande, qu'on n'aura pas sujet de se scandaliser d'une bassesse qui n'y est pas.

Mais il y en a qui ne peuvent admirer que les grandeurs charnelles, comme s'il n'yen avait pas de spirituelles ; et d'autres qui n'admirent que les spirituelles, comme s'il n'y en avait pas d'infiniment plus hautes dans la sagesse.

Tous les corps, le firmament, les étoiles, la terre et ses royaumes, ne valent pas le moindre des esprits ; car il connaît tout cela, et soi ; et les corps, rien.

Tous les corps ensemble, et tous les esprits ensemble et toutes leurs productions, ne valent pas le moindre mouvement de charité. Cela est d'un ordre infiniment plus élevé.

De tous les corps ensemble, on ne saurait en[5] faire réussir une petite pensée : cela est impossible, et d'un autre ordre. De tous les corps et esprits, on n'en saurait tirer un mouvement de vraie charité, cela est impossible, et d'un autre ordre, surnaturel. (793-585)

LA ROCHEFOUCAULD (1613-1680)

왕가의 피를 받은 명문귀족 가문에 태어난 La Rochefoucauld는 화려한 앞날이 약속되어 있는 듯

1) la charité를 감지하는 것은 cœur이다.

2) la bassesse selon la chair

3) des siens = de ses disciples

4) leur abandon : 「그들의 배반」

5) en : 문법상 불필요한 중복(pléonasme)

이 보였지만 그의 생애는 그에게 쓰라림과 환멸만을 안겨주었다. 그는 16세 때부터 종군하여 수년간 전투에 참가하고 부상하는가 하면 재상 Richelieu에 대항한 음모에 가담한 탓으로 투옥되기도 했다. 또한 프롱드 난(la Fronde)에 뛰어들어 안면에 부상을 입고 실명의 위기에 빠지는 등 파란만장의 반생을 보낸 그는 1656년 파리에 나와 Mlle Scudéry, Madame La Fayette, Madame Sablé 등의 살롱에 출입하였는데 특히 Sablé부인과 친숙했다. Maximes을 만드는 것을 즐거움으로 삼은 Madame Sablé의 살롱에서 La Rochefoucauld는 뛰어난 재치를 발휘했다. 그의 Maximes은 이렇게 해서 만들어진 것으로서 1665년에 출간되었다. 그 후 그는 다섯 차례나 보완판을 만들어 1678년의 제5판은 504개에 달하는 잠언을 포함하고 있다.

*Maximes*은 그의 생애의 불행과 환멸을 반영하기라도 한 듯 인간성에 대한 어둡고 비관적인 견해로 일관되어 있다. 보통 미덕으로 찬양받는 행위도 그 이면에는 이기라는 악덕이 숨어있음을 폭로하는가 하면 인간의 마음을 지배하는 위선을 줄기차게 고발한다.

〈ETUDES〉

E. Magne : *Le vrai visage de La Rochefoucauld*, Ollendorf, 1923.
L. Hippeau : *Essai sur la morale de La Rochefoucault*, Nizet. 1967.

Maximes

1. Ce que nous prenons pour des vertus n'est souvent qu'un assemblage de diverses actions et de divers intérêts que la fortune ou notre industrie[1] savent arrager ; et ce n'est pas toujours par valeur et par chasteté que les hommes sont vaillants et que les femmes sont chastes.

2. L'amour-propre est le plus grand de tous les flatteurs.

19. Nous avons tous assez de force pour supporter les maux d'autrui.[2]

22. La philosophie[3] triomphe aisément des maux passés et des maux à venir ; mais les maux présents triomphent d'elle.

29. Le mal que nous faisons ne nous attire pas tant de persécution et de haine que nos bonnes qualités.[4]

1) la fortune ou notre industrie = le sort ou notre habileté
2) Cf. 327.
3) la philosophie : 인간의 최고의 지혜. 즉 정신적 또는 의지적 신념
4) 타인의 bonnes qualités는 그의 우월성의 증거이며 우리의 amour-propre에 치명타를 가하는 것이기 때문에 보다 큰 박해와 증오를 자극한다.

39. L'intérêt parle toutes sortes de langues, et joue toutes sortes de personnages, même celui de désintéressé.

41. Ceux qui s'appliquent trop aux petites choses deviennent ordinairement incapables des grandes.

49. On n'est jamais si heureux ni si malheureux qu'on s'imagine.

70. Il n'y a point de déguisement qui puisse longtemps cacher l'amour où il est, ni le feindre où il n'est pas.

71. Si l'on juge de l'amour par la plupart de ses effets, il ressemble plus à la haine qu'à l'amitié.

76. Il est du véritable amour comme de l'apparition des esprits : tout le monde en parle, mais peu de gens en ont vu.

78. L'amour de la justice n'est en la plupart des hommes que la crainte de souffrir l'injustice.

83. Ce que les hommes ont nommé amitié n'est qu'une soiciété, qu'un ménagement réciproque d'intérêts, et qu'un échange de bons offices ; ce n'est enfin qu'un commerce où l'amour-propre se propose toujours quelque chose à gagner.

93. Les vieillards aiment à donner de bons préceptes, pour se consoler de n'être plus en état de donner de mauvais exemples.

110. On ne donne rien si libéralement que ses conseils.

119. Nous sommes si accoutumés à nous déguiser aux autres qu'enfin nous nous déguisons à nous-mêmes.

121. On fait souvent du bien pour pouvoir impunément faire du mal.

138. On aime mieux dire du mal de soi-même que de n'en point parler.

158. La flatterie est une fausse monnaie qui n'a de cours que par[1] notre vanité.

---

1) qui n'a de coura que par… 「오직 …에 의해서만 통용되는」

171. Les vertus se perdent dans l'intérèt, comme fleuves se perdent dans la mer.

182. Les vices entrent dans la composition des vertus, comme les poisons entrent dans la composition des remèdes.

200. La vertu n'irait pas si loin si la vanité ne lui tenait compagnie.

203. Le vrai honnête homme est celui qui ne se que un ajustement et un fard qu'elles ajoutent à leur beauté.

204. La sévérité des femmes est un ajustement et un fard qu'elles ajoutent à leur beauté.[1)]

205. L'honnêteté des femmes est souvent l'amour de leur réputation et de leur repos.

206. L'amour de la gloire, la crainte de la honte, le dessein de faire fortune, le devoir de rendre notre vie commode et agréable, et l'envie d'abaisser les autres, sont souvent les causes de cette valeur si célèbre parmi les hommes.

216. La parfaite valeur[2)] est de faire sans témoins ce qu'on serait capable de faire devant tout le monde.

235. Nous nous consolons aisément des disgrâces[3)] de nos amis lorsqu'elles servent à signaler notre tendresse pour eux.

276. L'absence diminue les médiocres passions et augmente les grandes, comme le vent éteint les bougies et allume le feu.

298. La reconnaissance de la plupart des hommes n'est qu'une secrète envie de recevoir de plus grands bienfaits.

303. Quelque bien qu'on dise de nous, on ne nous apprend rien de

---

1) 고전주의 시대의 한 이상형. (가령, 지식을 과시하는 femmes savantes 에 대한 Molière의 야유와 맥락을 같이 한다.)

2) valeur = vertu

3) disgrâces = malheurs

nouveau.[1)]

327. Nous n'avouons de petits défauts que pour persuader que nous n'en avons pas de grands.

LA BRUYÈRE (1645-1696)

파리에서 태어난 부르주아 출신의 Jean de La Bruyère는 Orléans 대학에서 법률을 배우고 변호사가 되었다. 아버지의 유산으로 Caen시 재무출납 관직을 샀으나 임지에는 가지 않고 여전히 파리에 머무른 채 서재에서 시간을 보냈다. 1684년 Bossuet의 소개로 Condé대공의 손자 Bourbon공의 교육을 맡아 2년여 봉직하였는데, 그 후에도 대공의 저택에 머물며 상담역의 역할을 하면서 독서에 전념했다. 이와 같은 그의 위치는 궁정과 상류사회의 풍습 및 인물들을 직접 관찰할 절호의 기회를 제공하였으며, 이로써 그의 걸작 *Les Caractères*의 제재를 얻게 된 것이다.

La Bruyère는 단 한권의 책을 썼다. 1688년의 초판은 *Les Caractères de Théophraste traduits du grec avec les Caractères ou les mœurs de ce siècle* 이라는 긴 제목이 붙어있다. Théophraste는 기원전 4세기의 그리스 철학자로서 아리스토텔레스의 제자였는데, La Bruyère의 번역은 크게 문제삼을 만한 것이 못되며 다만 본격적인 인물론을 위한 발판에 불과했다. *Les Caractères*는 각기 독립된 16장으로 구성되어 있는데 궁정, 상류인사, 인간, 국왕과 공화제, 유행, 관습, 심정 등 모든 문제에 대해 솔직하고 때로는 대담한 견해들이 피력되어 있다. La Rochefoucauld와 다른 점은 인간의 문제를 내면적 모랄의 차원에서 제기하는 데 그치지 않고, 사회적, 시대적 배경으로 확대시킨 점이 될 것이다. 이런 점에서 그는 인간의 사회성이 강하게 부각되는 18세기를 예고하고 있는 것으로 보인다.

〈ETUDES〉
G. Michaud : *La Bruyère*, Boivin, 1937.
L. Van Delft : *La Bruyère moraliste*, Droz, 1971.

DU CŒUR

제4장 Du cœur는 La Rochefoucauld를 연상케 하는 maximes을 포함하고 있지만 일률적으로 비관적인 것은 아니다. 이 장에서는 인간사회의 풍속을 그리는 대신 인간의 심정을 그 자체로서 분석하고 있다.

64. La vie est courte, si elle ne mérite ce nom que lorsqu'elle est

1) 왜냐하면 우리는 이미 스스로 그렇게 생각하고 있기 때문에. Cf. 2 : 《*L'amour-propre est le plus grand de tous les flatteurs*》

agréable, puisque, si l'on cousait ensemble toutes les heures que l'on passe avec ce qui plaît, l'on ferait à peine d'un grand nombre d'années une vie de quelques mois.

76. Les hommes commencent par l'amour, finissent par l'ambition, et ne se touvent souvent dans une assiette[1] plus tranquille que lorsqu'ils meurent.

82. Il y a des lieux que l'on admire : il y en a d'autres qui touchent et où l'on aimerait à vivre.

Il me semble que l'on dépend des lieux pour l'esprit, l'humeur, la passion, le goût et les sentiments.

ARRIAS

수다스럽고 뻔뻔스러운 허풍쟁이 Arrias는 〈honnête homme〉에 정반대되는 유형을 상징하고 있다. La Bruyère는 이 인물을 묘사하는 데 있어 그의 특유한, 간결하고 경쾌한 솜씨를 십분 발휘하며 우리의 관심을 사로잡는다.

Arrias a tout lu, a tout vu, il veut le persuader ainsi ; c'est un homme universel,[2] et il se donne pour tel : il aime mieux mentir que de se taire ou de paraîrtre ignorer quelque chose. On parle, à la table d'un grand, d'une cour du Nord : il prend la parole, et l'ôte à ceux qui allaient dire ce qu'ils en savent ; il s'oriente dans cette région lointaine comme s'il en était originaire ; il discourt des mœurs de cette cour, des femmes du pays, de ses lois et de ses coutumes : il récite[3] des historiettes qui y sont arrivées ; il les trouve plaisantes, et il en rit le premier jusqu'à éclater.[4] Quelqu'un se hasarde de[5] le contredire, et lui prouve nettement qu'il dit des choses qui ne sont pas vraies. Arrias ne se touble point, prend feu au contraire contre l'interrupteur. « Je n'avance, lui dit-il, je ne raconte

1) une assiette = un état
2) un homme universel : 여기서는「모든 것에 통달한」
3) récite = raconte
4) Arrias는 말뿐만 아니라 모든 표현, 몸짓에 이르기까지 자기 과시와 허풍으로 가득 차 있다.
5) se hasarde de = se hasarde à…

rien que je ne sache d'original :[1] je l'ai appris de *Sethon*, ambassadeur de France dans cette cour, revenu à Paris depuis quelques jours, que je connais familièrement, que j'ai fort interrogé, et qui ne m'a caché aucune circonstance.» Il reprenait le fil de sa naration avec plus de confiance qu'il ne l'avait commencée, lorsque l'un des conviés lui dit : « C'est Sethon à qui vous parlez, lui-même, et qui arrive de son ambassade.[2] » (Éd. 8. v. 9.)

DE LA SOCIÉTÉ ET DE LA CONVENTION

이 장에서 La Bruyère는 몇 사람의 portrait를 통하여 인간의 어리석음, 허영, 기만, 허풍 등 갖가지 악덕을 재치 있고 해학적인 터치로 폭로한다. 단순성과 자연스러움은 인간적인 미덕일 뿐만 아니라 그의 미학의 원리이기도 하다.

Que dites-vous ? Je n'y suis pas ; vous plairait-il de recommencer ? J'y suis encore moins. Je devine enfin : vous voulez, *Acis*, me dire qu'il fait froid : que ne disiez-vous :[3] « Il fait froid » ? Vous voulez m'apprendre qu'il pleut ou qu'il neige ; dites : « Il pleut, il neige.» Vous me trouvez bon visage, et vous désirez de m'en féliciter ; dites : « Je vous trouve bon visage. – Mais répondez-vous, cela est bien uni[4] et bien clair ; et d'ailleurs, qui ne pourrait pas en dire au-tant ? » Qu'importe, Acis ? Est-ce un si grand mal d'être entendu quand on parle, et de parler comme tout le monde ? Une chose vous manque, Acis, à vous et à vos semblables, les diseurs de *phébus* ;[5] vous ne vous en défiez[6] point, et je vais vous jeter dans l'étonnement :[7] une chose vous manque, c'est l'esprit.[8] Ce n'est tout : il y a en vous une chose de trop, qui est l'opinion d'en[9] avoir plus que

1) d'original = de source directe 「직접 들었거나, 본 것」
2) Arrias의 정체를 일시에 폭로하는 극적인 종말
3) que ne disiez-vous = pourquoi ne disiez-vous pas…
4) uni = banal
5) phébus : 「과장된 난해한 말」 (Phébus Apollon의 oracles은 이해하기 어려운 것이었음)
6) vous en défiez = vous en doutez 「알아차리지…」
7) l'étonnement = la stupéfaction
8) 이러한 비판은 Acis에게 치명적인 모욕감을 주었음이 분명하다. 그 자신 풍부한 esprit를 가지고 있다고 믿었기 때문에.
9) en = de l'esprit

les autres ; voilà la source de votre pompeux galimatias, de vos phrases embrouillées, et de vos grands mots qui ne signifient rien. Vous abordez cet homme, ou vous entrez dans cette chambre ; je vous tire par votre habit et vous dis à l'oreille : « Ne songez point à avoir de l'esprit, n'en ayez point, c'est votre rôle ; ayez, si vous pouvez, un langage simple, et tel que l'ont ceux en qui vous ne trouvez aucun esprit : peut-être alors croira-t-on que vous en avez.[1] » (Éd. 5. v. 7.)

GITON ET PHÉDON

이 두 인물의 모델을 찾는 것은 무의미한 일이다 – 이들은 각기 부자와 빈자를 대표하는 유형(types)이기 때문에. 부분적으로 17세기적 특징으로 묘사되기도 한 이 두 유형은 그러나 각기 자신의 신분의 숙명적 낙인이 찍힌 영원한 모습을 우리에게 보여준다.

Giton a le teint frais, le visage plein et les joues pendantes, l'œil fixe et assuré, les épaules larges, l'estomac haut,[2] la démarche ferme et délibérée.[3] Il parle avec confiance ; il fait répéter celui qui l'entretient,[4] et il ne goûte que médiocrement tout ce qu'il lui dit. Il déploie un ample mouchoir et se mouche avec grand bruit ; il crache fort loin, et il éternue fort haut.[5] Il dort le jour, il dort la nuit, et profondément ; il ronfle en compagnie. Il occupe à table et à la promenade plus de place qu'un autre. Il tient le milieu en se promenant avec ses égaux ; il s'arrête et l'on s'arrête, il continue de marcher et l'on marche : tous se règlent sur lui. Il interrompt, il redresse[6] ceux qui ont la parole : on ne l'interrompt pas, on l'écoute aussi longtemps qu'il veut parler ; on est de son avis, on croit les nouvelles qu'il débite.[7] S'il s'assied, vous le voyez s'enfoncer dans un fauteuil, croiser les jambes l'une sur l'autre, froncer le sourcil, abaisser son chapeau[8] sur ses yeux pour ne voir personne, ou le relever ensuite,

---

1) 이 역설적 결론 속에 La Bruyère는 참된 esprit가 무엇인가를 시사.
2) l'estomac haut = la poitrine bombée「불룩한 가슴」
3) délibérée = résolue
4) celui qui l'entretient :「그와 이야기하는 사람」
5) 이런 종류의 행동 그 자체는 그 당시 비난받지 않았다(단, 이런 행동에 따르는 거리낌 없는 태도가 규탄받았음).
6) redresse = corrige「잘못을 바로잡는다」
7) débite = raconte
8) 당시의 풍습 : 왕이나 귀부인 앞을 제외하고는 실내에서도 모자를 벗지 않았다.

et découvrir son front par fierté et par audace. Il est enjoué, grand rieur, impatient, présomptueux, colère,. libertin,[1] politique,[2] mystérieux sur les affaires du temps ; il se croit des talents et de l'esprit. Il est riche.[3] (Ed. 6.)

Phédon a les yeux creux, le teint échauffé,[4] le corps sec et le visage maigre ; il dort peu et d'un sommeil fort léger ; il est abstrait,[5] rêveur,[6] et il a avec de l'esprit l'air d'un stupide ; il oublie de dire ce qu'il sait, ou de parler d'événements qui lui sont connus ; et, s'il le fait quelquefois, il s'en tire mal, il croit peser à ceux à qui il parle, il conte brièvement, mais froidement ; il ne se fait pas écouter, il ne fait point rire. Il applaudit, il sourit à ce que les autres lui disent, il est de leur avis ; il court, il vole pour leur rendre de petits services. Il est complaisant, flatteur, empressé ; il est mystérieux sur ses affaires, quelquefois menteur ; il est superstitieux,[7] scrupuleux, timide. Il marche doucement et légèrement, il semble craindre de fouler la terre ; il marche les yeux baissés, et il n'ose les lever sur ceux qui passent. Il n'est jamais du nombre de ceux qui forment un cercle pour discourir ; il se met derrière celui qui parle, recueille furtivement ce qui se dit, et il se retire si on le regarde. Il n'occupe point de lieu, il ne tient point de place ; il va les épaules serrées, le chapeau abaissé sur les yeux pour n'être point vu ; il se replie et se renferme dans son manteau ; il n'y a point de rues ni de galeries si embarrassées[8] et si remplies de monde, où il ne touve moyen de passer sans effort et de se couler[9] sans être aperçu. Si on le prie de s'asseoir, il se met à peine sur le bord d'un siège ; il parle bas dans la conversation, et il articule mal ; libre néanmoins sur les affaires publiques, chagrin contre le siècle, médiocrement prévenu des[10] ministres et du ministère. Il n'ouvre la bouche que pour répondre ; il tousse, il se mouche sous son

1) libertin = esprit fort「반종교적이고 심미적 삶을 즐긴 자유사상가」
2) politique : 국정에 통달하고 있는
3) Giton을 설명하는 결론적 지적은 Phédon에 대한 결론적 지적과 대응을 이룬다. 결국 한 인간의 언동, 대인관계, 사회에서의 위치 – 이 모든 것은 이 이분법으로 낙착된다.
4) 얼굴에 난 붉은 반점과 부스러기 때문에
5) abstrait = absorbé
6) rêveur = préoccupé
7) superstitieux : 맹목적일 정도로 (무엇이건) 믿는
8) embarrassées = encombrées
9) se couler = se glisser. Il n'y a point de rues…sans être aperçu.「그는 어떤 혼잡한 길목에서라도 쉽게…남의 눈에 띄지 않게 빠져나갈 줄 안다」라는 뜻
10) = en faveur des…「장관들이나 정부 부처에 대해 별로 호감을 갖지 않은」

chapeau ; il crache presque sur soi, et il attend qu'il soit seul pour éternuer, ou, si cela lui arrive, c'est à l'insu de la compagnie : il n'en coûte à personne ni salut ni compliment. Il est pauvre. (Ed. 6. VI. 83.)

L'INJUSTICE SOCIALE

그가 살고 있는 시대의 사회 불의에 대한 La Bruyère의 의식은 도처에서 고통스럽게 드러나 있다. 가난의 묘사는 처절할 만큼 사실적이고, 부와 사치에 대한 비판은 극도로 시니컬하다.

Il y a des misères sur la terre qui saisissent[1] le cœur. Il manque à quelques-uns jusqu'aux aliments ; ils redoutent l'hiver ; ils appréhendent de vivre. L'on mange ailleurs des fruits précoces ; l'on force la terre et les saisons pour fournir à sa délicatesse :[2] de simples bourgeois, seulement à cause qu'ils[3] étaient riches, ont eu l'audace d'avaler en un seul morceau la nourriture de cent familles. Tienne qui voudra contre[4] de si grandes extrémités ;[5] je ne veux être, si je le puis, ni malheureux, ni heureux ; je me jette et me réfugie dans la médiocrité.[6] (Ed. 5. VI. 47.)

Il y a une espèce de honte d'être heureux à la vue de certaines misères. (Ed. 4, XI, 82.)

L'on voit certains animaux farouches, des mâles et des femelles, répandus par la campagne, noirs, livides, et tout brûlés du soleil, attachés à la terre qu'ils fouillent et qu'ils remuent avec une opiniâtreté invincible ; ils ont comme une voix articulée, et, quand ils se lèvent sur leurs pieds, ils montrent une face humaine ; et en effet ils sont des hommes. Ils se retirent la nuit dans des tanières, où ils vivent de pain noir, d'eau et de racines :[7] ils épargnent aux autres hommes la peine de semer, de labourer et de recueillir[8] pour vivre, et méritent ainsi de ne pas manquer de ce pain qu'ils ont semé.

Si je compare ensemble les deux conditions des hommes les plus

---

1) saisissent = serrent
2) fournir à sa délicatesse :「사소한 그의 필요를 채우기 위해」
3) à cause qu' = parce qu'
4) Tienne···contre = Résiste···à
5) extrémités = excès (contraire)
6) médiocrité = condition moyenne「보통의 신분」
7) racines : 땅 속에서 자라는 것 – raves, navets, carottes 등
8) recueillir = récolter

opposées, je veux dire les grands avec le peuple, ce dernier me paraît content[1] du nécessaire, et les autres sont inquiets et pauvres avec le superflu. Un homme du peuple ne saurait faire aucun mal ; un grand ne veut faire aucun bien et est capable de grands maux. L'un ne se forme et ne s'exerce que dans les choses qui sont utiles ; l'autre y joint les pernicieuses. Là se montrent ingénument la grossièreté et la franchise ; ici se cache une sève maligne et corrompue sous l'écorce de la politesse. Le peuple n'a guère d'esprit, et les grands n'ont point d'âme : celui-là a un bon fond et n'a point de dehors, ceux-ci n'ont que des dehors et qu'une simpel superficie. Faut-il opter ? Je ne balance pas : je veux être peuple.[2] (Ed. 5, IX, 25.)

L'IDÉAL CLASSIQUE

제1장의 몇몇 단장 안에 La Bruyère는 고전주의 이론의 본질을 요약하고 있다. 자연의 숭상, 고대의 모방, 모랄과 미학과의 일치, 기술적 연마의 필요성 등. 그의 이와 같은 입장은 신구논쟁에 있어 그를 구파에 기울게 했다.

3. C'est un métier que de faire un livre, comme de faire une pendule : il faut plus que de l'esprit[3] pour être auteur. Un magistrat allait par son mérite à la première dignité[4] ; il était homme délié[5] et pratique[6] dans les affaires ; il a fait imprimer un ouvrage moral qui est rare par le ridicule[7].
10. Il y a dans l'art un point de perfection, comme de bonté ou de maturité dans la nature ; celui qui le sent et qui l'aime a le goût parfait ; celui qui ne le sent pas et qui aime en deçà ou au delà, a le goût défectueux. Il y a donc un bon et un mauvais goût, et

1) content = se contenter (de)
2) La Bruyère의 반항적 기질과 윤리성의 표현 (Cf. 10~11행)
3) de l'esprit : 천성의 재질
4) la première dignité : 가장 높은 지위. 여기서는 chancelier 또는 premier président
5) délié = habile
6) pratique = versé「통달한」
7) 여기 언급되어 있는 법관은 Poncet de la Rivière인 듯하며 그의 저술은 *Considérations sur les avantages de la vieillesse*. (법관으로서는 훌륭한 사람이었으나 저술가로서는 실패. 왜냐하면 저술에 있어 필요한 art를 몰랐기 때문)

l'on dispute des goûts avec fondement.[1)]

15. On a dû[2)] faire du style ce qu'on a fait de[3)] l'architecture. On a entièrement abandonné l'ordre gothique, que la barbarie[4)] avait introduit pour les palais et pour les temples ; on a rappelé le dorique, l'ionique et le corinthien : ce qu'on ne voyait plus que dans les ruines de l'ancienne Rome et de la vieille Grèce, devenu moderne, éclate dans nos portiques et dans nos péristyles. De même on ne sauriat en écrivant rencontrer le parfait, et, s'il se peut, surpasser les anciens que par leur imitation.[5)] (Éd. 5.)

Combien de siècles se sont écoulés avant que les hommes, dans les sciences et dans les arts, aient pu revenir au goût des anciens et reprendre enfin le simple et le naturel ![6)]

On se nourrit des anciens et des habiles[7)] modernes ; on les presse, on en tire le plus que l'on peut, on en renfle ses ouvrages ; et quand enfin l'on est auteur et que l'on croit marcher tout seul, on s'élève contre eux, on les maltraite, semblable à ces enfants drus et forts d'un bon lait qu'ils ont sucé, qui battent leur nourrice.[8)] (Éd. 4.)

Un auteur moderne[9)] prouve ordinairement que les anciens nous sont inférieurs en deux manières, par raison et par exemple : il tire la raison de son goût particulier et l'exemple de ses ouvrages. (Éd. 4.)

17. Entre toutes les différentes expressions qui peuvent rendre une seule de nos pensées, il n'y en a qu'une qui soitla bonne,[10)] On ne la rencontre pas toujours en parlant ou en écrivant ; il est vrai néanmoins qu'elle existe, que tout ce qui ne l'est point[11)] est faible et ne satisfait point un

---

1) 결국, 예술에 있어서의 완성은 goût의 문제로 귀착된다. Boileau와 마찬가지로 La Bruyêre도 *le sentiment esthétique*(le goût)를 미의 기준으로 삼고 있다. (Cf. Boileau, la Préface de 1701 de *l'Art poétique*)

2) a dû = aurait dû

3) de = pour

4) La Bruyère는 고딕예술을 멸시했다. 이 중세예술이 복권되는 것은 19세기 초 Cha-teaubriand에 의해서이다.

5) 신파(les modernes)에 대한 답변

6) le simple et le naturel : La Bruyêre가 생각하는 고전미학의 두 원리 (Cf.17)

7) des habiles = des gens de talent et de goût

8) *se nourrit*로부터 시작되는 비유의 이미지가 끝까지 지속되며 발전한다.

9) 가령, Fontenelle이나 Desmarets de Saint-Sorlin과 같은 사람

10) Cf. 10

11) qui ne l'est point = qui n'est pas elle

homme d'esprit qui veut se faire entendre.[1)]

Un bon auteur, et qui écrit avec soin, éprouve souvent que l'expression' qu'il cherchait depuis longtemps sans la connaître, et qu'il a enfin trouvée, est celle qui était la plus simple, la plus naturelle, qui semblait devoir se présenter d'abord et sans effort…

31. Quand une lecture vous élève l'esprit, et qu'elle vous inspire des sentiments nobles et çourageux, ne cherchez pas une autre règle pour juger de l'ouvrage ; il est bon et fait de main d'ouvrier.[2)] (Éd.8.)

CORNEILLE ET RACINE

고전비극의 2대 작가 Corneille와 Racine의 비교론은 너무나도 유명하다. La Bruyère는 후일 Corneille에 대하여 덜 호의적인 견해를 갖게 되지만 여기서는 개인적 취향을 드러냄이 없이 두 작가를 수사학적 대조법으로써 비교하고 있다. 그의 통찰력의 깊이와 예리함을 느끼게 해주는 한 편이다.

Corneille ne peut être égalé dans les endroits où il excelle : il a pour lors un caractère original et inimitable ; mais il est inégal. Ses premières comédies[3)] sont sèches, languissantes, et ne laissaient pas espérer qu'il dût ensuite aller si loin, comme ses dernières font qu'on s'étonne qu'il ait pu tomber de si haut. Dans quelques-unes de ses meilleures pièces, il y a des fautes inexcusables contre les mœurs,[4)] un style de déclamateur qui arrête l'action et la fait languir, des négligences dans les vers et dans l'expression qu'on ne peut comprendre en un si grand homme. Ce qu'il y a eu en lui de plus éminent, c'est l'esprit,[5)] qu'il avait sublime, auquel il a été redevable de certains vers, les plus heureux qu'on ait jamais lus ailleurs, de la conduite de son théâtre, qu'il a quelquefois hasardée contre les règles des anciens, et enfin de ses dénouements ;[6)] car il ne s'est pas toujours assujetti au goût des Grecs et à leur grande simplicité : il a aimé au contraire à charger la scène d'événements[7)] dont

1) entendre = comprendre
2) d'ouvrier = de maître. 즉, 책을 쓰는 métier에 통달한 사람
3) comédies = pièces
4) 여기 문제되는 것은 윤리적 측면이 아니라 심리적 측면이다.
5) l'esprit : 「재능」(=le génie)
6) 가령, *Rodogune*의 결말
7) Corneille는, 위대한 주제를 다루는 비극은 비범한 사건으로 엮어져야 한다고 주장했다 : « *Les*

il est presque toujours sorti avec succès ; admirable surtout par l'extrême variété et le peu de rapport qui se trouve pour le dessein entre un si grand nombre de poèmes qu'il a composés. Il semble qu'il y ait plus de ressemblance dans ceux de RACINE, et qui tendent un peu plus à une même chose ; mais il est égal, soutenu, toujours le même partout, soit pour le dessein et la conduite de ses pièces, qui sont justes,[1] régulières,[2] prises dans le bon sens et dans la nature, soit pour la versification, qui est correcte, riche dans ses rimes, élégante, nombreuse,[3] harmonieuse : exact imitateur des anciens, dont il a suivi scrupuleusement la netteté et la simplicité de l'action ;[4] à qui le grand et le merveilleux n'ont pas même manqué, ainsi qu'à Corneille ni[5] le touchant ni le pathétique. Quelle plus grande tendresse que celle qui est répandue dans tout *le Cid*, dans *Polyeucte* et dans *les Horaces ?*[6] Quelle grandeur ne se remarque point en Mithridate, en Porus[7] et en Burrhus ? Ces passions encore[8] favorites des anciens, que les tragiques aimaient à exciter sur les théâtres et qu'on nomme la terreùr et la pitié, ont été connues de ces deux poètes. Oreste dans l'*Andromaque* de Racine, et *Phèdre*, du même auteur, comme l'*Œdipe* et les *Horaces* de Corneille, en sont la preuve. Si cependant il est permis de faire entre eux quelque comparaison, et les marquer[9] l'un et l'autre par ce qu'ils ont eu de plus propre[10] et par ce qui éclate le plus ordinairement dans leurs ouvrages, peut-être qu'on pourrait parler ainsi : « Corneille nous assujettit à ses caractères et à ses idées, Racine se

---

grands sujets...doivent toujours aller au-delà du vraisemblable » (1er Discours)

1) justes = bien proportionnées
2) régulières = conformes aux règles
3) nombreuse = bien rythmée
4) la simplicité de l'action : Cf. la Préface de *Bérénice* : « Il y en a qui pensent que cette simplicité est une marque de peu d'invention. Ils ne songent pas qu'au contraire toute l' invention consiste à faire quelque chose de rien, et tout ce grand nombe d'incidents a toujours été le refuge des poètes qui ne sentent pas··· ni assez d'abondance ni assez de force pour attacher durant cinq actes leurs spectateurs par une *action simple, soutenue de la violence des passions, de la beauté des sentiments et de l'élégance de l'expression.*»
5) ainsi qu à Corneille ni··· = de même que n'ont mangué à Corneille ni···ni
6) les Horaces : 당시 이렇게 불려졌음
7) Porus = *Alexandre*
8) = En outre, ces passions···
9) marquer = caractériser
10) porpre = personnel

conforme aux nôtres ; celui-là peint les hommes comme ils devraient être, celui-ci les peint tels qu'ils sont. Il y a plus dans le premier de ce que l'on admire, et de ce que l'on doit même imiter ; il y a plus dans le second de ce que l'on reconnaît dans les autres, ou de ce que l'on éprouve dans soi-même. L'un élève, étonne, maîtrise, instruit ; l'autre plaît, remue, touche, pénètre. Ce qu'il y a de plus beau, de plus noble et de plus impérieux dans la raison est manié par le premier ; et par l'autre, ce qu'il y a de plus flatteur[1)] et de plus délicat dans la passion. Ce sont dans celui-là des maximes, des règles, des Préceptes ; et dans celui-ci, du goût et des sentiments. L'on est plus occupé[2)] aux pièces de Corneille ; l'on est plus ébranlé et plus attendri à celles de Racine. Corneille est plus moral, Racine plus naturel. Il semble que l'un imite Sophocle, et que l'autre doit plus à Euripide.»

1) flatteur = séduisant

2) occupé = empoigné

18세기
Le XVIIIe Siècle

개 관

Fontenelle

Pierre Bayle

Marivaux

L'abbé Prévost

Montesquieu

Voltaire

L'Encyclopédie

Diderot

Rousseau

Bernardin de Saint-Pierre

André Chénier

Beaumarchais

Candide chassé du «paradis terrestre»

Les horreurs de la guerre

LES MALHEURS DE CANDIDE (*cf. P. 366*)
D'après Moreau le Jeune (*B.N*)

Le nègre de Surinam

Candide retrouve Cunégonde vieillie

18세기 문학
(LE DIX-HUITIÈME SIÈCLE)

개 관

1715년 루이 14세의 죽음에서 1789년 대혁명에 이르는 18세기를 우리는 흔히 철학자의 세기 또는 계몽주의 시대라 부른다. 절대군주로서 50여 년간 프랑스를 통치해 왔던 루이 대왕의 죽음은 새 시대의 개막을 알리는 상징적인 사건이었다. 일반 서민들은 그의 시체에 욕을 퍼부었고, 세금에 짓눌렸던 부르주아는 해방의 환호성을 질렀으며, 푸대접을 받아 왔던 귀족들은 환희의 폭죽을 터뜨렸다.

이미 그의 만년에 정부의 권위는 금이 가기 시작했고 사회적 균형은 서서히 무너져 갔다. 이제 그가 구축한 위대한 절대 왕국은 유일한 지주였던 왕의 죽음과 더불어 조만간 붕괴될 운명에 처하게 된 것이다. 18세기는 그처럼 위풍당당했던 한 체제, 이른바 앙시엥 레짐(ancien régime)의 점진적인 쇠퇴, 와해, 그리하여 전유럽의 지축을 뒤흔든 대혁명에 이르는 대변혁의 발자취를 보여줄 것이다. 대혁명이 더불어 새 시대가 열리는 것이라면 우리는 18세기를, 한 시대를 보내고 또 하나의 시대를 맞이하는 전환기, 그리고 전환의 온갖 극적이고 다이나믹한 요소를 지닌 참으로 흥미로운 시대로 보아야 할 것이다.

이 흥미로운 시대의 증언들을 우리는 18세기 문학 가운데 발견하고자 한다. 시대의 성격상 대부분의 작가들은 사상가의 풍모를 지니고 있으며 그러기에 이들은 작가라기보다는 철학자라는 이름에 합당하다. 뿐만 아니라 이들은 단순히 시대의 수동적인 증인으로 만족하지 않고, 어떤 방대한 개혁의 적극적인 추진자, 이념적 투사로 자처했다. 지적 계몽과 사회 개혁을 지향하면서 구체제에 대하여 준열한 비판을 가하고 새로운 이상을 제시한 이들은 18세기 역사의 진정한 주역이었으며 세기 말의 대혁명은 이들이 뿌린 씨가 맺은 열매였다.

먼저 18세기의 역사적 흐름을 개관해 보자.

역사적 배경

루이 14세가 죽은 이후로 권위의 실추는 가속화되어 갔다. 필립 도르레앙(le duc d'Orleáns)의 섭정은 통제의 완화로 자유로우면서도 퇴폐적인 분위기를 조장했고, 뒤이은 루이 15세는 권위의 회복을 꾀했으나 거듭되는 실정으로 오히려 국민들의 불만을 부채질할 따름이었다. 특히 유능한 재상 Fleury를 잃은 이후로 그의 정부는 국내외에서 더욱 더 곤경에 빠져 들어갔다. 1748년 오스트리아와의 전쟁에서 승리를 거두었음에도 불구하고 Aix-la-Chapelle 조약에 의해 모든 권리를 포기했을 때 그에 대한 불만은 극에 다달았다. 그 후 연이은 군사적·외교적 실패는 그의 위신을 여지없이 땅에 떨어뜨렸다. 7년 전쟁은 프랑스의 패배로 끝났고, 인도와 캐나다를 영국에 양도하지 않을 수 없었으며, 재정 상태는 극도로 악화되어 갔다. 루이 16세에 이르러서는 Turgot 재상의 비범한 노력에도 불구하고 왕정은 구제 불능의 상태에 빠져 들어갔으며, 심각한 경제적 파단은 마침내 대혁명의 도화선이 되었다.

그토록 강력했던 중앙집권적 권력의 점진적인 와해는 사회 기강의 전반적인 해이를 수반했다. 특히 18세기 전반기에 쾌락과 사치를 추구하는 퇴폐적 분위기가 만연되었는데, 그것은 집권자 및 특권자들에 의해 선도되기까지 했다. 섭정 오르레 앙공은 밤이면 밤마다 Palais-Royal의 호화로운 저택에서 방탕의 축제를 벌였고, 대귀족과 부호들은 앞을 다투어 향락의 주연을 베풀며 연극을 위시한 온갖 여흥을 즐겼다. 사치를 탐내고 쾌락에 탐닉하는, 우아하면서도 경박한 풍조는 당시의 예술과 문학에 적지않은 영향을 끼쳤다. 축제의 환상적인 분위기를 그린 Lancret와 Watteau의 그림들, Montesquieu의 *Lettres Persanes*, Voltaire의 *le Mandain* 등은 이 시대의 풍조를 반영하고 있다.

그러나 이와 같은 권력의 쇠퇴와 풍속의 타락보다 우리의 관심을 더 끄는 것은 그 안에서 지식인들이 누릴 수 있었던 자유와 폭넓은 활동이다. 물론 절대 권력은 잔존하고 있었으며 이 권력이 발동될 때 지식인들은 바스티유 감옥에 보내지거나 해외 망명의 길을 떠나야 했다.[1] 그러나 루이 14세의 치하에서보다 한결 확대된 자유가 그들에게 허용되었으며, 어떤 의미에서 이들이야말로 정치적 기류의 변화의 최초의 수혜자라 할 수 있다.

그들의 활동 무대는 다양했다. 먼저, 사교 생활의 핵이었던 궁정이 퇴색하자 다시 활기를 되찾기 시작한 귀족사회의 살롱을 들 수 있다. 사치와 향락의 세속적 살롱이 있었는가 하면, 고도의 지적 분위기의 세련된 살롱도 있었다. 당대의 경박한 풍조에 대항하여 보다 진지하고 격조 높은 지적 모임으로 승화시키고자 했던 랑베르 후작부인(la marquise de Lambert)의 살롱에는 Fontenelle을 위시한 신파의 작가들(les modernes) 이 모여들었고, 또한 18세기 초반의 유수한 작가와 사상가들, La Motte, Montesquieu, Marivaux 등이 회동했다. 그 후 랑베르 후작부인이 죽자 많은 문인과 철학자들은 땅생부인(Mme de Tencin)의 살롱으로 옮겨 갔다. 이곳에는 새로이 Duclos, l'abbé Prevost, Marmontel 등이 가세했고, 한편 Lord Bolingbroke, Lord Chesterfield와 같은 외국인의 얼굴도 보였다. 그 외에도 철학자들이 「어머니」라 부른 죠프랭부인(Mme Geoffrin)의 살롱, 가장 대담한 대화가 허용되었고 특히 Diderot가 자신의 재기를 발휘했던 데피네부인(Mme d'Epinay)의 살롱, 가장 화려한 회원들, Montesquieu, d'Alembert, Fontenelle, Marivaux, Condorcet, Turgot, 게다가 영국인 Hume과 Walpole, 미국인 Franklin 등을 맞이했던 데팡 후작부인(la marquise du Deffand)의 살롱, 끝으로 그녀의 딸 레피나스양(Mlle de Lespinasse)의 살롱을 들 수 있다.

이 살롱들의 특색은 문인과 철학자들이 모임의 실질적인 주역으로서 그 분위기를 지배한 데 있다. 사실 이 살롱은 그들만의 것이 아니었을 뿐만 아

---

1) Voltaire는 정치적 풍자시로 인하여 1717년 Bastille 감옥에 갇히고 1726-1729년에 걸쳐 영국에 망명해야 했으며, Diderot는 *Lettre sur les Aveugles* 때문에 1749년 Vincennes 감옥에 3개월 동안 감금되었다. 한편, Rousseau도 *Emile*을 발표한 후 스위스로 피신해야만 했다.

니라 귀족, 승려, 사교인, 법관, 군인, 자본가 등 갈수록 다채로운 모임으로 발전되어 나갔다. 문제는 문인들이 이들 가운데서 자신의 재능과 재치 있는 화술로써 완전히 동격으로 행세하면서 대화를 이끌어간 데 있다. 이 모임에서 정치, 사회 등 시사적 문제에서부터 철학적 문제에 이르기까지 각양 각색의 주제들이 논의되었다. 지식인들은 이 활발한 대화를 통하여 지식의 영역을 확대시키고 또한 어려운 문제들을 명석하고 재치 있게 다루는 기술을 연마하였으며, 일반인들은 새로운 지식을 얻어 교양을 넓히고 고상한 지적 취미에 눈을 떴다. 이 살롱들은 사교 생활 가운데 철학적 대화를 가능케 함으로써 18세기의 지적 분위기의 조성에 크게 공헌하였던 것이다.[1)]

지식인들이 모인 것은 상류 살롱에서만은 아니었다. 그들은 한층 자 유롭고 보다 대중적 성격의 클럽(clubs), 카페(cafés)에서 자주 회동했다. 가장 유명한 클럽으로는 1720년경 l'abbé Alary가 시작한 Club de l'Entresol을 들 수 있다. 이 영국식 클럽에는 20명 가량의 회원들이 모여들었는데, 외교관, 사업가 등 각계의 인사들과 더불어 Montesquieu, abbé de Saint-Pierre, le marquis d'Argençon 등의 얼굴도 보였다. 그들의 화제는 정치, 사회 등 시사적이고 현실적인 문제들에 집중되었고 자유로운, 때로는 대담한 의견들이 교환되었다. 마침내 관헌의 통제를 받게 된 이 클럽의 활동은 1731년 이후 실질적으로 중단되었다.

한편, 카페는 1667년 최초로 파리에 등장한 이래로 급격히 번창하여 1715년에는 파리에서만도 300을 헤아리게 되었다고 한다. 가장 유명한 카페로는 1695년에 열린 café Procope로서 , 그곳에는 Fontenelle, Piron, Voltaire, Diderot, Marmontel 등 당대의 쟁쟁한 문인들이 모여 들었다. 그 외에도 La Motte가 즐겨 들린 café Gradot, Montesquieu의 *Lettres persanes*에 나오는

---

1) 한편, 당대의 사상가들이 살롱을 출입함으로써 상류 인사들과 교분을 두텁게 했고 신변의 위협이 있을 때마다 그들의 비호를 받을 수 있었다는 점도 특기할 만한 일이다. 그들의 보호자 중에는 대귀족뿐만 아니라 외국의 국왕들도 있었다. Voltaire는 한때 프로시아의 왕 Frédéric 2세의 보호를 받았고, Diderot도 로시아의 여제 Catherine 2세의 간곡한 청을 받고 Saint-Petersbourg에서 7개월을 보낸 일이 있다.

café Laurant 등이 있다. 이 카페에서 문인들은 뜨거운 모카커피나 차가운 레몬에이드를 마시면서 지식과 정보를 교환하고 재능을 겨루며 활기찬 논쟁을 벌였다. 현실 문제를 포함한 모든 관심사에 관한 열띤 토론, 비판, 공격은 장차 거세게 불어닥칠 폭풍우의 진원을 이루고 있는 듯이 보인다.

18세기의 지적 분위기는 이렇듯 살롱, 클럽, 카페를 중심으로 무르익어 갔다. 지식인들은 비록 제한된 것이었으나 상대적 자유를 누렸고, 17세기의 작가들처럼 권력의 비호를 받지는 않았지만 그대신 독립을 누렸으며 때때로 대귀족, 나아가서는 외국의 원수들의 열렬한 지원을 받기도 했다. 이들의 사회적 지위는 여전히 불안한 것이었고 이들의 활동은 당국의 끊임없는 감시의 대상이 되어온 것도 사실이지만, 이제 이들은 지성의 왕자로서 널리 인정과 존경을 받았으며 사상의 스승으로서 군림하기에 이르렀다. 17세기의 궁정 문학인들은 이제 자신의 힘을 확신하는 행동의 사상가로 변모했고, 이들은 여론의 대변자일 뿐만 아니라 선도자로 자처했다. 권력에 대항하여 새로운 이념의 가치를 높이 든 이들은 하나의 정신적 공화국을 수립했던 것이다.

철학자들 Les philosophes

그렇다면 이 철학자들(왜냐하면 앞에서 언급한 문인·지식인들은 순수한 작가이기에 앞서 이념가로 보여지기 때문이다)은 무엇을 생각했으며, 과연 그들을 묶는 공통적 경향은 어떤 것이었는가. 아마도 우리는 먼저 철학 또는 철학자라는 말의 개념을 새로이 정의하는 것으로부터 시작해야 할 것이다. 일반적으로 철학은 데카르트의 철학이 그러했듯이 존재와 세계의 근원적인 문제들, 즉 존재의 본질, 인식과 사고의 원리, 세계의 운영 등 이른바 형이상학적 문제들을 다루며 이 모든 것에 합리적인 답을 제시할 수 있는 하나의 보편적 관념 체계를 수립하는 학문을 가리킨다. 철학은 곧 형이상학이며 그것은 본질의 학문이다. 그런데 Montesquieu, Diderot, Voltaire 등으로 대표되는 18세기의 철학자들은 철학에 전혀 다른 의미를 부여했다. 왜냐하면, 이들이 거부한 것은 다름 아닌 형이상학 그 자체였으며, 이들은 인식이 불가능한 관념적인 문제들에 헛되이 매달리는 대신 인간과 사회의 현실적이고 실제적인 문제들에 도전하였기 때문이다. 뿐만 아니라 이들은 이 문제를 다루는 데 있어 모든 선입관과 선험적 관념(a priori)을 버리고 오직 그 자체로서 검토하고자 했다. 요컨대 이들은 본질과 관념의 세계에서 실존과 실증의 차원으로 돌아온 것이다. 그들이 제작한 『백과사전』(*Encyclopédie*) 가운데 「철학자」는 다음과 같이 정의되어 있다 : 「철학자는 확증없이는 아무 것도 인정하지 않는다. 그는 기만적 개념에 동의하지 않는다. 그는 확실성과 개연성과 불확실성의 한계를 정확히 획정한다.」

이 정의는 이들의 본질적인 경향의 모든 것을 훌륭히 설명해 주고 있는 듯이 보인다. 오직 실증된 확실성만을 받아들이는 이들은 이제 인간의 모든 가치들을 근본적으로 재검토하지 않으면 안 될 엄청난 사명 앞에 서 있는 것이다. 왜냐하면, 과거의 가치들은 대체로 확인될 수 없는 어떤 초월적 관념과의 관련하에서 성립된 것이기 때문이다. 정치에 있어서는 신의 위임을 받은 신성한 권리로서 권력이 인정받았고, 도덕에 있어서는 자율적 가치 대신 외적 계율이 지배하였으며, 종교는 초자연적 존재가 군림하는 신비적 체계였다. 이제 새로운 철학자들에게는 신성한 권리로서의 권력 체계가 아닌 정치, 선험적 계율이 아닌 도덕, 신비없는 종교를 재건하는 것이 문제이다. 모든 형태의 초월성—이것은 전통, 권위의 형태로 지배해온 것이지만—에 대한 지속적인 투쟁, 이것이야말로 최초로 지적해야 할 18세기의 철학자들의 특징이 될 것이다.[1)]

이리하여 그들은 본질의 관념적 추구에서 현상의 실증적 검증으로 이행했다. 인간의 존재 및 활동의 모든 분야에서 초월성의 개입을 철저히 배격한 이들이 모든 현상들을 오직 그 자체로서 검토하며 이성과 경험을 인식의 원

---

1) 우리는 여기서 전세기 말의 「신구논쟁」(la Querelle des anciens et des modernes)을 상기하지 않을 수 없다. 신파들은 신성 불가침의 것으로 존중되어 왔던 고대의 권리를 거부하였던 것인데, 이 전통과 권위에 대한 비판은 18세기의 철학자들에 의해 보다 체계적으로 이어져 나갈 것이다. 18세기의 정신적 모험은 사실상 「신구논쟁」을 통해 이미 예고되어 있는 것으로 보아야 할 것이다.

리로 삼은 것은 당연한 일이다. 이런 관점에서는 적어도 방법론에 있어서 이성적 성찰의 중요성을 역설한 Descartes의 방법을 계승한 것으로 볼 수 있으며, 한편 영국의 경험론자들, 특히 Locke의 영향을 크게 받은 것으로 보인다. 게다가 인간을 추상화하기를 거부하고 그의 현실적 삶의 유동성과 다양성 가운데 파악하고자 했던, 회의주의적 경향의 17세기 자유사상가들(libertins)과의 관련을 생각해보지 않을 수 없다. 사실상 18세기의 철학자들은 이들 리베르뗑의 여러 경향, 즉 관념적 체계에 대한 불신, 현실적 감각 등을 이어받은 것으로 볼 수 있으며, 이런 점에서 그들은 17세기의 한 사상적 전통의 계승자라 할 수 있다. 다만 17세기의 리베르뗑은 주로 개인적 차원에서 생활인, 즉 교양인으로 머무른 데 반해, 18세기에 이르러서는 사회적 차원에서 체계적 비판과 새로운 가치를 추구하는 이념가 즉 철학자로 발전하는 것이다. 비판과 탐구에 있어서의 보다 체계적이고 과학적인 방식, 흔히 말하는 실증적 정신—18세기의 철학자들에게서 발견되는 또 하나의 특징은 이런 것이다.

이 심층적 정신이 그들에게 새로운 세계를 열어준 것은 당연한 일이다. 17세기 고전주의는 오직 인간의 본성에 관심을 갖되 그것의 영원불변한 본질적 모습을 파악하고자 했다. 라신느나 몰리에르가 그린 인물은 그의 시대적·공간적 특징 상황에도 불구하고 사실상 그런 외적 조건을 초월한 인간성의 한 보편적 모델이 되어 있다. *Andromaque* 중의 Hermione는 「질투」의 화신으로 그려져 있고, *L'Avare* 중의 Orgon은 「인색」을, Phèdre는 비너스를 상징하고 있다. 결국, 고전주의 작가들은 인간을 내부로부터 보았고 그 가운데 인간의 운명을 결정짓는 영원한 내면적 메커니즘을 추출하고자 했다. 그러나 인간의 내면세계에서 보다 구체적인 삶의 현장으로 돌아온 새 정신들은, 인간을 그러한 추상적 존재로서가 아니라 한 특정한 시대, 특정한 공간에 놓여 있는 존재, 다시 말해서 한 개체로서 절대적으로 파악되는 것이 아니라 여러 관련의 도식 속에서 상대적으로 파악되어야 할 존재로 보는 것이다.[1)]

1) 이 점에 있어서도 「신구논쟁」의 또 하나의 주제, 즉 진보의 개념은 우리의 주목을 끈다. 인간의 내면을 보되 그것의 보편적인 영원한 상 아래 파악했던 고전주의자들에 반해, les modernes는 시대와 공간의 변화에 따라 변화하고 발전하는 인간의 모습에 관심을 가짐으로써 인간에 대한

이미 전세기 말에 라 부뤼예르는 인물들을 묘사하되 그들을 특정한 시대적 상황 속에서 파악하려고 시도한 바 있다. 18세기에 이르러 이와 같은 경향은 결정적인 중요성을 띤다. 그들의 인간은 이제 추상적 본질이 아니라 구체적 상황 속에 놓인 상대적 존재이다. 그리하여 그들에 있어 점차 중요성을 더하게 되는 것은 인간 그 자체보다는 인간과, 인간을 에워싸고 있는 상황과의 관련이다. 정치, 사회제도, 문화적 관습, 종교 등 인간의 운명을 지배하는 각종의 현실적 제도, 체제, 풍습은 그들의 가장 열렬한 관심의 대상이 된다.

이때 그들을 놀라게 한 것은 세계의 다양성이다. 하나의 제도, 하나의 문화가 있는 것이 아니라, 때와 장소가 다른 것만큼 다수의 제도, 다수의 문화가 존재하기 때문이다. Montesquieu는 『페르샤인의 편지』(*Lettres persannes*) 가운데서 재치 있고 때로는 풍자적인 필치로 이국의 특이한 풍물을 펼쳐 보여준다. 그의 정치제도 연구인 『법의 정신』도 법의 상대성에 근거를 두고 있다. 즉 법이란 사물의 본성, 다시 말해서 구체적 현실에서 태어난 필연적 관계인 만큼 이 현실적 여건이 다른 나라마다 법, 제도, 풍습이 다른 것은 당연하다고 Montesquieu는 생각하는 것이다. Voltaire가 그의 최초의 사상적 저술 『영국서한』(*Les Lettres anglaises*)(이 책은 *Les Lettres philosophiques*라는 또 하나의 이름을 가지고 있다)에서 보여준 것도 제도와 문화의 상대성이며, 그는 이 문화비교론을 통하여 프랑스의 모든 체제를 신랄히 비판하고 있다. 단수의 「인간」이 아닌 복수의 「인간들」에 대한 관심, 이들을 에워싸고 있는 가변적이고 상대적인 외적 상황에 대한 더욱 깊은 관심—여기 철학자들은 또 다른 공통의 경향이 있다.

결국, 18세기의 철학자들의 과거 초자연적 신앙, 전통, 권위의 형태로 인간을 지배해 오던 초월적 가치로부터 해방되어 합리적 가치에 의한 인간들의 왕국을 재건하고자 원했다. 여기 합리적 가치란 Montesquieu가 법을 정의할 때 말한 「사물의 본성 그 자체에서 태어나는 필연적 관계」를 의미한다. 그들

새로운 시각을 가능케 하였기 때문이다. 18세기에 나타난 개혁의 다이나미즘은 진보의 개념없이는 설명되지 않는다.

은 도처에서 사물의 본성을 그 자체로서 파악하고자 했고 그 방법으로써 오직 이성적 성찰과 경험만을 존중했다. 정치에 있어 존중되는 것은 이제 초자연적 기반이 아닌 합리적 기반이다. Montesquieu는 모든 형태의 정부를 고찰하되, 그것이 합리적으로 설명될 수 있는 기본법에 근거를 둘 때에는 군주제의 정당성도 시인한다. 도덕의 문제에 있어서도 종교와 관련된 계율로서가 아니라 인간의 내적 규제에 역점이 주어진다. Voltaire는 종교 없는 현인의 이상을 추구했고, Rousseau는 지고의 도덕율을 인간의 생리적인 양심에 두었다. 도덕적 선이란 외적 도그마에 복종하는 데 있는 것이 아니라 인간의 내재적 양심, 즉 그의 본성 안의 선의 잠재력에 순용하는 데 있다고 생각했다. 종교에 있어서도 신비주의는 제거되고 인간적인 이신론(理神論)(déisme)의 형태를 취하게 된다. Voltaire의 현인들은 대체로 종교인인데 이들은 초월적 인격신 대신 우주와 세계를 다스리는 보편적 로고스 또는 원인으로서의 신을 믿으며 그의 섭리를 이해하고 이에 복종하기를 힘쓴다. 리스본의 참담한 대지진 이후 갈수록 짙은 비관주의에 빠져들어간 Voltaire는 그러나 세계의 부조리와 운명의 비참 속에서도 인간에 대한 신뢰를 잃지 않으며 현자다운 체념 속에 가능의 영역을 가꾸어 나갈 것을 권한다. 「우리의 뜰을 가꾸어 나가야 한다」—*Candide* 의 이 마지막 말은 바로 Voltaire의, 그리고 많은 철학자들의 것이기도 하다.

요컨대, 18세기의 철학자들은 모든 것을 인간의 차원으로 환원시켜 인간의 이성적 힘으로 지상의 왕국을 새로이 구축하고자 했다. 우리는 이것을 가리켜 지상에서의 행복의 추구란 말로 바꾸어 말할 수도 있다. 끝으로 다시 한번 되풀이 말하거니와 그들은 이 행복의 추구에 있어 초월성에 호소하기를 포기하고 오직 인간적 가능성에 위탁했다. 이런 관점에서 볼 때 18세기는 종교적·관념적 권위로부터의 해방의 마지막 몸부림인 동시에 새로운 인간적 왕국의 수립을 위한 출발의 시대라 함이 옳을 것이다. 그리하여 18세기는 각종 이데올로기들의 화려한 전시장과도 같다. 전제주의에서 공화주의에 이르는 다양한 정치적 이념들, 회의주의에서 실증주의를 거쳐 유물론에 이르는 철학적 사상들, 반종교에서 이시론, 무신론으로 발전하는 종교 사상들— 우리는 다음 장에서 철학자들의 다양한 움직임을 다시 추적해 볼까 한다.

백과사전파 Les encyclopédistes

18세기 중엽에 이르러 철학자들의 투쟁적 활동은 한결 강화되었다. 정치 권력은 거듭되는 실정으로 실추가 가속화되었고, 한편 철학자들의 발언권은 강화되어 비판의 소리가 거세게 일어남과 동시에 새지식과 이념이 활발히 추구되었다. 철학자들의 이러한 일련의 움직임의 구심점이 된 것이 다름 아닌 『백과사전』(*Encyclopédie*)의 편찬이었다. 우리는 이 방대한 편찬 사업과 더불어 Diderot의 이름을 기억하지 않을 수 없다. 그는 d'Alembert와 함께 이 편찬의 중심 인물이었을 뿐만 아니라 그 안에 담긴 계몽주의사상의 핵심이기도 했다.

최초 백과사전은 학문과 과학의 발전에 부응하여 인간이 성취한 지식의 총화를 널리 보급하고자 한 한 출판사의 기획에 불과했었다. 그러나 이 편찬을 맡은 Diderot는 이것을 인간 정신의 영광을 위한, 편견과 권위에 대한 투쟁의 계기로 삼았다. Helvétius, Condillac, d'Holbach, Voltaire 등 거의 모든 철학자들이 참여하여 1751년 제1권에서 1772년 마지막 권이 발간되기까지 20여 년에 걸쳐 숱한 우여곡절과 두 차례의 강제 중단을 당하며 완결된 『백과사전』은 내용의 결함에도 불구하고 가위 한 세기의 기념비적인 노력의 소산임에 틀림없다.

『백과사전』의 편찬 방침은 Diderot의 『개요』(*le Prospectus*)(1750)와 d'Alembert의 『서문』(*le Discours préliminaire*)(1751)에 잘 나타나 있다. Diderot는 「모든 장르 그리고 모든 세기에 있어서의 인간 정신의 노력의 전반적 도감」이라 했고, d'Alembert는 「인간의 지식의 질서와 연계」를 제시하는 「과학과 예술과 기술의 이론적 사전」이라고 정의했다. 그런데 이들에 있어 중요했던 것은 인간 정신이 르네상스 이래로 성취한 지식의 발전이었으며, 그들은 과학적 발전 및 이를 가능케 한 이성과 실험적 방법을 높이 찬양했다. 요컨대 이들은 모든 선험적 관념과 권위에서 탈피하여 자유롭고 실증적인 검증에 입각한 합리주의 정신 위에 그들의 철학을 세웠던 것이다. 뿐만 아니라 Diderot는 Voltaire의 이신론을 뛰어넘어 유물론적 결정론을 표방함으로써 마침내 무신론에까지 이르렀다. 「신의 자리에……감각적 물질(une matière sensible)을 대치시키시오. 당신은 이렇게 함으로써 돌에서 인간에 이르기까지 우주 안에서 생산된 모든 것을 보게 될 것이다. ……한 위대한 개체, 즉 전체(le Tout)가 있을 따름이다」(*Le Rêve de d'Alembert*). 이리하여 모든 영역에서 신비와 초월성은 제거되고, 모든 것은 인간의 감각적·이성적 차원으로 환원되었으며, 결국 우주와 세계의 중심은 인간 자신 외의 아무 것도 아니다.

이리하여 인간의 권리의 쟁취, 지식의 계속적인 발전을 향한 철학자들의 집요한 행진이 시작되었다. 이 행진은 처음부터 제쥐트파를 중심으로 한 보수파들의 맹렬한 반격을 자초했다. 제2권이 출간된 후 1752년에 일단 간행이 중단되고 두 권의 책이 폐간되었는가 하면, 1759년에는 다시 당국에 의해 발간 허가가 취소되어 그동안 출간된 4권까지 포함하여 전부 폐간되는 위기를 맞이했다. 두번째 폐간의 직접적인 원인은 편찬자의 한 사람인 Helvétius의 저서『정신론』(*De l'Esprit*) (1758)의 발간이었는데, 극단적인 유물론을 편 이 책은 백과사전과의 이론을 대변하고 있는 것으로 간주되었던 것이다. 그러나 철학자들은 4천을 헤아리는 다수의 예약 신청에 용기를 얻었고, 한편 일부 유력 인사들의 적극적인 비호를 받기도 했다. 당국의 검열 책임자였던 말르제르브(Malesherbes)는 원고를 압수하기 위해 나타난 작업 현장에서, 원고를 움켜쥐며 눈물을 흘리는 Diderot에게 말하기를, 「그 원고를 우리집에 보내시오, 그곳까지는 수색당하지 않을테니까」라고 했다고 한다.

한편, 내부에서도 다소의 불협화음은 있었다. 문학란을 맡은 Voltaire는 백과사전에 별로 열성적이 아니었다. 수많은 젊은 학자들이 대거 가담하자 그들과 동격으로 취급되는 것을 꺼렸을 뿐만 아니라 20여 권에 달하는 대형의 출판물은 이념적 투쟁에 적합하지 않다고 생각했다. 「2절판의 20권의 책은 결코 혁명을 성취하지 못할 것이다. 두려워해야 할 것은 30전짜리 휴대용 소책자들이다」 그러기에 그는 광범한 보급에 보다 적합한 소책자 내지는 팜플렛을 수없이 발표했고, 마침내 1764년에는 「백과사전파의 교리문답」이라 일컬은 휴대용 『철학사전』(*le Dictionnaire philosophique*)을 혼자서 편찬하기도 했다. 음악란을 맡은 Rousseau도 또한 다른 관점에서 백과사전파와 대립하기에 이르렀다. 1757년에 발간된 제7권 안에 d'Alembert가 쓴 Genève항은 Rousseau의 격렬한 반발을 불러일으켰다. 연극을 찬양하면서 이 도시의 시민들에게 이를 권유한 d'Alembert에 대하여 Rousseau는 『연극에 관한 d'Alembert에의 서한』(*La Lettre à d'Alembert sur les spectacles*)(1758)으로 응수했다.

그러나 『백과사전』 편찬의 거대한 사업에 가담한 철학자들은 Diderot와 d'Alembert를 중심으로 단합된 하나의 군단을 형성했다. 그 중에는 수학자, 물리학자, 화학자, 문인이 있었는가 하면 경제학자, 신학자, 승려들도 있었다. 또한 그들이 대변한 이념도 종교에 있어서 보수적 경향에서 무신론(d'Holbach)에 이르기까지, 철학에 있어서 소박한 감각론(Condillac)에서 극단적 유물론(Helvétius)에 이르기까지, 정치에 있어서 온건한 개혁 사상(Turgot, Condorcet)에서 과격한 반체제적 혁명 사상(l'abbé de Mably, l'abbé Raynal)에 이르기까지 다양한 색채를 띠우고 있었다. 그러나 이들은 지식의 발전에 대한 동일한 신앙, 그리고 이 발전이 가져올 보다 정의롭고 행복한 미래에 대한 동일한 신뢰를 나누어 가졌다.

이 진보와 인류의 장래에 대한 신뢰는 백과사전파 밖에서도 찾아볼 수 있다. 왕립 식물원장으로 재직하면서 세상의 소요와는 멀리 필생의 대작 『박물학』(*Histoire naturelle*)의 저술에 전념했던 Buffon도 과학의 찬양, 인류애, 진보에 대한 신앙으로 이들의 대열을 따르고 있다. 그러나 종교의 문제에 있어 보수적 입장을 취한 그는 자연의 위대한 힘에 경외감을 느끼며 때때로 객관적 관찰에 어떤 우주적 영감을 가미함으로써 Rousseau를 앞지르기도 했다. 이제 우리는 Rousseau와 더불어 18세기 정신의 또 하나의 측면에 관심을 기울일 때가 되었다.

감성과 자연

18세기의 철학자들은 앞서 고찰한 바와 같이 대부분 극도의 이지적 경향의 합리주의자들이었다. 그들은 이성을 존중했고, 이 이성의 빛으로 오랫동안 인간을 억눌러 왔던 편견과 미신의 암흑을 비춤으로써 보다 합리적인 지상의 왕국을 수립할 수 있다고 믿었다. 그러나 18세기는 Voltaire와 Diderot의 시대인 동시에 Rousseau의 시대이기도 하다. 18세기 후반은 이성의 독주가 아니라 이성과 감성의 두 흐름의 합류로써 정신의 세계에 새로운 기류를 형성하고 있다. 이 두 흐름은 해묵은 프랑스를 전복시키는데 힘을 모았고, 뒤이어 감성의 새로운 영감은 새 정신, 새 문학을 열어 놓았다. Grothe는 말했다 : 「Voltaire와 더불어 한 세계가 끝나고, Rousseau와 더불어 한 세계가 시작된다」라고.

인간을 움직이는 것은 단순히 이성만이 아니라 오히려 감정이다라는 생각은 이미 17세기에서도 찾아볼 수 있다. Pascal은 기하학적 추리의 허구와 무력을 지적하면서 인간 행동의 제일원리를 행복의 추구라는 삶의 근원적 의지, 즉 심정에 두었고, Fénelon도 신앙의 문제를 심정의 논리에 결부시켰다. 한편, 18세기에 이르러서는 영국의 영향, 특히 셰익스피어의 작품에 깊이 감화를 받았고, l'abbé Prévost와 같은 사람은 정념의 지배에서 벗어나지 못하는 인간의 비극을 그림으로써 행동의 세계에 있어서의 감정의 우위를 보여주고 있다. 뿐만 아니라 백과사전파 중에서도 Diderot는 강렬한 감수성의 소유자였을 뿐만 아니라 그의 철학적인 인식의 기반을 이성과 감성의 합체에 두었던 점은 주목할 만하다.

그러나 Rousseau와 더불어 우리는 보다 순수하고 깊은 감성의 세계에 들어서게 된다. 인간 존재의 심층에서 울려나오는 본능의 순수한 소리에 귀기울이며 문명에 때묻지 않은 자연에의 복귀를 부르짖은 그는 합리주의자들의 들끓는 열기 속에 한가닥 신선한 공기를 불어 넣었고 새로운 가능성을 열어 놓은 듯이 보인다. 그는 전통적 체제를 비판하는 데 있어 분명히 계몽주의 철학자들과 방향을 같이 하고 있다. 그러나 그의 비판은 그들과는 차원을 달리하는 것이었다. 왜나하면 그는 사회 체제의 기반인 소유의 개념과 권력(지배)의 개념 자체를 부정하고 있기 때문이다. 계몽주의자들이 소유와 권력으로 얽힌 정치 및 사회 체제를 합리적으로 조정내지는 개혁함으로써 점진적인 발전을 기하고자 한 것에 반해, Rousseau는 체제 즉 문명 그 자체를 거부함으로써 극단적인 반체제로 치달았던 것이다. 서구의 정신사에 있어 Rousseau는 아마도 최초의 반체제론자, 반문명론자가 아니었던가 싶다. 「학문과 예술의 발전은 도덕의 순화에 기여했는가」라는 물음에 대하여 쓴 『학문 및 예술론』(*Discours sur les Sciences et les Arts*)(1750), 「인간 불평등의 기원은 무엇인가」에 답한 『불평등 기원론』(*Discours sur l'Origne de l'Inégalité*)(1755) 가운데서 그는 계몽주의자들과는 완전히 상반된 관점에 서서 인간의 문화적 성취 및 사회 체제를 비판하고 있다. 그는 지식의 발전이 반드시 인간의 덕과 행복을 향상시키는 것은 아니다, 왜냐하면 지식과 덕은 별개의 것이며 행복은 이성보다는 심정의 상태와 관련된 것이기 때문이다라고 생각했고, 한편 인간은 자연의 상태에서는 선하고 평등한 복을 누리고 있었으나 소유가 제도화됨으로써 모든 것이 파괴되고 오늘의 불평등이 초래되었다고 주장했다. 인간의 본래적 선에 대한 신앙, 인간적 제도 · 사회 · 문명에 대한 불신, 자연의 찬양은 당대의 많은 사람들을 경악케 했다. 지식의 발전을 통하여 빛나고 선한 왕국을 수립할 수 있다고 믿은 이 「광명의 시대」에 그는 지식과 문명의 헛됨을 주장하면서 심정과 자연의 순수에로의 복귀를 부르짖고 나섰던 것이다. 그는 인간의 이성적 능력을 신뢰한 계몽 철학자들의 안이한 낙관론에 찬물을 끼얹은 셈이다.

Voltaire와 Diderot를 싫어한 그는 많은 사람들의 미움을 샀다. 그는 감동적인 『고백록』(*les Confessions*) 속에서 자신을 계속되는 박해와 음모의 희생자로 그리고 있다. 그는 분명히 당대의 이단자였고 따라서 이해받지 못한 것은 당연한 일이다. 그러나 젊은 Mirabeau는 그에 열광했고, 대혁명의 투사들은 Voltaire 대신 Rousseau를 혁명의 아버지로 떠받들었다. 왕정의 정당성을 정면으로 부정하고 국민적 주권을 유일한 정치 권력의 기반으로 주장한

Rousseau야말로 참으로 용기있는 혁명가가 아니었던가.

그러나 Rousseau의 참된 메시지는 그의 정치 철학보다 심정과 자연의 순수에로의 복귀로 성립되는 그의 삶의 철학, 아니 종교적 감성에서 찾아야 할 것이다. 그는 제도화되고 의식화된 기존 교회를 거부하였지만 그 대신 심정과 양심의 원초적 순수에 대한 깊은 향수에 젖어 있었다. 그리하여 그의 삶은 이 순수를 오염시키는 모든 것에 대한 투쟁, 순수를 재생시키기 위한 인간의 재교육과 가정 · 사회의 개조, 자연 속에서의 그리고 자연과의 조화에 의한 행복의 실현에 바쳐졌다. 『신 엘르이즈』(*la Nouvelle Héloïse*), 『사회계약론』(*le Contrat social*), 『에밀』(*Emile*)은 그의 새로운 인간과 세계의 창조의 모형들이다.

Rousseau와 더불어 우리는 Bernardin de Saint-Pierre의 이름도 잊을 수 없다. 1772년 Rousseau를 알게 된 이후로 깊은 우정으로 맺어졌던 그는 사회에 대한 증오와 자연에 대한 깊은 사랑을 함께 나누었다. 그가 남긴 한 권의 책 『폴과 비르지니』(*Paul et Virginie*)(1787)는 자연의 원시적 배경 속에서 엮어지는 순수한 목가적인 삶과 사랑을 보여주고 있다. Rousseau가 이론과 상상으로만 제시했던 원시적 삶은 이 책에서 생생한 정경으로 그려져 있다.

이성에 대하여 심정을, 사회에 대하여 자연을, 현대의 반체제 철학자 Marcuse의 표현을 빌린다면 운명에 대하여 〈에로스〉를 앙양한 이 새로운 경향은 분명히 계몽 철학자의 세기로 규정지어지는 18세기에 있어 하나의 이변이었으며, Gœthe가 말한 바와 같이 새로운 세계를 열어 놓았다. 장차 대혁명에 의해 구체제가 폭파되는 전반적 카오스 속에서 이 목소리는 크게 울려퍼질 것이다. Chateaubriand을 위시하여 Mme de Staël, Lamartine는 이 〈새로운 전율〉에 맞추어 새로운 노래를 부르고 새로운 감성의 영역을 넓혀나가며, 한편 Gœthe, Schiller 그리고 Kant 등 유럽의 의식은 새바람을 일으킬 것이다.

18세기의 문학

우리는 18세기를 철학자의 세기로 규정지었고, 주로 그들의 사상과 이념의 흐름을 더듬어 보았다. 그런데 이들은 자신의 사상을 펼치기 위하여 각종의 문학적 양식을 원용했다. 가령, Voltaire는 시, 소설, 희곡, 수필, 역사 등 거의 모든 서술 양식을 사용했는데, 서사시 『앙리아드』(*la Henriade*)는 관용의 덕을 찬양하기 위해, 비극 『외디프스』(*Œdipe*)는 광신의 가공할 해독을 고발하기 위해, 소설 『깡디드』(*Candide*)는 인간의 행복추구와 삶의 예지를 설명하기 위해 쓰여졌다. 그의 문학은 자신의 이념적 주제를 표현하기 위한 수단에 불과했으며 말하자면 경향 문학(littérature à thèse)의 성격을 짙게 풍기고 있다. 그리하여 문학양식 그 자체는 대체로 전세기의 것을 답습하곤 했는데, 때때로 필요에 따라 다소의 변화가 시도되기는 했지만 크게 달라진 것은 없었다. Diderot의 경우에 있어서는 연극에 새로운 요소를 도입함으로써 후일 발전하게 될 사상극 또는 사회극의 기초를 만들기도 하였으나, 다른 영역에서는 현저한 변화를 찾아보기 어렵다. 18세기의 대가들의 문학적 기여는 주로 그들의 사상 전개의 측면에서 문제된다고 말할 수 있다.

그러나 그들의 문학적 업적은 몇몇 분야에서 우리의 관심을 끌 뿐만 아니라, 한편 그들의 그늘에 가려 잊혀지기 쉬운, 그러나 당대에 그리고 그 후의 문학에 적지 않은 영향을 미친 작가들이 있다는 사실도 망각해서는 안 될 것이다.

먼저 소설에 눈을 돌려보자. 모든 전통적 문학 장르 중에서 비록 제한된 범위내에서나마 시대의 기호와 지적 분위기에 가장 잘 적응함으로써 변화와 발전을 성취한 것은 아마도 소설이 아닌가 싶다. 희곡작가인 동시에 소설가였던 Lesage는 『절름발이 악마』(*Diable boiteux*)(1707)와 『질 브라스』(*Gil Blas*)(1715-35)를 통하여 세밀한 관찰, 폭넓은 풍속도와 인물들의 묘사로써 사실적 소설의 모델을 찾았다. 그러나 18세기 전반기의 가장 위대한 소설은 『끌레브 태공부인』(*la Princesse de Clève*) 이래의 최대 걸작으로 일컬어지는 l'abbé Prévost의 『마농 레스꼬』 (*Manon Lescaut*)(1731)이다. 사랑의 맹목적 정념에 희생된 한 젊은이의 비운을 그린 이 소설은 정념의 극한을 확인하는 데까지 이르는 현실적 감각으로써, 단순히 내면적 드라마로 시종한『끌레브 태공부인』과는 다른 세계를 펼쳐 보이고 있다. 한편, Montesquieu, Voltaire, Diderot, Rousseau 등은 그들의 철학소설 가운데서 풍자와 해학을 섞어가며 보다 자유롭게 그들의 사상을 전개시켜 나간다. 그들은 적절히 사람을 웃기고 호기심을 자극하며 때로는 환상적이고 우주적인 배경을 도입하되 그 이면에는 매우 진지하고 현실적인 문제 의식, 존재와 삶과 사회의 문제들이 다루어지며 독자들을 모르는 사이에 자신들의 이념 체계 안에 끌어들인다. 이 중에도 특히 대화의 양식을 십분 활용한 Diderot의 소설들, 그리고 자연과 전원의 배경 속에 현실과 몽상이 교차하는 시적 분위기의 Rousseau의 소설들은 특기할 만하다. Rousseau가『고백록』(*les Confessions*)과 더불어 서한, 일기, 자전 형식의 작품을 씀으로써 근대의 소설형식의 발전에 공헌한 점도 잊을 수 없다.

희곡에 있어서도 대체로 전통적인 양식이 존중되는 가운데 약간의 변화의 시도가 있었다. 르네상스 이래의 프랑스 연극의 양식은 대별하여 비극과 희극으로 양분되는데, 다소의 변화로서는 희비극(tragi-comédie)과 전원극(pastorale)이 있다. 그러나 희비극은 행복하게 종말지워지는 비극이었고, 전원극은 등장 인물이 목동과 목녀일 뿐 내용은 희극에 가까운 것으로서, 이 두 양식은 본질적으로 비극과 희극에 대립되는 것은 아니다. 그런데 18세기에 이르러 지적 관심의 초점이 인간의 현실적인 존재 양식, 제도, 관습 그리고 그 개혁의 문제에 쏠리게 되면서부터 연극의 양식에 대한 새로운 성찰의 기운이 일기 시작했다. Diderot는『희곡론』(*Discours sur la poésie dramatique*)(1758)과『사생아에 관한 대화』(*Entretiens sur le Fils naturel*)(1757)를 통하여 연극의 새 이론을 제시하면서「드라마」라는 새로운 요소를 도입할 것을 주장했다. 그가 말하는「드라마」란 인간의 현실적 삶 속에서 생활과 깊은 관련이 있는 사상 또는 모랄의 문제를 포착하여 그것을 무대 위에 사실적으로 올려 놓은 것을 의미한다. 따라서 드라마는 비극도 희극도 아닌 중간적인 것으로서, 등장 인물은 사회 각층을 대표하되 대부분은 시민층(bourgeois)인만큼 드라마는 「시민극」이라 불리워지기도 하고, 또한 주제가 인생의 진지한 문제나 사상이기 때문에 「사상극」(théâtre d'idées) 또는 「진지한 극」(théâtre sérieux)이라 불리우기도 한다. 그러나 Diderot는 연극작가로서는 살패했으며 이와 같은 연극 이론은 오히려 다른 사람에 의해 조명되었다.

그러나 사상극을 운운하기에 앞서 우리는 18세기 전반의 한 위대한 극작가를 상기할 필요가 있다. Marivaux(1688-1763), 「사랑으로 연마된 아르르깽」(*Arlequin poli par l'amour*)(1720)이라는 희극으로 대성공을 거둔 이래 극작가로서 확고한 지위를 얻은 그는 『사랑의 기습』(*Surprise de l'amour*)(1722), 『사랑과 우연의 유희』(*le Jeu de l'amour et du hasard*)(1730), 『허위의 고백』(*les Fausses Confidences*)(1737) 등 수많은 걸작을 남겼다. Marivaux는 즐겨 사랑을 주제로 삼았는데, 그것은 정욕에 더럽히지 않은 진지하고 순결한 사랑이었으며, 또한 Racine의 사랑과 같은 비극적인 것은 아니었다. 보는 사람에게는 다분히 해학적인 상황 속에서, 그러나 매우 진지한 경위를 거쳐 마침내 행복하게 맺어지는 그의 사랑은 섬세한 심리의 묘사, 세련되고 우아한 대화로서 사람들의 마음을 매료했다. 연애 심리의 묘사에 있어서의 지나치리 만큼 섬세한 뉘앙스의 예술은 marivaudage라는 신어(新語)를 낳기까지 하였지만, 그에 있어 문제되는 것은 단순한 기교가 아니라 하나의 영원한 인간적 진실이며 그것은 심리적 관찰의 정확성과 깊이에 기반을 두고 있다. 그는 어떤 의미에서 고전주의의 내면적 진실의 미학을 계속 이어가고 있는 것으로 보인다.

이에 비하여 또 한 사람의 대극작가 Beaumarchais(1723-1799)는 보다 18세기적인 분위기가 짙게 풍기는 작품을 남겼다. 그는 앞서 말한 바 사상극에서 출발하였으나 그의 이름은 두 편의 희극 『세비리아의 이발사』(*Barbier de Séville*)(1775 초연)와 『피가로의 결혼』(*Mariage de Figaro*)(1781)과 함께 길이 기억되고 있다. 재기 넘치는 대사와 현란한 극적 구성, 그리고 간간이 삽입되는 상류 지배층에 대한 풍자와 사회의 악폐에 대한 규탄 등은 관중들을 열광케 했다. 특히 하인들을 등장시켜 주인과 동등한 역할을 연출케 하며 그들의 입을 통하여 방탕하고 무능한 귀족 계급을 통박하고 사회의 부조리를 통렬히 고발함으로써 민중의 소리를 대변한 것은 주목할 만하다. Beaumarchais 자신은 혁명 사상에 깊이 공명했던 것은 아니지만, 그의 작품은 대혁명 직전의 서민들의 발언권이 어떤 것이었는가를 여실히 보여주고 있다.『피가로의 결혼』을 관람한 Napoléon이「이것은 행동화한 혁명이다」라고 말한 것은 유명한 이야기이다.

18세기 말 모든 분야에서 혁명의 기운은 무르익어 갔다. 구체제의 내 부적 붕괴, 가중되는 경제적 위기, 더욱 더 가열되어 가는 이념적 비판과 자각은 일대 변혁이 눈 앞에 다가왔음을 느끼게 했다. 마침내 때를 기다렸던 화산처럼 폭발했고 모든 것은 지리멸렬이 되었다. 그러나 불행히도 혁명은 오래 지속되지 않았을 뿐만 아니라 많은 희생자를 냈다. 그 중에 우리는 한 불우한 시인 André Chénier(1762-1794)를 기억하지 않을 수 없다. 여러 문학 장르 중에서 거의 불모의 땅이나 다름없었던 시단에 18세기는 기울어가는 세기의 황혼에 한 위대한 시인을 선사하였던 것이다. 엘레지, 목가, 철학시, 정치적 풍자시 등 여러 형태의 작품을 남긴 그는 특히 그리스, 로마의 고대시의 흐름을 이어 받아 고대적 정감이 짙은 서정적 목가에 뛰어난 재질을 발휘했다. 그의 작품은 대부분 그가 죽은 후에 발표됨으로써 후세에 인정을 받았는데, 특히 낭만파와 고답파에 영향을 미쳤다. 혁명과 더불어 목숨을 잃은 그는 작품을 통하여 새 시대 속에 살아남은 것이다.

*　　　*

이상 우리는 18세기의 사상과 문학을 개관했다. 18세기는 분명히 철학자들에 의해 주도된 세기였고 문학을 논함에 있어서도 이들의 이념적 활동을 떠나서는 문제될 수가 없다. 순수히 문학적 활동에 전념한 작가들이 없었던 것은 아니지만 18세기의 특징은 무엇보다도 먼저 이념과 문학의 일체, 아니 이념을 위한 문학의 봉사에 있는 것으로 보인다. 그러기에 극소수의 예를 제외하고는 문학의 미학적 문제는 관심의 대상이 되지 않았으며 문학은 대체로 전통적 양식의 테두리 안에 머물었다. 우리는 다시 한번 철학의 세기로서의 18세기를 확인할 수밖에 없는 것이다.

결국, 18세기는 위대한 이념적 혁명의 한 세기였다. 정치적, 사회적 변혁에 앞서 이념적 혁명이 성취되었던 것인데, 18세기는 인류의 역사상 가장 광범한, 극적인 정신적 전환을 기록하고 있음이 분명하다. 17세기에 정점을 이룬 구체제가 서서히 무너지고 근대적 성격의 새 체제가 탄생되기까지 일세기에 걸친 서구의 정신적 모험은 그러기에 참으로 흥미로운 것이며 우리가 서구를 이해하는 데 있어 결정적인 중요성을 띠고 있는 것으로 보인다. Hazard는 이 시대를 가리켜「서구의식의 위기」의 시대라고 불렀다. 이 위기는 물론 그 후에도 계속될 것이다. 그러나 우리는 18세기 가운데 근대 서구 정신의 모든 것, 창조적 측면과 파괴적 측면, 낙관적 요소와 비판적 요소, 위대한 승리와 위대한 패배의 모든 것을 보고 확인할 수 있는 것은 아닐까.

〈Bibliographie〉

P. Castex et P. Surer : *XVIIIe siècle*. Manuel des Etudes Littéraires Françaises, Hachette

A. Lagarde et L. Michard : *XVIIIe siècle*, les Grands Auteurs Français IV, Bordas.

V.-L, Saulnier : *La Littérature française du siècle philosophique*, P.U.F.

G. Mongrédien : *La vie littéraire au XVIIIe siècle*, Tallandier, 1947.

R. Mauzi : *L'Idée du bonheur au XVIIIe siècle*, A. Colin, 1960.

P. Hazard : *La Crise de la conscience européenne*, Fayard, 1961.

D. Mornet : *Les Origines intellectuelles de la Révolution française*, A. Colin, 1967.

F. Gaiffe : *Le Drame en France au XVIIIe siècle*, A. Colin, 1971.

H. Coulet : *Le Roman en France avant la Révolution*, A. Colin, 1967-1968.

FONTENELLE (1657-1757)

Rouen에서 변호사의 아들로, 그리고 Corneille의 조카로 태어난 Le Bouvier de Fontenelle은 먼저 변호사가 되었지만 이내 직을 버리고 파리로 나와 Thomas Corneille 밑에서 비극을 쓰기도 하고 살롱에도 출입하여 문인 및 학자들과 사귀었다. 특히 학문과 과학의 발전에 비상한 관심을 가졌던 그는 탁월한 회화의 재능을 발휘하여 상류인사들에게 과학적 지식을 평이하게 해석하곤 하였는데, 이것이 책으로 되어 나온 것이 *Entretiens sur la pluralité des mondes*(1686)이다. 이에 앞서 그는 문학적, 철학적 주제에 관한 역설적이고 재치에 넘친 대화 *Les Dialogues des Morts*(1684)를 발표한 바 있다.

1697년에 그는 아카데미회원으로 선출되었고 2년 후에는 *Eloges des Académiciens*(1699)을 발표했다. 이것은 아카데미회원들의 업적을 통하여 물리학, 식물학, 의학 등의 지식을 명쾌하게 설명한 계몽서이다. 또한 종교에 관한 계몽서 *Histoire des oracles*(1687)을 쓰기도 한 그는 1888년 *Digression sur les anciens et les modernes*를 통해 근대인의 우월함을 논함으로써 Perrault를 중심으로 한 신파를 두둔했다.

시, 문학, 철학, 과학, 종교, 정치 등 인간활동의 모든 분야를 포용한 그는 이른바 보편적 정신의 최초의 유형을 이루었으며 한편 과학 지식의 계몽에 주력함으로써 학문의 세계와 일반인을 접근시키는 데 크게 공헌했다.

〈ETUDE〉

A. Niderst : *Fontenelle à la recherche de lui-même*, Nizet, 1972.

LE PROGRÈS

그리스작가 Lucien을 모방한 자들의 대화의 형식은 Fénelon, Fontenelle, Vauvenargue, Valéry 등에 의해 계승되어 있다. Fontenelle은 이곳에서 시대가 다른 두 철학자를 등장시킴으로써 인간이 과연 시대의 흐름에 따라 진보하는 것인가 하는 문제를 제기한다. 신구논쟁이 바야흐로 격렬해지려는 시점에서 이와 같은 문제 제기는 시사성이 짙은 것으로 보인다.

MONTAIGNE. – C'est donc vous, divin Socrate ? Que j'ai de joie de vous voir ! Je suis tout fraîchement venu en ce pays-ci, et dès mon arrivée, je me suis mis à vous y chercher. Enfin, après avoir rempli mon livre de votre nom et de vos éloges, je puis m'entretenir avec vous, et apprendre comment vous possédiez cette vertu si naïve, dont les allures étaient si naturelles et qui n'avaient point d'exemple, même dans les heureux siècles où vous viviez.[1]

---

1) Montaigne는 Socrate 자신은 물론 그의 시대에 대해 찬양하는 것으로부터 시작한다. Socrate와 그의 시대는 인류 및 문명의 한 이상을 성취한 것으로 평가한다.

SOCRATE. – Je suis bien aise de voir un mort qui me paraît avoir été philosophe ; mais comme vous êtes nouvellement venu de là-haut, et qu'il y longtemps que je n'ai vu ici personne (car on me laisse assez seul, il n'y a pas beaucoup de presse à[1] rechercher ma conversation), trouvez bon que je vous demande[2] des nouvelles. Comment va le monde ? N'est-il pas bien changeé ?

MONTAIGNE. – Extrêmement. Vous ne le connaîtriez[3] pas.

SOCRATE. – J'en suis ravi. Je m'étais toujours bien douté qu'il fallait qu'il devînt meilleur et plus sage qu'il n'était de mon temps.[4]

MONTAIGNE. – Que voulez-vous dire ? il est plus fou et plus corrompu qu'il n'a jamais été. C'est le changement dont je voulais parler,[5] et je m'attendais bien à savoir de vous l'histoire du temps que vous avez vu, et où régnait tant de probité et de droiture.

SOCRATE. – Et moi je m'attendais au contraire à apprendre des merveilles du siècle où vous venez de vivre. Quoi ! Les hommes d'à-présent ne se sont point corrigés des sottises de l'antiquité ?

MONTAIGNE. – Je crois que c'est parce que vous êtes ancien, que vous parlez de l'antiquité si familièrement ; mais sachez qu'on a grand sujet d'en regretter les mœurs,[6] et que, de jour en jour, tout empire.

SOCRATE. – Cela se peut-il ? Il me semble que de mon temps les choses allaient déjà bien de travers.[7] Je croyais qu'à la fin elles prendraient un train plus raisonnable, et que les hommes profiteraient de l'expérience de tant d'années.[8]

MONTAIGNE. – Eh ! les hommes font-ils des expériences ? Ils sont faits comme les oiseaux qui se laissent toujours prendre dans les mêmes filets où l'on a déjà pris cent mille oiseaux de leur espèce. Il n'y a personne qui n'entre tout neuf dans la vie,[9] et les sottises des pères sont

---

1) il n'y a pas beaucoup de presse à「…하는데 별로 열의가 없다(서두르지 않는다).」

2) que je vous demande…는 trouvez의 직접보어에 해당하는 명사절 (demande는 *subj*) bon은 직접보어 속사 :「그곳 소식을 묻는 것을 허락하시오(물어봐도 되겠죠).」

3) connaîtriez = reconnaîtriez「알아보다」

4) Socrate는 인류가 시간의 흐름에 따라 보다 성숙했을 것이라는 암시를 함으로써 상대를 놀라게 한다.

5) Montaigne는 시대가 분명히 변하기는 했으되 사악한 면으로 변했다고 말한다.

6) d'en regretter les mœurs「고대의 (건전한) 풍습을 아쉬워할 (충분한 이유가 있다)」

7) allaient…de travers「몹시 빗나갔다」

8) 인류가 지식의 축적과 경험을 통해 더욱 발전하리라는 것은 신파의 기본적 입장

9) …qui n'entre tout neuf dans la vie「완전히 새롭게 인간으로 태어나지 않는 (사람은 없다).」 즉,

perdues pour les enfants.

SOCRATE. – Mais quoi ! ne fait-on point d'expérences ! Je croirais que le monde devrait avoir une vieillesse plus sage et plus réglée que n'a été sa jeunesse.[1)]

MONTAIGNE. – Les hommes de tous les siècles ont les mêmes penchants, sur lesquels la raison n'a aucun pouvoir. Ainsi, partout où il y a des hommes, il y a des sottises, et les mêmes sottises.[2)]

SOCRATE. – Et sur ce pied-la,[3)] comment voudriez-vous que les siècles de, l'antiquité eussent mieux valu que le siècle d'aujourd'hui ?

MONTAIGNE. – Ah ! Socrate, je savais bien que vous aviez une manière particulière de raisonner et d'envelopper si adroitement ceux à qui vous aviez affaire, dans les arguments dont ils ne prévoyaient pas la conclusion, que[4)] vous les ameniez où il vous plaisait ; et c'est ce que vous appeliez être la sage-femme de leurs pensées et les faire accoucher. J'avoue que me voilà accouché d'une proposition toute contraire à[5)] celle que j'avançais : cependant je ne saurais encore me rendre.[6)] Il est sûr qu'il ne se trouve plus de ces âmes vigoureuses et raides de l'antiquité, des Aristide, des Phocion, des Périclès, ni enfin des Socrate.

SOCRATE. – A quoi tient-il ? Est-ce que la nature s'est épuisée, et qu'elle n'a plus la force de produire ces grandes âmes ? Et pourquoi se serait-elle encore épuisée en rien, hormis en hommes raisonnables ? Aucun de ses ouvrages n'a encore dégénéré : pourquoi n'y aurait-il que les hommes dégénérassent ?[7)]

MONTAIGNE. – C'est un point de fait ; ils dégénèrent. Il semble que la nature nous ait autrefois montré quelques échantillons de grands hommes, pour nous persuader qu'elle en aurait su faire, si elle avait voulu, et qu'ensuite elle ait fait tout le reste avec assez de négligence.

인간은 생명이 주어질 때 백지상태로 태어난다.

1) 세계는 연륜을 쌓는 데 따라 더 현명해지고 절도를 갖게 된다는 뜻
2) 여기서 Montaigne는 인간의 영원한 본질(nature hnmaine)을 부정적으로 묘사하고 있다.
3) Sur ce pied-là「그런 관점에서라면」
4) si adroitement…que로 연결 ceux à qui vous aviez affaire「당신이 상대했던 사람들」
5) Socrate의「산파술」에 대한 암시. 즉, 상대방의 이론을 포용하여 받아들이되 자신이 원하는 결론으로 부드럽게 유도하는 방식
6) me rendre「항복(굴복)하다」
7) 점차 문제의 핵심으로 접근한다. 즉, 자연은 영원히 메마르지 않으며 어느 시대나 적어도 동일한 힘을 발휘한다(신파는 진보의 개념에 앞서, 자연은 어느 시대에나 동일한 인재와 재능을 생산하였으며 따라서 근대인이 고대인에 비해 열등하지 않다는 것을 선험적으로 주장했다).

SOCRATE. – Prenez garde à une chose. L'antiquité est un objet d'une espèce particulière ; l'éloignement le grossit. Si vous eussiez connu Aristide, Phocion, Périclès et moi, puisque vous voulez me mettre de ce nombre, vous eussiez trouvé dans votre siècle des gens qui nous ressemblaient. Ce qui fait d'ordinaire qu'on est si prévenu pour l'antiquité,[1] c'est qu'on a du chagrin contre son siècle et l'antiquité en profite. On met les anciens plus haut pour abaisser ses contemporains. Quand nous vivions, nous estimions nos ancêtres plus qu'ils ne méritaient ; et à présent, notre postérité nous estime plus que nous ne méritons ; mais et nos ancêtres, et nous, et notre postérité, tout cela est bien égal ; et je crois que le spectacle du monde serait bien ennuyeux pour qui le regarderait d'un certain œil, car c'est toujours la même chose.

MONTAIGNE. – J'aurais cru que tout était en mouvement, que tout changeait, et que les siècles différents avaient leurs différents caractères, comme les hommes. En effet ne voit-on pas des siècles savants, et d'autres qui sont ignorants ? n'en voit-on pas de sérieux et de badins, de polis et de grossiers ?

SOCRATE. – Il est vrai.

MONTAIGNE. – Et pourquoi donc n'y aurait-il pas des siècles plus vertueux et d'autres plus méchants ?

SOCRATE. – Ce n'est pas une conséquence. Les habits changent ; mais ce n'est pas à dire que la figure des corps change aussi. La politesse ou la grossièreté, la science ou l'ignorance, le plus ou le moins d'une certaine naïveté, le génie sérieux ou badin, ce ne sont là que les dehors de l'homme, et tout cela change : mais le cœur ne change point et tout l'homme est dans le cœur. On est ignorant dans un siècle, mais la mode d'être savant peut venir ; on est intéressé,[2] mais la mode d'être désintéressé ne viendra point. Sur ce nombre prodigieux d'hommes assez déraisonnables qui naissent en cent ans, la nature en a peut-être deux ou trois douzaines de raisonnables, qu'il faut qu'elle répande par toute la terre ; et vous jugez bien qu'ils ne se trouvent jamais nulle part en assez grande quantité, pour y faire une mode de vertu et de droiture.

MONTAIGNE. – Cette distribution d'hommes raisonnables se fait-elle

1) qu'on est si prévenu pour l'antiquité 「고대에 대하여 그처럼 호의를 갖게 (하는 것)」
2) on est intéressé 「사람은 이해에 관심이 있다」 (이해에 무관심해지는 (désintéressé) 일은 없다. 왜냐하면 그것은 인간의 근원적인 심성(le cour)에 뿌리박고 있기 때문에)

également ? Il pourrait y avoir des siècles mieux partagés les uns que les autres.

SOCRATE. – Tout au plus il y aurait quelque inégalité imperceptible. L'ordre général de la nature a l'air bien constant.

– Le Dialogue des Morts

PIERRE BAYLE (1647-1706)

피레네산맥 북단의 Carla에서 태어난 신교도 가문의 Pierre Bayle은 Toulouse대학에서 칼빈신학을 공부했다. 그러나 회의에 사로잡힌 그는 1669년 가톨릭으로 개종하였는데, 다음 해에는 다시 신교로 되돌아왔다. 이로 인하여 그는 Genève로 피신했다가, 벨기에 국경 근처의 Sedan에서 철학강의를 하였으며 다시 Rotterdam으로 옮겨 교사 생활을 계속했다. 이때부터 그는 저술을 시작하였는데, 신교 당국자들로부터 위험사상가로 낙인이 찍혀 직을 잃게 되자 저술에 전념했다.

Bayle은 모든 것을, 종교적 신앙까지도 이성에 비추어 보는 철저한 비판정신의 전형이었다. *Dictionnaire historique et critique*(1697)은 역사적 비평 및 탐구의 놀라운 축적이다. 이 책은 일견 순수한 학문적 저서로 보이나 실은 기성의 신앙, 전통, 권위 등 모든 근거없는 단정을 배제하고 사상의 자유와 종교적 관용을 주장한 투쟁의 글이다. 또한 그가 주제한 학술잡지 *Nouvelles de la République des Lettres*는 계몽사상에 다대한 영향을 미쳤다. 그의 저서들은 대부분 17세기 말에 발표되었지만 그것들의 사상적 경향이나 영향으로 말미암아 흔히 18세기에 편입되어 있다.

〈ŒUVRE〉

Pensées sur la Comète(1682) *Dictionnaire historique et critique*(1697) *Nouvelles de la République des Lettres*(1684-1687) *Réponse aux questions d'un provincial*(1704-1707)

〈ETUDES〉

P. Dibon : *Pierre Bayle, le philosophe de Rotterdam*, Elsevier, 1959.

DEUX PRÉJUGÉS

Bayle은 이성의 자유로운 검토 대신 전통과 권위를 맹목적으로 추종하는 일반적 경향을 통렬히 비판한다. 17세기 전반 Descartes와 Pascal도 학문과 과학에 있어 사실과 검증(실험)의 중요성을 주장한 바 있다. 다만 이들이 종교를 별개의 범주로 규정지은 데 반해 Bayle은 전통과 권위로 다져진 종교적 진리까지도 비판적 검토의 대상으로 삼음으로써 극단적인 회의주의로 몰고간다.

Que ne pouvons-nous voir[1)] ce qui se passe dans l'esprit des hommes lorsqu'ils choisissent une opinion ! Je suis sûr que si cela était[2)] nous réduirions le suffrage d'une infinité de gens à l'autorité de deux ou trois personnes qui, ayant débité une doctrine que l'on supposait qu'ils avaient examinée à fond, l'ont persuadée à plusieurs autres par le préjugé[3)] de leur mérite, et ceux-ci à plusieurs autres qui ont trouvé mieux leur compte,[4)] pour leur paresse naturelle, à croire tout d'un coup ce qu'on leur disait qu'à[5)] l'examiner soigneusement. De sorte que le nombre des sectateurs crédules et paresseux[6)] s'augmentant de jour en jour a été un nouvel engagement aux autres hommes de se délivrer de la peine d'examiner une opinion qu'ils voyaient si générale et qu'ils se persuadaient bonnement n'être devenue telle que[7)] par la solidité des raisons desquelles on s'était servi d'abord pour l'établir ; et enfin on s'est vu réduit à la nécessité de croire ce que tout le monde croyait, de peur de passer pour un factieux[8)] qui veut lui seul en savoir plus que tous les autres et contredire la vénérable Antiquité ;[9)] si bien
qu'il y a eu du mérite à n'examiner plus rien et à s'en rapporter à la Tradition. Jugez vous-même si cent millions d'hommes engagés dans quelque sentiment,[10)] de la manière que je viens de le représenter, peuvent le rendre probable[11)] et si tout le grand préjugé qui s'élève sur la multitude de tant de sectateurs ne doit pas être réduit, faisant justice à chaque chose, à l'autorité de deux ou trois personnes qui apparemment ont examiné ce

1) Que ne pouvons-nous voir… ! 「…을 어찌 볼 수 없겠는가」
2) si cela était 「그렇게 된다면」
3) le préjugé = l'idée préconçue 「선입관」
4) ont trouvé mieux leur compte à 「…하는데 더 득을 본」 trouver son compte à *inf* : 「…에 이득을 보다」
5) mieux …qu'à로 연결
6) Bayle은 전통과 권위에 쉽사리 승복하는 경향을 자연적인 지적나태로 규정짓는다.
7) qu'ils se persuadaient…n'être devenue telle que par… 「그들이 확신하기를 오직 …에 의해서 그러한 것이 된 것으로 믿는 (의견)」 보기 드문 구문이지만 se persuader의 직접보어는 선행사 une opinion이고 (se는 간접보어), n'être devenue telle …은 직접보어 속사에 해당하는 부정법 (과거형)
8) un factieux = un révolté
9) contredire la vénérable Antiquité : 이 표현은 고대를 모방해야 할 이상적인 모델로 여겼던 구파가 신파를 공격하는데 흔히 사용했던 것
10) sentiment = opinion
11) probable = digne d'entre approuvé

qu'ils enseignaient···

Les Savants sont quelquefois une aussi méchante caution que le peuple, et une Tradition fortifiée de leur témoignage n'est pas pour cela exempte de fausseté. Il ne faut donc pas que le nom et le titre de savant nous en impose[1] Que savons-nous si ce grand Docteur qui avance quelque doctrine a apporté plus de façon à s'en convaincre qu'un ignorant qui l'a crue sans l'examiner ? Si le Docteur en a fait autant, sa voix n'a pas plus d'autorité que celle de l'autre, puisqu'il est certain que le témoignage d'un homme ne doit avoir de force qu'à proportion du degré de certitude qu'il s'est acquis en s'instruisant pleinement du fait.

Je vous l'ai déjà dit et je le répète encore : un sentiment ne peut devenir probable par la multitude de ceux qui le suivent qu'autant[2] qu'il a paru vrai à plusieurs, indépendamment de toute prévention et par la seule force d'un examen judicieux accompagné d'exactitude et d'une grande intelligence des choses ; et comme on a fort bien dit qu'un témoin qui a vu est plus croyable que dix qui parlent par ouï-dire, on peut aussi assurer qu'un habile homme qui ne débite que ce qu'il a extrêmement médité et qu'il a trouvé à l'épreuve de tous ses doutes, donne plus de poids à son sentiment que cent mille esprits vulgaires qui se suivent comme des moutons, et se reposent de tout sur[3] la bonne foi d'autrui.

– *Les Pensées sur la Comète*

MARIVAUX (1688-1763)

파리에서 고관의 아들로 태어난 Pierre Carlet de Chambelin de Marivaux는 법학을 공부하였으나, La Motte, Fontenelle 등 새로운 경향의 사상가들에 이끌려 상류 사교계(salon de Mme de Lambert)를 출입하면서부터 문학에 심취했다. 처음에는 소설과 비극을 썼지만 별다른 성공을 거두지 못하다가 1720년 이탈리아좌에서 초연된 희극 *Arlequin poli par l'amour*로써 일약 극작가로서의 지위를 굳혔다. 그 후 수많은 희극이 발표되었는데 걸작으로 손꼽히는 것은 *La Surprise de l'amour*(1722), *Le Jeu de l'amour et du hasard*(1730), *Les Fausses Confidences*(1737) 등이다. 그는

---

1) nous en impose「우리를 속이다」
en imposer à *qn*「…을 기만(현혹)하다」

2) ne peut devenir···qu'autant···「오직 … 하는 한에 있어서 …」로 연결

3) se reposent de tout sur~「모든 것에 관해 …에 의지한다」se reposer sur *qc* de *qc*의 구문

주로 사랑을 주제로 다루었는데, 진지하고도 청순한 이 사랑의 이야기는 우스꽝스러운 파란곡절 끝에 행복하게 맺어진다. 희극적인 요소가 적절히 가미된, 그러나 지나치리만큼 세련되고 우아한 이야기의 전개, 사랑의 진전에 따른 감정과 심리의 온갖 굴곡의 섬세한 묘사 등은 marivaudage란 특이한 기교를 낳기까지 했다.

Marivaux는 또한 *La vie de Marianne*(1731-1741), *Paysan parvenu* (1734-35)와 같은 주목할 만한 소설도 남겼다.

〈ETUDES〉

Coulet et Gilot : *Marivaux. un humanisme expérimental*, Larousse, 1973.

F. Deloffre : *Une préciosité nouvelle. Marivaux et le marivaudage*, A. Colin, 1971.

LA NAISSANCE D'UN SENTIMENT

연로한 귀족의 딸 Silvia와 친구의 아들 Dorante는 서로 만난 일이 없지만 결혼이 약속되어 있다. 인사를 나누기 위해 Dorante가 찾아오는 날 Silvia는 그의 본성을 확인하기 위해 하녀 Lisette로 변장하고 대신 하녀가 약혼녀로 분장한다. 한편 Dorante도 같은 생각에서 하인 Arlequin과 역할을 바꾸며 Bourguignon이란 이름으로 나타난다. 여기서 갖가지 희극적 얽힘이 벌어진다. 이 장면에서는 하인을 변장한 Dorante와 하녀로 변장한 Silvia가 처음으로 얼굴을 대한다. 하인과 하녀로 분장한 이들은 자연히 tutoiement을 하게 되는데, 그들의 태도와 언어는 상류사회의 격조를 잃지 않는다. 이 대조는 그 자체 희극적인 요소를 지니고 있지만 두 사람 사이에는 벌써 상대에 대한 놀라움의 감정이 오가며 그것은 불원 사랑으로 유도될 것이다.

Silvia. – Trêve de badinage ;[1] c'est un homme de condition qui m'est prédit pour époux, et je n'en rabattrai rien.[2]

Dorante. – Parbleu ! Si j'étais tel, la prédiction me menacerait ; j'aurais peur de la vérifier. Je n'ai point de foi à l'astrologie, mais j'en ai beaucoup à ton visage.[3]

Silvia (*à part*). – Il ne tarit point··· (*Haut.*) Finiras-tu, que t'importe la prédiction puisqu'elle t'exclut ?

Dorante. – Elle n'a pas prédit que je ne t'aimerais point.

---

1) 이 장면 첫 부분에서 Dorante는 Silvia의 뛰어난 품위에 놀라는데, Silvia는 하인(하인으로 분장한 Dorante)의 접근을 가로막기 위해, 「농담을 거둘」 것을 말한다.

2) je n'en rabattrai rien 「결코 한 푼도 값을 내리지는 않을 것이오」 en rabattre 「할인해 주다 ; 자기 주장을 포기하다」

3) j'en ai beaucoup à ton visage : 그대의 얼굴(아름다움)을 보니 그 예언을 믿을만 하다는 뜻 (astrologie와 ton visage를 대조시킴으로써 특이한 효과를 자아내고 있다.)

SILVIA. – Non, mais elle a dit que tu n'y gagnerais rien, et moi, je te le confirme.

DORANTE. – Tu fais fort bien, Lisette, cette fierté-là te va à merveille, et quoiqu'elle me fasse mon procès[1] je suis pourtant bien aise de te la voir ; je te l'ai souhaitée d'abord que je t'ai vue, il te fallait encore cette grâce-là et je me console d'y perdre, parce que tu y gagnes.

SILVIA (*à part*). – Mais en vérité, voilà un garçon qui me surprend, malgré que j'en aie[2]··· (*Haut*.) Dis-moi, qui es-tu, toi qui me parles ainsi ?

DORANTE. – Le fils d'honnêtes gens qui n'étaient pas riches.

SILVIA. – Va, je te souhaite de bon cœur une meilleure situation que la tienne, et je voudrais y contribuer ; la fortune a tort avec toi.[3]

DORANTE. – Ma foi, l'amour a plus tort qu'elle ;[4] j'aimerais mieux qu'il me fût permis de te demander ton cœur que d'avoir tous les biens du monde.

SILVIA (*à part*). – Nous voilà, grâce au ciel, en conversation réglée.[5] (*Haut*.) Bourguignon, je ne saurais me fâcher des discours que tu me tiens ; mais je t'en prie, changeons d'entretien, venons à ton maître, tu peux te passer de me parler d'amour, je pense ?

DORANTE. – Tu pourrais bien te de m'en faire sentir,[6] toi.

SILVIA. – Ahi ! je m'en fâcherai ; tu m'impatientes ; encore une fois, laisse là ton amour.

DORANTE. – Quitte donc ta figure.

SILVIA (*à part*). – A la fin, je crois qu'il m'amuse··· (*Haut*.) Eh bien, Bourguignon, tu ne veux donc pas finir ? Faudra-t-il que je te quitte ? (*A part*.) Je devrais déjà l'avoir fait.[7]

Le Jeu de l'Amour et du Hasard, I, 7.

---

1) quoiqu'elle me fuse mon procès「그것(ta fierté)이 나를 깎아내린다 할지라도」faire le procès de *qn*「···을 깎아내리다, 비난하다」

2) malgré que j'en aie「내가 싫더라도 어쩔 수 없이」하인의 입을 통해서 나오는 세련된 표현과 감정의 섬세함에 그녀는 몹시 놀란다.

3) la fortune a tort avec toi :「운명은 그대에 대해서 가혹하군요」(그대가 낮은 신분으로 태어난 것은 운명의 잘못이다라는 뜻)

4) l'amour a plus tort qu'elle : Silvia의 말을 받은 재치 있는 이 대답을 통해 Dorante는 자신의 감정을 더욱더 강렬하게 표현한다.

5) Nous voilà···en conversation réglée「이제는 우리의 대화가 끝이 나는군」(더 이상 거북한 대화를 끌어가지 않겠다는 뜻)

6) Tu pourrais···de m'en faire sentir : 상대방의 말꼬리를 잡아 자신의 감정을 표현하는 재치 있는 Dorante의 대답.「(그렇게 되면) 나로 하여금 사랑을 느끼지 않게 할 수도 있겠군요.」

7) Je devrais déjà l'avoir fait「벌써 그렇게 했어야만 했을 텐데.」

CAPITULATION DE L'AMOUR PROPRE

Marivaux는 사랑에 대해서 이렇게 말한 바 있다. 「나에 있어서 사랑은 오직 사랑과 대립하며 마침내 이 대립에도 불구하고 행복을 이룬다」 라고. *Jeu de l'amour et du hasard*에서 사랑은 자존심(자신에 대한 사랑)과 갈등을 일으키지만 끝내 자존심을 무찌르고 승리하는 것을 보게 된다. Silvia와 Dorante는 마침내 서로 사랑을 나눈다. Silvia의 사랑의 고백은 Dorante에게는 소망스럽지만 두려운 것이고 Silvia는 Dorante의 사랑을 두려워하지만 간절히 소망한다. 결국 이들은 사랑을 하는 것이 아니라 사랑에 조롱당하고 있는 것이다. 특히 두 사람이 연출하는 가장과 진심의 미묘한 드라마는 이 대화의 소진될 수 없는 묘미를 이루고 있다.

SILVIA. – Tiens, Bourguignon, une bonne fois pour toutes, demeure, va t'en, reviens, tout cela doit m'être indIfférent, et me l'est en effet ; je ne te veux ni bien ni mal ; je ne te hais, ni ne t'aime, ni ne t'aimerai, à moins que l'esprit ne me tourne. Voilà mes dispositions ; ma raison ne m'en permet point d'autres, et je devrais me dispenser de te le dire.

DORANTE. – Mon malheur est inconcevable. Tu m'ôtes peut-être tout le repos de ma vie.

SILVIA. – Quelle fantaisie[1] il s'est allé mettre dans l'esprit ! Il me fait de la peine. Reviens à toi. Tu me parles, je te réponds ; c'est beaucoup, c'est trop même ; tu peux m'en croire, et, si tu étais instruit,[2] en vérité tu serais content de moi ; tu me trouverais d'une bonté sans exemple, d'une bonté que je blâmerais dans une autre.[3] Je ne me la reproche pourtant pas ; le fond de mon cœur me rassure, ce que je fais est louable. C'est par générosité que je te parle ; mais il ne faut pas que cela dure ; ces générosités-là ne sont bonnes qu'en passant, et je ne suis pas faite pour me rassurer toujours sur l'innocence de mes intentions ; à la fin, cela ne ressemblerait plus à rien. Ainsi finissons, Bourguignon, finissons, je t'en prie. Qu'est-ce que cela signifie ? c'est se moquer ; allons, qu'il n'en soit plus parlé.

DORANTE. – Ah ! ma chère Lisette, que je souffre !

SILVIA. – Venons à ce que tu voulais me dire. Tu te plaignais de moi, quand tu es entré ; de quoi était-il question ?

DORANTE. – De rien, d'une bagatelle ; j'avais envie de te voir, et je crois

---

1) fantaisie = imagination folle

2) si tu étais instruit : 이 말은 Silvia의 머리 속에서는 si tu savais qui je suis의 의미를 갖는 것으로 보인다.

3) que je blâmerais dans une autre 「다른 여자에 있어서는 내가 비난받게 될 그런 친절함…」

que je n'ai pris qu'un prétexte.

SILVIA (*à part*). – Que dire à cela ? Quand je m'en fâcherais, il n'en serait ni plus ni moins.[1)]

DORANTE. – Ta maîtresse, en partant, a paru m'accuser de t'avoir parlé au désavantage de mon maître.

SILVIA. – Elle se l'imagine ; et si elle t'en parle encore, tu peux le nier hardiment ; je me charge du reste.

DORANTE. – Eh ! ce n'est pas cela qui m'occupe.

SILVIA. – Si tu n'as que cela à me dire, nous n'avons plus que faire ensemble.

DORANTE. – Laisse-moi du moins le plaisir de te voir.

SILVIA. – Le beau motif qu'il me fournit là ! J'amuserai la passion de Bourguignon ! Le souvenir de tout ceci me fera bien rire un jour.

DORANTE. – Tu me railles, tu as raison ; je ne sais ce que je dis, ni ce que je te demande. Adieu.

SILVIA. – Adieu ; tu prends le bon parti…[2)] Mais à propos de tes adieux, il me reste encore une chose à savoir. Vous partez, m'as-tu dit ; cela est-il sérieux ?

DORANTE. – Pour moi, il faut que je parte ou que la tête me tourne.

SILVIA. – Je ne t'arrêtais pas pour cette réponse-là, par exemple.

DORANTE. – Et je n'ai fait qu'une faute ; c'est de n'être pas parti dès que je t'ai vue.

SILVIA (*à part*). – J'ai besoin à tout moment d'oublier que je l'écoute.

DORANTE. – Si tu savais, Lisette, l'état où je me trouve…

SILVIA. – Oh ! il[3)] n'est pas si curieux à savoir que le mien, je t'en assure.

DORANTE. – Que peux-tu me reprocher ? Je ne me propose pas de te rendre sensible.[4)]

SILVIA (*à part*). – Il ne faudrait pas s'y fier.

DORANTE. – Et que pourrais-je espérer en tâchant de me faire aimer ? Hélas ! quand même je posséderais ton cœur…

SILVIA. – Que le ciel m'en préserve ! quand tu le posséderais, tu ne le saurais pas ; et je ferais si bien que je ne le saurais pas moi-même. Tenez,

---

1) Quand je m'en fâcherais, il n'en serait ni plus ni moins.「내가 화를 낸다 할지라도 더할 것도 덜할 것도 없겠지 (아무 것도 달라질 것이 없을 것이라는 뜻)」

2) tu prends le bon parti「결심을 잘 하셨군요」prendre (un) parti「결심하다」

3) il = l'état où se trouve Dorante

4) de te rendre sensible = de me faire aimer de toi「당신의 사랑을 받게 되기를」

quelle idée il lui vient là !

DORANTE. – Il est donc bien vrai que tu ne me hais, ni ne m'aimes, ni ne m'aimeras ?

SILVIA. – Sans difficulté.

DORANTE. – Sans difficulté ! Qu'ai-je donc de si affreux ?

SILVIA. – Rien ; ce n'est pas là ce qui te nuit.

DORANTE. – Eh bien ! chère Lisette, dis-le-moi cent fois, que tu ne m'aimeras point.

SILVIA. – Oh ! je te l'ai assez dit ; tâche de me croire.

DORANTE. – Il faut que je le croie ! Désespère une passion dangereuse, sauve-moi des effets que j'en crains ; tu ne me hais, ni ne m'aimes, ni ne m'aimeras ; accable mon cœur de cette certitude-là. J'agis de bonne foi, donnemoi du secours contre moi-même ; il m'est nécessaire ; je te le demande à genoux. (fl se jette à genoux. - Dans ce moment, M. Orgon et Mario entrent et ne disent mot).

SILVIA (*à part*). – Ah ! nous y voilà ! il ne manquait plus que cette façon là[1] à mon aventure. Que je suis malheureuse ! c'est ma facilité[2] qui le place là. (*Haut.*) Lève-toi, Bourguignon, je t'en conjure ; il peut venir quelqu'un. Je dirai ce qu'il te plaira ; que me veux-tu ? je ne te hais point. Lève-toi ; je t'aimerais, si je pouvais ; tu ne me déplais point ; cela doit te suffire.

DORANTE. – Quoi ! Lisette, si je n'étais pas ce que je suis, si j'étais riche, d'une condition honnête,[3] et que je t'aimasse autant que je t'aime,[4] ton cœur n'aurait point de répugnance pour moi ?

SILVIA. – Assurément.

DORANTE. – Tu ne me haïrais pas ? tu me souffrirais ?

SILVIA. – Volontiers. Mais lève-toi.

DORANTE. – Tu parais le dire sérieusement, et, si cela est, ma raison est perdue.

SILVIA. – Je dis ce que tu veux, et tu ne te lèves point.

---

1) il ne manquait plus que cette façon-là「끝내는 이런 꼴이 되고야 말았군」

2) facilité = indulgence, complaisance

3) d'une condition honnête「떳떳한 신분(이라면)」

4) que je t'aimasse autant que je t'aime「내가 (지금) 사랑하는 것만큼 사랑한다면」que je t'aimasse = si je t'aimais

L'ABBÉ PRÉVOST (1697-1763)

Artois주에서 태어난 Antoine-François Prévost는 파란만장의 생애를 보냈다. 제쥐트의 교육을 받고 파리에서 수사학을 배운 그는 빛나는 재능으로 종문의 기대를 모으기도 했지만 세속과 모험에 이끌려 군대에 들어갔다. 그러나 1720년 다시 종교생활로 돌아와 베네딕트교단에 들어갔다. 그곳에서 신학을 공부하고 고전을 가르쳤는데, 1726년에는 사제로 서품되었다. 이때부터 그는 남몰래 *Mémoires d'un homme de qualité*를 쓰기 시작했고, 1727년에는 Saint-Germain-des Prés 수도원을 빠져나왔다. 교단에 쫓겨 네덜란드와 영국으로 피신하게 된 그는 그곳에 7년간 머무르며 7권에 달하는 *Mémoires*를 완성시켰다. 1735년에 그는 파리로 돌아와 Conti대공의 부속사제가 되어 그 후로는 안정된 생활을 했다.

L'abbé Prévost는 근 20년간 종교생활의 규율과 방랑생활의 무절제 사이를 오고 간 양분된 삶을 살아왔다. 그는 반생의 이 모든 모험과 방황과 사색을 자서전적인 소설 *Mémoires*에 담았는데, 유명한 *Manon Lescault*는 제7권에 해당된다.

Mémoires의 제7권 *Manon Lescault*는 수도승 Chevalier des Grieux와 경박한 아름다운 소녀 Manon과의 비련의 기록이다. 이 소설 가운데 작가는 자신의 많은 것을, 그리고 아마도 최선의 것을 담은 것이 분명하다. 주인공 Des Grieux는 작가와 마찬가지로 수도원을 빠져나오고 유혹에 쉽게 허물어지되 자신의 종교적, 윤리적 기반을 저버리지 못한다. 이 소설은 또한 18세기의 사회적 배경, 특히 부도덕하고 부패된 사회적 풍속을 충실히 반영하고 있다. 그러나 무엇보다도 앞서 이 소설은 영원한 사랑의 이야기이다.

Des Grieux로 하여금 궁극의 파멸에 이르도록 몰아세우는 정념의 가공할 힘, 수없이 되풀이되는 배신에도 불구하고 어떤 진실성을 느끼게 하는 Manon의 사랑은 본능적이고 자연스럽고 진실된 정념 속에 담겨진 순수가 어떤 것인가를 강하게 일깨워준다. 작가는 이 정념의 소용돌이를 감상적으로 앙양하고 노래하는 대신 명석하게 분석하고 있다. 이런 점에서 *Manon Lescault*는 이미 낭만주의적 주제와 고전주의적 수법이 결합된 걸작으로 평가될 수 있을 것이다.

〈ETUDES〉

R. Roddier, Prévost : *l'homme et l'œuvre*, Ratier, 1955.

J. Sgard : *Prévost romancier*, J. Corti, 1968.

DES GRIEUX S'ÉPREND DE MANON

Malte교단에 들어가게 된 Chevalier des Grieux는 Amiens에서 철학공부를 끝내고 집으로 돌아가려고 할 무렵, 수도원으로 보내지는 Manon을 만나자 순식간에 사랑의 포로가 된다. 이 장면은 그의 전 생애를 뒤흔들어 놓게 될 Manon과의 최초의 만남을 이야기 하고 있다.

J'avais marqué le temps[1] de mon départ d'Amiens. Hélas ! que ne

1) marqué le temps = fixé la date

le marquais-je un jour plus tôt ! j'aurais porté chez mon père toute mon innocence. La veille même de celui que[1] je devais quitter cette ville, étant à me promener avec mon ami, qui s'appelait Tiberge, nous vîmes arriver le coche d'Arras, et nous le suivîmes jusqu'à l'hôtellerie où ces voitures descendent. Nous n'avions pas d'autre motif que la curiosité. Il en sortit quelques femmes, qui se retirèrent aussitôt. Mais il en resta une, fort jeune, qui s'arrêta, seule dans la cour, pendant qu'un homme d'âge avancé, qui paraissait lui servir de conducteur, s'empressait pour faire tirer son équipage des paniers.[2] Elle me parut si charmante que moi, qui n'avais jamais pensé à la différence des sexes ni regardé une fille avec un peu d'attention, moi, dis-je, dont tout le monde admirait la sagesse et la retenue, je me trouvai enflammé tout d'un coup jusqu'au transport.[3] J'avais le défaut d'être excessivement timide et facile à déconcerter ; mais, loin d'être arrêté alors par cette faiblesse, je m'avançai vers la maîtresse de mon cœur.[4] Quoiqu'elle fût encore moins âgée que moi,[5] elle reçut mes politesses sans paraître embarrassée. Je lui demandai ce qui l'amenait à Amiens et si elle y avait quelques personnes de connaissance. Elle me répondit ingénument qu'elle y était envoyée par ses parents pour être religieuse. L'amour me rendait déjà si éclairé, depuis un moment qu'il était dans mon cœur, que je regardai ce dessin comme un coup mortel pour mes désirs. Je lui parlai d'une manière qui lui fit comprendre mes sentiments, car elle était bien plus expérimentée que moi. C'était malgré elle qu'on l'envoyait au couvent, pour arrêter sans doute son penchant au plaisir, qui s'était déjà déclaré et qui a causé, dans la suite, tous ses malheurs et les miens. Je combattis la cruelle intention de ses parents par toutes les raisons que mon amour naissant[6] et mon éloquence scolastique purent me

---

1) de celui que = du jour où

2) faire tirer son équipage des paniers = faire retirer ses bagages (des coffres de la voiture) 「그녀의 짐을 짐칸에서 끌어내리게 하기 위해」

3) je me trouvais enflammé…jusqu'au transport : 17세기 고전극(특히 Racine) 안에 묘사되는 사랑의 최초의, 충격적인 모습을 상기시키는 표현

4) 이와 같은 대담성은 주인공이 이미 폭군적 사랑의 노예가 되었음을 의미한다. 그것은 그 자신의 대담성이 아니라 사랑의 대담성이다.

5) Des Grieux의 나이는 이때 17세

6) mon amour naissant : 이제 Des Grieux를 움직이는 것은 그 자신이 아니라, 그를 사로잡은 사랑이다. 이 작품의 참된 주인공은 사랑 그 자체이다.

suggérer. Elle n'affecta ni rigueur ni dédain. Elle me dit, après un moment de silence, qu'elle ne prévoyait que trop qu'elle allait être malheureuse, mais que c'était apparemment la volonté du ciel, puisqu'il ne lui laissait nul moyen de l'éviter.

La douceur de ses regards, un air charmant de tristesse en prononçant ces paroles, ou plutôt l'ascendant[1] de ma destinée qui m'entraînait à ma perte, ne me permirent pas de balancer un moment sur[2] ma réponse. Je lui assurai que, si elle voulait faire quelque fond sur[3] mon honneur et sur la tendresse infinie qu'elle m'inspirait déjà, j'emploierais ma vie pour la délivrer de la tyrannie de ses parents et pour la rendre heureuse. Je me suis étonné mille fois, en y réfléchissant, d'où me venait alors tant de hardiesse et de facilité à m'exprimer ; mais on ne ferait pas une divinité de l'amour,[4] s'il n'opérait souvent des prodiges. J'ajoutai mille choses pressantes. Ma belle inconnue savait bien qu'on n'est point trompeur à mon âge ; elle me confessa que, si je voyais quelque jour à[5] pouvoir la mettre en liberté, elle croirait m'être redevable de quelque chose de plus cher que la vie. Je lui répétai que j'étais prêt à tout entreprendre, mais, n'ayant point assez d'expérience pour imaginer tout d'un coup les moyens de la servir, je m'en tenais à cette assurance générale, qui ne pouvait être d'un grand secours pour elle et pour moi…

Je fus surpris, à l'arrivée de son conducteur, qu'elle m'appelât son cousin et que, sans paraître déconcertée le moins du monde, elle me dît que, puisqu'elle était assez heureuse pour me rencontrer à Amiens, elle remettait au lendemain son entrée dans le couvent, afin de se procurer le plaisir de souper avec moi.

MONTESQUIEU (1689-1755)

Bordeaux 근교의 la Brède성에서 태어난 Montesquieu는 대대로 법관의 가문을 이어받아 Guyenne 고등법원의 고문이 되었고, 1716년에는 한 숙부의 법원장직을 계승하고 남작 칭호를 받았

---

1) l'ascendant : 점성술(astrologie)의 용어로서, 별이 사람의 운명에 미치는 힘을 가리킨다. (사랑은 이미 하나의 운명이 되었으며, 이 운명의 힘은 거역할 길이 없이 주인공을 지배할 것이다.)

2) balancer…sur「…에 대해서 주저하다」

3) faire quelque fond sur「…을 다소라도 믿다」(= accorder quelque confiance à)

4) on ne ferait pas une divinité de l'amour「사랑은 신으로 숭상하지는 않으리라」

5) quelque jour à = quelque moyen de

다. 법관직에는 별로 관심이 없는 대신 그는 자신이 회원이었던 보르도의 아카데미에 과학 논문을 제출하는 등 학문과 자연과학에 비상한 열의를 보였다.

그의 문필생활의 서두를 화려하게 장식한 것은 1721년 익명으로 발표된 *Les Lettres Persannes*였다. 일대 성공을 거둠과 동시에 적지않은 물의를 야기시킨 이 서간체의 작품은 유럽 특히 프랑스를 방문한 두 페르샤인이 자신의 견문기를 고향친구에게 보내는 형식으로 구성된 것인데, Montesquieu는 경쾌하고 해학적인 문체로 이국인의 눈에 비친 당대 유럽의 사회제도, 정치 풍속에 예리하고 이지적인 비평을 가했던 것이다.

그 후 그는 파리로 나와 살롱과 클럽에 출입했고, 1726년에는 법관직을 사임하고 유럽 각지를 순방하며 견문을 넓혔는데, 영국에는 1729년에서 31년에 이르는 동안 머물렀다. 프랑스로 돌아와 파리와 영지를 오가며 독서와 학구와 사교생활의 나날을 보낸 그는 1734년 역시 익명으로 「로마인 성쇠론」(*Les Considérations sur la grandeur et la décadence des Romains*)을 발표했다. Bossuet가 그의 「세계사」에서 신의 섭리로써 역사를 풀이하고자 했던 데 반해 Montesquieu는 「물적·정신적」 자연의 원인을 고찰의 대상으로 삼음으로써 새로운 그리고 근대적 성격의 역사철학을 제시했다.

그의 주저 *L'Esprit des Lois*가 출간된 것은 1748년의 일이다. 근 40년이 걸린 이 저서는 세계 각국의 각양각색의 법률을 대상으로 하여 법의 정신의 정체를 밝히고자 했던 것인데, 과거의 법학자들이 데칼트적 이성에서 연역한 선험적 법정신을 설정한 데 반해 그는 법을 국가형태, 사회구조, 풍습과의 상호 관련하에 규명함으로써 역사적·상대적 고찰방법을 도입했다.

「법이란 사물의 본성에서 유래되는 필연적인 관련이다」라는 말의 뜻은 법이 초월적 의지(신의 섭리와 같은)나 선험적 원리로써 성립되는 것이 아니라 「사물의 본성」 즉 나라마다 각기 다른 구체적 현실(통치행태, 풍토, 종교, 풍습 등)에서 유래된다는 뜻이다. Montesquieu는 역사연구에 적용했던 동일한 실증적 방법을 법의 연구에도 적용한 것이다.

〈ŒUVRE〉

Lettres persannes(1721), *Considérations sur la grandeur et la décadence des Romains*(l734), *L'Esprit des Lois*(1748), *Cahiers posthumes*

〈ETUDES〉

J. Dedieu : *Montesquieu, l'homme et l'oeuvre*, Boivin, 1943.
J. Ehrard : *Politique de Montesquieu*, A. Colin, 1965.
C. Rosso : *Montesquieu moralistes, des lois au bonheur*, Ducros – Nizet, 1971.
J. Starobinski : *Montesquieu par lui-même*, Seuil, 1967.

LETTRE XXIV

파리에 도착한 페르샤인 Rica의 첫인상을 담은 글로서, 이 작품의 주요 주제들이 펼쳐져 있을 뿐만 아니라 Montesquieu의 style의 비결을 느끼게 해준다. 파리인들의 생활방식과 풍습에 대한 가벼운 풍자, 정치제도와 종교에 대한 한결 대담한 풍자를 그는 경쾌하고 코믹한 터치로 전개시켜 나간다. 특히 한 순진한 국외자로 하여금 당황과 경악을 가장케 하며 진지한 문제들을 희화적으로 다루게 함으로써 야기시키는 희극적 효과는 이 글에 생동감을 불어넣고 있다.

Nous sommes à Paris depuis un mois, et nous avons toujours été dans un mouvement continuel. Il faut bien des affaires avant qu'on soit logé, qu'on ait trouvé les gens à qui on est adressé, et qu'on se soit pourvu des choses nécessaires, qui manquent toutes à la fois.

Paris est aussi grand qu'Ispahan. Les maisons y sont si hautes qu'on jugerait qu'elles ne sont habitées que par des astrologues. Tu juges bien qu'une ville bâtie en l'air, qui a six ou sept maisons les unes sur les autres, est extrêmement peuplée, et que, quand tout le monde est descendu dans la rue, il s'y fait un bel embarras.

Tu ne le croirais pas peut-être : depuis un mois que je suis ici, je n'y ai encore vu marcher personne. Il n'y a point de gens au monde qui tirent mieux parti de leur machine[1] que les Français : ils courent ; ils volent. Les voitures lentes d'Asie, le pas réglé de nos chameaux, les feraient tomber en syncope. Pour moi, qui ne suis point fait à[2] ce train, et qui vais souvent à pied sans changer d'allure, j'enrage quelquefois comme un Chrétien :[3] car encore passe[4] qu'on m'éclabousse depuis les pieds jusqu'à la tête, mais je ne puis pardonner les coups de coude que je reçois régulièrement et périodiquement. Un homme qui vient après moi, et qui me passe, me fait faire un demi-tour, et un autre, qui me croise de l'autre côté, me remet soudain où le premier m'avait pris ; et je n'ai pas fait cent pas, que[5] je suis plus brisé que si j'avais fait dix lieues.

Ne crois pas que je puisse, quant à présent, te parler à fond des mœurs et des coutumes européennes : je n'en ai moi-même qu'une légère idée, et je n'ai eu à peine que le temps de m'étonner.[6]

Le roi de France est le plus puissant prince de l'Europe. Il n'a point de mines d'or comme le roi d'Espagne, son voisin ; mais il a plus de richesses que lui, parce qu'il les tire de la vanité[7] de ses sujets, plus

1) tirent mieux parti de leur machine 「그들의 신체기관을 더 잘 이용하는…」 machine = organisme

2) qui ne suis point fait à 「…에 조금도 익숙하지 않은」

3) comme un Chrétien : 기독교인의 성향에 대한 간접적인 야유

4) encore passe que… 「…하는 것은 그런대로 참는다고 하자」

5) je n'ai pas fait cent pas, que… 「나는 100보도 채 걷기 전에 …하다」

6) 이 주인공은 순진함을 가장하고 있으며, 그러기에 모든 것이 놀라움으로 눈에 비친다.

7) la vanité는 그의 *l'Esprit des Lois*에서는 군주제(monarchie)의 원리인 honneur로 변한다. 여기서는 왕의 절대권력에 대한 비판을 하고 있지만, 이 권력을 인간의 허영과 결부시킴으로써

inépuisable que les mines. On lui a vu entreprendre ou soutenir de grandes guerres, n'ayant d'autres fonds que des titres d'honneur à vendre,[1] et, par un prodige de l'orgueil humain, ses troupes se trouvaient payées, ses places munies,[2] et ses flottes équipées.

D'ailleurs ce roi est un grand magicien : il exerce son empire sur l'esprit même de ses sujets ; il les fait penser comme il veut. S'il n'a qu'un million d'écus dans son trésor, et qu'il en ait besoin de deux, il n'a qu'à leur persuader qu'un écu en vaut deux, et ils le croient. S'il a une guerre difficile à soutenir, et qu'il n'ait point d'argent, il n'a qu'à leur mettre dans la tête qu'un morceau de papier est de l'argent, et ils en sont aussitôt convaincus.[3] Il va même jusqu'à leur faire croire qu'il les guérit de toutes sortes de maux en les touchant ;[4] tant est grande la force et la puissance qu'il a sur les esprits.

Ce que je te dis de ce prince ne doit pas t'étonner : il y a un autre magicien, plus fort que lui, qui n'est pas moins maître de son esprit qu'il l'est lui-même de celui des autres. Ce magicien s'appelle *le Pape*. Tantôt il lui fait croire que trois ne font qu'un,[5] que le pain qu'on mange n'est pas du pain, ou que le vin qu'on boit n'est pas du vin,[6] et mille autres choses de cette espèce.

Et, pour le tenir toujours en haleine[7] et ne point lui laisser perdre l'habitude de croire, il lui donne de temps en temps, pour l'exercer, de certains articles de croyance. Il y a deux ans qu'il lui envoya un grand écrit, qu'il appela Constitution,[8] et voulut obliger, sous de grandes peines, ce prince et ses sujets de croire tout ce qui y était contenu. Il réussit à l'égard du prince, qui se soumit aussitôt et donna l'exemple à ses sujets. Mais quelques-uns d'entre eux[9] se révoltèrent et

---

Montesquieu의 모랄리스트의 일면을 보여주고 있다.

1) 국가의 재정을 위해 불필요한 관직을 만들어 파는 일이 허다했다.

2) ses places (se trouvaient) munies「그의 요새들은 방비되고」munies = mises en état de défense. (ses flottes *se trouvaient équipées*)

3) 프랑스에서 최초로 지폐가 사용된 것은 1701년의 일

4) 프랑스의 왕은 안수로써 연주창(écrouelles)을 치유하는 힘이 있는 것으로 알려져 있다.

5) 기독교의 교리 삼위일체(성부, 성자, 성령)

6) 성찬식의 빵(그리스도의 몸)과 포도주(그리스도의 피)를 암시

7) pour le tenir toujours en haleine「사람들의 정신을 긴장케 하기 위해」, tenir qn en haleine「…의 마음을 조마조마하게 하다」

8) Constitution : Clément XI에 의한 교서 *Unigenitus* (jansénisme의 규탄)

9) jansénistes를 가리킴

dirent qu'ils ne voulaient rien croire de tout ce qui était dans cet écrit. Ce sont les femmes qui ont été les motrices de toute cette révolte, qui divise toute la Cour, tout le royaume et toutes les familles. Cette Constitution leur défend de lire un livre que tous les Chrétiens disent avoir été apporté du Ciel : c'est proprement leur Alcoran. Les femmes, indignées de l'outrage fait à leur sexe, soulèvent tout contre la Constitution : elles ont mis les hommes dans leur parti, qui, dans cette occasion, ne veulent point avoir de privilège. On doit pourtant avouer que ce moufti[1] ne raisonne pas mal, et, par le grand Hali,[2] il faut qu'il ait été instruit des principes de notre sainte loi. Car, puisque les femmes sont d'une création inférieure à la nôtre et que nos prophètes nous disent qu'elles n'entreront point dans le Paradis, pourquoi faut-il qu'elles se mêlent de lire[3] un livre qui n'est fait que pour' apprendre le chemin du Paradis ?…

De Paris, le 4 de la lune de Rediab 2, 1712.

LETTRE XCVII

과학의 새로운 발견과 인간이성의 발전을 찬양하는 Montesquieu는 이미 백과사전파의 열광을 예고하고 있다. 여기 표명되어 있는, 새시대를 향한 도취에 가까운 낙관주의는 당대의 지적 분위기가 어떤 것이었는가를 웅변으로 말해준다.

O toi, sage Dervis[4], dont l'esprit curieux brille de tant de connaissances, écoute ce que je te vais dire.

Il y a ici des philosophes qui, à la vérité, n'ont point atteint jusqu'au faîte de la sagesse orientale : ils n'ont point été ravis[5] jusqu'au trône lumineux ; ils n'ont point entendu les paroles ineffables dont les concerts des anges retentissent, ni senti les formidables[6] accès d'une fureur[7] divine ; mais, laissés à eux-mêmes,[8] privés des saintes

1) moufti 「회교의 사제」 여기서는 교황을 지칭
2) le grand Hali : Mahomet의 사위
3) se mêlent de lire 「…을 읽겠다는 생각을 갖다」 se mêler de *inf* 「…하려고 마음먹다.」
4) Dervis (ou *derviche*) : 회교의 수도사를 지칭
5) ils n'ont point été ravis… 「그들은 (빛나는 옥좌에까지) 이르지는 않았다」
6) formidables = redoutables
7) fureur = inspiration
8) laissés à eux-mêmes : 「(초월적 · 선험적 원리의 도움없이 오직) 그들 자신으로 내맡겨진」 18세

merveilles, ils suivent dans le silence les traces de la raison humaine.

Tu ne saurais croire jusqu'où ce guide les a conduits. Ils ont débrouillé le Chaos[1] et ont expliqué, par une mécanique simple, l'ordre de l'architecture divine. L'auteur de la nature a donné du mouvement à la matière : il n'en a pas fallu davantage pour produire cette prodigieuse variété d'effets que nous voyons dans l'Univers.

Que les législateurs ordinaires nous proposent des lois pour régler les sociétés des hommes ; des lois aussi sujettes au changement que l'esprit de ceux qui les proposent, et des peuples qui les observent[2] ! Ceux-ci ne nous parlent que des lois générales, immuables, éternelles, qui s'observent sans aucune exception avec un ordre, une régularité et une promptitude infinie, dans l'immensité des espaces.

Et que crois-tu, homme divin, que soient ces lois ? Tu t'imagines peut-être qu'entrant dans le conseil[3] de l'Éternel tu vas être étonné par la sublimité des mystères ; tu renonces par avance à comprendre, tu ne te proposes que d'admirer.

Mais tu changeras bientôt de pensée : elles n'éblouissent point par un faux respect ; leur simplicité[4] les a fait longtemps méconnaître, et ce n'est qu'après bien des réflexions qu'on en a vu toute la fécondité et toute l'étendue.

La première est que tout corps tend à décrire une ligne droite, à moins qu'il ne rencontre quelque obstacle qui l'en détourne ; et la seconde, qui n'en est qu'une suite, c'est que tout corps qui tourne autour d'un centre tend à s'en éloigner, parce que, plus il en est loin, plus la ligne qu'il décrit approche de la ligne droite.

Voilà, sublime Dervis, la clef de la nature ; voilà des principes féconds, dont on tire des conséquences à perte de vue.

기 철학자들의 기본적 태도로써, 자연의 차원에서 사실과 실증을 존중(→ *suivre les traces de la raison humaine*).

1) le Chaos : 세계의 표면적 혼란

2) 법의 가변성을 이야기하고 있으나 장차 *l'Esprit des lois*에서 문제되는 법의 기본적 개념에는 이르지 않고 있다.

3) le conseil = les secrets

4) leur simplicité : 여기서는 자연의 법칙이 문제되어 있는데, 이 법칙은 일견 단순한 것으로 보이지만 실은 풍요하고(fécondité) 광범한(étendue) 것이다. 한편, 이 법칙들은 respect admiration의 대상이 아니라(elles n'éblouissent point par *un faux respect*), 이성적 성찰(réflexions)의 대상이 되어야 할 것임을 암시하고 있다. Montesquieu는 이 글을 통해 간접적으로 관념적 태도와 권위주의를 비판하고 있다.

La connaissance de cinq ou six vérités a rendu leur philosophie pleine de miracles et leur a fait faire presque autant de prodiges et de merveilles que tout ce qu'on nous raconte de nos saints prophètes.

Car, enfin, je suis persuadé qu'il n'y a aucun de nos docteurs qui n'eût été embarrassé si on lui eût dit de peser dans une balance tout l'air qui est autour de la terre, ou de mesurer toute l'eau qui tombe chaque année sur sa surface, et qui n'eût pensé plus de quatre fois avant de dire combien de lieues le son fait dans une heure, et quel temps un rayon de lumière emploie à venir du soleil à nous ; combien de toises il y a d'ici à Saturne ; quelle est la courbe selon laquelle un vaisseau doit être taillé pour être le meilleur voilier qu'il soit possible…

De Paris, le 10 de la lune de Chahban, 1716.

PRÉFACE

이 서문에서 저자는 법에 대한 자신의 정의를 제시하면서 명석하고 공정한 정치학이 인류에 가져다 줄 공헌에 대한 깊은 신뢰를 표명하고 있다. 법이 근거해야 할 자연과 이성은 그의 저술을 또한 인도할 것이다.

Si, dans le nombre infini de choses qui sont dans ce livre, il y en avait quelqu'une qui, contre mon attente, pût offenser, il n'y en a pas du moins qui ait été mise avec mauvaise intention. Je n'ai point naturellement l'esprit désapprobateur. Platon remerciait le ciel de ce qu'il était né du temps de Socrate ; et moi je lui rends grâces de ce qu'il m'a fait naître dans le gouvernement où je vis, et de ce qu'il a voulu que j'obéisse à ceux qu'il m'a fait aimer.

Je demande une grâce que je crains qu'on ne m'accorde pas : c'est de ne pas juger, par la lecture d'un moment, d'un travail de vingt années ; d'approuver ou de condamner le livre entier, et non pas quelques phrases. Si l'on veut chercher le dessein de l'auteur, on ne le peut bien découvrir que dans le dessein de l'ouvrage.[1)]

J'ai d'abord examiné les hommes, et j'ai cru que, dans cette infinie diversité de lois et de mœurs, ils n'étaient pas uniquement conduits par leurs fantaisies.[2)]

---

1) 따라서 전 작품을 읽기도 전에 저자의 의도에 대해 왈가왈부하는 것은 옳지 않다.

2) 즉, 인간은 보다 일반적인 원리(la nature des choses)에 대해 인도된다.

J'ai posé les principes, et j'ai vu les cas particuliers s'y plier comme d'eux-mêmes, les histoires de toutes les nations n'en être que les suites, et chaque loi particulière liée avec une autre loi, ou dépendre d'une autre plus générale.[1)]

Quand j'ai été rappelé à l'antiquité, j'ai cherché à en prendre l'esprit pour ne pas regarder comme semblables des cas réellement différents, et ne pas manquer les différences de ceux qui paraissent semblables.

Je n'ai point tiré mes principes de mes préjugés, mais de la nature des choses.[2)]

Ici, bien des vérités ne se feront sentir qu'après qu'on aura vu la chaîne qui les lie à d'autres. Plus on réfléchira sur les détails, plus on sentira la certitude des principes. Ces détails mêmes, je ne les ai pas tous donnés : car, qui pourrait dire tout sans un mortel ennui ?

On ne trouvera point ici ces traits saillants[3)] qui semblent caractériser les ouvrages d'aujourd'hui. Pour peu qu'on voie les choses avec une certaine étendue, les saillies s'évanouissent ; elles ne naissent d'ordinaire que parce que l'esprit se jette tout d'un côté, et abandonne tous les autres.

Je n'écris point pour censurer ce qui est établi dans quelque pays que ce soit. Chaque nation trouvera ici les raisons de ses maximes, et on en tirera naturellement cette conséquence, qu'il n'appartient de proposer des changements qu'à ceux qui sont assez heureusement nés pour pénétrer d'un coup de génie toute la constitution d'un État.

Il n'est pas indifférent que le peuple soit éclairé. Les préjugés des magistrats[4)] ont commencé par être les préjugés de la nation. Dans un temps d'ignorance on n'a aucun doute, même lorsqu'on fait les plus grands maux ; dans un temps de lumière, on tremble encore lorsqu'on fait les plus grands biens. On sent les abus anciens, on en voit la correction ; mais on voit encore les abus de la correction

---

1) 기본적 원리를 설정하고, 그것에 비추어 모든 특수하고 개별적인 상황들을 검증에 의해 설명하는 연역적 방법

2) la nature des choses : 저자는 자신의 정치학·사회학의 기본원리를 여기에 두고 있다. 즉, 사실과 현상의 실증적 검증, 그러나 이 검증은 어떤 보편적 원리의 발견으로 인도하며, 이 원리에 의해 모든 사물들의 본질은 밝혀질 것이다. (Cf. 20행~23행)

3) traits saillants「두드러진 특징 ; 기발한 표현」(여기서는 이 두가지 뜻이 다 포함되어 있는 것으로 보인다.)

4) magistrats = gouvernants

même. On laisse le mal, si l'on craint le pire ; on laisse le bien, si l'on est en doute du mieux. On ne regarde les parties que pour juger du tout ensemble ; on examine toutes les causes pour voir tous les résultats.[1)]

Si je pouvais faire en sorte que tout le monde eût de nouvelles raisons pour aimer ses devoirs, son prince, sa patrie, ses lois ; qu'on pût mieux sentir son bonheur dans chaque pays, dans chaque governement, dans chaque poste où l'on se trouve, je me croirais le plus heureux des mortels.

Si je pouvais faire en sorte que ceux qui commandent augmentassent leurs connaissances sur ce qu'ils doivent prescrire, et que ceux qui obéissent trouvassent un nouveau plaisir à obéir, je me croirais le plus heureux des mortels.

Je me croirais le plus heureux des mortels, si je pouvais faire que les hommes pussent se guérir de leurs préjugés. J'appelle ici préjugés, non pas ce qui fait qu'on ignore de certaines choses ,mais ce qui fait qu'on s'ignore soimême.[2)]

C'est en cherchant à instruire les hommes, que l'on peut pratiquer cette vertu générale, qui comprend l'amour de tous.[3)] L'homme, cet être flexible, se pliant, dans la société, aux pensées et aux impressions des autres, est également capable de connaître sa propre nature lorsqu'on la lui montre, et d'en perdre jusqu'au sentiment lorsqu'on la lui dérobe.

J'ai bien des fois commencé, et bien des fois abandonné cet ouvrage ; j'ai mill fois envoyé aux vents les feuilles que j'avais écrites ; je sentais tous les jours les mains paternelles tomber,[4)] je suivais mon objet sans former de dessein ; je ne connaissais ni les règles, ni les exceptions ; je ne trouvais la vérité que pour la perdre. Mais, quand j'ai découvert mes principes, tout ce que je cherchais est venu à moi ; et, dans le cours de vingt années, j'ai vu mon ouvrage commencer, croître, s'avancer et finir.

Si cet ouvrage a du succès, je le devrai beaucoup à la majesté de mon sujet ; cependant, je ne crois pas avoir totalement manqué de génie. Quand j'ai vu ce que tant de grands hommes, en France, en Angleterre et en Allemagne, ont écrit avant moi, j'ai été dans

---

1) 따라서 한 나라의 개혁에는 극도의 신중함이 요구된다.

2) 따라서 가장 중요한 것은 자신을 아는 것(*se connaitre*)이다. (소크라테스의 교훈을 상기)

3) 자신을 올바르게 인식할 때 타인을 인식하게 되고, 여기서 이웃에 대한 사랑(인류애, 박애정신–philanthropie)이 태어난다.

4) *Eneide*의 추억

l'admiration, mais je n'ai point perdu le courage : « Et moi aussi, je suis peintre », ai-je dit avec le Corrège.[1]

LE PRINCIPE DE LA DÉMOCRATIE

정치 형태를 전제, 군주제, 공화제로 대별한 저자는 각각의 정신적 지주로서 공포, 명예, 덕을 설정하고 있다. 저자 자신은 고전적 교양을 몸에 지닌 유마니스트로서 개인적 자유와 권리를 존중하는 공화주의자였지만, 현실적으로는 공화제는 대국에게는 부적합한 것인만큼 영국식 입헌군주제를 최선의 것으로 제시했다. 이때 중요한 것은 왕권의 전제화를 막는 일이며, 그가 주장한 「중간권력의 이론」(la théorie des pouvoirs intermédiaires) (즉 권력을 견제하고 균형을 유지할 귀족, 승려, 의회와 같은 중간세력)과 삼권분립의 이론(la théorie de la séparation des pouvoirs)는 이를 위한 안전변이라 할 수 있다.

이 텍스트에서 Montesquieu는 민주주의의 원리를 논한다. 그가 제시하는 「덕」(vertu)은 단순히 정치적 양식만이 아니라 도덕적 의미도 포함된다. 단순한 정치학자로서가 아니라 모랄리스트로서의 Montesquieu의 일면을 엿볼 수 있는 글이다.

Il ne faut pas beaucoup de probité pour qu'un gouvernement monarchique ou un gouvernement despotique se maintiennent ou se soutiennent. La force des lois dans l'un, le bras du prince toujours levé dans l'autre,[2] règlent ou contiennent tout. Mais dans un État populaire, il faut un ressort de plus, qui est la VERTU.[3]

Ce que je dis est confirmé par le corps entier de l'histoire, et est très conforme à la nature des choses.[4] Car il est clair que, dans une monarchie, où celui qui fait exécuter les lois se juge au-dessus des lois, on a besoin de moins de vertu que dans un gouvernement populaire, où celui qui fait exécuter les lois sent qu'il y est soumis lui-même et qu'il en portera le poids.

Il est clair encore que le monarque qui, par mauvais conseil ou par négligence, cesse de faire exécuter les lois, peut aisément réparer le mal :

1) le Corrège가 Raphaël의 *Sainte Cécile* 앞에서 한 것으로 전해지는 말
2) le bras du prince toujours levé 「항상 높이 쳐들은 제왕의 팔」 levé *pour* frapper로 이해할 것
3) cf. *Avertissement* : 《Ce que j'appelle la vertu…est l'amour de la patrie, c'est-à-dire de l'égalité.》 또한 IV, 5 : 《La vertu politique est un renoncement à soi-même…On peut définir cette vertu, l'amour des lois et de la patrie. Cet amour, demandant une préférence continuelle de l'intéret public au sien propre, donne toutes les vertus particulières…》
4) 저자는 역사와 원리(로부터의 연역)로써 이를 설명하려 한다.

il n'a qu'à changer de conseil, ou se corriger de cette négligence même. Mais lorsque, dans un gouvernement populaire, les lois ont cessé d'être exécutées, comme cela ne peut venir que de la corruption de la république, l'Etat est déjà perdu.

Ce fut un assez beau spectacle, dans le siècle passé, de voir les efforts impuissants des Anglais pour établir parmi eux la démocratie. Comme ceux qui avaient part aux affaires n'avaient point de vertu, que leur ambition était irritée[1] par le succès de celui qui avait le plus osé,[2] que l'esprit d'une faction n'était réprimé que par l'esprit d'une autre, le gouvernement changeait sans cesse : le peuple, étonné, cherchait la démocratie, et ne la trouvait nulle part. Enfin, après bien des mouvements, des chocs et des secousses, il fallut se reposer[3] dans le gouvernement même qu'on avait proscrit.[4]

Quand Sylla voulut rendre à Rome la liberté, elle ne put plus la recevoir : elle n'avait plus qu'un faible reste de vertu ; et comme elle en eut toujours moins, au lieu de se réveiller après César, Tibère, Caïus, Claude, Néron, Domi-tien, elle fut toujours plus esclave : tous les coups portèrent sur les tyrans, aucun sur la tyrannie.[5]

Les politiques grecs, qui vivaient dans le gouvernement populaire, ne reconnaissaient d'autre force qui pût le soutenir que celle de la vertu. Ceux d'aujourd'hui ne nous parlent que de manufactures, de commerce, de finances, de richesses, et de luxe même.[6]

Lorsque cette vertu cesse, l'ambition entre dans les cœurs qui peuvent la recevoir, et l'avarice[7] entre dans tous. Les désirs changent d'objets : ce qu'on aimait, on ne l'aime plus ; on était libre avec les lois, on veut être libre contre elles ; chaque citoyen est comme un esclave échappé de la maison de son maître ; ce qui était maxime, on l'appelle rigueur ; ce qui était règle, on l'appelle gêne ; ce qui était

1) irritée = excitée
2) Cromwell을 지칭
3) se reposer「평온으로 되돌아오다」
4) Charles II의 왕정복귀를 가리킴
5) aucun sur la tyrannie : (폭군들은 차례차례로 쓰러졌지만) 폭정, 즉 전제정치체제는 그대로 유지되었다는 뜻
6) Montesquieu는 luxe(사치)는 군주제에서나 볼 수 있는 것이고, 공화제에서는 오히려 검약(frugalité)이 적합한 것으로 생각했다.
7) avarice = cupidité

attention, on l'appelle crainte. C'est la frugalité qui y est l'avarice, et non pas le désir d'avoir. Autrefois le bien des particuliers faisait le trésor public ; mais pour lors le trésor public devient le patrimoine des particuliers. La république est une dépouille ; et sa force n'est plus que le pouvoir de quelques citoyens et la licence de tous. (III, 3)

LA SÉPARATION DES POUVOIRS

제11권 6장, *De la constitution d'Angleterre*에서 Montesquieu는 근대 정치학의 기본원리로 굳어진 삼권분립의 원리를 제시하고 있다. 그는 정치적 자유가 보장될 수 있는 한 가지 조건으로서 권력의 분산 및 분산된 권력사이의 균형을 주장했다.

Il y a, dans chaque État, trois sortes de pouvoirs : la puissance législative, la puissance exécutrice des choses qui dépendent du droit des gens,[1] et la puissance exécutrice de celles qui dépendent du droit civil.[2]

Par la première, le prince ou le magistrat fait des lois pour un temps ou pour toujours, et corrige ou abroge celles qui sont faites. Par la seconde, il fait la paix ou la guerre, envoie ou reçoit des ambassades, établit la sûreté, prévient les invasions. Par la troisième, il punit les crimes ou jege les différends des particuliers. On appellera cette dernière la puissance de juger ; et l'autre, simplement la puissance exécutrice de l'État.

La liberté politique dans un citoyen est cette tranquillité d'esprit qui provient de l'opinion que chacun a de sa sûreté ; et pour qu'on ait cette liberté, il faut que le gouvernement soit tel qu'un citoyen ne puisse pas craindre un autre citoyen.

Lorsque, dans la même personne ou dans le même corps de magistrature, la puissance législative est réunie à la puissance exécutrice, il n'y a point de liberté, parce qu'on peut craindre que le même monarque ou le même sénat ne fasse des lois tyranniques pour les exécuter tyranniquement.

Il n'y a point encore de liberté si la puissance de juger n'est pas séparée de la puissance législative et de l'exécutrice. Si elle était jointe à la puissance législative, le pouvoir sur la vie et la liberté des citoyens serait arbitraire : car le juge serait législateur. Si elle

1) = pouvoir exécutif「행정권」

2) = pouvoir judiciaire「사법권」

était jointe à la puissance exécutrice, le juge pourrait avoir la force d'un oppresseur.

Tout serait perdu si le même homme, ou le même corps des principaux,[1] ou des nobles, ou du peuple, exerçait ces trois pouvoirs : celui de faire des lois, celui d'exécuter les résolutions publiques, et celui de juger les crimes ou les différends des particuliers.

Dans la plupart des royaumes de l'Europe, le gouvernement est modéré, parce que le prince, qui a les deux premiers pouvoirs, laisse à ses sujets l'exercice du troisième. Chez les Turcs, où les trois pouvoirs sont réunis sur la tête du sultan, il règne un affreux despotisme. (XI, 6)

VOLTAIRE (1694-1778)

부유한 공증인의 아들로 태어난 Voltaire(본명은 François Marie Arouet)는 유명한 제쥐트파의 중학교 collège de Louis-le-Grand에서 고전 교육을 받았고 그곳에서 유력한 귀족의 자제들(D'Argental, D'Argençon 등)과도 친교를 맺었다. 젊어서부터 사교계와 클럽을 드나든 그는 전세기 이래의 자유사상에 깊이 물들었고, 법률가가 되기를 바랐던 집안의 기대와는 달리 문학에 몰두하여 점차 분방한 재기를 시작(詩作)에 나타내기 시작했다. 1717년 그는 섭정에 대한 풍자시로 말미암아 11개월간 Bastille에 투옥되었는데, 옥중에서 비극 *L'Oedipe*와 장편 서사시 *Henriade*(1828년에 완성)의 일부인 *La Ligue*를 썼다. 출옥과 동시에 상연된 *L'Œdipe*로써 그는 일약 문단의 총아가 되었고, 이때부터 Voltaire란 필명을 사용했다. 왕의 연금도 받고 일류 시인으로서 크게 각광을 받게 된 그는 1725년 Chevalier de Rohan이라는 귀족과의 논쟁으로 다시 투옥되었는데, 망명이라는 조건으로 석방되어 영국에서 3년을 보내게 되었다. 이 영국체류는 정치, 문학, 철학 등 각 분야에서 그의 사상적 자각과 지적 성장에 결정적인 영향을 미쳤다. 프랑스로 돌아와 발표한 여러 작품 중에서 특기할 것은 *Lettres philosophiques*(ou *anglaises*)이다. 영국의 정치제도, 풍습, 종교, 문학, 철학, 과학 등을 논평, 소개하면서 프랑스의 현실을 신랄하게 풍자한 이 25편의 서한집은 Lanson의 평과 같이 「구체제를 향해 던져진 폭탄」이었으며 계몽운동의 모든 주제들이 취급되어 있었다. 이 책은 대성공을 거두었지만 이내 관헌에 의해 출판자는 투옥되고 저자에게는 체포령이 내려졌다.

난을 피해 Voltaire는 애인이자 보호자인 Châtelet부인의 Cirey별장(로렌느국경 지역)에 숨어, 1744년까지 근 10년간 저작과 각종의 과학실험에 몰두했다. 1744년 그의 옛친구인 D'Argençon이 외무 대신으로 취임하자 Versailles 궁정에 불려가 그곳에서 수사관, 대종(待從) 등의 직을 받고 아카데미에도 들어갔으나 다시 총애를 잃고 궁정을 떠나야 했다. 게다가 그의 최대의 보호자였던 Châtelet부인을 여의게 된 그는 마침내 프로시아의 왕 Frédéric II세의 초청을 수락하고 포츠담 궁으로 갔다. 한때 융숭한 접대를 받았으나 이내 논쟁에 휘말리게 되고 이로 인해 국왕과의 관계가 냉각되자 1753년 그곳을 빠져나와야 했다.

---

1) le même corps des principaux = aristocratie

궁정생활에 염증을 느낀 그는 독립적인 삶을 살기로 결심하고 Geneve에서 멀지않은 Ferney성에 정착하여 그곳에서 만년의 18년을 보내게 된다. 그러나 그곳에서도 저술활동은 계속되었을 뿐만 아니라 Calas사건과 같은 시사적 문제에도 적극적인 관심을 보이며 강력한 사상적 투쟁을 전개했다. 그의 명성은 전유럽에 퍼져 〈Ferney의 장로〉 (patriarche de Ferney)로 숭앙되었으며 각국의 왕후에서 문인 그리고 일반인에 이르기까지 가장 열렬한 갈채의 대상이 되었다. 1778년 노구를 이끌고 파리에 간 그는 열광적인 환영을 받았고 최후의 희곡 *Irène*의 공연을 본 후 2달만에 세상을 떴다. Champagne에 묻혔던 그의 유해는 1791년 Pantheon으로 이장되었다.

명실공히 18세기를 대표하는 계몽사상가 Voltaire는 철학, 역사, 비평, 시, 극, 소설, 서한 등 지적활동의 각 분야에 걸쳐 방대한 작품을 저술하였을 뿐만 아니라 행동인으로서 사회불의, 편견, 광신, 불관용에 대항하여 정열적인 투쟁을 계속했다. 그는 시대정신의 꽃이었을 뿐만 아니라 적극적인 행동인으로서 프랑스 지성의 영원한 한 유형을 대변하고 있는 것으로 보인다.

〈ŒUVRE〉
〈Théatre〉 *Œdipe*(1718) *Zaïre*(1732) *Mahomet*(1741) *Mérope*(1743) *Irène* (1778)
〈Poesie〉 *La Henriade*(1728) *Le Mondain*(1736) *Discours sur l'homme*(1738) *Poème sur la loi naturelle*(1756) *Poème sur le désastre de Lisbonne*(1756)
〈Romans et contes〉 *Zadig*(l747) *Micromégas*(l752) *Candide*(1759) *L'Ingénu*(1767) *La Princesse de Babylone*(l768)
〈Histoire〉 *Histoire de Charles XII*(1731) *Le Siècle de Louis XlV*(l751) *Essai sur les Moeurs*(1740-1756)
〈Philosophie〉 *Lettres philosophiques*(1734) *Traité sur la tolérance*(l763) *Dictionnaire philosophique*
〈Correspondance〉

〈ETUDES〉

R. Naves : *Voltaire, l'homme et l'oeuvre*, Boivin, 1942
R. Pomeau : *Voltaire par lui-même*, Seuil, 1955.
Politique de Voltaire, A. Colin, 1963.
G. Lanson : *Voltaire*, Hachette, 1906.

LA RELATIVITÉ

1752년에 발표된 Micromégas는 Swift의 Gulliver, Rabelais의 Gargantua를 연상케 하는 꽁트로서, Sirius의 한 위성의 주민 Micromégas(petit-grand의 뜻)와 지구인들과의 흥미로운 대화를 통하여 형이상학적 추론의 공허함, 모든 지식(과학적 지식까지도 포함한)의 상대성을 다룬 철학적 경향의 이야기이다. Montesquieu가 유럽 밖의 제3자(페르샤인)를 등장시킨 것보다 한걸음 더 나아가 외계의 우주인을 등장시킨 발상의 독창성은 물론, 이로써 얻어지는 contraste의 극적 요소, 추상적이고 난해한 철학적 문제들을 평범한 일상적 언어의 차원으로 끌어내림으로써 철학의 허구를 자연적으로 드러내며 한편 인간화된 진정한 철학과의 만남을 가능케 하는 그의 수법 등은 이 작품의 매력을 더하고 있다.

Le voyageur se sentait ému de pitié pour la petite race humaine, dans laquelle il découvrait de si étonnants contrastes.[1] « Puisque vous êtes du petit nombre des sages, dit-il à ces messieurs, et qu'apparemment vous ne tuez personne pour de l'argent,[2] dites-moi, je vous en prie, à quoi vous vous occupez. – Nous disséquons des mouches, dit le philosophe, nous mesurons des lignes, nous assemblons des nombres ;[3] nous sommes d'accord sur deux ou trois points que nous entendons,[4] et nous disputons sur[5] deux ou trois mille que nous n'entendons pas.» Il prit aussitôt fantaisie au Sirien et au Saturnien d'interroger ces atomes pensants,[6] pour savoir de quoi ils convenaient. « Combien comptez-vous, dit celui-ci, de l'étoile de la Canicule à la grande étoile des Gémeaux ? » Ils répondirent tous à la fois : « Trente-deux degrés et demi. – Combien comptez-vous d'ici à la lune ? – Soixante demi-diamètres de la terre en nombre rond.[7] – Combien pèse votre air ? » Il croyait les attraper[8] mais tous lui dirent que l'air pèse environ neuf cents fois moins qu'un pareil volume de l'eau la plus légère, et dix-neuf mille fois moins que l'or du ducat. Le petit nain de Saturne, étonné de leurs réponses, fut tenté de prendre pour des sorciers ces mêmes gens auxquels il avait refusé une âme[9] un quart d'heure auparavant.

Enfin Micromégas leur dit : «Puisque vous savez si bien ce qui est hors de vous, sans doute vous savez encore mieux ce qui est en dedans. Dites-moi ce que c'est que votre âme, et comment vous formez vos idéess.[10] » Les philosophes parlèrent tous à la fois

---

1) Micromégas는 인간들이 전쟁을 일삼으며 서로 살육하고 있음을 알게 된다.

2) 18세기에는 군대는 직업군인(용병)으로 구성되어 있었다.

3) 기하학과 수학을 이런 식으로 표현

4) entendons = comprenons

5) disputons sur「…에 관해서 토론하다(의견을 달리 한다)」

6) Il prit…fantaisie au…d'interroger ces atomes pensants「이 생각하는 원자들에게 묻고 싶은 생각이 …에게 떠올랐다」Il prend fantaisie à *qn* de+*inf*「…에게 …하고 싶은 생각이 들다」의 구문. atomes pensants은 Pascal의 roseau pensant을 연상케 한다.

7) en nombre rond「어림 셈으로, 우수리를 떼고」

8) Il croyait les attraper「그는 그들을 꼼짝 못하게 만들었다고 생각했다.」attraper *qn*「…를 속이다. 속여서 꼼짝 못하게 하다」(= abuser, duper)

9) 왜냐하면 전쟁놀음이나 하는 어리석은 자들로 생각했기 때문에

10) Voltaire가 자주 문제 삼았던 형이상학의 주제

comme auparavant ; mais ils furent tous de différents avis. Le plus vieux citait Aristote, l'autre prononçait le nom de Descartes ; celui-ci, de Malebranche ; cet autre, de Leibnitz ; cet autre, de Locke. Un vieux péripatéticien[1] dit tout haut avec confiance : « L'âme est une entéléchie[2] et une raison par qui elle a la puissance d'être ce qu'elle est. C'est ce que déclare expressément Aristote, page 633 de l'édition du Louvre. 'Εντελέχειά ἐστι.[3] – Je n'entends pas trop bien le grec, dit le géant. – Ni moi non plus, dit la mite philosophique. – Pourquoi donc, reprit le Sirien, citez-vous un certain Aristote en grec ? – C'est, répliqua le savant, qu'il faut bien citer ce qu'on ne comprend point du tout dans la langue qu'on entend[4] le moins.»

Le cartésien prit la parole et dit : « L'âme est un esprit pur qui a reçu dans le ventre de sa mère toutes les idées métaphysiques, et qui, en sortant de là, est obligée[5] d'aller à l'école, et d'apprendre tout de nouveau ce qu'elle a si bien su et qu'elle ne saura plus.[6] – Ce n'était donc pas la peine, répondit l'animal de huit lieues, que ton âme fût si savante dans le ventre de ta mère, pour être si ignorante quand tu aurais de la barbe au menton. Mais qu'entends-tu par esprit ? – Que me demandez-vous là ? dit le raisonneur ; je n'en ai point d'idée ; on dit que ce n'est pas la matière. – Mais sais-tu au moins ce que c'est que la matière ? – Très bien, lui répondit l'homme. Par exemple cette pierre est grise, est d'une telle forme, a ses trois dimensions ; elle est pesante et divisible – Eh bien ! dit le Sirien, cette chose qui te paraît divisible, pesante et grise, me diras-tu bien ce que c' est ? Tu vois quelques attributs ; mais le. fond de la chose, le connais-tu ? – Non, dit l'autre. –Tu ne sais donc point ce que c'est que la matière···[7]

– Et toi, mon ami, dit-il à un leibnitzien qui était là, qu'est-ee que ton âme ? – C'est, répondit le leibnitzien, une aiguille qui montre les heures

---

1) péripatéticien 「아리스토텔레스학파, 소요학파」

2) entéléchie 「(그 자체 속에 목적과 활동의 원리를 가지고 있는) 원현」

3) entéléchie의 정의를 원전에서 인용한 것 (현학적 방식에 대한 풍자)

4) entend = comprend

5) est obligée는 l'âme를 주어로 한 것이기 때문에 일치되어 있다(syllepse용법 : 문법적으로 다른 구문을 요구하는 두개의 사항을 동일구문 속에 포함시키는 통사적 수법).

6) Descartes의 내재설(innéisme)에 대한 풍자적 해설

7) Descartes는 자신의 방법에 의해 고대의 편견과 오류를 타파하였으나 그 후 자신의 편견을 대치시켜 《철학의 소설 le roman de la philosophis》을 쓰는 과오를 범했다고 Voltaire는 생각한다.

pendant que mon corps carillonne ;[1] ou bien si vous voulez, c'est elle qui carillonne pendant que mon corps montre l'heure ; ou bien mon âme est le miroir de l'univers, et mon corps est la bordure du miroir : tout cela est clair.»

Un petit partisan de Locke était là tout auprès ; et quand on lui eut enfin adressé la parole : « Je ne sais pas, dit-il, comment je pense, mais je sais que je n'ai jamais pensé qu'à l'occasion de mes sens.[2] Qu'il y ait des substances immatérielles et intelligentes, c'est de quoi je ne doute pas : mais qu'il soit impossible à Dieu de communiquer la pensée à la matière, c'est de quoi je doute fort. Je révère la puissance éternelle ; il ne m'appartient pas de la borner, je n'affirme rien ; je me contente de croire qu'il y a plus de choses possibles qu'on ne pense.»

L'animal de Sirius sourit : il ne trouva pas celui-là le moins sage, et le nain de Saturne aurait embrassé le sectateur de Locke sans l'extrême disproportion. Mais il y avait là par malheur un petit animalcule en bonnet carré[3] qui coupa la parole à tous les autres animalcules philosophes ; il dit qu'il savait tout le secret, que tout cela se trouvait dans la *Somme de saint Thomas* ; il regarda de haut en bas les deux habitants célestes ; il leur soutint que leurs personnes, leurs mondes, leurs soleils, leurs étoiles, tout était fait uniquement pour l'homme. A ce discours nos deux voyageurs se laissèrent aller l'un sur l'autre en étouffant de ce rire inextinguible qui, selon Homère, est le partage des dieux ; leurs épaules et leurs ventres allaient et venaient, et, dans ces convulsions, le vaisseau que le Sirien avait sur son ongle tomba dans une poche de la culotte du Saturnien.[4] Ces deux bonnes gens le cherchèrent longtemps ; enfin ils retrouvèrent l'équipage, et le rajustèrent fort proprement. Le Sirien reprit les petites mites ; il leur parla encore avec beaucoup de bonté, quoiqu'il fût un peu fâché dans le fond du cœur de voir que les infiniment petits eussent un orgueil presque infiniment grand. Il leur promit de leur faire un beau livre de philosophie, écrit fort menu pour leur usage, et que, dans ce livre, ils verraient le bout

1) 정신(l'âme)과 육체(le corps) 사이의 예정 조화(harmonie préétablie)를 주장하는 Leibnitz의 철학에 대한 암시

2) 감각(sensation)에 바탕을 둔 Locke의 경험주의(l'empirisme). Voltaire는 Locke의 철학에 가장 큰 공감을 느꼈던 것으로 보인다.

3) 신학박사를 가리킴

4) 신학박사의 허황한 주장에 대한 이들의 희화적인 반응을 통해 Voitaire는 간접적으로 답하고 있다.

des choses.[1] Effectivement il leur donna ce volume avant son départ : on le porta à Paris, à l'Académie des sciences, mais quand le vieux secrétaire l'eut ouvert, il ne vit rien qu'un livre tout blanc.[2] « Ah ! dit-il, je m'en étais bien douté.»

IL FAUT CULTIVER NOTRE JARDIN

1756년 포르투갈의 수도 Lisbonne은 지진의 대참화를 당했고 Voltaire는 이에 대하여 비관적이고 음울한 한 편의 시를 썼다(*Le Poème sur le Désasire de Lisbonne*). 뒤이어 발표된 *Candide*에서도 세계의 혼란과 삶의 부조리에 대한 의식은 강하게 노출된다. 그러나 이와 같은 비관적 인식은 그를 절망으로 몰아넣는 대신 하나의 예지로 이끌어간다. 갖가지 재난과 불운을 겪은 Candide와 그의 동반자들은 한 늙은 터키인의 충고를 듣는다. 《Il faut cultiver notre jardin》 절대적 완성과 선이 불가능할 때 인간은 자신에게 허용된 영역 안에서 지혜로운 체념으로 상대적 행복과 선을 누리도록 힘써야 한다. 인간의, 인간에 대한, 그리고 인간을 위한 왕국의 수립-*Candide*는 우리에게 신 없는 성자의 최후의 메시지를 전달한다.

Il y avait dans le voisinage un derviche[3] très fameux, qui passait pour le meilleur philosophe de la Turquie ; ils allèrent le consulter. Pangloss porta la parole et lui dit ; « Maître, nous venons vous prier de nous dire pourquoi un aussi étrange animal que l'homme a été formé. – De quoi te mêles-tu, lui dit le derviche ? est-ce là ton affaire ? – Mais, mon révérend père, dit Candide, il y a horriblement de mal sur la terre. – Qu'importe, dit le derviche, qu'il y ait du mal ou du bien ? quand Sa Hautesse[4] envoie un vaisseau en Égypte, s'embarrasse-t-elle si les souris qui sont dans le vaisseau sont à leur aise ou non ? – Que faut-il donc faire ? dit Pangloss. – Te taire, dit le derviche. – Je me flattais, dit Pangloss, de raisonner un peu avec vous des effets et des causes, du meilleur des mondes possibles, de l'origine du mal, de la nature de l'âme et de l'harmonie préétablie.[5] » Le derviche, à ces mots, leur ferma la porte au nez.

Pendant cette conversation, la nouvelle s'était répandue qu'on

---

1) le bout des choses「사물의 모든 진상(비밀)」
2) 이 épisode로서 Voltaire는 형이상학의 공허와 무용성을 상징하고 있다.
3) derviche「회교의 승려」
4) Sa Hautesse「터키 황제」(=sultan)
5) Leibnitz철학의 주제들을 흥미롭게 요약한 것. harmonie préétablie→*La Relativité*, 주(18) 참조

venait d'étrangler à Constantinople deux vizirs du banc[1)] et le mufti, et qu'on avait empalé plusieurs de leurs amis : cette catastrophe faisait partout un grand bruit pendant quelques heures. Pangloss, Candide et Martin, en retournant à la petite métairie, rencontrèrent un bon vieillard qui prenait le frais à sa porte sous un berceau d'orangers. Pangloss, qui était aussi curieux que raisonneur, lui demanda comment se nommait lemufti qu'on venait d'étrangler. « Je n'en sais rien, répondit le bonhomme, et je n'ai jamais su le nom d'aucun mufti ni d'aucun vizir. J'ignore absolument l'aventure dont vous me parlez ; je présume qu'en général ceux qui se mêlent des affaires publiques périssent quelquefois misérablement, et qu'ils le méritent ; mais je ne m'informe jamais de ce qu'on fait à Constantinople ; je me contente d'y envoyer vendre les fruits du jardin que je cultive.» Ayant dit ces mots, il fit entrer les étrangers dans sa maison ; ses deux filles et ses deux fils leur présentèrent plusieurs sortes de sorbets qu'ils faisaient eux-mêmes, du kaïmak[2)] piqué d'écorces de cédrat confit, des oranges, des citrons, des limons,[3)] des ananas, des pistaches, du café de Moka qui n'était point mêlé avec le mauvais café de Batavia et des îles : après quoi les deux filles de ce bon musulman parfumèrent les barbes de Candide, de Pangloss et de Martin. « Vous devez avoir, dit Candide au Turc, une vaste et magnifique terre ? – Je n'ai que vingt arpents, répondit le Turc ; je les cultive avec mes enfants : le travail éloigne de nous trois grands maux, l'ennui, le vice et le besoin ».

Candide, en retournant dans sa métairie, fit de profondes réflexions sur le discours du Turc ; il dit à Pangloss et à Martin : « Ce bon vieillard me paraît s'être fait un sort bien préférable à celui des six rois[4)] avec qui nous avons eu l'honneur de souper. – Les grandeurs, dit Pangloss, sont fort dangereuses, selon le rapport de tous les philosophes : car enfin Eglon, roi des Moabites, fut assassiné par Aod ; Absalon fut pendu par les cheveux et percé de trois dards ; le roi Nadab, fils de Jéroboam, fut tué par Baza, le roi Ela par Zambri, Ochosias par Jéhu, Attalia par Joiada ; les rois Joachim, Jéchonias, Sédécias, furent esclaves. Vous

1) vizirs du banc「(터키의) 대신들」

2) kaïmak「크림으로 만든 과자의 일종」

3) cédrat, limons「레몬(citron)의 일종」

4) six rois : 왕위에서 쫓겨난 후 자신들의 비참한 운명을 잊기 위해 베니스의 사육제를 지내러 온 자들

savez comment périrent Crésus, Astyage, Darius, Denys de Syracuse, Pyrrhus, Persée, Annibal, Jugurtha, Arioviste, César, Pompée, Néron, Othon, Vitellius, Domitien, Richard II d'Angleterre, Édouard II, Henri VI, Richard III, Marie Stuart, Charles Ier, les trois Henri de France, l'empereur Henri IV. Vous savez··· – Je sais aussi, dit Candide, qu'il faut cultiver notre jardin. – Vous avez raison, dit Pangloss ; car quand l'homme fut mis dans le jardin d'Éden, il y fut mis *ut operaretur eum*, pour qu'il travaillât : ce qui prouve que l'homme n'est pas né pour le repos. Travaillons sans raisonner, dit Martin ; c'est le seul moyen de rendre la vie supportable.»

Toute la petite société entra dans ce louable dessein ; chacun se mit à exercer ses talents : la petite terre rapporta beaucoup. Cunégonde était, à la vérité, bien laide, mais elle devint une excellente pâtissière ; Paquette broda, la vieille eut soin du linge. Il n'y eut pas jusqu'à frère Giroflée qui ne rendît service ; il fut un très bon menuisier, et même devint honnête homme ; et Pangloss disait quelquefois à Candide : « Tous les événements sont enchaînés dans le meilleur des mondes possibles ; car enfin, si vous n'aviez pas été chassé d'un beau château à grands coups de pied dans le derrière pour l'amour de Mlle Cunégonde, si vous n'aviez pas été mis à l'Inquisition, si vous n'aviez pas couru l'Amérique à pied, si vous n'aviez pas donné un bon coup d'épée au baron, si vous n'aviez pas perdu tous vos moutons du bon pays d'Eldorado, vous ne mangeriez pas ici des cédrats confits et des pistaches.[1] – Cela est bien dit, répondit Candide ; mais il faut cultiver notre jardin.

RAISON ET RELIGION

*Lettres philosophiques*의 마지막 장을 장식하고 있는 「pascal의 *Pensées*에 관한 고찰」은 이 책의 주제와는 다소 동떨어진 것이지만 이 작품을 일관하고 있는 이성, 과학, 진보의 정신과 일치하고 있다. 인간의 비참한 인식, 초월적 구원의 절대성에 기반을 둔 Passal의 인간학 및 종교관과 정면으로 대립하는 Voltavre는 낙관주의적 인간관, 인간적 예지와 모랄에 대한 신뢰로써 또 하나의 인간학과 윤리를 제시하고 있다.

1) Candide와 그의 일행이 겪은 파란만장의 모험들을 열거하며 결론을 제시하고 있지만, 이 서술에는 안이한 낙관주의에 대한 풍자가 깃들어 있다.

III. « *Et cependant, sans ce mystère le plus incompréhensible de tous, nous sommes incompréhensibles à nous-mêmes. Le nœud de notre condition prend ses retours et ses plis dans l'abîme du péché originel ; de sorte que l'homme est plus inconcevable sans ce mystère que ce mystère n'est inconcevable à l'homme.*[1)] »

Est-ce raisonner que de dire : l'homme est inconcevable sans ce mystère inconcevable ?[2)] Pourquoi vouloir aller plus loin que l'Écriture ? n'y a-t-il pas de la témérité à croire qu'elle a besoin d'appui, et que ces idées philosophiques peuvent lui en donner ? Qu'aurait répondu M. Pascal à un homme qui lui aurait dit : « Je sais que le mystère du péché originel est l'objet de ma foi et non de ma raison. Je conçois fort bien sans ce mystère ce que c'est que l'homme…[3)] L'homme n'est point une énigme comme vous vous le figurez[4)] pour avoir le plaisir de la deviner. L'homme paraît être à sa place dans la nature, supérieur aux animaux, auxquels il est semblable par les organes ; inférieur à d'autres êtres, auxquels il ressemble probablement par la pensée. Il est comme tout ce que nous voyons, mêlé de mal et de bien, de plaisir et de peine. Il est pourvu de passions pour agir,[5)] et de raison pour gouverner ses actions. Si l'homme était parfait, il serait Dieu, et ces prétendues contrariétés que vous appelez contradictions[6)] sont les ingrédients nécessaires qui entrent dans le composé de l'homme, qui est ce qu'il doit être.[7)] » Voilà ce que la raison peut dire ; ce n'est

---

1) *Pensées,* fr. 434에서 발췌. Pascal은 *Penséesd*의 제1부: 「신없는 인간의 비참」에서 그의 인간학의 결론으로서 인간의 근원적 모순성(contrariétés, duplicité)을 지적한 다음 이에 대한 유일한 해답으로서 기독교의 원죄설을 제시한다. 원죄설, 그 자체는 불가해한(inconcevable) 것이지만 이것 없이는 인간자체가 불가해한 것이된다는 뜻.

2) ce mystère inconcevable : péché originel를 가리킴. 여기서 Voltair는 〈불가해 한〉것을 논리의 근거로 도입하는 것은 그릇된 일이라고 주장

3) sans ce mystère, 즉 인간의 자연적 이성에 의해 있는 그대로의 인간을 이해할 수 있다.

4) comme vous voua le f1gurez 「당신이 생각하는 것처럼」 즉, 당신은 인간의 모습(조건)을 지나치게 극화시키고 있다라는 뜻이 내포되어 있다.

5) passions pour agir 「행동하기 위한 정열」 (당신은 passions을 타락한 것으로, 혹은 타락의 근원으로 보지만 반드시 그런 것은 아니다 – 다음의 raison도 마찬가지)

6) 주(1)참조. Pascal은 인간을 위대와 비참으로 구성된 불가해한 이율배반의 존재로 결론짓는다.

7) qui est ce qu il doit être 「(인간은) 마땅히 되어져야 할 그런 존재로 되어 있다.」 즉 주어진 조건으로 만족하며 있는 그대로 (운명으로) 받아들여야 한다.
Cf. *Remarque* 29 : 《L'état présent de l'homme n'est·il pas un bienfait du Créateur ? Qui vous a dit que Dieu vous en devait davantage ? Qui vous a dit que votre être exigeait plus

donc point la raison qui apprend aux hommes la chute de la nature humaine ; c'est la foi seule à laquelle il faut avoir recours.

VI. « *En voyant l'aveuglement et la misère de l'homme et ces contrariétés étonnantes qui se découvrent dans sa nature, et regardant tout l'univers muet et l'homme sans lumière, abandonné à lui-même, et comme égaré dans ce recoin de l'univers sans savoir qui l'y a mis, ce qu'il y est venu faire, ce qu'il deviendra en mourant, j'entre en effroi comme un homme qu'on aurait emporté endormi dans une île déserte et effroyable, et qui s'éveillerait sans connaître où il est, et sans avoir aucun moyen d'en sortir. Et sur cela j'admire comment on n'entre pas en désespoir d'un si misérable état.*[1] »

En lisant cette réflexion, je reçois une lettre d'un de mes amis qui demeure dans un pays fort éloigné.

Voici ses paroles :

« Je suis ici comme vous m'y avez laissé ; ni plus gai, ni plus triste, ni plus riche, ni plus pauvre ; jouissant d'une santé parfaite, ayant tout ce qui rend la vie agréable ; sans amour, sans avarice, sans ambition, et sans envie ; et tant que tout cela durera, je m'appellerai hardiment un homme très heureux.[2] »

Il y a beaucoup d'hommes aussi heureux que lui. Il en est des hommes comme des animaux ; tel chien couche et mange avec sa maîtresse ; tel autre tourne la broche et est tout aussi content ; tel devient enragé et on le tue.[3]

Pour moi, quand je regarde Paris ou Londres,[4] je ne vois aucune raison pour entrer dans ce désespoir dont parle M. Pascal ; je vois une ville qui ne ressemble en rien à une île déserte, mais peuplée, opulente, policée, et

---

de connaissance et plus de bonheur ?》

1) *Pensées* fr. 389에서 발췌한 것. 인간의 비극, 그의 모순성, 침묵과 암흑의 우주 속에 내던져진 인간의 끝없는 방황 등을 묘사한 Pascal은 인간의 절망적 상태를 그의 인간학의 결론으로 제시한다(이 절망은 물론 구원의 은총으로 이어진다).

2) 한 친구의 말을 빌어 Voltaire는 행복한 인간을 이렇게 보여주고 있다. 그러나 그의 행복에는 상당히 많은 전제조건들이 있음을 주목할 필요가 있다. 건강, 폭군적인 정념들(amour, avarice, ambition, envie)으로부터의 해방 등, 그러기에 tant que tout cela durera라는 단서가 붙어있다. 과연 이 모든 것은 인간에게 언제나, 그리고 언제까지나 허용되는 것일까.

3) 매우 시니컬한 표현 (그는 Pascal과 같은 사람을 enragé로 보는 것은 아닐까)

4) Pascal의 argument을 희화적으로 반박하기 위해 Ile déserte에 대해 Paris와 Londres를 환기시킨다(Voltaire의 교묘한 전략에 주목)

où les hommes sont heureux autant que la nature humaine le comporte.[1] Quel est l'homme sage qui sera prêt à se pendre parce qu'il ne peut débrouiller le mystère de la Trinité ?

Pourquoi nous faire horreur de notre être ? Notre existence n'est point si malheureuse qu'on veut nous le faire accroire. Regarder l'univers comme un cachot, et tous les hommes comme des criminels qu'on va exécuter, est l'idée d'un fanatique. Croire que le monde est un lieu de délices où l'on ne doit avoir que du plaisir, c'est la rêverie d'un sybarite. Penser que la terre, les hommes et les animaux sont ce qu'ils doivent être dans l'ordre de la Providence est, je crois, d'un homme sage.

LETTRE À ROUSSEAU

이 서한은 Rousseau가 *le Discours sur l'Inégalité*를 보낸 데 대한 답변으로 쓰여진 것이다. 그는 특히 문명과 예술을 부인하는 첫 부분에 대한 반박에 주력하고 있는데, 상대방의 주장을 교묘히 역이용하여 이를 무력화시키고 풍자하는 기교를 유감없이 발휘하고 있다. 한 세기 안에 기질에 있어서나 사상적 경향에 있어 이토록 대조적인 두 거인을 보는 것은 흥미로운 일이다. 이들은 인간의 내면에 갈등과 긴장의 형태로 공존하는 두 개의 영원한 지향을 각기 대변하고 있는 듯이 보인다.

30 août 1755

J'ai reçu, monsieur, votre nouveau livre contre le genre humain, je vous en remercie. Vous plairez aux hommes, à qui vous dites leurs vérités, mais vous ne les corrigerez pas. On ne peut peindre avec des couleurs plus fortes les horreurs de la société humaine, dont notre ignorance et notre faiblesse se promettent tant de consolations. On n'a jamais employé tant d'esprit à vouloir nous rendre bêtes ;[2] il prend envie de[3] marcher à quatre pattes, quand on lit votre ouvrage. Cependant, comme il y a plus de soixante ans que j'en ai perdu l'habitude, je sens

---

1) autant que la nature humaine le comporte 「인간성이 허용되고 있는 것만큼」 그에 있어 지혜의 시작은 인간을 있는 그대로 받아들이는 데 있으며(Cf. 34행 : penser que la terre, les hommes…sont ce qu'ils doivent être dans l'ordre de la providence), 따라서 인간에게 허용된 가능의 영역 안에서 최선을 다하는 것(《il faut cultiver notre jardin》).

2) bêtes 「짐승」과 「어리석다」의 이중의 뜻이 포함됨으로써 Rousseau에 대한 간접적인 풍자

3) il prend envie de… 「…하고 싶은 마음이 생긴다」. il은 비인칭 : il prend envie (à *qn*) de+*inf*의 구문

malheureusement qu'il m'est impossible de la reprendre,[1] et je laisse cette allure naturelle à ceux qui en sont plus dignes que vous et moi. Je ne peux non plus m'embarquer pour aller trouver les sauvages du Canada ; premièrement, parce que les maladies dont je suis accablé me retiennent auprès du plus grand médecin de l'Europe,[2] et que je ne trouverais pas les mêmes secours chez les Missouris, secondement, parce que la guerre est portée dans ces pays-là,[3] et que les exemples de nos nations ont rendu les sauvages presque aussi méchants que nous. Je me borne à être un sauvage paisible dans la solitude que j'ai choisie[4] auprès de votre patrie, où vous devriez être.[5]

Je conviens avec vous que les belles-lettres et les sciences[6] ont causé quelquefois beaucoup de mal.[7] Les ennemis du Tasse firent de sa vie un tissu de malheurs ; ceux de Galilée le firent gémir dans les prisons, à soixante et dix ans, pour avoir connu le mouvement de la terre ; et ce qu'il y a de plus honteux, c'est qu'ils l'obligèrent à se rétr :acter. Dès que vos amis[8] eurent commencé *le Dictionnaire encyclopédique*, ceux qui osèrent être leurs rivaux les traitèrent de *déistes*, d'*athées*, et même de *jansénistes*…

De toutes les amertumes répandues sur la vie humaine, ce sont là les moins funestes. Les épines attachées à la littérature et à un peu de réputation ne sont que des fleurs en comparaison des autres maux[9] qui de tout temps ont inondé la terre. Avouez que ni Cicéron, ni Varron, ni Lucrèce, ni Virgile, ni Horace n'eurent la moindre part aux proscriptions. Marius était un ignorant ; le barbare Sylla, le crapuleux Antoine, l'imbécile

1) 그러나 Rousseau는 자연(원시)의 상태로 복귀할 것을 주장하지는 않는다.

2) 주네브의 명의 Tronchin을 가리킴

3) 영국인은 캐나다로부터 프랑스군을 축출했다.

4) aux Délices

5) Rousseau가 *Discours sur l'Inégalité*를 발표한 이후로 주네브에서 비난의 대상이 된 사실을 풍자적으로 암시하고 있다.

6) Voltaire는 이번에는 *Discours sur les Sciences et les Arts*에 대한 비판으로 옮아간다.

7) 계속되는 설명으로 미루어, 여기서 「많은 불행」이라 한 것은 새로운 사상과 지식 때문에 받는 박해를 의미한다. Voltaire는 예술과 학문으로 인한 불행을 Rousseau와는 전혀 다른 차원에 설정함으로써 교묘한 반격을 준비하고 있다.

8) Diderot와 D'Alembert

9) 〈더 끔찍한 불행들〉은 오히려 학문과 예술을 멀리한 폭군들에 의해서 자행된다고 말함으로써 Volraire는 적극적인 공세로 나선다. (cf. 40-41행 : Les grands crimes n'ont guère été commis que par *de célèbres ignorants*).

Lépide lisaient peu Platon et Sophocle ; et, pour ce tyran sans courage, Octave Cépias, surnommé si lâchement *Auguste*, il ne fut un détestable assassin que dans le temps où il fut privé de la société des gens de lettres.

Avouez que Pétrarque et Boccace ne firent pas naître les troubles de l'Italie ; avouez que le *badinage* de Marot n'a pas produit la Saint-Barthélemy et que la tragédie du *Cid* ne causa pas les troubles de la Fronde. Les grands crimes n'ont guère été commis que par de célèbres ignorants. Ce qui fait et fera toujours de ce monde une vallée de larmes, c'est l'insatiable cupidité et l'indomptable orgueil des hommes, depuis Thamas Kouli-Kan,[10] qui ne savait pas lire, jusqu'à un commis de la douane qui ne sait que chiffrer. Les lettres nourrissent l'âme, la rectifient, la consolent ; elles vous servent, mon-sieur, dans le temps que vous écrivez contre elles : vous êtes comme Achille, qui s'emporte contre la gloire, et comme le P. Malebranche, dont l'imagination brillante écrivait contre l'imagination.

Si quelqu'un doit se plaindre des lettres, c'est moi, puisque dans tous les temps et dans tous les lieux elles ont servi à me persécuter ; mais il faut les aimer malgré l'abus qu'on en fait, comme il faut aimer la société dont tant d'hommes méchants corrompent les douceurs ; comme il faut aimer sa patrie, quelques injustices qu'on y essuie ;[11] comme il faut aimer et servir l'Être suprême, malgré les superstitions et le fanatisme qui déshonorent si souvent son culte.

M. Chappuis m'apprend que votre santé est bien mauvaise ; il faudrait la venir rétablir dans l'air natal, jouir de la liberté, boire avec moi du lait de nos vaches, et brouter nos herbes.[12]

LA FRATERNITÉ

Calas의 사건은 Voltaire로 하여금 *le Traité de la Tolérance*를 쓰게 했다. 그러나 철학자이자 모랄리스트인 그는 시사적 사건을 통하여 보편적인 인식의 차원으로 이행한다. 전장에서 인간의 우애를 강조한 그는 이제 신에게 이 우애의 감정을 인간에게 불어넣어 줄 것을 간구한다. Montaigne에 뒤이어 Voltaire도 사랑과 연민에서 우러나는 관용을 최고의 미덕으로 제시한다.

10) 페르시아왕(1688-1747)

11) Rousseau 자신이 겪은 불운에 대한 암시

12) 친절과 야유가 섞인 표현. 특히 마지막 말 : brouter nos herbes

Ce n'est plus aux hommes que je m'adresse ; c'est à toi, Dieu de tous les êtres, de tous les mondes, et de tous les temps : s'il est permis à de faibles créatures perdues dans l'immensité, et imperceptibles au reste de l'univers, d'oser[1)] te demander quelque chose, à toi qui as tout donné, à toi dont les décrets sont immuables comme éternels, daigne regarder en pitié les erreurs attachées à notre nature ; que ces erreurs ne fassent point nos calamités. Tu ne nous as point donné un cœur pour nous haïr, et des mains pour nous égorger ; fais que nous nous aidions mutuellement à supporter le fardeau d'une vie pénible et passagère ;[2)] que les petites différences entre les vêtements qui couvrent nos débiles corps, entre tous nos langages insuffisants, entre tous nos usages ridicules, entre toutes nos lois imparfaites, entre toutes nos opinions insensées,[3)] entre toutes nos conditions si disproportionnées à nos yeux, et si égales devant toi ; que toutes ces petites nuances qui distinguent les atomes appelés *hommes* ne soient pas des signaux de haine et de persécution ; que ceux qui allument des cierges en plein midi pour te célébrer supportent[4)] ceux qui se contentent de la lumière de ton soleil ; que ceux qui couvrent leur robe d'une toile blanche pour dire qu'il faut t'aimer ne détestent pas ceux qui disent la même chose sous un manteau de laine noire ;[5)] qu'il soit égal de t'adorer dans un jargon formé d'une ancienne langue ;[6)] ou dans un jargon plus nouveau ; que ceux dont l'habit est teint en rouge ou en violet,[7)] qui dominent sur une petite parcelle d'un petit tas de la boue de ce monde et qui possèdent quelques fragments arrondis d'un certain métal,[8)] jouissent sans orgueil de ce qu'ils appellent *grandeur et richesse,*[9)] et que les autres les voient sans envie : car tu sais qu'il n'y a dans ces vanités ni de quoi

---

1) s'il est permis à …d'oser 「…에게 감히 …하는 것이 허용된다면」 (비인칭 구문)

2) 《La nature dit à tous les hommes : *Puisque vous êtes faibles secourez-vous ; puisque vous êtes ignorants, éclairez-vous et supportez-vous*》 (chap. XXV)

3) nos *débiles* corps…nos langages *insufisants*…nos usages *ridicules*…nos lois *imparfaites*… nos opinions *insensées* : 인간의 모든 것을 규정짓는 이 형용사들은 Voltaire가 인간의 약점과 불완전성에 매우 민감했던 것을 보여준다.

4) supportent 「용인하다」 (=tolérer)

5) 교파의 차이를 상징적으로 표현. toile blanchei는 신교를, manteau de laine noire는 구교를 암시

6) 라틴어를 가리킴(구교를 암시)

7) 추기경(en rouge)과 주교(en violet)를 가리킴

8) 은화를 가리킴

9) Voltaire는 그의 『철학사전』(*le Didionnaire philosophique*) 안에서 고위성직자들이 세속적인 영예와 부를 누리는 것을 신랄히 비판하고 있다(article *Abbé*).

envier, ni de quoi s'enorgueillir.

Puissent tous les hommes se souvenir qu'ils sont frères ! qu'ils aient en horreur la tyrannie exercée sur les âmes, comme ils ont en exécration le brigandage qui ravit par la force le fruit du travail et de l'industrie paisible ! Si les guerres sont inévitables, ne nous haïssons pas, ne nous déchirons pas les uns les autres dans le sein de la paix, et employons l'instant de notre existence à bénir également en mille langages divers, depuis Siam jusqu'à la Californie, ta bonté qui nous a donné cet instant.

Au terme de cette Prière à Dieu, VOLTAIRE *se félicite de la revision du procès Calas* : « *Il y a donc de l'humanité et de la justice chez les hommes... Je sème un grain qui pourra un jour produire une moisson* ».

L'ENCYCLOPÉDIE

1751년 7월 초에 Diderot가 *Prospectus*(발간 취지문)에서 예고했던 *Encyclopédie* 제1권이 출간되었는데, 책의 제목은 다음과 같은 것이었다. *Encyclopédie ou Dictionnaire raisonné des Sciences, des Arts et des Métiers, par une Société des Gens de Lettres.* 이 사전은 d'Argençon 백작에게 헌정되었고 d'Alembert의 서문이 서두를 장식하고 있다. 이 서문에서 d'Alembert는 과학과 예술의 상호보완적 관계를 밝힌 다음 예술의 발전을 논하고 뒤이어 철학의 발전을 찬양하고 있다.

※「백과사전」 및 백과사전파에 관해서는 18세기 문학 개관을 참조할 것

LES PROGRÈS DE LA PHILOSOPHIE

Pendant que les arts et les belles-lettres étaient en honneur, il s'en fallait de beaucoup que[1] la philosophie fît le même progrès, du moins dans chaque nation prise en corps ;[2] elle n'a reparu que beaucoup plus tard. Ce n'est pas qu'au fond il soit plus aisé d'exceller dans les belles-lettres que dans la philosophie ; la supériorité en tout genre est également difficile à atteindre. Mais la lecture des anciens devait contribuer plus promptement à l'avancement des belles-lettres et du bon goût qu'à celui des sciences

1) il s'en fallait de beaucoup que… 「…은 어림없는 일이었다. 거리가 먼 일이었다.」

2) dans chaque nation prise en corps 「각 나라에서 일제히」. en corps 「일제히, 다함께」

naturelles.[1] Les beautés littéraires n'ont pas besoin d'être vues longtemps pour être senties, et comme les hommes sentent avant que de penser, ils doivent par la même raison juger ce qu'ils sentent avant de juger ce qu'ils pensent. D'ailleurs les anciens n'étaient pas à beaucoup près[2] si parfaits comme philosophes que comme écrivains. En effet, quoique dans l'ordre de nos idées, les premières opérations de la raison précèdent les premiers efforts de l'imagination, celle-ci, quand elle a fait les premiers pas va beaucoup plus vite que l'autre : elle a l'avantage de travailler sur des objets qu'elle enfante ; au lieu que la raison, forcée de se borner à ceux qu'elle a devant elle, et de s'arrêter à chaque instant, ne s'épuise que trop souvent en recherches infructueuses. L'univers et les réflexions sont le premier livre des vrais philosphes ; et les anciens l'avaient sans doute étudié : il était donc nécessaire de faire comme eux ; on ne pouvait suppléer à cette étude par celle de leurs ouvrages, dont la plupart avaient été détruits, et dont un petit nombre, mutilé par le temps, ne pouvait nous donner sur une matière aussi vaste que des notions fort incertaines et fort altérées.

La scholastique, qui composait toute la science prétendue des siècles d'ignorance, nuisait encore aux progrès de la philosophie dans ce premier siècle de lumière.[3] On était persuadé, depuis un temps, pour ainsi dire, immémorial, qu'on possédait dans toute sa pureté la doctrine d'Aristote, commentée par les Arabes, et altérée par mille additions absurdes ou puériles, et on ne pensait pas même à s'assurer si cette philosophie barbare était réellement celle de ce grand homme, tant on avait conçu de respect pour les anciens. C'est ainsi qu'une foule de peuples, nés et affermis dans leurs erreurs par l'éducation, se croient d'autant plus[4] sincèrement sur le chemin de la vérité, qu'il ne leur est même jamais venu en pensée le moindre doute. Aussi, dans le temps que plusieurs écrivains, rivaux des orateurs et des poètes grecs, marchaient à côté de leurs modèles ou peut-être même les surpassaient, la philosophie grecque, quoique fort imparfaite, n'était pas même bien connue.

…Pendant que des adversaires peu instruits ou mal intentionnés faisaient ouvertement la guerre à la philosophie, elle se réfugiait, pour ainsi dire, dans les ouvrages de quelques grands hommes, qui sans avoir l'ambition

1) d'Alembert는 철학과 sciences naturelles(자연의 연구)을 거의 동일시하고 있다.

2) à beaucoup près「(보통 부정문에서) 아직 (…아니다), 훨씬, 상당히」

3) 17세기를 가리킴

4) d'autant plus…(qu'il…)「(…한 것만큼) 더 (진지하게 진리의 길을 가고 있다고 믿었다)」

dangereuse d'arracher le bandeau des yeux de leurs contemporains, préparaient de loin dans l'ombre et le silence la lumière dont le monde devait être éclairé peu à peu et par degrés insensibles.

Au nombre de ces grands hommes, d'Alembert cite François Bacon qui, « ennemi des systèmes, recommande partout l'étude de la nature, » Descartes qui eut « beaucoup de courage pour combattre les préjugés reçus, » Newton qui « soumit la physique aux expérience et à la géométrie, » Locke qui pour connaftre notre âme « se contenta de descendre profondément en lui-même.»

Le Discours Préliminaire

LE PHILOSOPHE

Dumarsais에서 쓰여지고 Diderot가 감수한 이 항목은 백과사전파의 철학정신을 단적으로 정의하고 있다. 철학자는 이성을 최고의 원리로 삼는 학자이자 동시에 사회를 〈지상에서의 신〉으로 간주하는 인간주의적 사회인이다. 한편, 이성적 인간의 심성에는 선에 대한 자연적 지향이 있다고 믿은 Diderot는 문명의 발전에 대한 낙관적 신념을 표명하고 있다.

La raison est à l'égard du philosophe ce que la grâce est à l'égard du chrétien. La grâce détermine le chrétien à agir ; la raison détermine le philosophe…[1]

Le philosophe forme ses princlpes sur une infinité d'observations particulières.[2] Le peuple adopte le principe sans penser aux observations qui l'ont produit : il croit que la maxime existe, pour ainsi dire, par elle-même ;[3] mais le philosophe prend la maxime dès sa source ; il en examine l'origine ; il en connaît la propre valeur, et n'en fait que l'usage qui lui convient.

De cette connaissance que les principes ne naissent que des observations particulières, le philosophe en conçoit de l'estime pour la science des faits ; il aime à s'instruire des détails et de tout ce qui ne se devine point ;

---

1) 기독교 신앙의 절대적 근원인 은총에 이성을 비유함으로써 철학 및 철학자에 있어서의 이성의 중요성을 부각시키고 있다.

2) 철학적 방법론에 있어서 관찰과 실험의 중요성은 모든 계몽철학자들의 신조였다. (Cf. D'Alembert, *le Discours préliminaire*)

3) Cf. Voltaire는 이성적 사고와 시정배들의 무지를 즐겨 대조시키곤 했다.

ainsi, il regarde comme une maxime très opposée au progrès des lumières de l'esprit que de se borner à la seule méditation et de croire que l'homme ne tire la vérité que de son propre fonds…[1] La vérité n'est pas pour le philosophe une maîtresse qui corrompe son imagination, et qu'il croie trouver partout ; il se contente de la pouvoir démêler où il peut l'apercevoir. Il ne la confond point avec la vraisemblance ; il prend pour vrai ce qui est vrai, pour faux ce qui est faux, pour douteux ce qui est douteux, et pour vraisemblable ce qui n'est que vraisemblable. Il fait plus, et c'est ici une grande perfection du philosophe, c'est que lorsqu'il n'a point de motif pour juger, il sait demeurer indéterminé…[2]

L'esprit philosophique est donc un esprit d'observation et de justesse, qui rapporte tout à ses véritables principes ; mais ce n'est pas l'esprit seul que le philosophe cultive, il porte plus loin son attention et ses soins.

L'homme n'est point un monstre qui ne doive vivre que dans les abîmes de la mer ou au fond d'une forêt ; les seules nécessités de la vie lui rendent le commerce des autres nécessaire ; et dans quelque état où il puisse se trouver, ses besoins et le bien-être l'engagent à vivre en société. Ainsi, la raison exige de lui qu'il étudie, et qu'il travaille à acquérir les qualités sociables.

Notre philosophe ne se croit pas en exil dans ce monde, il ne croit point être en pays ennemi ;[3] il veut jouir en sage économe des biens que la nature lui offre ; il veut trouver du plaisir avec les autres ; et pour en trouver il en faut faire : ainsi il cherche à convenir à ceux avec qui le hasard ou son choix le font vivre ; et il trouve en même temps ce qui lui convient : c'est un honnête homme qui veut plaire et se rendre utile.[4]

La plupart des grands, à qui les dissipations[5] ne laissent pas assez de temps pour méditer, sont féroces envers ceux qu'ils ne croient pas leurs égaux. Les philosophes ordinaires qui méditent trop, ou plutôt qui méditent mal, le sont envers tout le monde ; ils fuient les hommes, et les hommes

---

1) Descartes, Leibnitz 등으로 대표되는 형이상학적 체계에 대한 비판 (철학은 〈사실의 학문–la science des faits〉 이어야 하기 때문에)

2) 철학자는 확실성(vrai)과 개연성(vraisemblable)과 모호성(douteux)과 허위(faux)를 명확히 구분해야 한다.

3) 기독교의 원죄 및 타락의 교리에 대한 암시

4) 철학자가 갖추어야 할 또 하나의 자질로서 건전하고 유익한 사회인의 모랄을 제시한다.

5) dissipations = dispersion de leur vie

les évitent :[1] mais notre philosophe qui sait se partager entre la retraite et le commerce des hommes est plein d'humanité. C'est le Chrémès de Térence qui sent qu'il est un homme, et que la seule humanité intéresse à la mauvaise ou à la bonne fortune de son voisin. *Homo sum, humani nil a me alienum puto.*[2]

Il serait inutile de remarquer ici combien le philosophe est jaloux de tout ce qui s'appelle honneur et probité. La société civile est, pour ainsi dire, une divinité pour lui sur la terre ;[3] il l'encense, il l'honore par la probité, par une attention exacte à ses devoirs, et par un désir sincère de n'en être pas un membre inutile ou embarrassant. Les sentiments de probité entrent autant dans la constitution mécanique[4] du philosophe que les lumières de l'esprit. Plus vous trouverez de raison dans un homme, plus vous trouverez en lui de probité. Au contraire, où règne le fanatisme et la superstition,[5] règnent les passions et l'emportement. Le tempérament du philosophe, c'est d'agir par esprit d'ordre ou par raison ; comme il aime extrêment la société, il lui importe bien plus qu'au reste des hommes de disposer tous ses ressorts à ne produire que des effets conformes à l'idée d'honnête homme…

Cet amour de la société si essentiel au philosophe fait voir combien est véritable la remarque de l'empereur Antonin : « Que les peuples seront heureux quand les rois seront philosophes, ou quand les philosophes seront rois !… Le vrai philosophe est donc un honnête homme qui agit en tout par raison, et qui joint à un esprit de réflexion et de justesse, les mœurs et les qualités sociables. Entez[6] un souverain sur un philosophe d'une telle trempe, et vous aurez un parfait souverain[7]

---

1) 아마도 Rousseau에 대한 암시(그는 백과사전파와 결별했을 뿐만 아니라 그의 반문명, 반사회의 이론은 그들에게 용납될 수 없는 것이었다).

2) *Heautontimoroumenos* (le Bourreau de soi-même), v. 77 : 《Je suis homme, et rien d'humain ne me parait étranger.》

3) 사회를 신격화하는 이 신비주의는 대혁명의 한 원동력이 될 것이다.

4) probité(성실성)는 그에 있어 하나의 자동적 반사와 같은 것으로서 본성의 한 속성을 이루고 있다(Diderot).

5) fanatisme과 superstition : 계몽철학자들이 생각한 이성의 최대의 적

6) Entez = Greffez

7) Diderot에게는 Catherine II세야말로 완벽한 군주의 이상이었다(한편, Voltaire에게는 환멸의 근원이 되기도 했다).

DIDEROT (1713-1784)

Champagne주의 Langres에서 소시민의 아들로 태어난 Denis Diderot는 고향의 제쥐트학교에서 수학했고, 집안에서는 성직자가 되기를 원했다. 그러나 파리의 collège d'Harcourt에서 그는 수학에 몰두했고 이내 신학에 염증을 느꼈다. 1732년 한 법률사무소에 들어갔지만 호기심에 넘친 독립적 성격의 Diderot는 2년 후에 이 사무소를 떠났다. 이에 격분한 아버지는 생활비를 끊어버렸고, 그때부터 그는 가정교사, 번역 등의 일로 생계를 유지하면서 보헤미안의 생활을 이어가며 사상적 편력을 했고 d'Alembert, Rousseau, Condillac 등과도 교우했다.

1743년에는 하녀 Anne-Toinette Champion과 결혼하였는데, 이 불행한 결혼생활에서 딸 Angélique를 얻었다. 1749년, 유물론적 경향의 *Lettre sur les aveugles*의 발간이 화근이 되어 Vincennes감옥에 3개월간 갇히는 몸이 되었다.

출옥 후에는 『백과사전』의 편찬에 전력을 기울였다. 1746년 Le Breton 출판사의 요청으로 편찬사업이 시작된 이래 1765년 탈고될 때까지, 그리고 1772년 출판이 완결될 때까지 그는 온갖 탄압에도 굴하지 않고 정력적으로 일했다. 이 사업이 진행되는 동안 그는 Sophie Volland과 깊은 관계를 맺었고 (1756) Rousseau와는 결별했다(1758).

그의 이름은 점차 유럽 전역에 알려지기 시작하여 파리의 살롱에서는 극진한 대우를 받았다. 그간 대화, 희곡, 소설 등 다수의 작품이 쓰여졌지만 태반은 생전에 발간되지 못했고 경제적으로 어려움을 겪었다. 1765년에는 그에게 각별한 호의를 보여준 러시아의 Carherine II세에게 장서를 팔기도 하였는데, 딸 Angélique의 결혼이 성사된 후에야 그의 청에 응해 Saint-Pétersbourg에서 1년 여 머물었다 (1773-1774). 파리로 돌아온 후 그는 비교적 유복한 삶을 보냈으나 Sophie Volland의 죽음으로 크게 상심했다.

『백과사전』의 편찬 이외에도 Diderot의 작품은 희곡, 소설, 평론, 서한 등 각 방면에 걸쳐있다. 특히 애인 Sophie Volland과 주고 받은 서한이 비교적 근래에 중보, 정리됨으로써, Voltaire의 그것과는 다른 활달자재한 서한으로 더욱 더 주목을 받고 있다. 그의 많은 작품은 생전에 활자화되지 못한 채 친구들 사이에서 회람되기도 하였는데, 그의 원고와 편지의 많은 부분은 레닌그라드의 Ermitage 박물관에 소장되어 있는가 하면 이곳저곳 산재되어 있어서 새로이 발굴되거나 재편찬되는 경우가 허다했다. 가령, 유명한 대화체의 소설 *Le Neveu de Rameau*는 독일의 문호 괴테에 의해 독일어 번역으로 출간됨으로써 햇빛을 보았으며, 불어 번역은 1821년에 출판되었는데, 작자의 자필원고에 의한 완전한 출판은 1891년에야 이루어졌다(édition de Monval).

그의 많은 작품들은 대화체로 쓰여져 있다. 대화는 작가에게 자신의 사상의 편력을 재현시킴으로써 참된 가치를 측정케 하는데 가장 적합한 형식이었던 것으로 보인다. Diderot만큼 발랄한 호기심과 예리한 비판력, 열정적인 감성을 더불어 갖춘 작가는 드물 것이다. 그는 이성의 예리함과 감성의 열기로써 모든 대상을 포용하고 그 실체를 꿰뚫어 보고 그것에 새로운 생명을 불어넣었다. 그리하여 모든 것은 그의 체계 가운데서 하나의 전체(un grand tout)로 통합되고, 각각의 것은 그 안에서 새로운 의미가 부여된다. 그의 철학은 이신론에서 점차 유물론적 무신론으로 발전되었으며, 대담하고 근대적인 진화론적 결정론의 성격을 띠고 있다.

〈ŒUVRE〉

〈Philosophie〉 *Essai sur le mérite et la vertu*(l741) *Lettre sur les aveugles à l'usage be ceux qui voient*(1749) *Le Rêve de d'Alembert*(1769) *Supplément au voyage de Bougainville*(1772)

〈Œuvres romanesques〉 *Les Bijoux indiscrets*(1748) *La Religieuse*(1760, publié 1796) *Le Neveu de Rameau*(1762-1779, publ. trad, de Goethe 1805) *Jacques le fataliste*(1773, publ. 1796)

〈Théâtre〉 *Le fils naturel*(1757) *Le père de famille*(1758) *Est-il fon, est- il méchant*(1781, pub !. 1834)

(Divers) Les Salons, 1759 à 1781 Paradoxe sur le comédien(1773, publ. 1830) *Correspondance avec Sophie Volland.*

〈ETUDES〉

D. Mornet : *Diderot, l'homme et l'oeuvre*, Boivin, 1941.

R. Pommeau : *Diderot, Sa vie, son œuvre*, P. U. F., 1967.

J. Chouillet : *La formation des idées esthétiques de Diderot*, A. Colin, 1973.

J. – L. Leutrat : *Diderot*, Ed. Univ., 1967.

LE DÉTERMINISME

익명으로 출판된 *Lettre sur les aveugles* 가운데서 Diderot는 한 맹인의 치유를 통하여 지신의 반종교적 입장, 무신론적 유물론에로의 전향을 보여주고 있다. 이 작품의 주요 주제는 감각론의 가설, 즉 인간의 모든 관념은 감각에서 유래한다는 가설을 확인하려는 데 있다. 우리의 모랄, 형이상학, 종교, 신의 관념은 우리의 감각의 상태에 의해 결정되는 것이 아닌가 ? – 그가 제기한 한 물음은 이런 것이다.

Comme je n'ai jamais douté que l'état de nos organes et de nos sens n'ait beaucoup d'influence sur notre métaphysique et sur notre morale, et que nos idées les plus purement intellectuelles, si je puis parler ainsi, ne tiennent de fort près à la conformation de notre corps, je me mis à questionner notre aveugle[1] sur les vices et sur les vertus. Je m'aperçus d'abord qu'il avait une aversion prodigieuse pour le vol ; elle naissait en lui de deux causes : de la facilité qu'on avait de le voler sans qu'il s'en aperçût ; et plus encore, peu-têtre, de celle qu'on avait de l'apercevoir quand il volait. Ce n'est pas qu'il ne sache très bien se mettre en garde contre le sens qu'il nous connaît de

1) notre aveugle = un aveugle-né. (Diderot는 한 맹인(감각적 불구자)을 등장시켜 정상인과 비교함으로써 감각과 가치판단(지적·철학적·윤리적 사고)과의 관계를 추적해보려고 한다.

plus qu'à lui,[1)] et qu'il ignore la manière de bien cacher un vol. Il ne fait pas grand cas de la pudeur : sans les injures de l'air,[2)] dont les vêtements le garantissent, il n'en comprendrait guère l'usage···

Comme, de toutes les démonstrations extérieures qui réveillent en nous la commisération et les idées de la douleur, les aveugles ne sont affectés que par la plainte, je les soupçonne, en général, d'inhumanité··· Nous-mêmes ne cessons-nous pas de compatir lorsque la distance ou la petitesse des objets produit le même effet sur nous que la privation de la vue sur les aveugles ? tant nos vertus dépendent de notre manière de sentir et du degré auquel les choses extérieures nous affectent ! Aussi je ne doute point que, sans la crainte du châtiment, bien des gens n'eussent moins de peine à tuer un homme à une distance où ils ne le verraient gros que comme une hirondelle, qu'à[3)] égorger un bœuf de leurs mains. Si nous avons de la compassion pour un cheval qui souffre, et si nous écrasons une fourmi sans aucun scrupule, n'est-ce pas le même principe qui nous détermine ?[4)] Ah, madame ![5)] que la morale des aveugles est différente de la nôtre ! que celle d'un sourd différerait encore de celle d'un aveugle, et qu'un être qui aurait un sens de plus que nous trouverait notre morale imparfaite, pour ne rien dire de pis !

Notre métaphysique ne s'accorde pas mieux avec la leur. Combien de principes pour eux qui ne sont que des absurdités pour nous, et réciproquement ! Je pourrais entrer là-dessus dans un détail qui vous amuserait sans doute, mais que de certaines gens, qui voient du crime à tout, ne manqueraient pas d'accuser d'irréligion, comme s'il dépendait de moi de faire apercevoir aux aveugles les choses autrement qu'ils ne les aperçoivent. Je me contenterai d'observer une chose dont je crois qu'il faut que tout le monde convienne : c'est que ce grand raisonnement,[6)] qu'on tire des merveilles de la nature, est bien faible pour des aveugles. La facilité que nous avons de créer, pour ainsi dire, de nouveaux objets par le moyen d'une petite glace, est quelque chose de plus incompréhensible

---

1) le sens qu'il nous connaît de plus qu'à lui 「우리가 자기보다 더 가지고 있음을 아는 감각」(즉 시각) le sens ···de plus로 연결
2) les injures de l'air 「기후의 불순으로 야기되는 해」 l'air = les intempéries
3) moins de peine à···qu'à로 연결
4) 즉, 몸집이 큰 말과 작은 개미는 시각적으로 우리에게 주는 인상이 다르기 때문에
5) 이 편지는 Mme de Puisieux에게 쓰여진 것
6) 즉, 신의 존재를 입증하기 위한 이론

pour eux que des astres qu'ils ont été condamnés à ne voir jamais. Ce globe lumineux qui s'avance d'orient en occident les étonne moins qu'un petit feu qu'ils ont la commodité d'augmenter ou de diminuer : comme ils voient la matière d'une manière beaucoup plus abstraite que nous, ils sont moins éloignés de croire qu'elle pense.[1)]

Si un homme qui n'a vu que pendant un jour ou deux se trouvait confondu chez[2)] un peuple d'aveugles, il faudrait qu'il prît le parti de se taire, ou celui de passer pour un fou. Il leur annoncerait tous les jours quelque nouveau mystère, qui n'en serait un que pour eux, et que les esprits forts se sauraient bon gré[3)] de ne pas croire. Les défenseurs de la religion ne pourraient-ils pas tirer un grand parti d'une incrédulité si opiniâtre, si juste même, à certains égards, et cependant si peu fondée ? Si vous vous prêtez pour un instant à cette supposition, elle vous rappellera, sous des traits empruntés, l'histoire et les persécutions de ceux qui ont eu le malheur de rencontrer la vérité dans des siècles de ténèbres, et l'imprudence de la déceler à leurs aveugles contemporains, entre lesquels ils n'ont point eu d'ennemis plus cruels que ceux qui, par leur état et leur éducation, semblaient devoir être les moins éloignés de leurs sentiments.

UN SINGULIER PERSONNAGE

1762년에 시작하여 완성하는데 근 20년이 걸린 *Le Neveu de Rameau*는 앞서 언급한 바와 같이 야릇한 경위로 세상에 알려졌다. *Jacques le fataliste*와 마찬가지로 소설이라는 이름에는 합당하지 않은 것으로 보인다. 인물들은 대부분 작가가 뜻대로 조작하는 인형과 같고, 사실상 소설 속에 작가의 존재는 너무나도 강하게 느껴지며 마치 그 자신이 작중의 모든 역할을 연출하는 듯이 보인다. 한편, 철학적인 의도는 너무나도 명백히 들어나며 모든 이야기는 아무리 생생하고 현실감이 있다 할지라도 하나의 관념, 하나의 철학적 주장을 조명하도록 꾸며져 있다. 요컨대 Diderot는 그의 관념적 세계를 매우 독창적인 사실주의적 수법으로 부각시키는 데 성공하고 있는 것이다.

*Le Neveu de Rameau*는 한 특이한 인물 Jean-François Rameau(Lui)와 Diderot 자신(moi)과의 대화를 통하여 작가의 윤리적, 미학적 개념의 거의 전부를 펼쳐나간다. Rameau의 조카는 실제의 인물이다. 재능을 꽃피우지 못하고 타락과 비참 속에 방황하는 보헤미안의 삶을 살아가는 이 인물을 작가는 한 유형으로 만드는데 성공했다. 인생의 낙오자, 시니컬한 기생충, 도덕적 감각이 마비된 역설

---

1) Diderot의 기본적 원리. 즉, 사유도 물질(즉 감각)의 소산이라는 것

2) confondu chez = mêlé à

3) se sauraient bon gré de = seraient tout fiers de

의 인간으로 부각되는 이 주인공은 어떤 의미에서 Diderot 자신의 분신이기도 하다. 그들은 신체적 조건, 몸짓, 목소리를 닮았고, 똑같이 보헤미안의 생활을 했으며 상상력의 열기를 나누어 가지고 있다. 작가는 자신이 그렇게 되었을지도 모를 내면적 혼란의 상태에 현혹을 느꼈던 것은 아닐까.

이 작품의 서두에 해당하는 이 텍스트는 주인공 le neveu de Rameaus와의 만남을 소개한다. 장소는 Palais-Royal 광장의 la Régence 카페.

Un après-dîner, j'étais là, regardant beaucoup, parlant peu et écoutant le moins que je pouvais, lorsque je fus abordé par un des plus bizarres personnages de ce pays où Dieu n'en a pas laissé manquer. C'est un composé de hauteur et de bassesse, de bon sens et de déraison. Il faut que les notions de l'honnête et du déshonnête soient bien étrangement brouillées dans sa tête, car il montre ce que la nature lui a donné de bonnes qualités sans ostentation, et ce qu'il en a reçu de mauvaises sans pudeur. Au reste, il est doué d'une organisation forte, d'une chaleur d'imagination singulière, et d'une vigueur de poumons peu commune. Si vous le rencontrez jamais et que son originalité ne vous arrête[1] pas, ou vous mettrez vos doigts dans vos oreilles, ou vous vous enfuirez. Dieux, quels terribles poumons ! Rien ne dissemble[2] plus de lui que lui-même. Quelquefois il est maigre et hâve comme un malade au dernier degré de la consomption ; on compterait ses dents à travers ses joues, on dirait qu' il a passé plusieurs jours sans manger, ou qu'il sort de la Trappe···[3] Aujourd' hui en linge sale, en culotte déchirée, couvert de lambeaux, presque sans souliers, il va la tête basse, il se dérobe, on serait tenté de l'appeler pour lui donner l'aumône. Demain poudré, chaussé, frisé, bien vêtu, il marche la tête haute, il se montre, et vous le prendriez à peu près pour un honnête homme. Il vit au jour la journée ; triste ou gai, selon les circonstances. Son premier soin[4] le matin, quand il est levé, est de savoir où il dînera ; après dîner, il pense où il ira souper. La nuit amène aussi son inquiétude : ou il regagne, à pied, un petit grenier qu'il habite, à moins que l'hôtesse ennuyée d'attendre son loyer, ne lui en ait redemandé la clef ; ou il se rabat dans une taverne du faubourg où il attend le jour entre un morceau de pain et un pot de bière. Quand il n'a pas six sous dans

---

1) arrête = retienne (*subj*)

2) ressembler와 dissemblable에서 Diderot가 만들어 낸 말(≠ ressembler)

3) la Trappe : 규율이 몹시 엄한 수도원. 이에 비하여 베르나르 수도회(Bernardins)는 호의호식하는 곳으로 알려져 있다.

4) soin = souci

sa poche, ce qui lui arrive quelquefois, il a recours soit à un fiacre[1] de ses amis, soit au cocher d'un grand seigneur qui lui donne un lit sur de la paille, à côté de ses chevaux. Le matin il a encore une partie de son matelas dans ses cheveux.[2] Si la saison est douce, il arpente toute la nuit le Cours[3] ou les Champs-Élysées. Il reparaît avec le jour à la ville, habillé de la veille pour le lendemain, et du lendemain quelquefois pour le reste de la semaine. Je n'estime pas ces originaux-là ; d'autres en font leurs connaissances familières, même leurs amis. Ils m'arrêtent une fois l'an, quand je les rencontre, parce que leur caractère tranche avec celui des autres, et qu'ils rompent cette fastidieuse uniformité que notre éducation, nos conventions de société, nos bienséances d'usage, ont introduite. S'il en paraît un dans une compagnie, c'est un grain de levain qui fermente et qui restitue à chacun une portion de son individualité naturelle. Il secoue, il agite ; il fait approuver ou blâmer ; il fait sortir la vérité, il fait connaître les gens de bien ; il démasque les coquins ; c'est alors que l'homme de bon sens écoute et démêle son monde.

LE FATALISME EN ACTION

Diderot의 철학이 도달한 결정론(déterminisme)은 현실의 삶에 있어서 행동의 자유의 문제와 충돌한다. *Jacques le fataliste*에서 Diderot가 제기한 문제는 바로 이런 것이었다. 그는 일상생활에 있어서의 행동의 원리 및 도덕적 개념의 문제를 구체적이고 생동감 넘치는 삶의 현장 속에서 풀어나가면서 그것들이 새로이 정립되어야 할 것임을 예감한다.

Jacques ne connaissait ni le nom de vice, ni le nom de vertu ; il prétendait qu'on était heureusement ou malheureusement né. Quand il entendait prononcer les mots *récompenses* ou *châtiments*, il haussait les épaules. Selon lui la récompense était l'encouragement des bons ; le châtiment, l'effroi des méchants. Qu'est-ce autre chose, disait-il, s'il n'y a point de liberté, et que notre destinée soit écrite là-haut ?[4] Il croyait qu'un homme s'acheminait aussi nécessairement à la gloire ou à l'ignominie, qu'une boule qui aurait la conscience d'elle-même suit la

---

1) un fiacre = cocher de fiacre
2) 그의 matelas는 지푸라기이기 때문에 머리카락에 지푸라기가 묻어 있다는 뜻
3) le Cours = le Cours-la-Reine
4) 숙명론(fatalisme)의 되풀이 되는 표현 : 《Tout est écrit sur le grand rouleau.》 Cf. 31행, 33행

pente d'une montagne ; et que, si l'enchaînement des causes et des effets qui forment la vie d'un homme depuis le premier instant de sa naissance jusqu'à son dernier soupir nous était connu, nous resterions convaincus qu'il n'a fait que ce qu'il était nécessaire de faire. Je l'ai plusieurs fois contredit, mais sans avantage et sans fruit. En effet, que répliquer à celui qui vous dit : Quelle que soit la somme des éléments dont je suis composé, je suis un ; or, une cause n'a qu'un effet ; j'ai toujours été une cause une ; je n'ai donc jamais eu qu'un effet à produire ; ma durée n'est donc qu'une suite d'effets nécessaires. C'est ainsi que Jacques raisonnait d'après son capitaine. La distinction d'un monde physique et d'un monde moral lui semblait vide de sens.[1)] Son capitaine lui avait fourré dans la tête toutes ces opinions qu'il avait puisées, lui, dans son Spinoza qu'il savait par cœur. D'après ce système, on pourrait imaginer que Jacques ne se réjouissait, ne s'affligeait de rien ; cela n'était pourtant pas vrai.[2)] Il se conduisait à peu près comme vous et moi. Il remerciait son bienfaiteur, pour qu'il lui fît encore du bien. Il se mettait en colère contre l'homme injuste ; et quand on lui objectait qu'il ressemblait alors au chien qui mord la pierre qui l'a frappé : « Nenni, disait-il, la pierre mordue par le chien ne se corrige pas ; l'homme injuste est corrigé par le bâton ». Souvent il était inconséquent comme vous et moi, et sujet à oublier ses principes, excepté dans quelques circonstances où sa philosophie le dominait évidemment ; c'était alors qu'il disait : « Il fallait que cela fût, car cela était écrit là-haut.» Il tâchait à prévenir le mal ; il était prudent avec le plusgrand mépris pourla prudence. Lorsque l'accident était arrivé, il en revenait à son refrain ; et il était consolé. Du reste, bon homme, franc, honnête, brave, attaché, fidèle, très têtu, encore plus bavard.[3)]

LA POÉSIE DE L'A VENIR

De la poésie dramatique, 18장에서 발췌된 이 텍스트는 Diderot의 시론에 해당한다. 그는 시를 세련된 문명의 꽃, 장식품으로 보려는 당대의 경향에 강력히 반발한다. 시의 영감은 격렬한 감동, 본능적이고 야생적인 힘이라고 정의하는 그는 장차 태어날 낭만적 시를 예언하고 있는 듯이 보인다.

---

1) 왜냐하면 정신세계는 물리적 세계의 반영 또는 연장에 불과한 것이고 따라서 정신적 자유는 존재하지 않기 때문에 (따라서 도덕의 문제도 새로운 차원에서 재고되어야 한다.)

2) 왜냐하면 다음에 서술하는 바와 같이 그는 마치 자신이 자유로운 것처럼 행동하고 있기 때문에

3) 마치 Diderot 자신을 묘사하고 있는 듯이 보인다.

Qu'est-ce qu'il faut au poète ? Est-ce une nature brute ou cultivée, paisible ou troublée ? Préférera-t-il la beauté d'un jour pur et serein à l'horreur d'une nuit obscure, où le sifflement interrompu des vents se mêle par intervalles au murmure[1] sourd et continu d'un tonnerre éloigné, et où il voit l'éclair allumer le ciel sur sa tête ?[2] Préférera-t-il le spectacle d' une mer tranquille à celui des flots agités ? Le muet et froid édlifice d'un palais à la promenade parmi des ruines ? Un édifice construit, un espace planté de la main des hommes, au touffu d'une antique forêt, au creux ignoré d'une roche déserte ? Des nappes d'eau, des bassins, des cascades, à la vue d'une cataracte[3] qui se brise en tombant à travers des rochers, et dont le bruit se fait entendre au loin du berger qui a conduit son troupeau dans la montagne, et qui l'écoute avec effroi ?

La poésie veut quelque chose d'énorme, de barbare et de sauvage.[4]

C'est lorsque la fureur de la guerre civile ou du fanatisme arme les hommes de poignards, et que le sang coule à grands flots sur la terre, que le laurier d'Apollon[5] s'agite et verdit. Il en veut être arrosé. Il se flétrit dans les temps de la paix et du loisir. Le siècle d'or[6] eût produit une chanson peut-être, ou une élégie. La poésie épique et la poésie dramatique demandent d'autres mœurs.

Quand verra-t-on naître des poètes ? Ce sera après les temps de désastres et de grands malheurs ; lorsque les peuples harassés commenceront à respirer. Alors les imaginations, ébranlées par des spectacles terribles, peindront des choses inconnues à ceux qui n'en ont pas été les témoins. N'avons-nous pas éprouvé, dans quelques circonstances, une sorte de terreur qui nous était étrangère ? Pourquoi n'a-t-elle rien porduit ? N'avons-nous plus de génie ?

Le génie est de tous les temps ; mais les hommes qui le portent en eux demeurent engourdis, à moins que des événements extraordinaires

1) murmure = grondement(어원적 의미)

2) Chateaubriand : René의 한 장면을 연상케 한다 : 《Je marchais à grands pas, le visage enflammé. le vent sifflant dans ma chevelure, ne sentant ni pluie, ni frimas…》

3) 역시 Chateaubriand : *Atala*에서 묘사되는 cataracte de Niagra를 상기

4) 시적영감의 원천을 이렇게 정의함으로써 Diderot는 시를 인간 속에 묻혀있는 〈마성적인 것〉과 관련시키고 있으며 단순히 낭만주의 시뿐만 아니라 매우 현대적 의미의 시를 예고하고 있는 듯이 보인다.

5) Apollon = Dieu de la grande poésie

6) le siècle d'or : 인간이 완전한 행복을 누리는 공상적 시대를 가리킴

n'échauffent la masse, et ne les fassent paraître.[1] Alors les sentiments s'accumulent dans la poitrine, la travaillent ; et ceux qui ont un organe, pressés de parler, le déploient et se soulagent.

LA THÉORIE DU《GENRE SÉRIEUX》

미학적 문제에 깊은 관심을 기울였던 Diderot는 연극에서도 새로운 장르를 창안했다. 1758년에 발표된 *les Entretiens sur le Fils naturel*에서 그는 비극과 희극의 중간에 위치하는 또 하나의 장르 즉 le drame를 설정하고 있다. 시민생활 가운데 일상적이면서도 진지하고 감동적인 문제를 다루어야 한다고 주장한 그는 이 이론에 입각하여 *Le Fils naturel*(1757)과 *Père de famille*(1758)를 썼다.

여기 발췌된 텍스트는 *Entretiens* 제3부의 첫 부분에 해당한다.

Le lendemain, le ciel se troubla ; une nue qui amenait l'orage, et qui portait le tonnerre, s'arrêta sur la colline et la couvrit de ténèbres. A la distance où j'étais, les éclairs semblaient s'allumer et s'éteindre dans ces ténèbres. La cime des chênes s'était agitée ; le bruit des vents se mêlait au murmure des eaux ; le tonnerre, en grondant, se promenait entre les arbres ;[2] mon imagination, dominée par des rapports secrets, me montrait, au milieu de cette scène obscure, Dorval tel que je l'avais vu la veille dans les transports de son enthousiasme ; et je croyais entendre sa voix harmonieuse s'élever au-dessus des vents et du tonnerre.

Cependant l'orage se dissipa ; l'air en devint plus pur, le ciel plus serein ; et je serais allé chercher Dorval sous les chênes, mais je pensai que la terre y serait trop molle et l'herbe trop fraîche. Si la pluie n'avait pas duré,[3] elle avait été forte. Je me rendis chez lui. Il m'attendait ; car il avait pensé de son côté que je n'irais point au rendez-vous de la veille ; et ce fut dans son jardin, sur les bords sablés d'un large canal où il avait coutume de se promener qu'il[4] acheva de me développer ses idées. Après quelques discours généraux sur les actions de la vie et sur l'imitation qu'on en fait au théâtre, il me dit :

« On distingue dans tout objet moral un milieu et deux extrêmes. Il

1) Diderot는 시적영감이 어떤 상황하에서 발동되는가를 설명한다.

2) Cf. *la Poésie de l'avenir* : 시적명상에 가장 적합한 상황. 이렇듯 자극된 상상력은 Dorval 가운데 한 시인의 목소리를 듣게 한다.

3) si la pluie n'avait pas duré「비는 오래 계속되지 않았지만」

4) ce fut…qu'il …로 연결되는 구문

semble donc que toute action dramatique étant un objet moral, il devait y avoir un genre moyen et deux genres extrêmes. Nous avons ceux-ci : c'est la comédie et la tragédie ; mais l'homme n'est pas toujours dans la douleur ou dans la joie. Il y a donc un point qui sépare la distance du genre comique au genre tragique.»

« Térence a composé une pièce[5] dont voici le sujet. Un jeune homme se marie. A peine est-il marié, que des affaires l'appellent au loin. Il est absent : Il revient. Il croit apercevoir dans sa femme des preuves certaines d'infidélité. Il en est au désespoir. Il veut la renvoyer à ses parents. Qu'on juge de l'état du père, de la mère et de la fille. Il y a cependant un Dave,[6] personnage plaisant par lui-même. Qu'en fait le poète ? Il l'éloigne de la scène pendant les quatre premiers actes, et il ne le rappelle que pour égayer un peu son dénoûment.»

« Je demande dans quel genre est cette pièce ? Dans le genre comique ? Il n'y a pas le mot pour rire. Dans le genre tragique ? La terreur, la commisération et les autres grandes passions n'y sont point excitées. Cependant, il y a de l'intérêt ; et il y en aura, sans ridicule qui fasse rire, sans danger qui fasse frémir, dans toute composition dramatique où le sujet sera important, où le poète prendra le ton que nous avons dans les affaires sérieuses, et où l'action s'avance par la perplexité et par les embarras. Or, il semble que ces actions étant les plus communesde la vie, le genre qui les aura pour objet doit être le plus utile et le plus étendu. J'appellerai ce genre *le genre sérieux*.

« Ce genre établi, il n'y aura point de condition dans la société, point d'action importante dans la vie, qu'on ne puisse rapporter à quelque partie du système dramatique.»

« Voulez-vous donner à ce système toute l'étendue possible ; y comprendre la vérité et les chimères ; le monde imaginaire et le monde réel ? ajoutez le burlesque au-dessous du genre comique, et le merveilleux au-dessus du genre tragique.»

MOI

Je vous entends : Le burlesque… Le genre comique… Le genre sérieux… Le genre tragique… Le merveilleux.

5) Térence의 *l'Hécyre*를 가리킴

6) Dave : Térence의 희극에 등장하는 노예의 이름

DORVAL

Une pièce ne se renferme jamais à la rigueur dans un genre. Il n'y a point d'ouvrage dans les genres tragique ou comique, où l'on ne trouvât des morceaux qui ne seraient point déplacés dans le genre sérieux ; et il y en aura réciproquement dans celui-ci, qui porteront l'empreinte de l'un et l'autre genre. C'est l'avantage du genre sérieux, que, placé entre les deux autres, il a des ressources, soit qu'il s'élève, soit qu'il descende. Il n'en est pas ainsi du genre comique et du genre tragique. Toutes les nuances du comique sont comprises entre ce genre même et le genre sérieux ; et toutes celles du tragique entre le genre sérieux et la tragédie. Le burlesque et le merveilleux sont également hors de la nature. On n'en peut rien emprunter qui ne gâte.[1)] Les peintres et les poètes ont le droit de tout oser ; mais ce droit ne s'étend pas jusqu'à la licence de fondre les espèces différentes dans un même individu. Pour un homme de goût, il y a la même absurdité dans Castor élevé au rang des dieux, et dans le bourgeois gentilhomme fait mamamouchi.[2)]

Le genre comique et le genre tragique sont les bornes réelles de la composition dramatique. Mais s'il est impossible au genre comique d'appeler à son aide le burlesque, sans se dégrader ; au genre tragique, d'empiéter sur le genre merveilleux, sans perdre de sa vérité, il s'ensuit que, placés dans les extrémités, ces genres sont les plus frappants et les plus difficiles.

Dorval et moi, IIIe Entretien.

ROUSSEAU (1712-1778)

프랑스계 신교도의 가정에서 태어난 (Genève) Jean-Jacques Rousseau는 출생직후 어머니를 잃었고 10살 때는 괴벽스런 아버지로부터도 버림을 받았다. 이때부터 하인, 견습공, 음악교사, 가정교사, 비서 등 하찮은 일자리를 전전하면서 스위스, 이탈리아, 프랑스 각지를 방랑하는 불우한 청소년 시절을 보냈다.

1728년 그의 나이 16세 때, 그의 생애의 극적인 전기가 될 한 사건이 일어났는데, 그것은 Warens부인과의 만남이었다. Savoie의 Annecy에서 처음 부인을 만나게 된 그는 Torine수도원에 보내져 개종을 강요당했지만 그 후 Chambéry근교의 Charmettes에서 부인 곁에 8년간 머물게 된다. 이 8년은 그의 생

1) qui ne gâte = qui ne dénature les genres dramatiques : tragédie, comédie ou genre sérieux

2) mamamouchi : Molière의 작품 *Bourgeois gentilhomme*에 나오는 관리의 이름

애에 있어 가장 큰 감동과 계시와 연구와 꿈같은 사랑의 시기였으며 후일 그의 문학과 사상에 결정적인 영향을 주었던 것이다. 1742년 부인과 헤어져 파리로 올라온 Rousseau는 자신이 발명한 새로운 악보 기재법으로 성공을 기대했으나 실패로 돌아갔다. 다만 이때부터 Diderot, Condillac, Grimm 등과 교류함으로써 지적활동의 일선에 발을 내딛었다. 그의 명성을 결정지은 것은 1749년 Académie de Dijon에서 내걸은 논문현상 모집에 응모하여 제출한 *Discours sur les sciences et les arts*(1750)에 의해서였다. 「학문·기예의 발전은 풍속의 순화에 기여하였는가」라는 설문에 부정적으로 답한 이 *Discours*는 이미 사회의 악과 문명 자체가 안고 있는 부정적 측면에 대한 예리한 통찰을 보여주고 있다. 5년 후 같은 현상논문으로 *Discours sur l'Origine de l'Inégalité*(1755)를 썼는데, 이것은 첫번째 *Discours*의 결론을 한결 심회시키고 극단에까지 밀고간 것으로서 그 논리의 대담성과 격렬함으로 세인들을 놀라게 했다. 자연의 상태에 있어서의 평등에서 사회조직 안에서의 불평등에로의 타락을 묘사한 이 논문은 자연과 사회(즉 문명)를 대립시키면서 불평등의 기원을 바로 조직화된 사회로 단정함으로써 극단적인 반문명의 입장에 이르고 있다. 이 두편의 논문 가운데 이미 Rousseau는 그의 사상의 기본적 주제들을 남김없이 설정하였으며 그 후의 모든 저술들은 이 주제의 원숙한 변형과도 같은 것이다.

1756년, d'Epinay부인의 청을 받아 몽모랑시의 별장 Ermitage에 옮긴 그는 이곳에서 다시 저술에 몰두했다. 그러나 이 행복한 몇 달 동안에도 그는 몇 가지 사건으로 적지 않은 심적타격을 입었다. 1745년 이래 동거하여 온 교양없는 하녀 Thérèse Levasseur와의 불행한 관계(그 사이에서 태어난 다섯 아이는 모두 고아원에 위탁), d'Houdetot 부인과의 연애(이로 인한 Saint-Lambert와의 불화), Grimm, Diderot와의 결별, 끝으로 d'Epinay 부인과의 불화 등은 그의 후반생을 지배하는 박해의 의식의 시초를 이룬다.

1758년, Montmorency의 마을에 한때 은거한 Rousseau는 maréchal de Luxembourg의 호의를 받아들여 그의 성에 자주 머무르며 몇 편의 대작을 완성할 수 있었다. 15개월 사이에 그는 *la Nouvelle Héloïse, le Contrat social, l'Emile*을 발표하였는데, 이것들은 각각 가정생활, 정치체제, 개인의 교육 등의 문제에 있어 자신의 이론을 정립하고자 시도한 책들이다. 사회와 문명의 해독을 철저히 고발하고 자연으로의 복귀를 주장한 그는 이 해독으로부터 인간을 보호하고 그의 순수를 지키며 평등과 자유를 누릴 수 있게 하기 위하여 어떻게 교육시키고, 어떤 가정생활을 영위하며, 어떤 사회·정치체제를 실현시킬 것인가에 대해 답을 제시하고자 했던 것이다.

이 3권의 책으로 Rousseau의 명성은 전유럽에 널리 퍼졌으나 한편 그에 대한 각종의 박해는 더해갔다. *Emile*은 분서(焚書), *le Contrat Social*은 주네브에서 판금되는 등 저서에 대한 직접적인 제재조치가 취해졌는가 하면 다른 철학자들(영국에 그를 받아들인 Hume도 포함하여)과는 절교를 당하고 체포, 추방 등 사실상의 정치적 핍박을 받아 유럽 각지를 방랑하는 몸이 되었다. Rousseau의 피해의식은 거의 망상에까지 이르렀다.

1778년 5월, 군인이자 문사인 Girardin의 호의로 그의 영지 Ermenonville Peupliers섬에 묻혔다.

그는 만년에 근대문학의 가장 빛나는 작품이 될 2권의 책을 저술했다. 자기변호를 위해 쓰기 시작한 자서전 *les Confessions*(1765-1770)과 자신의 내적 삶의 비밀을 감동적으로 펼쳐낸 *Rêveries d'un promeneur solitaire*(1776-1778)가 바로 그것들이다.

〈ŒUVRE〉

Discours sur les Sciences et les Arts*(1750) *Discours sur l'Origine de l'Inéga-

lité(1775) *Lettre à d'Alembert sur les Spectacles*(1758) *La Nounelle Héloïse* (1761) *Le Contrat social*(1762) *Emile ou de l'Education*(1762) *Confessions* (1765-1770, publ. posth.) *Rousseau juge de Jean-Jacques*(1772-1776, publ. posth.) *Réveries d'un promeneur solitaire*(1776-1778, publ. posth.)

〈ETUDES〉
G. May : *Rousseau par lui-même*, Seuil, 1961.
M. Laumay : *Rousseau*, P.U.F., 1968.
J.-L. Lecercle : *Rousseau. Modernité d'un classique*, Larousse, 1968.

LA PROPRIÉTÉ SOURCE DE LA SOCIÉTÉ ET DE L'INÉGALITÉ

1753년 Académie de Dijon에서 내걸은 또 하나의 현상논문 제목 : 「인간에 있어서의 불평등의 기원은 무엇이며 그것은 자연법에 의해 용인된 것인가」에 대하여 답한 Rousseau의 제2논문 *Discours sur l'Origine de l'Inégalité parmi les hommes*은 그 논리의 대담성과 극단적인 반사회적 입장으로 말미암아 심사위원을 놀라게 했고 수상대상에서 제외되었다. 여기 발췌된 텍스트는 이 논문의 기본적 주제들을 예리한 논리와 열띤 상상력, 그리고 박력있는 생생한 문체 가운데 보여준다. Voltaire는 이 *Discours*를 보내온 저자에게, 「우리를 동물로 만들기 위해 이토록 재능이 사용된 일은 일찍이 없었소. 당신의 책을 읽고 있으면 네 발로 기어다니고 싶어지오」라고 야유했지만(1755. 8. 30) 자연으로 돌아가라는 Rousseau의 주장은 원시상태로의 복귀가 아니라 현 문명사회 속에서 가능한 한 원래의 평등과 자유를 회복시키며 더 이상의 타락을 방지하는 데 그 참된 뜻이 있는 것으로 해석해야 할 것이다.

Le premier qui ayant enclos un terrain s'avisa de dire : *Ceci est à moi*,[1] et trouva des gens assez simples pour le croire, fut le vrai fondateur de la société civile.[2] Que de crimes, de meurtres, que de misères et d'horreurs n'êut point épargnés au genre humain celui qui, arrachant les pieux ou comblant le fossé, eût crié à ses semblables : « Gardez-vous d'écouter cet imposteur ; vous êtes perdus si vous oubliez que les fruits sont à tous, et que la terre n'est à personne ! » Mais il y a grande apparence qu'alors les choses en étaient. déjà venues au point de ne pouvoir plus durer comme elles étaient : car cette idée de propriété, dépendant de beaucoup d'idées antérieures qui n'ont pu naître que successivement, ne se forma pas tout d'un coup dans l'esprit humain : il fallut faire bien des

1) Cf. Pascal, *Pensées*. 295
2) société civile = société organisée

progrès, acquérir bien de l'industrie[1] et des lumières, les transmettre et les augmenter d'âge en âge, avant que d'arriver à ce dernier terme de l'état de nature…[2]

Peu à peu les hommes primitifs, vivant isolés, ont conquis la supériorité sur les animaux. Puis s'établit la famille qui « introduisit une sorte de propriété », et la liaison entrefamilles créa des groupes. Déjà différent de la pure nature, cet état antérieur à la propriété et à la société fut néanmoins selon Rousseau le plus heureux de l'histoire du monde.

Quoique les hommes fussent devenus moins endurants, et que la pitié naturelle[3] eût déjà souffert quelque altération, cette période du développement des facultés humaines, tenant un juste milieu entre l'indolence de l'état primitif et la pétulante activité de notre amour-propre, dut être l'époque la plus heureuse et la plus durable.[4] Plus on y réfléchit, plus on trouve que cet état était le moins sujet aux révolutions, le meilleur à l'homme, et qu'il n'en a dû sortir que par quelque funeste hasard,[5] qui, pour l'utilité commune, eût dû ne jamais arriver. L'exemple des sauvages qu'on a presque tous trouvés à ce point, semble confirmer que le genre humain était fait pour y rester toujours, que cet état est la véritable jeunesse du monde, et que tous les progrès ultérieurs ont été en apparence autant de pas vers la perfection de l'individu, et en effet[6] vers la décrépitude de l'espèce.

Tant que les hommes se contentèrent de leurs cabanes rustiques, tant qu'ils se bornèrent à coudre leurs habits de peaux avec des épines ou des arêtes, à se parer de plumes et de coquillages, à se peindre le corps de diverses couleurs, à perfectionner ou embellir leurs arcs et leurs flèches, à tailler avec des pierres tranchantes quelques canots de pêcheurs, ou

---

1) l'industrie = l'activité

2) 즉, 소유의 개념은 인류의 발전의 여러 단계를 거쳐 비로소 태어났으며, 이 개념과 더불어 사회조직이 자리잡게 된다(그 전까지의 상태는 자연의 상태로 본다).

3) la pitié naturelle : 원시적 상태의 인간의 마음은 이기적인 자애심(l'amour de soi)과 타인에 대한 사랑(la pitié)으로 양분되어 있는 것으로 Rousseau는 보았다.

4) Rousseau는 순전한 원시상태와 소유로써 특징지워지는 사회생활 사이에 중간단계를 설정하고 있는데, 그것은 가족단위의 형성과 가족사이의 유대관계로 맺어지는 소집단의 시기이다. Rousseau는 이 시기를 인류역사상 가장 행복한 이상적인 상태로 규정짓는다.

5) métallurgie와 agriculture의 발명을 가리킴

6) en effet = en réalité

quelques grossiers instruments de musique,[1] en un mot, tant qu'ils ne s'appliquèrent qu'à des ouvrages qu'un seul pouvait faire, et qu'à des arts[2] qui n'avaient pas besoin du concours de plusieurs mains, ils vécurent libres, sains, bons et heureux[3] autant qu'ils pouvaient l'être par leur nature[4] et continuèrent à jouir entre eux des douceurs d'un commerce indépendant, mais dès l'instant qu'un homme eut besoin du secours d'un autre dès qu'on s'aperçut qu'il était utile à un seul d'avoir des provisions pour deux, l'égalité disparut, la propriété s'introduisit, le travail devint nécessaire[5] et les vastes forêtes se changèrent en des campagnes riantes qu'il fallut arroser de la sueur des hommes, et dans lesquelles on vit bientôt l'esclavage et la misère germer et croître avec les moissons.[6]

La métallurgie et l'agriculture furent les deux arts dont l'invention produisit cette grande révolution. Pour le poète. c'est l'or et l'argent ; mais pour le philosophe, ce sont le fer et le blé qui ont civilisé les hommes et perdu le genre humain… Dès qu'il fallut des hommes pour fondre et forger le fer, il fallut d'autres hommes pour nourrir ceux-là…[7]

De la culture des terres s'ensuivit nécessairement leur partage, et de la propriété une fois reconnue les premières règles de justice : car, pour rendre à chacun le sien, il faut que chacun puisse avoir quelque chose ; de plus, les hommes commençant à porter leurs vues dans l'avenir, et se voyant tous quelques biens à perdre, il n'y en avait aucun qui n'eût à craindre pour soi la représaille des torts qu'il pouvait faire à autrui. Cette origine est d'autant plus naturelle, qu'il est impossible de concevoir l'idée de la propriété naissant d'ailleurs que de la main-d'œuvre ; car on ne voit pas ce que, pour s'approprier les choses qu'il n'a point faites, l'homme y

1) Rousseau가 이 논문을 쓰기 위해 진지한 documentation을 했다는 것을 엿볼 수 있다.

2) des arts = des métiers

3) 자연상태의 인간의 행복을 정의하는 네 개의 형용사 : libre, 왜냐하면 타인과의 구속적 관계가 없는 독립적인 생활을 영위하기 때문에 ; sains, 자연의 거친 삶 속에서 건강하고 민첩하고 잘 훈련되어 있기 때문에(병의 대부분은 문명생활의 소산) : bons, 자연의 충동에 따라 살아감을 뜻하며 : heureux, 그들의 기본적 욕구(nourriture, femelle, repos)는 쉽게 충족되기 때문에

4) par leur nature「그들의 본성에 의해서」 즉, 자연이 그들에게 허락한 것만큼(그러나 문명사회는 자연이 허락한 것들을 누리지 못하도록 방해하고 있다).

5) 왜냐하면, 자신의 필요에 따라 자신이 원할 때만 일하면 되는 독립적인 생활에서 상호의존적 조직생활로 전락했기 때문에

6) Rousseau가 그리는 실낙원. 그에 있어 원죄는 소유의 개념이고, 더욱 구체적으로는 상호의존적 관계로의 전락

7) 노동의 분업은 발전을 촉진했지만, 그로 인한 상호의존의 관계는 자유에 종지부를 찍었다.

peut mettre de plus que son travail. C'est le seul travail qui, donnant droit au cultivateur sur le produit de la terre qu'il a labourée, lui en donne par conséquent sur le fonds, au moins jusqu'à la récolte, et ainsi d'année en année ; ce qui, faisant une possession continue, se transforme aisément en propriété.

INFLUENCE DE LA NATURE

제목이 암시하는 바와 같이 편지체로 엮어진 소설 *la Nouvelle Héloïse*는 한 귀족의 딸 Julie와 평민출신의 가정교사 Saint-Preux와의 사랑을 통하여 순수한 사랑과 순결한 가정의 참모습을 추적한 작품이다. 이 이야기의 배경은 도시의 혼잡과 악덕에서 멀리 떨어진 아름답고 평온한 전원이며, 이 때 묻지 않은 원시의 자연 속에서 인간의 정념이 여하히 순화되는가를 보여줄 것이다. 자연은 인간의 감정교육의 장이며, 이 작품은 인간과 가정의 제2의 완성을 온갖 낭만적 주제와 함께 펼쳐 보인다.

Julie에게 보내진 이 편지는(I,23) 속에서 Saint-Preux는 Valais의 산과 풍경을 묘사하고 있는데, Rousseau 자신도 이 고장을 직접 알고 있었다. 그러기에 이 묘사에는 그 자신의 추억이 가세하여 더욱 밀도 짙은 감흥이 되살아나고 있는 듯이 보인다.

J'étais parti, triste de mes peines et consolé de votre joie,[1] ce qui me tenait dans un certain état de langueur qui n'est pas sans charme pour un cœur sensible. Je gravissais lentement et à pied des sentiers assez rudes, conduit par un homme que j'avais pris pour être mon guide, et dans lequel, durant toute la route, j'ai trouvé plutôt un ami qu'un mercenaire. Je voulais rêver, et j'en étais toujours détourné par quelque spectacle inattendu. Tantôt d'immenses roches pendaient en ruines au-dessus de ma tête. Tantôt de hautes et bruyantes cascades m'inondaient de leur épais brouillard. Tantôt un torrent éternel ouvrait à mes côtés un abîme dont les yeux n'osaient sonder la profondeur. Quelquefois je me perdais dans l'obscurité d'un bois touffu. Quelquefois, en sortant d'un gouffre, une agréable prairie réjouissait tout à coup mes regards. Un mélange étonnant de la nature sauvage et de la nature cultivée montrait partout la main des hommes, où l'on eût cru qu'ils n'avaient jamais pénétré : à côté d'une caverne on trouvait des maisons ; on voyait des pampres secs où l'on n'eût cherché que des ronces, des vignes dans les terres éboulées, d'excellents fruits sur des rochers, et des champs dans des précipices.

1) Peines et joie provoquées par le retour du père de Julie

Ce n'était pas seulement le travail des hommes qui rendait ces pays étranges si bizarrement contrastés ; la nature semblait encore prendre plaisir à s'y mettre en opposition avec elle-même, tant on la trouvait différente en un même lieu sous divers aspects. Au levant les fleurs du printemps, au midi les fruits de l'automne, au nord les glaces de l'hiver : elle réunissait toutes les saisons dans le même instant, tous les climats dans le même lieu, des terrains contraires sur le même sol, et formait l'accord inconnu partout ailleurs des productions des plaines et de celles des Alpes.[1] Ajoutez à tout cela les illusions de l'optique, les pointes des monts différemment éclairées, le clair-obscur du soleil et des ombres, et tous les accidents de lumière[2] qui en résultaient le matin et le soir : vous aurez quelque idée des scènes continuelles qui ne cessèrent d'attirer mon admiration, et qui semblaient m'être offertes en un vrai théâtre ; car la perspective des monts, étant verticale, frappe les yeux. tout à la fois et plus puissamment que celle des plaines, qui ne se voit qu'obliquement, en fuyant, et dont chaque objet vous en cache un autre.

J'attribuai, durant la première journée, aux agréments de cette variété le calme que je sentais renaître en moi : j'admirais l'empire qu'ont sur nos passions les plus vives les êtres les plus insensibles, et je méprisais la philosophie de ne pouvoir pas même autant sur l'âme qu'une suite d'objets inanimés. Mais cet état paisible ayant duré la nuit et augmenté le lendemain, je ne tardai pas de juger qu'il avait encore quelque autre cause qui ne m'était pas connue. J'arrivai ce jour-là sur des montagnes les moins élevées ; et, parcourant ensuite leurs inégalités, sur celles des plus hautes qui étaient à ma portée. Après m'être promené dans les nuages, j'atteignais un séjour plus serein, d'où l'on voit dans la saison le tonnerre et l'orage se former au-dessous de soi ; image trop vaine de l'âme du sage, dont l'exemple n'exista jamais, ou n'existe qu'aux mêmes lieux d'où l'on en a tiré l'emblème.[3]

Ce fut là que je démêlai sensiblement[4] dans la pureté de l'air où je me trouvais la véritable cause du changement de mon humeur, et du retour

1) 이 묘사 가운데 자연 속의 갖가지 대조(contrastes), 다양성 속의 조화를 강조하고 있는 점에 유의

2) les accidents de lumière「빛의 효과」(회화의 전문용어. le clair-obscur「명암법」도 같음)

3) 인간이 마음의 평온을 얻을 수 있는 것은 오직 산 속에서이며, 시인들은 〈정념의 폭풍(orages)을 다스리는 인간〉의 이미지를 여기서 구했던 것이다.

4) sensiblement = clairement

de cette paix intèrieure que j'avais perdue depuis si longtemps. En effet, c'est une impression générale qu'éprouvent tous les hommes, quoiqu'ils ne l'observent pas tous, que sur les hautes montagnes, où l'air est pur et subtil,[1] on se sent plus de facilité dans la respiration, plus de légèreté dans le corps, plus de sérénité dans l'esprit ; les plaisirs y sont moins ardents, les passions plus modérées. Les méditations y prennent je ne sais quel caractère grand et sublime, proportionné aux objets qui nous frappent, je ne sais quelle volupté tranquille qui n'a rien d'âcre et de sensuel. Il semble qu'en s'élevant au-dessus du séjour des hommes, on y laisse tous les sentiments bas et terrestres, et qu'à mesure qu'on approche des régions éthérées, l'âme contracte quelque chose de leur inaltérable pureté. On y est grave sans mélancolie, paisible sans indolence, content d'être et de penser : tous les désirs trop vifs s'émoussent, ils perdent cette pointe aiguë qui les rend douloureux ; ils ne laissent au foud du cœur qu'une émotion légère et douce ; et c'est ainsi qu'un heureux climat fait servir à la félicité de l'homme les passions qui font ailleurs son tourment. Je doute qu'aucune agitation violente, aucune maladie de vapeurs[2] pût tenir contre un pareil séjour prolongé, et je suis surpris que des bains de l'air salutaire et bienfaisant des montagnes ne soient pas un des grands remèdes de la médecine et de la morale⋯

Supposez les impressions réunies de ce que je viens de vous décrire, et vous aurez quelque idée de la situation délicieuse où je me trouvais. Imaginez la variété, la grandeur, la beauté de mille étonnants spectacles ; le plaisir de ne voir autour de soi que des objets tout nouveaux, des oiseaux étranges, des plantes bizarres et inconnues, d'observer en quelque sorte une autre nature, et de se trouver dans un nouveau monde. Tout cela fait aux yeux un mélange inexprimable, dont le charme augmente encore par la subtilité de l'air qui rend les couleurs plus vives, les traits plus marqués, rapproche tous les points de vue ; les distances paraissant moindres que dans les plaines, où l'épaisseur de l'air couvre la terre d'un voile, l'horizon présente aux yeux plus d'objets qu'il semble n'en pouvoir contenir : enfin ce spectacle a je ne sais quoi de magique, de surnaturel, qui ravit l'esprit et les sens ; on oublie tout, on s'oublie soi-même, on ne sait plus où l'on est.

---

1) subtil = presque immatériel

2) maladies de vapeur = troubles nerveux 「일종의 신경쇠약」

LA PROMENADE SUR LE LAC

Julie의 남편은 그녀의 옛 사랑을 알고 있으면서 Julie와 Saint-Preux 두 사람을 남겨둔 채 여행을 떠난다. 이들이 사랑의 정념을 극복할 것으로 믿었기 때문이다. 이 장면에서(IV, 17 ; Saint-Preux à Milord Edouard) 두 사람은 Meillerie의 바위 틈을 산책하는데, 옛 추억이 되살아나는 것과 함께 점차 감정이 고조되며 절정에 다다른다. 배경과 감정의 움직임과 표현이 놀랍도록 조화를 이루고 있는 가운데 펼쳐지는 인간내면의 진실은 우리에게 지워질 수 없는 감동을 준다.

Revenus lentement au port après quelques détours, nous nous séparâmes. Elle voulut rester seule, et je continuai de me promener sans trop savoir où j' allais. A mon retour, le bateau n'étant pas encore prêt, ni l'eau tranquille, nous soupâmes tristement, les yeux baissés, l'air rêveur, mangeant peu et parlant encore moins. Après le souper, nous fûmes nous asseoir sur la grève en attendant le moment du départ. Insensiblement la lune se leva, l' eau devint plus calme, et Julie me proposa de partir. Je lui donnai la main pour entrer dans le bateau ; et, en m'asseyant à côté d'elle, je ne songeai plus à quitter sa main. Nous gardions un profond silence. Le bruit égal et mesuré[1] des rames m'excitait à rêver.[2] Le chant assez gai des bécassines, me retraçant les plaisirs d'un autre âge, au lieu de m'égayer m'attristait. Peu à peu je sentis augmenter la mélancolie dont j'étais accablé. Un ciel serein, la fraîcheur de l'air, les doux rayons de la lune, le frémissement argenté dont l'eau brillait autour de nous, le concours des plus agréables sensations, la présence même de cet objet[3] chéri, rien ne put détourner de mon cœur mille réflexions douloureuses.

Je commençai par me rappeler une promenade semblable faite autrefois avec elle durant le charme de nos premières amours. Tous les sentiments délicieux qui remplissaient alors mon âme s'y retracèrent pour l'affliger ; tous les événements de notre jeunesse, nos études, nos entretiens, nos lettres, nos rendez-vous, nos plaisirs,

E tanta fede, e si dolce memorie,
E si lungo onstume ![4]

---

1) mesuré = régulier

2) Cf. *Ve Promenade* : 《…et j'allais volontiers m'asseoir au bord du lac… là, le bruit des vagues et l'agitation de l'eau, fixant mes sens et chassant de mon âme toute autre agitation, la plongeaient dans une rêverie délicieuse…》

3) objet = être

4) 《Et cette foi si pure et ces doux souvenirs, et cette longue familiarité.》 (vers de Métastare,

ces foules de petits objets qui m'offraient l'image de mon bonheur passé ; tout revenait, pour augmenter ma misère présente, prendre place en mon souvenir. « C'en est fait, disais-je en moi-même, ces temps, ces temps heureux ne sont plus ; ils ont disparu pour jamais. Hélas ! ils ne reviendront plus ; et nous vivons, et nous sommes ensemble, et nos cœur sont toujours unis ! » Il me semblait que j'aurais porté[1] plus patiemment sa mort ou son absence, et que j'avais moins souffert tout le temps que j' avais passé loin d'elle. Quand je gémissais dans l'éloignement, l'espoir de la revoir soulageait mon cœur ; je me flattais qu'un instant de sa présence effacerait toutes mes peines ; j'envisageais au moins dans les possibles un état moins cruel que le mien. Mais se trouver auprès d'elle, mais la voir, la toucher, lui parler, l'aimer, l'adorer, et, presque en la possédant encore, la sentir perdue à jamais pour moi ; voilà ce qui me jetait dans des accès de fureur et de rage qui m'agitèrent par degrés jusque'au désespoir. Bientôt je commençai de rouler dans mon esprit des projets funestes, et dans un transport dont je frémis en y pensant, je fus violemment tenté de la précipiter avec moi dans les flots, et d'y finir dans ses bras ma vie et mes longs tourments. Cette horrible tentation devint à la fin si forte que je fus obligé de quitter brusquement sa main pour passer à la pointe du bateau.

Là, mes vives agitations commencèrent à prendre un autre cours ; un sentiment plus doux s'insinua peu à peu dans mon âme, l'attendrissement surmonta le désespoir, je me mis à verser des torrents de larmes ; et cet état, comparé à celui dont je sortais, n'était pas sans quelques plaisirs ;[2] je pleurai fortement, longtemps, et fus soulagé. Quand je me trouvai bien remis, je revins auprès de Julie, je repris sa main. Elle tenait son mouchoir ; je le sentis fort mouillé. « Ah ! lui dis-je tout bas, je vois que nos cœur n'ont jamais cessé de s'entendre ! –Il est vrai, dit-elle d'une voix altérée, mais que ce soit la dernière fois qu'ils auront parlé sur ce ton.»[3]

---

poète italien, traduits par Rousseau)

1) porté = supporté

2) Cf. *La Nouvelle Héloïse*, VI, 11 : 《la coupe amère et douce de la sensibilité》

3) 이 재회가 가져다 준 감정의 소용돌이와 행복했던 지난날들의 추억이 서로 얽혀 재현되는 이 감정의 드라마가 자신의 감정의 온갖 굴곡을 추적하며 분석하는 지적인 자아성찰을 수반하고 있는 점에 유의할 것. 감정의 단순한 자아도취가 아니라 기하학적 분석에 의한 재구성–여기 프랑스 지성의 한 특징을 보아야 할 것이다(가령, Proust가 sensation에서부터 출발하되, 그것을 지적으로 심화시킴으로써 réalité를 재구성하기에 이르는 과정).

« LE COURT BONHEUR DE MA VIE »

「일찍이 예가 없었던, 그리고 (앞으로) 모방자도 없을 기도」라고 정의한 *les Confessions*은 상당한 자기 위장과 사실의 변조에도 불구하고 Rousseau 자신의 가장 충실한 모습과 깊은 내면의 세계를 보여주는 작품이다. 스스로 이해받지 못할 뿐만 아니라 항상 박해받고 있다고 믿은, 병적일 만큼 오만한 Rousseau는 이 생의 기록을 자기변명의 기회로 삼고자 했다. 그러나 지나간 세월의 온갖 것, 기쁨과 슬픔, 열광과 환멸, 꿈과 실의를 되새기는 그는 복받치는 감동과 서정 속에서 삶을 다시 한번 살며 그 안에 담겨진 온갖 신비를 새로이 음미하는 놀라운 경험을 하는 것이다. Rousseau의 〈잃어버린 시간을 찾아서〉라고나 하랴.

여기 수록된 텍스트는 그의 생애에 있어 가장 행복했던 Charmettes에서의 삶, Warens 부인과의 삶을 회고하고 있다.

Ici commence le court bonheur de ma vie ; ici viennent les paisibles, mais rapides moments qui m'ont donné le droit de dire que j'ai vécu.[1] Moments précieux et si regrettés ! ah ! recommencez pour moi votre aimable cours, coulez plus lentement dans mon souvenir, s'il est possible, que vous ne fîtes réellement dans votre fugitive succession.[2] Comment ferai-je pour prolonger à mon gré ce récit si touchant et si simple, pour redire toujours les mêmes choses, et n'ennuyer pas plus mes lecteurs en les répétant que je ne m'ennuyais moi-même en les recommençant sans cesse ? Encore si tout cela consistait en faits, en actions, en paroles, je pourrais le décrire et le rendre en quelque façon ; mais comment dire ce qui n'était ni dit, ni fait, ni pensé même, mais goûté, mais senti, sans que je puisse énoncer d'autre objet de mon bonheur que ce sentiment même ?[3] Je me levais avec le soleil, et j'étais heureux ; je me promenais, et j'étais heureux ; je voyais Maman,[4] et j'étais, heureux ; je la quittais, et j'étais heureux ; je parcourais les bois, les coteaux, j'errais dans les vallons, je lisais, j'étais oisif ;[5] je travaillais au jardin, je cueillais les fruits, j'aidais au ménage, et le bonheur me suivait partout : il n'était dans aucune chose

---

1) Cf. *Ière Promenade* : 《Qu'ai-je fait ici-bas ? J'étais fait pour *vivre*, et je meurs sans *avoir vécu.*》

2) 추억(souvenir)은 지나간 날들을 다시 사는 방식이며 보다 밀도있게 사는 방식이다.

3) Cf. *Ve Promenade* : 《De Quoi jouit-on dans une pareille situation ? De rien d'extérieur à soi, de rien sinon de soi-même et de sa propre existence : tant que cet état dure, on se suffit à soi-même, comme Dieu.》

4) maman : Savoie지방에서 사용된 애칭(여기서는 Mme de Warens를 가리킴).

5) oisif : inactif의 뜻이 아니라 disposant librement de mes loisirs로 해석

assignable,[1] il était tout en moi-même, il ne pouvait me quitter un seul instant…

Je me levais tous les matins avant le soleil. Je montais par un verger voisin dans un très joli chemin qui était au-dessus de la vigne, et suivait la côte jusqu'à Chambéry. Là, tout en me promenant, je faisais ma prière[2] qui ne consistait pas en un vain balbutiement de lèvres, mais dans une sincère élévation de cœur à l'auteur de cette aimable nature dont les beautés étaient sous mes yeux. Je n'ai jamais aimé à prier dans la chambre ; il me semble que les murs et tous ces petits ouvrages des hommes s'interposent entre Dieu et moi. J'aime à le contempler dans ses œuvres tandis que mon cœur s'élève à lui. Mes prières étaient pures, je puis le dire, et dignes par là d'être exaucées. Je ne demandais pour moi, et pour celle dont mes vœux ne me séparaient jamais, qu'une vie innocente et tranquille, exempte du vice, de la douleur, des pénibles besoins, la mort des justes,[3] et leur sort dans l'avenir. Du reste, cet acte se passait plus en admiration et en contemplation qu'en demandes, et je savais qu'auprès du dispensateur des vrais biens le meilleur moyen d'obtenir ceux qui nous sont nécessaires est moins de les demander que de les mériter. Je revenais en me promenant par un assez grand tour, occupé à considérer avec intérèt et volupté les objets champêtres dont j'étais environné, les seuls dont l'œil et le cœur ne se lassent jamais.

(Livre VI)

《*CONSCIENCE ! INSTINCT DIVIN*…》

종교적 감정은 Rousseau의 영혼의 가장 깊은 바탕을 이루고 있는 것으로 보인다. 그는 여러 기회에 자신의 종교관을 피력하고 있는데(*Lettre sur la Providence, la Nouvelle Héloïse* 등의 작품에서), 특히 *Émile*의 제4부에서 60페이지에 걸쳐 거의 결정적이고 완벽한 형태로 정립하고 있다. 15세가 된 Émile은 어느 여름날 아침 웅장한 경치가 눈 아래 펼쳐지는 산정에서 「사브와의 조사제」(le Vicaire savoyard)로부터 그 유명한 신앙고백을 들으며 신의 존재를 확신하고 심신에 바탕을 둔 자연종교에 눈뜬다.

En suivant toujours ma méthode, je ne tire point ces règles des

1) assignable = précise
2) 그가 병석에 누워있었을 때 Warens 부인은 그에게 종교적 열정을 불어넣었다.
3) la mort des justes = la mort réservée aux justes. 「(양심의 거리낌 없는) 평안한 죽음」

principes d'une haute philosophie, mais je les trouve au fond de mon cœur écrites par la nature en caractères ineffaçables,[1] Je n'ai qu'à me consulter sur ce que je veux faire : tout ce que je sens être bien est bien, tout ce que je sens être mal est mal : le meilleur de tous les casuistes[2] est la conscience ; et ce n'est que quand on marchande avec elle qu'on a recours aux subtilités du raisonnement. Le premier de tous les soins est celui de soi-même :[3] cependant, combien de fois la voix intérieure nous dit qu'en faisant notre bien aux dépens d'autrui nous faisons mal ! Nous croyons suivre l'impulsion de la nature, et nous lui résistons ; en écoutant ce qu'elle dit à nos sens, nous méprisons ce qu'elle dit à nos cœurs : l'être actif obéit, l'être passif commande,[4] La conscience est la voix de l'âme, les passions sont la voix du corps. Est-il étonnant que souvent ces deux langages se contredisent ? et alors lequel faut-il écouter ? Trop souvent la raison nous trompe, nous n'avons que trop acquis le droit de la récuser, mais la conscience ne trompe jamais ; elle est le vrai guide de l'homme : elle est à l'âme ce que l'instinct est au corps ; qui la suit obéit à la nature, et ne craint point de s'égarer.

Toute la moralité de nos actions est dans le jugement que nous en portons nous-mêmes.[5] S'il est vrai que le bien soit bien, il doit l'être au fond de nos cœurs comme dans nos œuvres, et le premier prix de la justice est de sentir qu'on la pratique. Si la bonté morale est conforme à notre nature, l'homme ne saurait être sain d'esprit ni bien constitué qu'autant qu'il est bon. Si elle ne l'est pas, et que l'homme soit méchant naturellement, il ne peut cesser de l'être sans se corrompre, et la bonté n'est en lui qu'un vice contre nature. Fait[6] pour nuire à ses semblables comme le loup pour égorger sa proie, un homme humain serait un animal aussi dépravé qu'un loup pitoyable ; et la vertu seule nous laisserait des remords.

Rentrons en nous-mêmes, ô mon jeune ami ![7] examinons, tout intérêt personnel à part, à quoi nos penchants nous portent. Quel spectacle nous

---

1) Rousseau는 이 말로써, 인간의 심신의 상대성을 강조했던 Voltaire, Diderot, Helvétius, d'Holbach와는 반대로 이 규칙의 보편성을 확인한다.
2) casuistes「결의론자」(특수상황에 있어 허용되는 것과 금지되는 것을 판별하는 윤리학자)
3) l'amour-propre 또는 égoïsme을 지칭
4) Rousseau는 수동적인 육체(corps passif)와 능동적인 육체(âme active)를 구별하고 있다.
5) 따라서 윤리성은 어떤 절대자에 관련된 것이 아니라 인간의 양심의 판단에 달려 있다.
6) Fait = S'il était fait
7) le vicaire savoyard는 젊은 제자에게 말하고 있다.

flatte le plus, celui des tourments ou du bonheur d'autrui ? Qu'est-ce qui nous est le plus doux à faire, et nous laisse une impression plus agréable après l'avoir fait, d'un acte de bienfaisance ou d'un acte de méchanceté ? Pour qui vous intéressez-vous sur vos théâtres ? Est-ce aux forfaits que vous prenez plaisir ? est-ce à leurs auteurs punis que vous donnez des larmes ?… S'il n'y a rien de moral dans le cœur de l'homme, d'où lui viennent donc ces transports d'admiration pour les actions héroïques, ces ravissements d'amour pour les grandes âmes ? Cet enthousiasme de la vertu, quel rapport a-t-il avec notre intérêt privé ? Pourquoi voudrais-je être Caton[1] qui déchire ses entrailles, plutôt que César triomphant ? Otez de nos cœur cet amour du beau, vous ôtez tout le charme de la vie. Celui dont les viles passions ont étouffé dans son âme étroite les sentiments délicieux ; celui qui, à force de se concentrer au-dedans de lui, vient à bout de n'aimer que lui-même, n'a plus de transports, son cœur glacé ne palpite plus de joie ; un doux attendrissement n'humecte jamais ses yeux ; il ne jouit plus de rien ; le malheureux ne sent plus, ou ne vit plus ; il est déjà mort…

Il est donc au fond des âmes un principe inné de justice et de vertu, sur lequel, malgré nos propres maximes, nous jugeons nos actions et celles d'autrui comme bonnes ou mauvaises, et c'est à ce principe que je donne le nom de conscience…

Conscience ! conscience ! instinct divin, immortelle et céleste voix ; guide assuré d'un être ignorant et borné, mais intelligent et libre ; juge infaillible du bien et du mal, qui rend l'homme semblable à Dieu, c'est toi qui fais l'excellence de sa nature et la moralité de ses actions ; sans toi je ne sens rien en moi qui m'élève au-dessus des bêtes, que le triste privilège de m'égarer d'erreurs en erreurs à l'aide d'un entendement sans règle et d'une raison sans principe.

PENSÉES D'AUTOMNE

몰이해와 비난과 박해 속에서 반생을 지내온 Rousseau는 만년에 은퇴와 망각 속에서 평온을 되찾으며 오직 자신만을 위하여 명상에 젖어든다. 1776년에서 78년에 걸쳐 쓰여진 10편의 *Promenades*는 마치 자신의 흘러간 삶을 다시 살면서 그 안에 담겨진 참된 의미와 값은 비밀을 재음미하려는 점에서 작가의 가장 진지한 영혼의 목소리라 할 수 있을 것이다.

1) César에 패한 Caton은 자유를 잃는 대신 자살을 택했다.

Depuis quelques jours on avait achevé la vendange ; les promeneurs de la ville s'étaient déjà retirés ; les paysans aussi quittaient les champs jusqu'aux travaux d'hiver. La campagne, encore verte et riante, mais défeuillée en partie et déjà presque déserte, offrait partout l'image de la solitude et des approches de l'hiver. Il résultait de son aspect un mélange d'impression douce et triste,[1] trop analogue à mon âge et à mon sort pour que je ne m'en fisse pas l'application.[2] Je me voyais au déclin d'une vie innocente et infortunée,[3] l'âme encore pleine de sentiments vivaces, et l'esprit encore orné de quelques fleurs, mais déjà flétries par la tristesse et desséchées par les ennuis.[4] Seul et délaissé, je sentais venir le froid des premières glaces, et mon imagination tarissante ne peuplait plus ma solitude d'êtres fonnés selon mon cœur. Je me disais en soupirant : « Qu'ai-je fait ici bas ? J'étais fait pour vivre, et je meurs sans avoir vécu. Au moins ce n'a pas été ma faute, et je porterai à l'auteur de mon être, sinon l'offrande des bonnes œuvres qu'on ne m'a pas laissé faire, du moins un tribut de bonnes intentions frustrées, de sentiments sains, mais rendus sans effet, et d'une patience à l'épreuve des mépris des hommes.» Je m'attendrissais sur ces réflexions ; je récapitulais[5] les mouvements de mon âme dès ma jeunesse, et pendant mon âge mûr, et depuis qu'on m'a séquestré[6] de la société des hommes, et durant la longue retraite dans laquelle je dois achever mes jours. Je revenais avec complaisance sur toutes les affections de mon cœur, sur ses attachements si tendres, mais si aveugles, sur les idées moins tristes que consolantes dont mon esprit s'était nourri depuis quelques années, et je me préparais à les rappeler assez pour les décrire avec un plaisir presque égal à celui que j'avais pris à m'y livrer.

(*Ière Promenade*)

---

1) Rousseau는 자신의 감정을 분석하기를 즐겼고, 그 가운데 특히 tristesse 또는 mélancolie는 큰 비중을 차지하고 있다(romantisme의 예고).

2) 이와 같은 경향은 가령 Chateaubriand의 주인공 René에게서도 찾아볼 수 있다. René는 자연 가운데 자신의 운명의 상징을 보곤 했다.

3) 이것은 *Confessions*, *Dialogues*, *Rêveries*를 일관하는 Rousseau 자신의 이미지이다.

4) ennuis = tourments

5) 삶이란 온갖 욕구와 꿈과 환상의 장인 바, 결국 우리는 이 모든 것을 성취하지 못한 채 인생을 흘려보낸다. 어떤 의미에서 인생은 〈이룬 것의 총화〉가 아니라 〈이루지 못한 것의 총화〉이며, 문학은 이 〈잃어버린 시간, 소유하지 못한 현실〉을 찾아 언어로써 구축하는 하나의 상상적 세계가 아니겠는가. Sartre가 말한 récapitulation. Cf. 19행 : 〈…je récapitulais les mouvements…〉

6) séquestré = séparé

BERNARDIN DE SAINT-PIERRE

(1737-1814)

Le Havre에서 태어난 Jacques-Henri-Bernardin de Saint-Pierre는 청년 시절의 태반을 유럽 각지와 아프리카 여행에 보냈고, 1768년에는 마다가스카르의 동쪽 Ile de France(지금의 Ile Maurice)에 체류하기도 했다. 1771년 이후에는 파리에서 Rousseau와 친교를 맺어 계속 그의 충실한 제자로 머물렀다. Rousseau의 사회사상에 깊은 영향을 받은 그는 열대지방의 자연을 배경으로 문명에 오염되지 않은 자연인을 주제로 한 소설 *Paul et Virginie*(1787)를 썼다. 극단적인 쾌락추구와 과도한 지적유희로 부패의 극에 달했던 18세기 사회에 이 소설은 신선과 순수의 바람을 불어넣었으며 비상한 관심을 모았다. 그는 이외에도 철학소설 *La Chaumière indienne*(1791)와 *Etudes de la nature*(1784)를 남겼다.

BONHEUR DE LA VIE NATURELLE

「나는 열대의 자연의 아름다움과 작은 사회의 도덕적 아름다움을 결합시키고자 했다. 나는 몇몇 위대한 진리, 그 중에서도 우리의 행복은 자연과 덕에 따라 사는 데 있다는 진리를 밝히고자 원했다.」 서문에서 이렇게 밝히고 있는 바와 같이 작가는 *Paul et Virginie* 가운데 인도양의 한 고도의 아름다운 배경 속에서 펼쳐지는 자연적 삶과 순수한 사랑의 이야기를 전개시키고 있다. 여기서 문제되는 것은 단순한 이국취미가 아니라 삶과 감정의 원초적 순수에로의 복귀이다.

On avait laissé cet enfoncement du rocher tel que la nature l'avait orné. Sur ses flancs bruns et humides rayonnaient en étoiles vertes et noires, de larges capillaires,[1] et flottaient au gré des vents des touffes de scolopendre, suspendues comme de longs rubans d'un vert pourpré. Près de là croissaient des lisières de pervenches dont les fleurs sont presque semblables à celles de la giroflée rouge, et des piments, dont les gousses couleur de sang sont plus éclatantes que le corail. Aux environs, l'herbe de baume[2] dont les feuilles sont en cœur, et les basilics à odeur de girofle exhalaient les plus doux parfums. Du haut de l'escarpement de la montagne, pendaient des lianes semblables à des draperies flottantes qui formaient sur les flancs des rochers de grandes courtines[3] de verdure. Les oiseaux de mer, attirés par ces retraites paisibles, y venaient passer la nuit. Virginie aimait à se reposer sur les bords de cette fontaine, décorés

1) capillaires : scolopendre와 같은 고사리과의 일종

2) l'herbe de baume : 봉선화류

3) courtines : 포장, 커튼(=rideaux)

d'une pompe à la fois magnifique et sauvage. Souvent elle y venait raver le linge de la famille à l'ombre des deux cocotiers. Quelquefois elle y menait paître ses chèvres. Pendant qu'elle préparait des fromages avec leur lait, elle se plaisait à les voir brouter les capillaires sur les flancs escarpés de la roche, et se tenir en l'air sur une de ses corniches comme sur un piédestal. Paul, voyant que ce lieu était aimé de Virginie, y apporta de la forêt voisine des nids de toute sorte d'oiseaux. Les pères et les mères de ces oiseaux suivirent leurs petits, et vinrent s'établir dans cette colonie. Virginie leur distribuait de temps en temps des grains de riz, de maïs et de millet. Dès qu'elle paraissait, les merles siffleurs, les bengalis, dont le ramage est si doux, les cardinaux, dont le plumage est couleur de feu, quittaient leurs buissons : des perruches vertes comme des émeraudes descendaient des lataniers voisins, des perdrix accouraient sous l'herbe : tous s'avançaient pêle-mêle jusqu'à ses pieds, comme des poules. Paul et elle s'amusaient avec transport de leurs jeux, de leurs appétits et de leurs amours.

Aimables enfants, vous passiez ainsi dans l'innocence vos premiers jours en vous exerçant aux bienfaits ! Combien de fois, dans ce lieu, vos mères, vous serrant dans leurs bras, bénissaient le ciel de la consolation que vous prépariez à leur vieillesse, et de vous voir entrer dans la vie sous de si heureux auspices ! Combien de fois, à l'ombre de ces rochers, ai-je partagé avec elles vos repas champêtres, qui n'avaient coûté la vie à aucun animal ! des calebasses pleines de lait, des œufs frais, des gâteaux de riz sur des feuilles de bananier, des corbeilles chargées de patates, de mangues, d'oranges, de grenades, de bananes, d'attes, d'ananas, offraient à la fois les mets les plus sains, les couleurs les plus gaies et les sucs les plus agréables.

La conversation était aussi douce et aussi innocente que ces festins. Paul y parlait souvent des travaux du jour et de ceux du lendemain. Il méditait toujours quelque chose d'utile pour la société.[1] Ici, les sentiers n'étaient pas commodes ; là, on était mal assis ; ces jeunes berceaux ne donnaient pas assez d'ombrage ; Virginie serait mieux là.

Dans la saison pluvieuse, ils passaient le jour tous ensemble dans la case, maîtres et serviteurs, occupés à faire des nattes d'herbes et des paniers de bambou. On voyait rangés dans le plus grand ordre, aux parois de la muraille, des râteaux, des haches, des bêches ; et auprès de ces instruments de l'agriculture, les productions qui en étaient les

1) 사회적 기여가 강조되었던 18세기에 있어, 이것은 인간이 갖추어야 할 이상적 덕목이었다.

fruits : des sacs de riz, des gerbes de blé et des régimes de bananes. La délicatesse s'y joiganit toujours à l'abondance. Virginie, instruite par Marguerite et par sa mère, y préparait des sorbets et des cordiaux avec le jus des cannes à sucre, des citrons et des cédrats.

La nuit venue, ils soupaient à la lueur d'une lampe ; ensuite Mme de La Tour ou Marguerite racontait quelques histoires de voyageurs égarés la nuit dans les bois de l'Europe infestés de voleurs, ou le naufrage de quelque vaisseau jeté par la tempête sur les rochers d'une île déserte.[1] A ces récits, les âmes sensibles de leurs enfants s'enflammaient : ils priaient le ciel de leur faire la grâce d'exercer quelque jour l'hospitalité envers de semblables malheureux. Cependant les deux familles se séparaient pour aller prendre du repos, dans l'impatience de se revoir le lendemain. Quelquefois elles s'endormaient au bruit de la pluie qui tombait par torrents sur la couverture de leurs cases, ou à celui des vents qui leur apportaient le murmure lointain des flots qui se brisaient sur le rivage. Elles bénissaient Dieu de leur sécurité personnelle, dont le sentiment redoublait par celui du danger éloigné.

De temps en temps Mme de La Tour lisait publiquement quelque histoire touchante de l'Ancien ou du Nouveau Testament. Ils raisonnaient peu sur ces livres sacrés ; car leur théologie était toute en sentiment, comme celle de la nature, et leur morale toute en action, comme celle de l'Évangile. Ils n'avaient point de jours destinés aux plaisirs, et d'autres à la tristesse. Chaque jour était pour eux un jour de fête, et tout ce qui les environnait un temple divin où ils admiraient sans cesse une intelligence infinie, toute-puissante et amie des hommes. Ce sentiment de confiance dans le pouvoir suprême les remplissait de consolation pour le passé, de courage pour le présent, et d'espérance pour l'avenir. Voilà comme ces femmes, forcées par le malheur de rentrer dans la nature, avaient développé en elles-mêmes et dans leurs enfants ces sentiments que donne la nature pour nous empêcher de tomber dans le malheur.

ANDRÉ CHÉNIER (1762-1794)

아버지가 총령사로 부임한 콘스탄티노플 근교의 Galata에서 그리스인을 어머니로 태어난 André Chénier는 일찍 파리로 나와 collège de Navarre에서 수학했고, 사교계, 군대, 스위스와 이탈리아 여

1) 난파선의 이야기를 함으로써 작가는 그의 작품의 종말을 서서히 준비하고 있다.

행 등을 거쳐 대사비서로서 런던에 부임했다. 이때 대혁명을 만난 그는 정치와 새 사상에 열중하여 입헌적 개혁파인 Feuillants에 가담했고, 정치의 일선에서 활약하였으나 Robespière의 공포정치를 공격한 탓으로 체포되어 Robespière가 실각하기 이틀 전에 〈인민의 적〉으로 낙인이 찍혀 단두대에서 처형되었다.

그간 16년간(1778-94)에 걸쳐 계속한 그의 시작은 대부분 사후에 발표되어 19세기 초두에 낭만파 및 고답파 시인들의 주목을 끌었다. 엘레지, 목가, 철학시, 정치풍자시 등 다양한 그의 시품은 그리스, 로마의 고전적 정취에 깊이 젖은 서정적 목가로 특징지어진다. 대표작으로는 철학시 *L'Hermès, Elégies, Bucoliques* 등이 있으며, 특히 호머를 노래한 *Aveugle*는 애창되고 있다.

LA JEUNE CAPTIVE

Saint-Lazare에 투옥되어 죽음을 기다리고 있는 Chénier는 같은 운명의 동료, 아름다운 Aimée de Coigny(duchesse de Fleury)에 대해 깊은 연민을 느낀다(이 노래를 읊은 Chénier는 길로틴에 희생되었지만 그녀는 죽음을 면했다). 엘레지의 탄식과 ode의 서정이 한데 어울린 이 노래는 삶과 희망에 대한 간절한 갈망을 노래하고 있는 것으로 보인다.

« L'épi naissant mûrit de la faux respecté ;
Sans crainte du pressoir, le pampre[1] tout l'été
  Boit les doux présents de l'aurore ;[2]
Et moi, comme lui belle, et jeune comme lui,
Quoi que l'heure présente ait de trouble et d'ennui,[3]
  Je ne veux point mourir encore.

Qu'un stoïque[4] aux yeux secs vole embrasser la mort :
Moi je pleure et j'espère. Au noir souffle du nord
  Je plie et relève ma tête.[5]
S'il est des jours amers, il en est de si doux !
Hélas ! quel miel jamais n'a laissé de dégoûts ?
  Quelle mer n'a point de tempête ?

L'illusion féconde habite dans mon sein.
D'une prison sur moi les murs pèsent en vain,

1) pampre : raisin과 같은 의미의 시어
2) rosée du matin을 가리킴
3) ennui = tourment (옥중생활의 고달픔)
4) 자살을 인정하는 stoïcien을 가리킴
5) La Fontaine의 *roseau*를 상기시킨다.

J'ai les ailes de l'espérance.
Échappée aux réseaux de l'oiseleur cruel,
Plus vive, plus heureuse, aux campagnes[1] du ciel
Philomèle[2] chante et s'élance.

Est-ce à moi de mourir ? Tranquille je m'endors
Et tranquille je veille ; et ma veille aux remords
Ni mon sommeil ne sont en proie.[3]
Ma bienvenue au jour me rit dans tous les yeux ;[4]
Sur des fronts abattus, mon aspect dans ces lieux[5]
Ranime presque de la joie.

Mon beau voyage encore est si loin de sa fin !
Je pars, et des ormeaux qui bordent le chemin
J'ai passé les premiers[6] à peine.
Au banquet de la vie à peine commencé,
Un instant seulement mes lèvres ont pressé
La coupe en mes mains encor pleine.

Je ne suis qu'au printemps. Je veux voir la moisson,
Et comme le soleil, de saison en saison,
Je veux achever mon année.
Brillante sur ma tige et l'honneur du jardin,
Je n'ai vu luire encor que les feux du matin,
Je veux achever mma joumée.[7]

O mort ! tu peux attendre ; éloigne, éloigne-toi ;[8]
Va consoler les cœurs que la honte, l'effroi,

---

1) aux campagnes = vers les vastes étendues
2) Philomèle = rossignole (그리스 전설에 의하면 Philomèle은 꾀꼬리로, 그의 누이 Procné는 제비로 변신했다)
3) =(ni) ma veille ni mon sommeil ne sont en proie aux remords
4) ma bienvenue au jour me rit dans tous les yeux : 인생이 나를 맞이하는 그 환영은 모든 사람의 시선 속에 반사된다는 뜻 (다음 구절과 함께, 「자신의 삶과 모습이 주위의 사람들에게 빛과 기쁨을 가져다 준다」는 의미)
5) ces lieux = prison
6) les premiers des ormeaux qui…로 연결
7) 33행 : Je veux achever mon année와 대조를 이루며 삶에의 애타는 갈망을 표현
8) éloigne의 반복으로 자아내는 비통한 어조에 유의

Le pâle désespoir dévore.
Pour moi Palès[1] encore a des asiles verts,
Les amours des baisers, les Muses des concerts ;
Je ne veux point mourir encore.[2] »
Ainsi, triste et captif, ma lyre toutefois
S'éveillait, écoutant ces plaintes, cette voix,
Ces vœux d'une jeune captive ;
Et secouant le faix de mes jours languissants,
Aux douces lois des vers je pliais[3] les accents
De sa bouche aimable et naïve.

Ces chants, de ma prison témoins harmonieux,
Feront à quelque amant des loisirs studieux
Chercher quelle fut cette belle :
La grâce décorait son front et ses discours,
Et comme elle craindront de voir finir leurs jours
Ceux qui les passeront près d'elle.

BEAUMARCHAIS (1732-1799)

시계상의 아들로 파리에서 태어난 Beaumarchais는 발랄한 재기와 활달한 성격의 소유자로서 갖가지 직업에 종사하고 몇 차례의 소송사건에 말려들어 두 번이나 투옥되는 등 파란만장의 일생을 보낸 작가이다. 그의 인생경험과 재질은 두 편의 대표적 희곡 *Barbier de Séville*(1775년 초연)와 *Le Mariage de Figaro*(1781년 창작, 1784년 초연)의 주인공 Figaro 가운데 투영되고 있다. 그의 희극은 Molière 이래의 고전희극의 전통을 이어받은 것이지만, 복잡하면서도 경쾌한 사건의 얽힘과 전개는 그의 독창적 면모를 이루고 있으며 성격묘사에 있어서도 독특한 경지를 개척했다. 특히 무능하고 허영심 강하고 방탕한 귀족계급에 대한 공격을 위시하여 사회의 악폐와 부조리의 규탄은 통렬한 것으로서 그의 희극은 마치 대혁명의 서막을 장식하고 있는 듯이 보인다.

〈ETUDES〉

J. Scherer : *Dramaturgie de Beaumarchais*, Nizet, 1954.
M. Descotes : *Les grands rôles dù thtâtre de Beaumarchais*, P.U.F., 1974.

---

1) Palès = Déesse latine des pasteurs et des troupeaux
2) 6행의 반복
3) je pliais = je traduisais en vers

MONOLOGUE DE FIGARO

*Barbier de Séville*에서 Almaviva백작은 그의 이발사 Figaro의 도움을 얻어 사랑하는 Rosine를 손에 넣는데 성공한다. *Le Mariage de Figaro*에서는 Figaro가 백작부인(전의 Rosine)의 몸종 Suzanne와 결혼하기로 되어 있는데, 백작은 바람기가 나서 Suzanne를 농락하려 하고, 한편 백작의 나이어린 시종 Chéruban은 백작부인을 사랑한다. 이 복잡한 연애관계 속에서 결국 Figaro와 Suzanne는 교묘히 백작을 따돌리고 결혼에 성공한다. 이 사이에 Figaro는 무능하고 추잡한 귀족을 통렬히 비난한다. 제5막에 나오는 이 긴 독백에서 Figaro는 여인에 대한, 귀족에 대한 그리고 인생에 대한 자신의 생각을 솔직하고 대담하게, 때로는 울분과 흥분과 비애 속에서 토로하고 있다.

FIGARO, *seul, se promenant dans l'obscurité, dit du ton le plus sombre* :

O femme ! femme ! femme ! créature faible et décevante ![1]··· nul animal créé ne peut manquer à son instinct ; le tien est-il donc de tromper ?··· Après m'avoir obstinément refusé quand je l'en pressais devant sa maîtresse ; à l'instant qu'elle me donne sa parole ; au milieu même de la cérémonie··· Il riait en lisant,[2] le perfide ! et moi, comme un benêt··· ! Non, Monsieur le Comte, vous ne l'aurez pas··· vous ne l'aurez pas··· Parce que vous êtes un grand Seigneur, vous vous croyez un grand génie !··· Noblesse, fortune, un rang, des places : tout cela rend si fier ! Qu'avez-vous fait pour tant de biens ? Vous vous êtes donné la peine de naître, et rien de plus ; du reste, homme assez ordinaire ! tandis que moi, morbleu ! perdu dans la foule obscure, il m'a fallu déployer plus de science et de claculs pour subsister seulement, qu'on n'en a mis depuis cent ans à gouverner toutes les Espagnes : et vous voulez jouter···[3] On vient··· c'est elle··· ce n'est personne. – La nuit est noire en diable, et me voilà faisant le sot métier de mari, quoique je ne le sois qu'à moitié ! (*Il s'assied sur un banc.*) Est-il rien de plus bizarre que ma destinée ! Fils de je ne sais pas qui, volé par des bandits, élevé dans leurs mœurs, je m'en dégoûte et veux courir une carrière honnête ; et partout je suis repoussé ! J'apprends la chimie, la pharmacie, la chirurgie ; et tout le crédit d'un grand seigneur peut à peine me mettre à la main une lancette vétérinaire ! – Las d'attrister des bêtes malades, et pour faire un métier

1) décevante = trompeuse

2) en lisant le billet remis par Suzanne (IV, 9)

3) jouter = vous mesurer avec moi 「나와 겨누기를」

contraire,[1] je me jette à corps perdu dans le théâtre ; me fussé je mis[2] une pierre au cou ! Je broche[3] une comédie dans les mœurs du sérail ; auteur espagnol, je crois pouvoir y fronder Mahomet sans scrupule ; à l'instant un envoyé··· de je ne sais où se plaint que j'offense dans mes vers la Sublime Porte, la Perse, une partie de la presqu'île de l'Inde, toute l'Égypte, les royaumes de Barca,[4] de Tripoli, de Tunis, d'Alger et de Maroc : et voilà ma comédie flambée[5] pour plaire aux princes mahométans, dont pas un, je crois, ne sait lire, et qui nous meurtrissent l'omoplate en nous disant : « Chiens de chrétiens ! » – Ne pouvant avilir l'esprit on se venge en le maltraitant. – Mes joues creusaient, mon terme était échu ; je voyais de loin arriver l'affreux recors,[6] la plume fichée dans sa perruque ; en frémissant je m'évertue. Il s'élève une question sur la nature des richesses,[7] et, comme il n'est pas nécessaire de tenir[8] les choses pour en raisonner, n'ayant pas un sou, j'écris sur la valeur de l'argent et sur son produit net ; sitôt je vois, du fond d'un fiacre, baisser pour moi le pont d'un château fort, à l'entrée duquel je laissai l'espérance et la liberté. (*Il se lève.*) Que je voudrais bien tenir un de ces puissants de quatre jours, si légers sur le mal qu'ils ordonnent, quand une bonne disgrâce a cuvé son orgueil ! Je lui dirais··· que les sottises imprimées n'ont d'importance qu'aux lieux où l'on en gêne le cours ; que, sans la liberté de blâmer, il n'est point d'éloge flatteur, et qu'il n'y a que les petits hommes qui redoutent les petits écrits. (*Il se rassied.*) Las de nourrir un obscur pensionnaire, on me met un jour dans la rue ; et comme il faut dîner quoiqu'on ne soit plus en prison, je taille encore ma plume, et demande à chacun de quoi il est question : on me dit que pendant ma retraite économique[9] il s'est établi dans Madrid un système de liberté sur la vente des productions, qui s'étend même à celles de la presse ; et que, pourvu que je ne parle en mes écrits ni de l'autorité, ni du culte, ni de la politique, ni de la morale, ni des gens en place, ni des

---

1) = pour égayer des hommes bien portants
2) = j'aurais mieux fait de me mettre··· (낡은 어법)
3) broche = bâcle
4) Barca = Cyrénaïque
5) flambée = perdue(구어적 표현)
6) recors = adjoint d'un huissier
7) question étudiée par les physiocrates
8) tenir = posséder
9) 왜냐하면 감옥에서 무료로 숙식을 제공받았기 때문에

corps en crédit,[1] ni de l'Opéra, ni des autres spectacles, ni de personne qui tienne à quelque chose, je puis tout imprimer librement, sous l'inspection de deux ou trois censeurs. Pour profiter de cette douce liberté, j'annonce un écrit périodique, et, croyant n'aller sur les brisées[2] d'aucun autre, je le nomme *Journal inutile*. Pou-ou ! je vois s'élever contre moi mille pauvres diables à la feuille ;[3] on me supprime, et me voilà derechef sans emploi ! – Le désespoir m'allait saisir ; on pense à moi pour une place, mais par malheur j'y étais propre : il fallait un calculateur, ce fut un danseur qui l'obtint. Il ne me restait plus qu'à voler ; je me fais banquier de pharaon :[4] alors, bonnes gens ! je soupe en ville, et les personnes dites *comme il faut* m'ouvrent poliment leur maison en retenant pour elles les trois quarts du profit. J'aurais bien pu me remonter ; je commençais même à comprendre que, pour gagner du bien, le savoir-faire vaut mieux que le savoir. Mais comme chacun pillait autour de moi en exigeant que je fusse honnête, il fallut bien périr encore. Pour le coup je quittais le monde, et vingt brasses d'eau m'en allaient séparer, lorsqu'un Dieu bienfaisant m'appelle à mon premier état. Je reprends ma trousse et mon cuir anglais ; puis, laissant la fumée[5] aux sots qui s'en nourrissent, et la honte au milieu du chemin, comme trop lourde à un piéton, je vais rasant de ville en ville, et je vis enfin sans souci. Un grand seigneur passe à Séville ; il me reconnaît, je le marie, et pour prix d'avoir eu par mes soins son épouse, il veut intercepter la mienne ! Intrigue, orage à ce sujet. Prêt à tomber dans un abîme, au moment d'épouser ma mère, mes parents m' arrivent à la file. (*Il se lève en s'échauffant.*) On se débat ; c'est vous, c' est lui, c'est moi, c'est toi ; non, ce n'est pas nous : eh mais, qui donc ? (*Il retombe assis.*) O bizarre suite d'événements ! Comment cela m'est-il arrivé ? Pourquoi ces choses et non pas d'autres ? Qui les a fixées sur ma tête ? Forcé deparcourir la route où je suis entré sans le savoir, comme j' en sortirai sans le vouloir, je l'ai jonchée d'autant de fleurs que ma gaieté me l'a permis : encore je dis ma gaieté, sans savoir si elle est à moi plus que le reste, ni même quel est ce *moi* dont je m'occupe : un assemblage informe de parties inconnues, puis un chétif être imbécile, un petit animal

---

1) des corps en crédit = des influents

2) aller sur les brisées = faire concurrence à…(사냥용어)

3) diables à la feuille = feuillistes(페이지당 지불되는 문필가)

4) banquier de pharaon「트럼프 놀이의 물주」

5) la fumée = les illusions

folâtre, un jeune homme ardent au plaisir, ayant tous les goûts pour jouir, faisant tous les métiers pour vivre ; maître ici, valet là, selon qu'il plaît à la fortune ! ambitieux par vanité, laborieux par nécessité, mais paresseux··· avec délices ! orateur selon le danger, poète par délassement, musicien par occasion, amoureux par folles bouffées, j'ai tout vu, tout fait, tout usé. Puis l'illusion s'est détruite, et trop désabusé··· Désabusé !··· Suzon, Suzon, Suzon ! que tu me donnes de tourments ! – J'entends marcher··· on vient. Voici l'instant de la crise.

이 환

서울대학교 불문과 졸업(문학박사)

서울대학교 불문과 교수 역임

정명환

서울대학교 불문과 졸업(문학박사)

가톨릭대학교 불문과 교수 역임

ANTHOLOGIE

de la littérature française TOME I

프랑스문학선집 I

1판 1쇄 발행 _ 1986년 2월 25일

1판 16쇄 발행 _ 2013년 3월 10일

2판 1쇄 발행 _ 2025년 6월 30일

편 저 자 • 이 환·정명환

발 행 인 • 정 현 걸

발 행 • 신 아 사

인 쇄 • 부건애드

출판등록 • 1956년 1월 5일 (제9-52호)

주 소 • 서울특별시 은평구 통일로 59길 4 (2F)

전 화 • (02)382-6411 • 팩스 (02)382-6401

홈페이지 • www.shinasa.co.kr

E-MAIL • shinasa@daum.net

ISBN : 979-11-7342-094-8 (93860)

정가 *19,000*원